国家出版基金项目
NATIONAL PUBLICATION FOUNDATION

国家出版基金资助项目

中国盐业考古与盐业文明

丛书主编◎李水城

秦汉盐史论稿

王子今 著

西南交通大学出版社
·成都·

图书在版编目（CIP）数据

秦汉盐史论稿 / 王子今著. —成都：西南交通大
学出版社，2019.10
（中国盐业考古与盐业文明）
国家出版基金资助项目
ISBN 978-7-5643-7197-5

Ⅰ. ①秦… Ⅱ. ①王… Ⅲ. ①盐业史 – 中国 – 秦汉时
代 Ⅳ. ①F426.82

中国版本图书馆 CIP 数据核字（2019）第 234921 号

国家出版基金资助项目
中国盐业考古与盐业文明

Qin-Han Yanshi Lungao
秦汉盐史论稿

王子今　著

出　版　人	阳　晓
责 任 编 辑	郭发仔
助 理 编 辑	何宝华
封 面 设 计	原谋书装
	西南交通大学出版社
出 版 发 行	（四川省成都市金牛区二环路北一段 111 号
	西南交通大学创新大厦 21 楼）
发行部电话	028-87600564　028-87600533
邮 政 编 码	610031
网　　　址	http://www.xnjdcbs.com
印　　　刷	成都市金雅迪彩色印刷有限公司
成 品 尺 寸	170 mm × 240 mm
印　　　张	24.25
字　　　数	418 千
版　　　次	2019 年 10 月第 1 版
印　　　次	2019 年 10 月第 1 次
书　　　号	ISBN 978-7-5643-7197-5
定　　　价	96.00 元

中国盐业考古与盐业文明
丛书编委会

主编　李水城

编委　（以姓氏笔画为序）

王子今　李小波

李何春　赵　逵

总 序

2016年，我和北大中文系李零教授向国家出版基金办公室推荐了"中国盐业考古与盐业文明"丛书出版项目。这套学术著作包括：《中国盐业考古》（李水城，北京大学）、《秦汉盐史论稿》（王子今，中国人民大学）、《长江上游古代盐业开发与城镇景观研究》（李小波，四川师范大学）、《中国古代盐道》（赵逵、张晓莉，华中科技大学）、《滇藏地区的盐业与地方文明》（李何春，云南民族大学）。以上几位作者分别从考古学与民族志、历史学与古文献学、交通史、历史地理学、文化遗产线路、文化人类学等不同视角对中国古代的制盐遗址、制盐工艺与技术、盐政以及与盐有关的贸易通道和城镇发展、盐产区的景观环境和文化习俗等进行了广泛、深入的研究，可以说是全方位地对中国盐业发展的历史和研究做了系统展示。最近，这套学术著作即将出版，这无论是对学术界还是对出版界都是一件前所未有的喜事，我愿借此机会表示衷心的祝贺！

盐是人类日常生活的必需品，看似极为普通，但却是维系地球生命繁衍生存的重要元素，其作用就如同空气、粮食和水一样。食盐的主要成分为氯化钠。盐的重要性在于它能够保障人体的新陈代谢、血液循环，增强神经和肌肉的兴奋性，还能调节体内酸碱平衡，使血压维持正常。可见，盐对人的生存和健康是何等重要！

盐的重要性还在于它关乎国计民生，在历史上曾是国家财政的支柱和赋税的重要来源。因此，中国历朝历代都将盐当作战略资源来掌控。先秦时期，齐国的"管仲相桓公，霸诸侯，一匡天下"（《论语·宪问》）；汉武帝时，桑弘羊发表了著名的《盐铁论》，在朝廷引发一场大讨论，最终朝廷将盐、铁视为国家的经济支柱；盛唐一代，盐税几占国家财政总收入的一半；宋代以后，国家更是将盐税全部收归国有。由此不难看出，"盐"对一个王朝、一个国家的社会安定和政权稳固是多么重要，无怪乎中国古人很早就将盐视为"国之大宝"。

中国古人开采过池盐、井盐、海盐和岩盐。传说古代山东沿海的"宿沙氏煮海为盐"，有说宿沙氏为黄帝臣，也有说是炎帝的诸侯。总之，早在新石器时代人们就知道采卤制盐了。四川出土的汉代画像砖就有开采井盐的生动画面。但过去传统研究盐史和盐文化主要依靠文献记载，多有局限。盐业考古是我国近些年来才有计划地开展起来的新领域。较早的工作从长江三峡起步，特别是对重庆忠县中坝遗址的考古发掘。接下来研究者们在黄河三角洲的莱州湾地区发现了大量煮海盐的遗迹，数量多达700余处，规模巨大。此后，又在全国其他地方陆续调查，发现了不少制盐遗址。以上工作绝大部分是在北京大学考古系李水城教授的主持下进行的。其中，有些是与国外学者合作的，有些是与相关学科的科技工作者协作开展的，可谓国际合作和多学科协作的成功典范。李水城教授和美国加州大学的罗泰（Lothar von Falkenhausen）教授还在此基础上主编出版了几部中国盐业考古文集，并在《南方文物》组织"盐业考古"专栏，向学术界和公众介绍中国盐业考古的发现和研究，所取得的诸多成果已引起国内外学术界的广泛关注和高度评价。由此也显示出盐业考古是个非常具有潜力的新兴研究领域。

以李水城教授为代表的一批学者不仅迅速填补了中国盐业考古的长期空白，在中国考古学中建立起盐业考古这一分支学科，还极大地推进了中国盐业史和盐文化的研究。在即将出版的"中国盐业考古与盐业文明"这套丛书中，李水城所著《中国盐业考古》一书不但对中国的盐业考古做了全面介绍，同时还介绍了欧美与亚非拉等地的盐业考古情况以及有关的人类学调查研究，视野广阔，提供了比较研究的大量资料。

我是做考古研究的，难免对盐业考古说的话比较多。其他几部书的内容也非常丰富多彩，涉及盐史、盐文化和文化遗产的方方面面，有些领域我不是很熟悉，就不赘述了。相信这套著作的出版，必将对中国盐业史、盐业考古乃至中国经济发展史、科技史和文化史的研究起到积极的推动作用。

2019年5月10日

序

　　2018年岁末，旅途中的一个夜晚，子今兄来电话，命我为其大作《秦汉盐史论稿》作序，我婉拒，他则不松口，双方僵持不下。最后他对我说："我的书大半都是请同龄人作序，特别是请77、78这两届的同学或朋友来作，请不要拒绝。"这一来我倒真没法拒绝了，只好勉为其难。

　　子今与我本为同行，他是改革开放后考入西北大学历史系考古专业77级的本科生，我是北大历史系考古专业78级本科生。20世纪80年代中期，我重返北京大学就读研究生时，他已研究生毕业到中央党校任教。不过，我们相识时他已是中国人民大学国学院的教授了。记得初次见面是在甘肃省汉简研究所举办的一次学术会议的晚餐上，与会代表基本快吃完了，子今兄因航班晚点而迟来，大家陪他边吃边聊，不料店里最后又给每人上了一碗面条，诸位早没了肚子，子今说那我来吧，倏忽间，6、7碗面便一扫而光，吃完的碗摞起来足有一尺高，当下就把我给震住了。真是一只老饕啊，而且是上品！后来得知子今能吃是出了名的。他上大学之前插队，吃过不少苦，能受。后来招了工，干的又是铁路装卸工，那可是天天扛大麻包的苦力，可以"享受"最高等级的粮食定量，也因此练就了一副好身板，能吃应该就是这么来的。

　　子今能吃、善饮，幽默随和，且不修边幅，学问做得好也是出了名的，这与他的天分、悟性、勤奋以及对学术的热爱、对研究的认真是分不开的。子今是秦汉史研究的大家，曾任秦汉史学会会长，著述颇丰，而且研究面很广，尤为擅长中国古代交通史的研究。早年撰写的硕士论文题目是《论秦汉陆路运输》，不知这是否与他曾在铁路部门的工作经历有关。他后来写作并出版了一系列有关交通史的著作，如：《中国古代交通文化》《交通与古代社会》《秦汉交通史稿》《跛足帝国：中国传统交通形态研究》《驿道驿站史话》《中国古代交通》等。也正因为如此，他特别热衷于参加各种野外考古调查，凡是考古界组织的文化遗产线路考察活动，大多都能看到他的身影。

2014年10月，高大伦院长邀请子今和我参加由自贡市盐业历史博物馆、四川省考古研究院、重庆市文化遗产研究院和中国盐文化研究中心举办的"川盐古道与区域发展学术研讨会"，其间我们一起在自贡、富顺沿釜溪河一线考察了当地有关盐业历史方面的遗址、遗迹。会后，西南交通大学出版社与我协商，希望我能出面组织人员撰写一套"盐业考古与盐业文明"的研究专著。为此我首先想到了子今兄，希望他能相助，玉成此事。不过也有点为难，我知道他很忙，不知是否能有时间来参与。但当我求助时，他爽快地答应了。从他后来提交的书稿看，内容相当丰富，包括先秦盐业，秦汉时期的盐产、盐运、盐市、盐政及通过盐业考察秦汉时期的生活史、文化史和生态环境等，共八个章节还有附录。可以说，这套书有子今兄的大作助阵，真可谓锦上添花！

我是做史前考古的，与子今兄隔行。2015年5月，我在哈佛大学做访问学者，收到他寄来的他的两篇文章，一篇是《居延〈盐出入簿〉〈廪盐名籍〉研究：汉塞军人食盐定量问题》，另一篇是《汉塞军人食盐定量问题再议》。他还写信予我：

> 水城兄：我曾讨论居延士卒廪盐簿体现盐的消费量甚大的问题，考虑到西北盐产量充备、士卒体力劳动强度大及生活习惯等因素。有学生提出这样的意见：或许西北池盐较东海产盐含钠量不同，也是因素之一。我对此茫然无知。但是好像现在讨论食盐摄入量只说多少克，并不涉及不同的盐的钠的成分多少。有两篇文章附上请指教。

他的问题还真不好作答。此前我曾关注内蒙古阿拉善地区雅布赖的吉兰泰盐池，并派遣一名硕士研究生去阿拉善地区调查，包括在盐池周围查是否有史前时期的遗址，并采集有当地产的盐，可惜未做检测，也没有做任何比对方面的研究。不过，从地域及交通的角度考虑，汉代居延戍边士兵的食盐很有可能就来自阿拉善的吉兰泰盐池。为此我给台湾大学人类学系的陈伯桢副教授写信，相商如何回答子今提出的问题，后来我们给了子今如下的答复：

　　劳动量大应是西北地区汉代士兵吃盐较多的原因，但也有其他可能，一是文献记载的盐未必全都直接被士兵食用，也可能大量被用于腌菜或肉，保存食物。另一是军队有很多军饷会以实物形式发放，如油、盐、米、面等。这些物品下发后也不完全为士兵食用，有些会流入黑市换取金钱或其他必需品，这类"黑色收入"是否汉代就有，无法确定。但在《东观汉记·宋弘传》中提到，宋弘以领到的盐代替俸禄，令诸生粜卖，但诸生因盐价过低而不从。可见汉代用军需物资或俸禄做交易的可能性是存在的。

　　我深知，我们的答复未必能解决子今兄所提问题的全部，不过，通过此事不难看出，子今兄在为学上非常较真的一面，值得我好好学习。

　　写到这里，不由得又想起伯桢，万万想不到的是，在我们给子今兄回信后还不到两月，伯桢竟在台北英年早逝，这让我至今唏嘘不已……

是为序！

李水城

2020年海南—四川旅次

目录

绪论：盐史考察的
学术意义和学术基础

    盐是在悠久的自然史进程与环境中生成与演进的结晶。《简明不列颠百科全书》是这样定义"盐"的："盐，salt，化学术语，酸和碱反应生成的物质。盐由碱的正离子和酸的负离子组成。酸碱之间的反应称为中和反应。盐也可专指食盐或氯化钠。"[①]本书以盐史为研究主题。这里作为学术研究对象的"盐"，即食盐。食盐是生命存在的基本条件之一。在人类生存史和社会发展史中，我们可以看到盐史同步发展多种表现。盐业开发是文明进步的基础。盐资源的利用、经济生活中的盐产和盐运、国家的盐政、社会有关盐的礼俗，都构成中国历史文化的重要内容，被研究者看作必须面对的考察主题。近年盐业考古的收获推进了盐史研究，更为今后相关学术工作的进步开启了新的路径。

一、盐史与文明史

    《世本·作》记载："宿沙氏煮海为盐。"[②]《说文·盐部》也写道："古者夙沙初作鬵海盐。"段玉裁注："许所说盖出《世本·作》篇。"[③]自远古时代起，盐资源的开发成为社会进步的必要条件。早期文明的发展，

---

① 中国大百科全书出版社《简明不列颠百科全书》编辑部译编：《简明不列颠百科全书》，中国大百科全书出版社1986年版，第8卷，第816页。

② 〔汉〕宋衷注，〔清〕秦嘉谟等辑：《世本八种》，中华书局2008年版，〔清〕王谟辑本，第37页。

③ 〔汉〕许慎撰，〔清〕段玉裁注：《说文解字注》，上海古籍出版社据经韵楼藏版1981年影印版，第586页。

有控制盐业基地、把握盐品流通以取得优势地位的史例。两周时期，齐地因盐业富强。《史记》卷一二九《货殖列传》有所记述："（齐）地潟卤，人民寡，于是太公劝其女功，极技巧，通鱼盐，则人物归之，襁至而辐凑。""人民多文彩布帛鱼盐。"[①]《汉书》卷二八下《地理志下》："太公以齐地负海舄卤，少五谷而人民寡，乃劝以女工之业，通鱼盐之利，而人物辐凑。"[②]《管子》"海王之国"理想[③]，即期望借助盐业优势，以建设较先进的文明。这样的设计，应当说确实曾经取得过局部的成就。《国语·齐语》肯定东方霸主齐桓公的政策："通齐国之鱼盐于东莱，使关市几而不征，以为诸侯利，诸侯称广焉。"[④]

盐是最基本的生活必需品，是维持社会正常经济生活不可或缺的重要物资。《管子·海王》："十口之家十人食盐，百口之家百人食盐。"[⑤]《管子·地数》："十口之家十人呫盐，百口之家百人呫盐。"[⑥]《管子》之"呫"，《太平御览》卷八六五引文即作"舐"[⑦]。马非百引钱文霈云："呫、呫通，以舌探物也。"又引《荀子·强国》杨倞注"呫与舐同"，指出："舐，俗舓字。《说文》：'舓，以舌取物也。'"其字义就是"食"。"《海王篇》及下文'凡食盐之数'皆作'食'，即其证。"[⑧]有的学者直接解说为"吃盐"。[⑨]盐因民生意义的重要，故渗透到文明史的各个层面。经济史学者重视盐产和盐运的研究。盐产资源的考察也是生态环境

① 《史记》，中华书局1959年版，第3255页，第3265页。

② 《汉书》，中华书局1962年版，第1660页。

③ 《管子·海王》："海王之国，谨正盐策。"注："海王，言以负海之利而王其业。"黎翔凤撰，梁运华整理：《管子校注》，中华书局2004年版，第1246页。

④ "通齐国之鱼盐于东莱"，注："言通者，则先时禁之矣。东莱，齐东莱夷也。""使关市几而不征"，注："几，几异服、识异言也。征，税也。取鱼盐者不征税，所以利诸侯、致远物也。""诸侯称广焉"，注："施惠广也。"上海师范学院古籍整理组校点：《国语》，上海古籍出版社1978年版，第247-248页。

⑤ 黎翔凤撰，梁运华整理：《管子校注》，第1246页。

⑥ 张佩纶云："'呫'，'舐'俗字，当作'呫'。《说文》'呫，美也'，《周礼·盐人》'饴盐'，注'饴盐，盐之恬者'，是其证。"见《管子校注》，第1365页。

⑦ 〔宋〕李昉等：《太平御览》，中华书局用上海涵芬楼影印宋本1960年复制重印版，第3839页。

⑧ 马非百：《管子轻重篇新诠》，中华书局1979年版，第419-420页。

⑨ 长春新华印刷厂、吉林化肥厂、国营长春机械厂、中国人民解放军三〇三六部队、吉林省哲学社会科学研究所《管子》注释组：《管子选注》，吉林人民出版社1975年版，第162页。

史研究者的任务。而与盐相关的诸多社会文化现象，如盐母传说、盐神崇拜、盐泉祭祀、盐场节俗、盐业禁忌、盐路歌诗等，都为社会史学者所关注。晋郭璞《盐池赋》，唐杜甫《盐井》诗、白居易《盐商妇》诗，宋柳永《煮海歌》，元纳新《卖盐妇》诗、陈椿《熬波图》等，都是与盐有关的值得珍视的文学遗产。

汉武帝推行盐铁官营，支持者"以为此国家大业，所以制四夷，安边足用之本，不可废也"[①]。盐政管理的历史经验，是中国传统政治文化的重要构成内容。而盐商的社会影响，盐贩出身的王仙芝、黄巢发起的动摇李唐帝业的民众暴动，也在政治史研究的学术视野中。

中国盐史于文明生成、文明进步、文明形态、文明走向的意义，使得这一学术主题应当为关心中国历史文化的人们所注意。

二、秦汉盐史研究的意义

秦汉时期是中国古代历史进程中的重要阶段。

从公元前221年秦始皇统一中国至公元220年曹丕代汉，秦王朝和汉王朝相继对社会施行政治管理。在两汉之间，又曾经有王莽新朝的短暂统治。在这前后四个多世纪的历史阶段内，中国文明的构成形式和内容都发生了比较显著的变化。秦汉社会实现了突出的历史进步。秦汉人以黄河流域、长江流域和珠江流域为主要舞台，进行了生动、活跃的历史表演，同时推动了中华民族历史文化的演进。

秦汉时期的文明创造和文明积累，在中国历史上有显赫的地位。当时的文化风貌有鲜明的时代特征。当时以"秦人""汉人"为名号的民族所表现的时代精神，有勇于进取、追求实效以及在文化态度方面宽怀大度、开放包容等显著的特征。秦汉时期的社会结构和政治形式，也对中国此后两千多年文化传统的形成和历史演进的方向产生了非常深刻的影响。

我们可以这样概括总结秦汉时期的主要历史特征：

---

① 《汉书》卷二四下《食货志下》，第1176页。

1. 高度集权的"大一统"政治体制基本形成，并且经历了多次社会动荡的历史考验而愈益完备。以丞相为统领的中央王朝百官公卿制度和以郡县制为主体的地方行政管理形式逐渐完善。

2. 以农耕经济和畜牧经济为主，包括渔业、林业、矿业及其他多种经营结构的经济形态走向成熟，借助交通和商业的发展，形成了各基本经济区互通互补、共同抵御灾变威胁、共同创造社会繁荣的格局。物质文明的进步取得了空前的成就。

3. 秦文化、楚文化和齐鲁文化等区域文化因子经长期交流融汇，形成了表现出统一风貌的汉文化。儒学正统地位的建立和巩固、社会教育体制的逐步健全，成为适应专制主义政治需要的文化建设成就的重要标志。

4. 水利事业的空前发展，农作物新品种的引进和推广，钢铁冶炼技术的成熟，车船制造技术的进步，特别是纸的发明与普及，都极有力地推动了社会经济与社会文化的历史性进步。

5. 张骞"凿空"[①]，使得西北"丝绸之路"交通走向繁荣。东洋、南洋航运线路也得以开通。西南滇越通道开始正式发挥历史文化沟通的作用。当时以"大汉""皇汉""强汉"[②]自称的民族对于世界文明进步的贡献，有着光荣的历史记录。

经历这一时期，以"汉"为标志的民族文化共同体已经初步形成。

在中国盐业史中，秦汉时期有特别值得重视的历史表现。

第一，秦汉盐业生产开发进入了新的历史阶段。

第二，秦汉盐运体制、规模与效率达到了新的历史水准。

第三，秦汉盐业官营制度的生成为盐政形式确定了新的规范。

第四，秦汉盐的销售服务形式为满足社会盐品消费需求日益走向成熟。

第五，秦汉"酱""豉"等以盐加工制作的调味品进入社会饮食消费生活，成为千百年持续不衰的民俗传统。

第六，秦汉时期，"盐"，成为诗赋等文学作品的描写对象。盐的滋

---

① "张骞凿空"，见《史记》卷一二三《大宛列传》，第3169页。
② 王子今：《大汉·皇汉·强汉：汉代人的国家意识及其历史影响》，《南都学坛》2005年第6期。

味，融入秦汉社会多彩多样的文化之中。

第七，秦汉文献初见当时社会信仰中的"盐神"，作为盐业史特殊的文化记忆，也值得关注。

考察秦汉盐史，认识与理解秦汉盐史，对于全方位多视角地研究秦汉历史文化有非常重要的意义，对于全面总结中国古代盐史也有非常重要的意义。

1

第一章　先秦盐业：
秦汉盐史演进的基点

在进入秦汉这一历史阶段之前，先秦盐业已经经历了长久的发展历程。先秦盐业的成就是秦汉盐业进步的历史基础。除了技术开发之外，先秦时期对"盐"予以特殊重视的文化理念，影响了秦汉盐业。

对于先秦盐业的认识，考古工作提供了基础性的条件。盐业考古的进步，使得我们可以对先秦盐史的实际形态有所认识。

一、早期盐业与《管子》"海王之国"设计

先秦时期齐国得以强盛富足，有充分开发利用海洋资源的因素。盐业的发展，成为齐人立国的重要基础。《管子》书中"海王之国"部分提出了重视盐业、强化盐政的主张。相关政策的贯彻实施，发挥了促进富国和强国的积极作用。国家对于盐业的所谓"轻重"，所谓"谨正盐策"，即积极进行行政干预、鼓励开发、强化控制、充分利用的政策，对后来汉武帝时代的盐政也有一定的影响。

1. "盐"与"海物"：齐地经济优势

自远古时代起，山东沿海地方的早期文化就受到海洋条件的限制，也享用着海洋条件的渥惠。当地居民在以海为邻

的环境中创造文明、推进历史，生产形式和生活方式均表现出对海洋资源开发和利用的重视。

据地质学者分析，山东渤海南岸，包括殷周之际古"莱夷"活动的地区，地下蕴藏着丰富的、易开采的制盐原料——浅层地下卤水。[①]有盐业考古学者亦指出，这一地区滨海平原面积广阔，地势平坦，淤泥粉砂土结构细密，渗透率小，是开滩建场的理想场所，气候条件也利于卤水的蒸发。而当地植被也可以提供充分完备的煮盐燃料。[②]

有研究者指出，殷墟时期，渤海南岸地区属于商王朝的盐业生产中心。"殷墟时期至西周早期是渤海南岸地区第一个盐业生产高峰期。"考古学者"已发现了10余处规模巨大的殷墟时期盐业遗址群，总计300多处盐业遗址"。通过对寿光双王城三处盐业遗址的"大规模清理"，"对商代盐业遗址的分布情况、生产规模、生产性质以及制盐工艺流程等有了初步了解"。

研究者分析："与大规模盐业遗址群的出现同时，渤海南岸内陆地区殷商文化、经济突然繁荣起来，聚落与人口数量也急剧增加，并形成了不同功能区的聚落群分布格局，因而可认定该地区属于殷墟时期的商王朝盐业生产中心。"[③]

看来，《史记》卷三二《齐太公世家》所谓"武王已平商而王天下，封师尚父于齐营丘"，是有慎重考虑的。而"太公至国"后，"通商工之业，便鱼盐之利"，致使"齐为大国"，在一定意义上体现了对殷商盐业经济的成功继承。

有学者认为，中国的海盐业从山东起源。[④]或说山东地区是世界上盐业生产开展最早的地区之一。[⑤]考察齐地的海洋资源开发史，不能忽略殷商盐业经济的基础。

据《史记》卷三二《齐太公世家》记载，齐的建国者吕尚原本就是海滨

---

① 韩有松等：《中国北方沿海第四纪地下卤水》，科学出版社1996年版，第13-20页；孔庆友等：《山东矿床》，山东科学技术出版社2006年版，第522-536页。

② 燕生东：《山东地区早期盐业的文献叙述》，《中原文物》2009年第2期。

③ 燕生东、田永德、赵金、王德明：《渤海南岸地区发现的东周时期盐业遗存》，《中国国家博物馆馆刊》2011年第9期。

④ 臧文文：《从历史文献看山东盐业的地位演变》，《盐业史研究》2011年第1期。

⑤ 吕世忠：《先秦时期山东的盐业》，《盐业史研究》1998年第3期。

居民："太公望吕尚者，东海上人。"[①]"或曰，吕尚处士，隐海滨。"太公封于齐，即在"海滨"立国。"于是武王已平商而王天下，封师尚父于齐营丘。东就国，道宿行迟。逆旅之人曰：'吾闻时难得而易失。客寝甚安，殆非就国者也。'太公闻之，夜衣而行，犁明至国。莱侯来伐，与之争营丘。营丘边莱。莱人，夷也，会纣之乱而周初定，未能集远方，是以与太公争国。"齐国建国之初，有与莱人的生存空间争夺。经过艰苦创业，国家初步形成了强固的基础。"太公至国，修政，因其俗，简其礼，通商工之业，便鱼盐之利，而人民多归齐，齐为大国。及周成王少时，管蔡作乱，淮夷畔周，乃使召康公命太公曰：'东至海，西至河，南至穆陵，北至无棣，五侯九伯，实得征之。'齐由此得征伐，为大国。都营丘。"齐为"大国"，控制区域"东至海"。而使得国家稳定的重要经济政策之一，是"便鱼盐之利"。

海洋，是齐地重要的自然地理条件，也构成"齐为大国"的人文地理条件的基本要素。"具有许多内陆国家所不能有的海洋文化的特点"[②]，这构成了齐文化的重要基因。

季札作为吴国的使节来到鲁国，"请观周乐"，"歌齐"时，曾经深情感叹道："美哉，泱泱乎，大风也哉！表东海者，其大公乎！国未可量也。"对于"表东海"的解说，杜预注："大公封齐，为东海之表式。"[③]《史记》卷三一《吴太伯世家》："表东海者，其太公乎？"裴骃《集解》引王肃曰："言为东海之表式。"[④]显然，齐国文化风格之宏大，与对"东海"的开发和控制有关。

有学者分析先秦时期的食盐产地，指出："海盐产地有青州、幽州、吴国、越国、闽越五处。"也许以"青州、幽州"和"吴国、越国、闽越"并说并不十分妥当，但是他指出了先秦海盐主要生产基地的大致分布，这一地

---

① 裴骃《集解》："《吕氏春秋》曰：'东夷之土。'"《史记》第1477页。《吕氏春秋·首时》："太公望，东夷之士也。"高诱注："太公望，河内人也。于周丰、镐为东，故曰'东夷之士'。"毕沅曰："《史记》'太公望，东海上人也'。此云河内，不知何本。"许维遹撰，梁运华整理：《吕氏春秋集释》，中华书局2009年版，第322页。高诱应是亦未注意到《史记》下文"或曰，吕尚处士，隐海滨"。

② 张光明：《齐文化的考古发现与研究》，齐鲁书社2004年版，第40页。

③ 《左传·襄公二十九年》，《春秋左传集解》，上海人民出版社1977年版，第1121页，第1124页。

④ 《史记》，第1452页，第1454页。

理判断是可以成立的。论者又认为："先秦时期最重要的海盐产地可能要数青州。""这里所说的'青州'是指西起泰山、东至渤海的广大地区。西周初年所封的齐国就在这个区域之内。"所谓"东至渤海"，也许表述并不准确，不仅"东至"的方向存在问题，而且我们也不能排除齐地现今称作黄海的滨海地区生产食盐的可能。不过，根据文献资料和考古资料，以为"青州的海盐生产"主要"在今莱州湾沿海地区"的意见①，也是有一定说服力的。

《禹贡》写道："海岱惟青州"，"海滨广斥"，"厥贡盐绨，海物惟错"②。"盐"被列为青州贡品第一。而所谓"海物"，可能是指海洋渔产。宋傅寅《禹贡说断》卷一写道："张氏曰：海物，奇形异状，可食者众，非一色而已，故杂然并贡。"③宋人夏僎《夏氏尚书详解》卷六《夏书·禹贡》也说："海物，即水族之可食者，所谓蠃蠃蜃蚳之属是也。"④又如元人吴澄《书纂言》卷二《夏书》："海物，水族排蜃罗池之类。"⑤这里所谓"海物"，主要是指"可食"之各种海洋水产。

宋人林之奇《尚书全解》卷八《禹贡·夏书》解释"海物惟错"，且"鱼盐"并说："此州之土有二种：平地之土则色白而性坟；至于海滨之土，则弥望皆斥卤之地。斥者，咸也，可煮以为盐者也。东方谓之斥，西方谓之卤。齐管仲轻重鱼盐之权，以富齐，盖因此广斥之地也。""厥贡盐绨，盐即广斥之地所出也。……海物，水族之可食者，若蠃蠃蚳之类是也。"⑥宋人陈经《尚书详解》卷六《禹贡·夏书》也写道："盐即广斥之地所出。""错，

① 吉成名：《中国古代食盐产地分布和变迁研究》，中国书籍出版社2013年版，第11-12页。论者还指出，《管子·地数》"齐有渠展之盐"，其地"属于莱州湾沿海地区"。又《世本·作》："宿沙作煮盐。"《说文·盐部》："古者夙沙初作鬻海盐。"段玉裁注："'夙'，大徐作'宿'。古'宿''夙'通用。《左传》有夙沙卫。《吕览注》曰：'夙沙，大庭氏之末世。'《困学纪闻》引《鲁连子》曰：'古善渔者，宿沙瞿子。'又曰：'宿沙瞿子善煮盐。'许所说盖出《世本·作》篇。"论者以为，"夙沙部落就在春秋时期齐国的管辖范围之内"。据文献资料、考古资料和口碑资料推测，"春秋以前夙沙氏（宿沙氏）就在今山东半岛西北部的莱州湾"。吉成名：《中国古代食盐产地分布和变迁研究》，第13页。

② 〔清〕阮元：《十三经注疏》，中华书局据原世界书局缩印本1980年影印版，第147-148页。

③ 〔宋〕傅寅：《禹贡说断》，清文渊阁《四库全书》本。

④ 〔宋〕夏僎：《夏氏尚书详解》，清《武英殿聚珍版丛书》本。

⑤ 〔元〕吴澄：《书纂言》，清文渊阁《四库全书》本。

⑥ 〔宋〕林之奇：《尚书全解》，清文渊阁《四库全书》本。

杂，非一也。海物，鱼之类，濒海之地所出，故贡之。"①"鱼盐"代表的海洋资源，是齐国经济优势所在。其中的"鱼"，按照《禹贡》的说法，即"海物"，是包括各种"奇形异状"的"水族之可食者"的。宋人袁燮《絜斋家塾书钞》卷四《夏书》也说："青州产盐，故以为贡。……海错，凡海之所产，杂然不一者。"②又如《书经注》卷三《夏书》："海物非一种，皆杂。"③宋人蔡沈《书经集传》卷二《夏书·禹贡》："错，杂也，海物非一种，故曰错。林氏曰：既总谓之海物，则固非一物矣。"④宋人胡士行《尚书详解》卷三《禹贡第一·夏书》解释"海物惟错"也说："海杂物，非一种。"⑤又宋人黄伦《尚书精义》卷一〇写道："海物奇形异状，可食者广，非一色而已。故杂然并贡。错，杂也。"⑥

2. "擅海滨鱼盐之利"与齐的富强

"鱼盐"资源的开发，使齐人得到了走向富足的重要条件。《太平御览》卷八二引《尸子》："昔者桀纣纵欲长乐以苦百姓，珍怪远味，必南海之荤，北海之盐，西海之菁，东海之鲸。此其祸天下亦厚矣。"⑦此"北海之盐"或可理解为北方游牧区与农耕区交界地带的"池盐"⑧，亦未可排除指渤海盐产的可能。

杨宽在总结西周时期开发东方的历史时指出："新建立的齐国，在'辟草莱而居'的同时，就因地制宜，着重发展鱼盐等海产和衣着方面的手工业。"⑨《史记》卷一二九《货殖列传》写道：

---

① 〔宋〕陈经：《尚书详解》，清文渊阁《四库全书》本。

② 〔宋〕袁燮：《絜斋家塾书钞》，清文渊阁《四库全书》本。

③ 〔宋〕金履祥：《书经注》，清《十万卷楼丛书》本。

④ 〔宋〕蔡沈：《书经集传》，清文渊阁《四库全书》本。

⑤ 〔宋〕胡士行：《尚书详解》，清文渊阁《四库全书》本。

⑥ 〔宋〕黄伦：《尚书精义》，清文渊阁《四库全书》本。

⑦ 〔宋〕李昉等：《太平御览》，第386页。"南海之荤，北海之盐"，《太平御览》卷八六五引作"南海之荤，北海之盐"，见《太平御览》第3839页。

⑧ 《史记》卷一二九《货殖列传》："山东食海盐，山西食盐卤。"大体说明了秦汉时期盐业的产销区划。"盐卤"，张守节《史记正义》："谓西方咸地也。坚且咸，即出石盐及池盐。"见《史记》第3269页。

⑨ 杨宽：《西周史》，上海人民出版社1999年版，第587页。

太公望封于营丘，地潟卤，人民寡，于是太公劝其女功，极
技巧，通鱼盐，则人物归之，襁至而辐凑。故齐冠带衣履天下，海
岱之间敛袂而往朝焉。①

《汉书》卷二八下《地理志下》：

太公以齐地负海舄卤，少五谷而人民寡，乃劝以女工之业，
通鱼盐之利，而人物辐凑。②

"鱼盐"资源的开发，使齐人有了走向富足的重要条件。宋人黄度《尚书
说》卷一《虞书》也写道："海滨之地，广阔斥卤，鱼盐所出。……（青
州）无泽薮而擅海滨鱼盐之利，太公尝以辐凑人物，管仲用之，遂富其
国。"③海滨"鱼盐所出""鱼盐之利"，通过执政者的合理经营，即所
谓"管仲轻重鱼盐之权"，使齐国在经济发展中占据领先地位，"遂富其
国"。而所谓"太公尝以辐凑人物，管仲用之"，说明包括智才集结与文化
融汇在内的文化进程，也因这种经济条件得到了促进。

《史记》卷六九《苏秦列传》载苏秦说赵肃侯语："君诚能听臣，燕
必致旃裘狗马之地，齐必致鱼盐之海，楚必致橘柚之园，韩、魏、中山皆
可使致汤沐之奉，而贵戚父兄皆可以受封侯。"④强调齐国最强势的经济构
成是"鱼盐之海"。齐国在海洋资源开发方面的优势，使得其地位得到提
升。《国语·齐语》说齐桓公的政策："通齐国之鱼盐于东莱，使关市几而
不征，以为诸侯利。诸侯称广焉。"开放的经济模式，使得诸侯因流通得
利，于是这种政策得到了赞许和拥护。所谓"通齐国之鱼盐于东莱"，韦昭
注："言通者，则先时禁之矣。东莱，齐东莱夷也。"对于"使关市几而不
征"的政策，韦昭解释说："几，几异服，识异言也。征，税也，取鱼盐者
不征税，所以利诸侯，致远物也。"就是说，齐国竞争力最强的商品"鱼
盐"，获得了免税的流通交易条件。所谓"诸侯称广焉"，韦昭注："施惠

---

① 《史记》，第3255页。

② 《汉书》，第1660页。

③ 〔宋〕黄度：《尚书说》，清文渊阁《四库全书》本。

④ 《史记》，第2245页。《太平御览》卷九六六引《史记》曰："苏秦说燕文侯曰：'君诚能听臣，
齐必致鱼盐之海，楚必致橘柚之园。'"见《太平御览》第4285页。

广也。"①也就是说，齐地"取鱼盐者"的生产收获，通过流通程序，对于滨海地区之外的积极的经济影响也是显著的。

还应当注意到，"海物"即"水族之可食者"的"贡""致远""施惠广"，这种远途运输过程，在当时保鲜技术落后的条件下，往往是需要利用"盐"予以必要加工方可以实现的。

考察中国古代盐业史，应当注意到齐地盐业较早开发的历史事实。就海洋资源的开发和利用而言，齐人也是先行者。

3. 《管子》论"海王之国"

《史记》卷三二《齐太公世家》记述齐桓公时代齐国的崛起："桓公既得管仲，与鲍叔、隰朋、高傒修齐国政，连五家之兵，设轻重鱼盐之利，以赡贫穷，禄贤能，齐人皆说。"②

《管子·海王》提出了"海王之国"的概念。文中"管子"与"桓公"的对话，讨论立国强国之路，"海王之国，谨正盐策"的政策得以明确提出：

…… ……

桓公曰："然则吾何以为国？"

管子对曰："唯官山海为可耳。"

桓公曰："何谓官山海？"

管子对曰："海王之国，谨正盐策。"③

什么是"海王"？按照马非百的理解，"此谓海王之国，当以极慎重之态度运用征盐之政策"④。

盐业对于社会经济生活地位之重要，受到齐人的重视。而这一重要海产，也成为国家经济的主要支柱。

有注家说："'海王'，言以负海之利而王其业。"⑤或说："海王之

---

① 上海师范学院古籍整理组：《国语》，上海古籍出版社1978年版，第247-248页。

② 《史记》，第1487页。

③ 黎翔凤撰，梁运华整理：《管子校注》，第1246页。

④ 马非百：《管子轻重篇新诠》，第193页。

⑤ 〔明〕刘绩：《管子补注》卷二二，清文渊阁《四库全书》本。

国：指依靠海洋资源而兴旺起来的国家。"①马非百则认为："'海王'当作'山海王'。山海二字，乃汉人言财政经济者通用术语。《盐铁论》中即有十七见之多。本篇中屡以'山、海'并称。又前半言盐，后半言铁。盐者海所出，铁者山所出。正与《史记·平准书》所谓'齐桓公用管仲之谋，通轻重之权，徼山海之业，以朝诸侯。用区区之齐显成霸名'及《盐铁论·轻重篇》文学所谓'管仲设九府徼山海'之传说相符合。"②然而言"盐者海所出"在先，也显然是重点。篇名《海王》，应当就是原文无误。

对于所谓"官山海"，马非百以为："'官'即'管'字之假借"。又指出："本书'官'字凡三十见。其假'官'为'管'者占其大多数。""又案：《盐铁论》中，除'管山海'外，又另有'擅山海'（《复古》）、'总山海'（《园池》）、'徼山海'（《轻重》）及'障山海'（《国病》）等语，意义皆同。"③

在春秋时代，"齐国的海盐煮造业"已经走向"兴盛"。至战国时代，齐国的"海盐煮造业更加发达"。《管子·地数》所谓"齐有渠展之盐"，即反映了这一经济形势。杨宽指出："海盐的产量比较多，流通范围比较广，所以《禹贡》说青州'贡盐'。"④

4. "正盐策"的制度开创意义

在有关齐国基本经济政策的讨论中，对于桓公"何谓正盐策"的提问，管子回答说：

> 十口之家十人食盐，百口之家百人食盐。终月，大男食盐五升少半，大女食盐三升少半，吾子食盐二升少半。——此其大历也。盐百升而釜。今盐之重升加分强，釜五十也。升加一强，釜百

---

① 长春新华印刷厂、吉林化肥厂、国营长春机械厂、中国人民解放军三〇三六部队、吉林省哲学社会科学研究所《管子》注释组：《管子选注》，第162页。

② 马非百：《管子轻重篇新诠》，第188页。

③ 马非百：《管子轻重篇新诠》，第192页。

④ 关于"渠展"，杨宽注："前人对渠展，有不同的解释，尹知章注认为是'沸水（即济水）所流入海之处'。张佩纶认为'勃'有'展'义，渠展是勃海的别名（见《管子集校》引）。钱文霈又认为'展'是'养'字之误，渠展即《汉书·地理志》琅邪郡长广县西的奚养泽（见《钱东斋述学》所收《管子地数篇释》引）。"见杨宽：《战国史》（增订本），上海人民出版社1998年版，第102页。

也。升加二强，釜二百也。钟二千，十钟二万，百钟二十万，千钟二百万。万乘之国，人数开口千万也。禺策之，商日二百万，十日二千万，一月六千万。万乘之国正九百万也。月人三十钱之籍，为钱三千万。今吾非籍之诸君吾子，而有二国之籍者六千万。使君施令曰："吾将籍于诸君吾子。"则必嚣号。今夫给之盐策，则百倍归于上，人无以避此者，数也。

对于"正盐策"之"正"，马非百以为："《地数篇》'君伐菹薪，煮沸水以为盐，正而积之三万钟'之正。正即征，此处当训为征收或征集，与其他各处之训为征税者不同。"马非百说："盖本书所言盐政，不仅由国家专卖而已，实则生产亦归国家经营。观《地数篇》'君伐菹薪，煮沸水以为盐'及'阳春农事方作，令北海之众毋得聚庸而煮盐'，即可证明。惟国家经营，亦须雇佣工人。工人不止一人，盐场所在又不止一处，故不得不'正而积之'。"[1]

《管子·海王》写道："十口之家十人食盐，百口之家百人食盐。"[2]又《管子·地数》："十口之家，十人咶盐，百口之家，百人咶盐。"[3]汉章帝时，"谷帛价贵，县官经用不足，朝廷忧之"。在对于经济政策的讨论中，尚书张林言盐政得失，有"盐者，食之急也"语。[4]所谓"正盐策"之所以能体现出执政者的智慧，在于"盖盐之为物乃人生生活之必需品，其需要为无伸缩力的。为用既广，故政府专利，定能收入极大之利也"。有的学者认为："所言盐政，不仅由国家专卖而已，实则生产亦归国家经营。"[5]其产、运、销统由国家管理。

《管子·海王》还写道：

桓公曰："然则国无山海不王乎？"

管子曰："因人之山海，假之名有海之国雠盐于吾国，釜十五，吾受而官出之以百。我未与其本事也，受人之事，以重相

---

① 马非百：《管子轻重篇新诠》，第193页。
② 黎翔凤撰，梁运华整理：《管子校注》，第1246页。
③ 黎翔凤撰，梁运华整理：《管子校注》，第1364页。"咶"，《太平御览》卷八六五引作"舐"。见《太平御览》第3839页。
④ 《晋书》卷二六《食货志》，中华书局1974年版，第793页。
⑤ 马非百：《管子轻重篇新诠》，第193页。

推。此人用之数也。"[1]

所谓"因人之山海，假之名有海之国雠盐于吾国"，也体现出"山海"之中，"海"尤为重。而齐国的盐政，是包括与"雠盐"相关的盐的储运和贸易的。

盐是最基本的生活必需品，是维持社会正常经济生活不可或缺的重要物资。秦汉帝国"大一统"的规模，使得盐的消费与供应成为重要的社会经济问题[2]，盐业管理也成为国家行政任务[3]。汉武帝时代，最高执政集团已经清醒地认识到盐业对于国计民生的重要意义，有识见的政治家强烈主张盐业官营，"以为此国家大业，所以制四夷，安边足用之本，不可废也"[4]。汉武帝时代实行盐铁官营，在一定程度上很可能受到齐国"正盐策"经济政策的启示。有学者认为，"齐国对'盐'是官营的。开发海洋（实际是近海）资源给齐国带来了富强"，齐国于是"成为七雄之首"。"从齐国开始，'盐'一直成为我国政府官营的垄断产业，成为无可争辩的、天经地义的一贯国策。"[5]此说中虽"无可争辩""天经地义"诸语或不免有绝对化之嫌，但是指出齐盐政的创始性意义，判断是大体正确的。[6]

二、盐业考古与盐史的新认识

中国考古学出现"盐业考古"这一研究方向，为盐史研究提供了非常好的学术条件。特别是对先秦盐业的考察，因文字记录有限，学界借助"盐业考古"的收获，推进了研究进程。

1. 齐国盐业与盐政的考古学考察

考古学者发现，东周时期山东北部盐业生产的方式发生了历史性的变

---

① 黎翔凤撰，梁运华整理：《管子校注》，第1256页。

② 参看王子今：《汉代人饮食生活中的"盐菜""酱""豉"消费》，《盐业史研究》1996年第1期。

③ 参看王子今：《两汉盐产与盐运》，《盐业史研究》1993年第3期。

④ 《汉书》卷二四下《食货志下》，第1176页。

⑤ 宋正海、郭永芳、陈瑞平：《中国古代海洋学史》，海洋出版社1989年版，第8页。

⑥ 王子今：《盐业与〈管子〉"海王之国"理想》，《盐业史研究》2014年第3期。

化。2010年小清河下游盐业考古调查的收获①，可以提供有意义的研究资料。

付永敢指出："根据调查的情况来看，这一时期的工艺应有所创新，开始使用一种大型圜底瓮作为制盐陶器，盐灶大致为圆形。"除了工具的进步之外，生产组织和管理方式似乎也发生了变化："单个作坊的面积和规模明显有扩大的趋势。"论者还注意到："小清河下游的多数东周遗址中，生活用陶器较为罕见。但是部分面积较大的遗址又可见到较多生活用陶器，个别遗址甚至以生活用陶器为主，发现的制盐陶器反而极少。"从这一现象中，我们是可以发现反映生产组织和管理方式的若干迹象的。"这种生活用陶器与制盐陶器分离的情况说明东周时期生产单位与生活单位并不统一，也就是说盐工在一个固定地方生活，而盐业生产则分散于各个作坊。进一步推论，东周时期应该已经存在较大规模的生产组织，这些组织极可能是由齐国官府主导，也有可能是受某些大的势力支配。"②

2010年小清河下游盐业考古调查发现数处规模较大的东周遗址，面积超过6万平方米。以编号为N336的北木桥村北遗址为例：其面积约8万平方米，地表遗物丰富，以东周时期的生活用陶器为主，主要器型有壶、釜、豆、盆、盂等，然而少见大瓮一类制盐陶器。③作为制盐工具的陶器发现较少，也有这样的可能，即当时已经实行如汉武帝盐铁官营时"因官器作煮盐，官与牢盆"④的制度。"官器"的管理和控制比较严格。

遗址还发现齐国陶文，如"城阳众""豆里□"等。⑤有学者推断，这样的遗址"很可能承担周边作坊的生活后勤任务，是具有区域管理职能的大型聚落"。论者分析："在统一管理和支配之下，制盐作坊才有能力突破淡水等生活资源的局限，扩大生产规模，而无需考虑生产和生活成本。目前所见东周时期煮盐作坊遗址多围绕大遗址分散布局的态势，可能正是缘于这一

---

① 山东大学盐业考古队：《山东北部小清河下游2010年盐业考古调查简报》，《华夏考古》2012年第3期。
② 付永敢：《山东北部晚商西周煮盐作坊的选址与生产组织》，《考古》2014年第4期。
③ 山东大学盐业考古队：《山东北部小清河下游2010年盐业考古调查简报》，《华夏考古》2012年第3期。
④ 《史记》卷三〇《平准书》，第1429页。
⑤ 刘海宇：《寿光北部盐业遗址发现齐陶文及其意义》，山东大学东方考古研究中心编：《东方考古第8集》，科学出版社2011年版。

点。"①根据这些论据作出的如下判断是正确的："东周时期的盐业生产至少有两个明显的特点。其一，煮盐作坊的规模有所扩大，地域分布也更为广泛，盐业生产较晚商西周有扩大的趋势。其二，生产组织规模较大，煮盐作坊可能具有官营性质。"

这样的判断，"可以在古文献中找到相应的证据"，论者首先引录《管子·海王》和《管子·轻重甲》的相关论说，又指出，"类似的记载还见于《左传》《国语》《战国策》等文献"。②

有的学者较全面地分析了相关资料，并以考古发现的新信息证实了文献记载。考古资料说明，"殷墟时期至西周早期是渤海南岸地区第一个盐业生产高峰期"。这一地区"还发现了规模和数量远超过殷墟时期，制盐工具也不同于这个阶段的东周时期盐业遗址群"，"说明东周时期是渤海湾南岸地区第二个盐业生产高峰期"。考古学者告诉我们，莱州湾南岸地带的盐业遗址群包括：广饶县东马楼遗址群，南河崖遗址群；寿光市大荒北央遗址群，官台遗址群，王家庄遗址群，单家庄遗址群；潍坊滨海开发区韩家庙子遗址群，固堤场遗址群，烽台遗址群，西利渔遗址群；昌邑市东利渔遗址群，唐央—火道遗址群、辛庄与廒里遗址群。黄河三角洲地区的盐业遗址群包括：东营市刘集盐业遗址；利津县洋江遗址，南望参遗址群；沾化县杨家遗址群；无棣县邢山子遗址群；海兴县杨埕遗址群；黄骅市郛堤遗址。"春秋末年和战国时期，齐国的北部边界应在天津静海一带。"这一时期，"渤海南岸地区（古今黄河三角洲和莱州湾）属于齐国的北部海疆范围"。考古学者还注意到，"盐业遗址群出土生活器皿以及周围所见墓葬形制、随葬品组合与齐国内陆地区完全相同，也说明其物质文化属于齐文化范畴"。因此判断，"目前在渤海南岸地区所发现的东周时期盐业遗址群应是齐国的制盐遗存"。

据渤海湾南岸制盐遗存考古收获可知，"每处盐场延续的时间较长"，"盐工们长期生活在盐场一带，死后也埋在周围"。这体现出盐业生产形式

① 论者指出："在滨海平原地带，地下水的矿化度普遍较高，多为卤水或咸水，雨季洼地积水很短时间内即被咸化，而地势较高的地方多能发现一定数量的淡水，譬如贝壳堤等因为能提供淡水，往往成为沿海遗址的所在地。大荒北央遗址群附近的郭井子贝壳堤处即有龙山文化遗址及东周煮盐作坊遗址。"原注："山东大学东方考古研究中心等：《山东寿光市北部沿海环境考古报告》，《华夏考古》2005年第4期。"

② 付永敢：《山东北部晚商西周煮盐作坊的选址与生产组织》，《考古》2014年第4期。

的恒定性。盐业遗址"多以群的形式出现，群与群之间相隔2—5千米"，间距、排列非常有规律，应是"人为规划的结果"。"每群的盐业遗址数量在40—50处应是常数。单个遗址规模一般在2万平方米上下。调查还发现每个盐业遗址就是一个制盐单元，每个单元内有若干个制盐作坊。盐业遗址群的分布、数量、规模和内部结构的一致性说明当时存在着某种规制，这显然是统一或整体规划的结果。""制盐工具的形态与容量也大致相同"，也被看作"某种定制或统一规划的结果"。"盐场内普遍发现贵族和武士的墓地，他们应是盐业生产的管理者、保护者。"研究者于是得出这样的判断："这个时期渤海南岸地区的盐业生产和食盐运销应是由某个国家机构统一组织、控制和管理下的，或者说是存在盐业官营制度。"论者以为，根据考古发现可以说明，"齐国盐政的制度可提早到齐太公时期，齐桓公和管仲继承、加强之，汉代只是延续了太公和管仲之法而已"。通过考古工作的收获，"我们对先秦两汉文献所呈现的齐国规模化盐业生产水平、制盐方式、起始年代以及盐政等经济思想有了更深入的了解。同时，对《管子》轻重诸篇形成年代、所呈现的社会情景也有了新的认识视角"[1]。

这样的学术意见，是有史实依据的。看来，齐国确曾推行盐业官营制度，并以此作为富国强国的基础。这种官营，似并不限于税收管理，也不仅仅是运销的官营，而包括对于生产的国家规划、国家控制和国家管理。一些学者认为，管仲时代盐业既有官制又有民制，以民制为主，官制为辅，民制之盐由官府收买和运销。[2]这样的认识，与考古资料对照，也许还需要再作斟酌。

2. 盐业考古的历史性进步

盐史研究近年因盐业考古的成就有了显著的推进。中国盐业考古学术收获的集中体现，是李水城、罗泰（Lothar von Falkenhausen）主编的《中国

[1] 燕生东、田永德、赵金、王德明：《渤海南岸地区发现的东周时期盐业遗存》，《中国国家博物馆馆刊》2011年第9期。

[2] 廖品龙：《中国盐业专卖溯源》，《盐业史研究》1988年第4期；薛宗正：《盐专卖制度是法家抑商思想政策化的产物》，《盐业史研究》1989年第2期；罗文：《齐汉盐业专卖争议之我见》，《益阳师专学报》1991年第2期；谢茂林、刘荣春：《先秦时期盐业管理思想初探》，《江西师范大学学报（哲学社会科学版）》1996年第1期；马新：《论汉武帝以前盐政的演变》，《盐业史研究》1996年第2期；蒋大鸣：《中国盐业起源与早期盐政管理》，《盐业史研究》1996年第4期；张荣生：《中国历代盐政概说》，《盐业史研究》2007年第4期。

盐业考古》的面世。

《中国盐业考古（第一集）——长江上游古代盐业与景观考古的初步研究》[1]收录了北京大学考古学系与加州大学洛杉矶分校考古研究所、成都市文物考古研究所、亚拉巴马大学人类学系共同撰写的《1999年盐业考古田野调查报告》等4篇田野考察发掘报告，另有李小波的《四川古代盐业开发的地质基础》、巴盐的《尖底杯：一种可能用于制盐的器具》等4篇专题研究论文。《中国盐业考古（第二集）——国际视野下的比较观察》[2]发表的傅汉斯《从煎煮到曝晒——再谈帝国时代的中国海盐生产技术》一文从技术考古的角度考察了海盐生产史上的"发明和革新"。《中国盐业考古（第三集）——长江上游古代盐业与中坝遗址的考古研究》[3]所收录论文与报告以长江三峡地区为主要学术对象，中坝的考古发现尤其受到重视。孙智彬的《重庆忠县中坝制盐遗址的发现及相关研究》，白九江、邹后曦的《船形杯及其制盐功能的初步探讨》，李水城的《渝东至三峡地区的盐业考古》等论文都有相当高的学术品质。傅罗文的《新石器时代和青铜时代中坝遗址的动物资源开发》，赵志军等的《中坝遗址浮选结果分析报告》，李宜垠等的《中坝制盐遗址的孢粉分析与古植被、古环境》等报告，发表了作者经艰苦考察研究所得到的重要信息。正如罗泰在《导言》中所说，有些成果"运用了不同的自然科学分析方法——这些方法在近年大大拓展了考古学的探索"，所得收获体现出"我们对长江上游盆地古代制盐业的时间跨度、规模、技术和经济重要性的认识有了巨大的飞跃"[4]。

《中国盐业考古》所展示的长江上游地区的工作收获，可以称作中国盐业考古具有开创意义的成果。这一工作对其他地方的盐业考古有所带动，有所启示。在进行长江三峡盐业考古的同时，李水城教授又前往渤海南岸开展

---

[1] 李水城、罗泰（Lothar von Falkenhausen）：《中国盐业考古（第一集）——长江上游古代盐业与景观考古的初步研究》，科学出版社2006年版。

[2] 李水城、罗泰（Lothar von Falkenhausen）：《中国盐业考古（第二集）——国际视野下的比较观察》，科学出版社2010年版。

[3] 李水城、罗泰（Lothar von Falkenhausen）：《中国盐业考古（第三集）——长江上游古代盐业与中坝遗址的考古研究》，科学出版社2013年版。

[4] 李水城、罗泰（Lothar von Falkenhausen）：《中国盐业考古（第三集）——长江上游古代盐业与中坝遗址的考古研究》，第2页。

了全面的盐业考古调查，确认莱州湾沿海一带分布的大量商周古遗址应与早期的海盐制作有密切关系，而遗址中堆积的大量盔形器无疑就是此前有学者推测的制盐器具。结合中国北方沿海第四纪地下卤水的分布，可进一步将莱州湾沿海的遗址划分为高密度（生产区）和低密度（生活区）两个区。[①]通过与日本早期制盐遗址的比较研究，证实两个国家在早期海盐制作工艺和技术方法上都非常之相似。[②]上述重要发现揭开了莱州湾早期海盐制造业的神秘面纱，并涉及商周时期制盐业的生产工艺、生产组织、产业规模、盐政及相关的贸易流通等一系列问题，其后续成果必将对先秦时期的历史、文化、政治、经济、贸易、军事等研究起到积极的推动作用。在上述工作的带动下，2008年，国家文物局在"指南针计划"专项研究中特别设立"中国早期盐业文明与展示试点研究""中国海南洋浦海盐生产遗址调查与利用研究"两个项目。充分利用考古学、文献学、人类学、民俗学及现代科学技术，以中国早期盐业科学价值的发掘为主线，全面考察国内外早期制盐遗址和现存民族传统制盐业的科学成就。

3. 盐史研究拓进的积极动向

《中国盐业考古》所总结的成就被称作"盐业考古的滥觞"。正如罗泰、李水城在第一集的序言中所说，这一项目引发了学者们的兴趣和响应，就考古学界而言，"一些学者开始在他们的考古研究中注意到盐的重要性"[③]。其实，此项收获的更突出的促进作用，是对盐史研究的全面推动。

收入《中国盐业考古（第二集）——国际视野下的比较观察》的陈星灿、刘莉、赵春燕的《解盐与中国早期国家的形成》，就是具有典型意义的论文。张其昀曾指出，"炎黄之战，实为食盐而起"，而黄帝"邑于涿鹿之阿"、尧都平阳、舜都蒲坂、禹都安邑，都在盐池附近，"显与保卫此盐池重地有关"。研究者经过考古实践推定，在甲骨文出现"卤小臣"官职之前，在龙山文化时期晋南盐池周围地区发现的遗址，或是控制食盐远销中原

---

① 李水城等：《莱州湾地区古代盐业考古调查》，《盐业史研究：巴渝盐业专辑》2003年第1期。

② 李水城：《中日早期盐业考古的比较观察：以莱州湾为例》，《考古学研究（6）》，科学出版社2006年版。

③ 李水城、罗泰（Lothar von Falkenhausen）：《中国盐业考古（第一集）——长江上游古代盐业与景观考古的初步研究》，第6页。

的关键地点。在东下冯遗址二里岗期地层中发现的一组圆形建筑"很可能是储存盐的仓库"。论者以为："东下冯作为一个地区中心，其功能应与早期国家控制河东盐业生产和分配密切相关"，于是形成可以说明文明初期盐史与政治史经济史之关系的结论："至迟在公元前二千纪中期，河东盐池的盐业生产和分配就已经由国家介入了，这一政策也许是和国家起源同时诞生的。换句话说，食盐官营是中国早期国家实行的政治策略之一，它有助于早期国家的集权和扩张。"①这样的判断，应当说在考古研究的基点上提出了有关早期文明史的新知。

2008年开始，在教育部支持下，"鲁北沿海地区先秦时期盐业考古"重大科研项目启动，通过考古调查，在莱州湾沿海发现10余处规模很大的制盐遗址群，总计达300余处制盐作坊。通过考古发掘，研究者们首次完整地揭示出商周的制盐作坊和相关配套设施，为了解当时的制盐产业分布、生产规模、生产性质以及制盐工艺等提供了丰富的资料。这一重要发现随即被评选为2009年中国十大考古发现。通过全国第三次文物普查，在莱州湾又发现了规模和数量都远远超过商周时期的"东周制盐遗址群"，这是莱州湾沿海制盐产业进入了第二个高峰的痕迹。在制盐这个龙头产业的带动下，齐国坐大称霸当在情理之中。调查还发现，莱州湾沿海几个大的制盐遗址群在分布、数量、规模和结构上都很一致，表明当时已有了产业上的总体规划管理，制盐陶器的形态和容积都大致相同，暗示当时的制盐陶器兼有量具的功能。通过与国外的同类遗址进行比较，我们发现此类现象非常有利于促进生产和商贸的流通。考古发掘表明，东周时期，制盐产业规模进一步扩大，生产技术和产量都有很大的提高，最为直观的就是制盐陶器的容积和尺寸较之商周时期大为扩增②。上述发现和研究，对于盐史研究的深化，有着重要的意义。

4. 世界视野：中国盐业考古的新境界与新路径

自1996年美国加州大学洛杉矶分校罗泰教授与北京大学考古系商洽"长江上游及周边地区古代盐业的景观考古"国际合作开始，中国盐业考古从起

---

① 李水城、罗泰（Lothar von Falkenhausen）：《中国盐业考古（第二集）——国际视野下的比较观察》，第48页，第54页，第62页，第64页。

② 山东省文物考古所等：《山东昌邑市盐业遗址调查简报》，《南方文物》2012年1期。

始就坚持着开放式的工作方式。1999年初，该项目得到国家文物局批准，随即组成的"中美盐业考古"项目组在成都、自贡、渝东及三峡等地进行了合作调查。1999—2003年，"中美盐业考古"项目组参加了忠县中坝制盐遗址的发掘。发掘期间，一些国际知名的盐业考古和盐业史专家来工地考察，并在北京大学、四川大学以及四川省和重庆市的考古文博机构举办学术讲座，介绍世界各地盐业考古的发现与研究。"中美盐业考古"项目组在山东、甘肃、西藏、云南、海南考察之外，又先后前往德国、法国考察，全面了解国内外的制盐遗址和传统制盐产业的状况。在此基础上，项目组将研究视角进一步扩展到欧洲、美洲、非洲、大洋洲以及东亚的日本和东南亚的越南、菲律宾等地。2007—2010年，承法国外交部和文化部资助，应法国国家考古博物馆邀请，北京大学考古系师生前往摩泽尔省参加塞耶（Seille）河谷的制盐遗址发掘。这里是欧洲最重要的早期制盐遗址之一，也是盐业考古的起源地。从2004年开始，"中美盐业考古"项目组又分别在美国加州大学、德国图宾根大学、山东寿光等地以"跨文化视角下的中国早期盐业生产""长江上游盆地古代盐业的比较观察""黄河三角洲盐业考古"为主题，举办国际学术会议。中外考古学家还在全美考古学年会、东亚考古学年会及其他一些重要的学术场合介绍了中国盐业考古的发现与研究成果。

《中国盐业考古（第二集）——国际视野下的比较观察》所收论文的作者分别来自中国、美国、德国、法国、瑞士、土耳其、日本。论文报告了世界各地盐业考古的学术成果，时间从史前时期至中世纪，空间则包括东亚和东南亚的中国、日本、越南、菲律宾，近东和欧洲的土耳其、德国、法国、英格兰，以及美洲若干地方。相关的比较研究还涉及南太平洋、非洲等地的现今土著制盐产业。世界视野无疑有助于中国盐业考古的进步。国际学者的学术经验对于深化中国的盐业考古研究也具有重要的借鉴意义。《中国盐业考古》采用双语出版，当然也大有益于国际学术交流。①

---

① 王子今：《盐业考古与盐史研究的新认识》，《光明日报》2015年7月22日。

三、西汉水盐业资源的开发与早期秦史

在秦人早期发展的历史迹象中，已可见对盐产资源和盐运线路的重视。秦人起初以今甘肃天水地方作为发展基地。在西汉水上游地方多有秦人早期活动的重要遗址发现。回顾秦人早期发展的历史，我们可以看到重视盐产资源开发与盐运路线建设的文化传统。

秦文化得以在这一地方迅速崛起，很可能与秦人利用了早期盐业开发的优越条件有关。

1. "盐官"与"盐官水"

在秦文化崛起的最初的根据地，曾经有占据盐业生产优势地位的条件。《水经注》卷二〇《漾水》可见相关记述：

> ……西汉水又西南径始昌峡。《晋书·地道记》曰："天水，始昌县故城西也，亦曰清崖峡。"西汉水又西南径宕备戍南，左则宕备水自东南、西北注之。右则盐官水南入焉。水北有盐官，在嶓冢西五十许里。相承营煮不辍，味与海盐同。故《地理志》云"西县有盐官"[1]是也。其水东南径宕备戍西，东南入汉水。[2]

"西汉水"上游正是秦人早期活动区域。《汉书》卷二八下《地理志下》"陇西郡""有……盐官"的记载[3]，是较早的比较明确的对于这一地方盐产资源的记录。"相承营煮不辍，味与海盐同"，言开发已久，而盐产品质优异。

《水经注》所谓"西汉水……右则盐官水南入焉"以及"水北有盐官"，明说水因"盐官"得名。

---

① 《汉书》卷二八下《地理志下》："陇西郡，秦置。莽曰厌戎。户五万三千九百六十四，口二十三万六千八百二十四。有铁官、盐官。"第1610页。
② 〔北魏〕郦道元著，陈桥驿校证：《水经注校证》，中华书局2007年版，第479页。
③ 《汉书》，第1610页。

天水放马滩1号秦墓出土木板地图，有学者判定其年代为战国时期。[①]
这组重要文物显示的信息，对于中国古代地图史、测量学史和地理学研究均
有重要意义，也有益于考察当地生态环境史的面貌。而自然条件与经济开发
形式的密切关系，也得以揭示。[②]图中关隘用特殊形象符号表示，发掘者和
研究者多称"关"，共见8处。即木板地图二（M1·7B、8B、11B）2处，
木板地图三（M1·9）5处，木板地图四（M1·12A）1处。由此也可以了
解秦交通管理制度的严格。[③]承甘肃省文物考古研究所张俊民研究员提示，
肩水金关汉简有简文"张掖肩水塞闭门关啬夫粪土臣"（73EJT1:18），其
中"'闭''关'二字的写法，虽有稍许差异，但仍可以看作是一个字"。
又如"□肩水都尉步安谓监领关□"（73EJT3:110A），字体中"关"字
形"像'闭'字"，"按照文义可以做'关'字释读"[④]。这一意见可以赞
同。木板地图二（M1·7B、8B、11B）2处与木板地图三（M1·9）5处的
"关"[⑤]，则如雍际春所说，"以两个半月形点对称绘于河流两岸"[⑥]，均
表示对河流航道的控制，应理解为水运木材的交通方式的体现。承陕西省考

① 关于放马滩秦地图的绘制年代，尚有不同的判断。何双全以为当在秦始皇八年（前239）（《天水
放马滩秦墓出土地图初探》，《文物》1989年第2期）。朱玲玲赞同此说（《放马滩战国地图与先
秦时期的地图学》，《郑州大学学报（哲学社会科学版）》1992年第1期）。任步云以为可能在秦
始皇八年（前239）或汉高帝八年（前199）或文帝八年（前172）（《放马滩出土竹简〈日书〉刍
议》，《西北史地》1989年第2期）。李学勤以为在秦昭襄王三十八年（前269）（《放马滩简中的
志怪故事》，《文物》1990年第4期）。张修桂以为在秦昭襄王之前的公元前300年以前，并将图分
为两组，分别各有推论（《天水〈放马滩地图〉的绘制年代》，《复旦学报（社会科学版）》1991
年第1期）。雍际春以为在秦惠文王后元年间，约为公元前323年至公元前310年（《天水放马滩木
板地图研究》，甘肃人民出版社2002年版，第42页）。《天水放马滩墓葬发掘报告》说："绘成
时代早于墓葬年代，当应在公元前二三九年之前，属战国中期的作品。"（甘肃省文物考古研究所
编：《天水放马滩秦简》，中华书局2009年版，第131页）

② 甘肃省文物考古研究所：《天水放马滩墓葬发掘报告》，载甘肃省文物考古研究所编《天水放马滩
秦简》，中华书局2009年版；雍际春：《天水放马滩木板地图研究》，甘肃人民出版社2002年版。

③ 何双全：《天水放马滩秦墓出土地图初探》，《文物》1989年第2期；曹婉如：《有关天水放马滩
秦墓出土地图的几个问题》，《文物》1989年第12期；王子今：《秦人经营的陇山通路》，《文
博》1990年第5期。

④ 张俊民：《肩水金关汉简〔壹〕释文补例》，武汉大学简帛网，http://www.bsm.org.cn/show_article.
php?id=2112，访问日期：2014年12月16日。

⑤ 《天水放马滩墓葬发掘报告》以为"加圆点"表示的也是"关口"，见《天水放马滩秦简》，第
120页，第150页。

⑥ 雍际春：《天水放马滩木板地图研究》，第96页。

古研究院《考古与文物》编辑部张鹏程编审见告，榆林以北河道两侧发现的汉代建筑遗存，与放马滩秦地图展示出的这种设置十分相近。秦人较早开发水运的情形值得注意。《战国策·赵策一》记载，赵豹警告赵王应避免与秦国对抗："秦以牛田，水通粮，其死士皆列之于上地，令严政行，不可与战。王自图之！"①缪文远订补董说《七国考》卷二《秦食货》"牛田"条说："'水通粮'原作'通水粮'，误。"②所谓"水通粮"，是形成"不可与战"之优越国力的重要因素。《说文·水部》："漕，水转谷也。"关于这种对中国古代社会经济交流和政治控制意义重大的运输方式的启用，秦人曾经有重要的贡献。《石鼓文·霝雨》说到"舫舟"的使用，可见秦人很早就沿境内河流从事水上运输。③《左传·僖公十三年》记述秦输粟于晋"自雍及绛相继"的所谓"汛舟之役"，杜预《集解》："从渭水运入河、汾。"④这是史籍所载的规模空前的运输活动。中国历史上第一次大规模河运的记录，是由秦人创造的。《战国策·楚策一》记载张仪说楚王时，炫耀秦国的水上航运能力："秦西有巴蜀，方船积粟，起于汶山，循江而下，至郢三千余里。舫船载卒，一舫载五十人，与三月之粮，下水而浮，一日行三百余里；里数虽多，不费马汗之劳，不至十日而距扞关。"⑤如果这一记录可以看作说士的语言恐吓，则灵渠的遗存，又提供了秦人在统一战争期间开发水利工程，以水力用于军运的确定的实例。据《华阳国志·蜀志》，李冰曾经开通多处水上航路，于所谓"触山胁溷崖，水脉漂疾，破害舟船"之处，"发卒凿平溷崖，通正水道"。"乃壅江作堋，穿郫江、检江，别支流双过郡下，以行舟船。岷山多梓、柏、大竹，颓随水流，坐致材木，功省用饶。"⑥岷山林业资源的开发，因李冰的经营，可以通过水运"坐致材木"。这可能是最早的比较明确的水运木材的记录。而放马滩秦地图透露的

①　〔汉〕刘向集录：《战国策》，上海古籍出版社1985年版，第618页。

②　〔明〕董说原著，缪文远订补：《七国考订补》，上海古籍出版社1987年版，第183页。

③　郭沫若：《石鼓文研究》，科学出版社1982年版，第47页。

④　《春秋左传集解》，第284页。

⑤　〔汉〕刘向集录：《战国策》，第506页。

⑥　〔晋〕常璩撰，任乃强校注：《华阳国志校补图注》，上海古籍出版社1987年版，第133页。参看王子今：《秦统一原因的技术层面考察》，《社会科学战线》2009年第9期。

相关信息，更可以通过文物资料充实这一知识。^①

"盐官水"以"盐官"命名，不会没有缘由。联想到天水地方早期秦人活动遗迹可见水运开发的明确证据，可以推知此处盐业开发"相承营煮不辍"的产品，有通过"盐官水""西汉水"向其他地方转输的可能。

"盐官水"又见于后世地理书。《太平寰宇记》卷一五〇《陇右道一·秦州》写道："南岈、北岈二岈万有余家。诸葛武侯《表》言：'祁山县去沮五百里，有人万户，瞻其丘墟，信为殷矣。'即谓此。《周地图记》：'其城汉时所筑也。'盐官水在县北一里，自天水县界流来。"^②《明一统志》卷三五《巩昌府·山川》有"盐官水"条："盐官水，在西和县北，自秦州旧天水县界流入。《汉地理志》陇西亦有盐官。唐因号为盐官镇。"^③

2. 秦州上邽"盐井"："盐极甘美，食之破气"

《元和郡县图志》卷二二《成州·长道县》写道："西汉水，东北自秦州上邽县界流入。"随后说到"盐井"：

> 盐井，在县东三十里。水与岸齐，盐极甘美，食之破气。^④

所谓"盐极甘美，食之破气"，称美"盐井"出产的品质。"破气"，谓解除瘴疠之气。《太平御览》卷九六六引《岭表录异》曰："山橘子大者，冬熟，如土瓜。次者如弹丸。其实金色而叶绿，皮薄而味酸，偏能破气。容广之人带枝叶藏之。入脍醋，尤加香美。"^⑤所谓秦州上邽"盐井"产盐"食之破气"，是强调其特殊的养生效能。

《元和郡县图志》卷二二《成州·长道县》在说到"盐官故城"时，也言及盐产的质量：

---

① 王子今、李斯：《放马滩秦地图林业交通史料研究》，《中国历史地理论丛》2013年第2期。

② 〔宋〕乐史撰，王文楚等点校：《太平寰宇记》，中华书局2007年版，第2903页。

③ 〔明〕李贤：《明一统志》，清文渊阁《四库全书》本。据谭其骧主编《中国历史地图集》"元·明时期"部分，仇池山称西汉水。中国地图出版社1982年版，第7册第59-60页。

④ 〔唐〕李吉甫撰，贺次君点校：《元和郡县图志》，中华书局1983年版，第573页。

⑤ 〔宋〕李昉等：《太平御览》，第4287页。

> 盐官故城，在县东三十里，在嶓冢西四十里。相承营煮，味与
> 海盐同。①

所谓"相承营煮，味与海盐同"，据前引《水经注》卷二○《漾水》"相承
营煮不辍，味与海盐同"。

3. "盐官水""盐川镇"与陇山秦岭通道

《嘉庆重修一统志》卷二○○《巩昌府·山川》说到"盐官水"，引录
了《水经注》及《太平寰宇记》文字：

> 盐官水，在西和县东北。《水经注》："盐官水，在嶓冢西
> 五十许里，相承营煮不辍，味与海盐同。故《地理志》云：西县有
> 盐官是也。其水东南径宕备戍西，东南入汉水。"《寰宇记》：
> "盐官水，在长道县北一里，自天水县界流来。"《府志》："在
> 县东北九十里，源出嶓冢山，西南流经长道川，入白水江。"

同卷《巩昌府·古迹》又说到"盐泉废县"在行政史中的痕迹。其存在又关
系民族史与经济史：

> 盐泉废县，在伏羌县西。《旧唐书·地理志》："武德九年，
> 于伏州废城，置盐泉县。贞观元年，改盐泉为夷宾。二年，并入伏
> 羌县。"《县志》："县西二十里有盐泉铺，即故盐泉县。"《府
> 志》："唐于伏羌县西南故平襄城置盐泉县。"误。

县名"伏羌""夷宾"，体现这一地方民族构成的复杂。"盐泉"资源涉及
不同民族的生存条件和经济基点，显得尤其重要。"盐泉铺"地名，显示出
其在交通史上的意义。又有"盐官城"：

> 盐官城，在西和县东北九十里。《元和志》："在长道县东三十
> 里，嶓冢西四十里，相承营煮，味与海盐同。"《唐书·地理志》：
> "成州有静戎军，宝应元年，徙马邑州于盐井城置。"即此。②

---

① 〔唐〕李吉甫撰，贺次君点校：《元和郡县图志》，第573页。

② 《嘉庆重修一统志》，中华书局1986年版，第12784页，第12804页。"《唐书·地理志》'成州有
静戎军，宝应元年，徙马邑州于盐井城置'即此"句后，清文渊阁《四库全书》本又有如下文字：
"《旧志》：'在今县东北九十里。'"

"盐官城"地名，无疑与曾经在经济生活中行使行政权力的"盐官"有关。史书中又可见"盐川寨""盐川砦""盐川镇""盐川城"的历史存在：

> 盐川城，在漳县西北。《九域志》："熙宁六年，置盐川寨，在通远军西三十里，后改为镇。开禧二年，金分道来伐，使舒穆尔出盐川。嘉定十三年，安丙分遣王仕信等伐金，自宕昌进克盐川镇。"《金史·地理志》："定西州领盐川镇。"《明统志》："元初并盐川镇入陇西县，至元中，置漳县。"按：今漳县，在府南七十里，与《九域志》所纪不同。元以盐川镇地置县，非即镇为县治。旧《志》皆谓盐川砦即县治，误。"舒穆尔"旧作"石抹仲"，今改。①

战争史记录所体现的"盐川寨""盐川砦""盐川镇""盐川城"的军事交通地理作用，于此得到大略的说明。

清齐召南《水道提纲》卷一一《入江巨川一·嘉陵江》有"西汉水"条，其中对"盐官水"的位置与流向有较为具体的记述："西汉水亦曰沔水，即《汉志》误指为《禹贡》之嶓冢导漾者，源出秦川西南之嶓冢山，西南流，曰'漾水'。有小水自东南来会，又西北曲曲流，曰'盐官水'。稍北有横水岭水，南自西和县城东来会。又北有永平水，东北自刑马山来会。折西流至礼县东，有水西北自柏林青阳东，南流经县城东北来注之。又西经县城南，又西折，西南流数十里，曰'长道河'。经西和县西北境折，东南流过仇池山西麓。有岷峨江自西北岷峨山东麓来注之。"②"盐官水"与"礼县"等地的关系，体现这条河流正是秦人早期活动区域的主要水道。而"长道河"的名号，也指示了交通走向。

---

① 《嘉庆重修一统志》，第12804页。
② 〔清〕齐召南：《水道提纲》，清文渊阁《四库全书》本。又〔清〕许鸿磐《方舆考证》卷四二《甘肃五·秦州》引《水道提纲》，清济宁潘氏华鉴阁本。

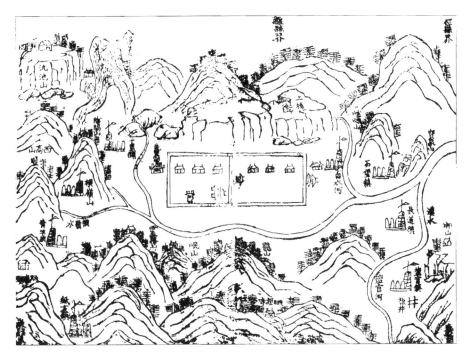

图1-1　清乾隆三十九年《西和县志》"县境全图"标示"盐井""盐官镇""盐官河"
据王树声编著：《中国城市人居环境历史图典》，科学出版社、龙门书局2015年版，
《甘肃宁夏青海新疆卷》第197页

　　清代学者储大文《存砚楼文集》卷七《杂著》篇首即"三谷"条，言"秦入蜀汉道，古纪'三谷'"。其中说到"盐官水"川道的交通地位："宋郭思《祁山神庙记》又以县西北四十里屏风峡为正祁山，而宝泉山在北二十里，上有湫池。汉水在县旧长道县南，源亦出嶓冢，与西汉水合，入白水。武侯军垒比比在其间。夫西汉水者，今盐官水也，在县东北九十里。繇秦州天水界流入汉，白水江在北二里。繇西东流经阶州，会嘉陵江。军垒在汉水西汉水白水之间，是趋天水道也。"①所谓"夫西汉水者，今盐官水也"的意见值得注意。

────────

① 〔清〕储大文：《存砚楼文集》，清文渊阁《四库全书》本。

"盐官水"很可能与盐运通道有关。而所谓"武侯军垒比比在其间",说明诸葛亮六出祁山,可能有与曹魏军争夺盐产资源与盐运路线的战略意图。其实,早在一千多年前,后人称作"盐官"和"盐官水"的盐产优势,很可能已经为秦人先祖所关注。他们就近控制了这一具有战略意义的地方。除满足人畜用盐需求外,此处相对周边占据显著的优势地位,使秦人得以逐步发展,迅速扩张。

4. 西汉水盐产与秦人早期活动轨迹

关于秦人在甘肃礼县附近之早期遗存的区域文化意义,西北大学文化遗产学院王建新教授在与笔者的一次交谈中,曾提出"秦在这里取得生存和发展的优越条件,当与附近的盐业资源有关"的判断。此说信是。后来有学者发表了相关论说。如有的学者在进行秦早期历史的探索时已经注意到"盐业资源的利用与控制"这一重要因素。陶兴华在《秦早期文明追迹》中即指出:"甘肃陇南礼县一带地处西汉水流域,这里山间谷地开阔,自然条件优越,并且有较为丰富的盐业资源,非常适宜于进行大规模的马匹养殖。"[1]赵琪伟在就"陇上的盐官盐井"进行讨论时也写道:"广开卤池是秦人在此牧马成名不可或缺的因素,煮水成盐也是秦人在此'安营扎寨'最终东图关中一统六国的重要战略物资。"[2]相信今后的考古工作可以提供能够说明这一情形的可靠证据。对于秦人早期活动与盐产及盐运的关系,通过进一步的考察,或可获得更真切更具体的认识。

---

① 陶兴华:《秦早期文明追迹》,甘肃教育出版社2016年版,第81页。
② 赵琪伟:《闻名陇上的盐官盐井》,《甘肃日报》2018年11月21日。

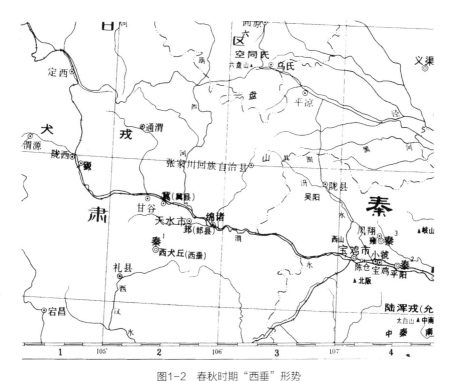

图1-2 春秋时期"西垂"形势

据谭其骧主编：《中国历史地图集》，地图出版社1982年版，第1册，第22-23页

考古学者对礼县秦早期遗址的调查有着丰富收获。其中对盐官镇附近遗址的考古调查值得重视。《西汉水上游考古调查报告》介绍了98处遗址，而盐官镇相关遗址有多达13处，竟然占总数的13.27%。报告执笔者写道：

> 据说当地在汉代以前还生产池盐，唐代以后才转为生产井盐，而唐代这里产盐的盛况可见于杜甫的相关诗篇。

在就遗址地理分布与交通形势进行分析时，《西汉水上游考古调查报告》的执笔者还关注了盐运与秦文化发展的关系：

> 沿红河、上寺河溯流而上可至天水，进入渭河河谷；顺流而下可到盐官镇。这是一条历史悠久的古道，秦人迁徙亦有可能循此路径。[1]

---

[1] 甘肃省文物考古研究所、中国国家博物馆、北京大学考古文博学院、陕西省考古研究院、西北大学文博学院：《西汉水上游考古调查报告》，文物出版社2008年版，第32页，第291页。

有关"盐官镇古道可能是秦人迁徙路径"的判断，是交通史研究的新认识，也是盐业史研究的新认识。

关于杜诗反映"唐代这里产盐的盛况"的作品，应即杜甫《盐井》诗："卤中草木白，青者官盐烟。官作既有程，煮盐烟在川。汲井岁榾榾，出车日连连。自公斗三百，转致斛六千。君子慎止足，小人苦喧阗。我何良叹嗟，物理固自然。"①清人浦起龙以为写作时间为："乾元二年""十月，赴同谷"。又有所分析："忽作述事诗，眼色一换。上八下四截。起二，'卤'场景逼真。以下由'煮'而贩，用蝉联叙。七八，特志时价。'止足'，隐讽在公，明引下文。'小人'，兼煮者贩者。为世乱民困作劳求活而悯之，非讥其逐利也。"②《补注杜诗》注文写道："彦辅曰：《蜀都赋》：家有盐泉之井。"宋黄鹤补注："鹤曰：《唐食货志》云：唐有盐井六百四十，而黔州有井四十一，成州、巂州井各一，果、阆、开、通井百二十三，功、眉、嘉州井十三，梓、遂、绵、合、昌、渝、泸、资、荣、陵、简井四百六十。以井指成州之井而言也。虽《地理志》言秦州长道县有盐，而《食货志》所载盐井则无。故以为是成州之井。且长道本隶成州。又《唐地理志》：成州有静戎军，宝应元年，徙马邑州于盐井城置。""青者官盐烟"句，注："苏曰：郭思《瑶溪诗话》作'直者青盐烟。'""出车日连连"句，注："洙曰：《庄·骈拇》篇：又奚连连如胶漆，缠纠连结也。天启曰：连连，言运载不辍也。""自公斗三百，转致斛六千"句，注："洙曰：转致，言贸易也。斗三百，斛六千，言其利相倍什。"补注："希曰：《唐志》云：天宝至德间，盐每斗十钱。乾元元年，第五琦为诸州权盐铁使，尽榷天下盐，斗加时价百钱而出之，为钱二百一十。此诗作于乾元二年，何以乃云斗三百？当是天下艰危，因民所急而税之，刘晏之策行而愈昂矣。"③黄希的判断是合理的，盐的区域差价以及个别时段的浮动，都是可能的。杜诗因此具有了盐业史料的宝贵价值。④杜诗言"盐井"多篇，

---

① 〔唐〕杜甫著，〔清〕钱谦益笺注：《钱注杜诗》，上海古籍出版社1958年版，第100-101页。
② 〔清〕浦起龙：《读杜心解》，中华书局1961年版，第75-76页。
③ 〔宋〕黄希原本，黄鹤补注：《补注杜诗》卷六，清文渊阁《四库全书》本。
④ 如浦起龙说，除"'卤'场景逼真"而外，"特志时价"的记述尤为可贵。

如《负薪行》"筋力登危集市门，死生射利兼盐井"①，《出郭》"远烟盐井上，斜景雪峰西"②，《滟滪》"寄语舟航恶年少，休翻盐井横黄金"③等，然而这些都没有涉及盐价信息。故杜甫《盐井》诗因而显现出特别重要的史料意义。而由唐代前推东周秦汉，可大略测知成州盐产的经济意义与早期规模。

关于杜甫《盐井》诗为"赴同谷"行程中言"成州之井"，记述"兼煮者贩者"的说法，《新唐书》卷四〇《地理志四》的记述可以帮助我们理解其交通地理与经济地理背景："成州同谷郡，下。本汉阳郡，治上禄，天宝元年更名，宝应元年没吐蕃，贞元五年，于同谷之西境泥公山权置行州，咸通七年复置，徙治宝井堡，后徙治同谷……有静戎军，宝应元年，徙马邑州于盐井城置。"同谷郡有县三，其中："上禄，中。没蕃后废，有仇池山。有盐。"④"上禄""有盐"的信息也值得注意。柳宗元《兴州江运记》言水道开通之前陆路运输的艰险，涉及"宝井堡"："自长举北至于青泥山，又西抵于成州，过栗亭川，逾宝井堡，崖谷峻隘，十里百折。负重而上，若蹈利刃。盛秋水潦，穷冬雨雪，深泥积水，相辅为害。颠踣腾藉，血流栈道。糇粮刍稿，填谷委山。马牛群畜，相藉物故。餫夫毕力，守卒延颈，嗷嗷之声，甚可哀也。若是者绵三百里而余。"⑤"宝井堡"地名或许也与"盐井"有关。而考察早期盐运线路交通条件之艰险，柳文"颠踣腾藉，血流栈道"之说可以参考。

---

① 钱谦益注："盐井，《荆州图副》云：八阵图下，东西三里有一碛，碛上有盐泉井五口。以木为桶。昔常盐，即时沙壅，冬出夏没。"〔唐〕杜甫著，〔清〕钱谦益笺注：《钱注杜诗》，第176-177页。今按：《水经注》卷三三《江水》："江水又东会南、北集渠，南水出涪陵县界，谓之阳溪，北流径巴东郡之南浦侨县西，溪碛侧，盐井三口，相去各数十步，以木为桶，径五尺，修煮不绝。"〔北魏〕郦道元著，陈桥驿校证：《水经注校证》，第775页。"以木为桶"等文字与所引《荆州图副》相近。

② 〔唐〕杜甫著，〔清〕钱谦益笺注：《钱注杜诗》，第377页。

③ 钱谦益注：横，一云摸，又作掷。〔唐〕杜甫著，〔清〕钱谦益笺注：《钱注杜诗》，第497页。

④ 《新唐书》，中华书局1975年版，第1035-1036页。

⑤ 〔唐〕柳宗元：《柳河东全集》，中国书店据世界书局1935年本1991年影印版，第299页。

2 第二章　秦汉盐产：产业史视角的考察

　　《禹贡》说九州贡品贡道："海岱惟青州""海滨广斥""厥贡盐绨"，"浮于汶，达于济"。[①]显然东海盐业早已对中原经济形成影响。齐桓公时，管子曾主持推行所谓"官山海""正盐策"的政策[②]，有的学者认为，"所言盐政，不仅由国家专卖而已，实则生产亦归国家经营"[③]。其产、运、销统由国家管理。当然首先是生产。

一、司马迁论盐产区域分布

　　《史记》卷一二九《货殖列传》分析天下经济，说到资源分布，关于盐产，有重要的论说。司马迁写道："夫天下物所鲜所多，人民谣俗，山东食海盐，山西食盐卤，领南、沙北固往往出盐，大体如此矣。"[④]

1. 关于"山东""海盐"

　　海盐生产，自齐人实现早期开发之后，历来受到重视。而齐地之外的滨海地方，也有以"海盐"丰产占据优越经济

---

① 《十三经注疏》，第147-148页。

② 黎翔凤撰，梁运华整理：《管子校注》，第1246页。

③ 马非百：《管子轻重篇新诠》，第193页。

④ 《史记》，第3269页。

地位的。①《史记》卷一二九《货殖列传》："夫吴自阖庐、春申、王濞三人招致天下之喜游子弟，东有海盐之饶，章山之铜，三江、五湖之利，亦江东一都会也。"②《汉书》卷二八下《地理志下》："吴东有海盐章山之铜，三江五湖之利，亦江东之一都会也。"③这些都说明今东海沿岸的盐产开发，成为提升当地经济地位的重要因素。会稽郡有"海盐"县。《汉书》卷二八上《地理志上》："海盐，故武原乡。有盐官。莽曰展武。"④会稽郡海盐县，很可能是因为"海盐"的产量和产值由乡升格为县的。《后汉书》卷四六《陈忠传》李贤注引《谢承书》说到以"有道高第士"身份参政，"后位至太尉"的施延事迹，涉及"吴郡海盐"："延字君子，薪县人也。少为诸生，明于《五经》，星官风角，靡有不综。家贫母老，周流佣赁。常避地于庐江临湖县种瓜，后到吴郡海盐，取卒月直，赁作半路亭父以养其母。是时吴会未分，山阴冯敷为督邮，到县，延持帚往，敷知其贤者，下车谢，使入亭，请与饮食，脱衣与之，饷钱不受。顺帝征拜太尉，年七十六薨。"⑤

汉初经济恢复时期，滨海地区曾以其盐业发展而首先实现富足。"煮海水为盐"，"国用富饶"⑥，"而富商大贾或蹛财役贫，转毂百数"，"冶铸煮盐，财或累万金"⑦，倚恃其生产能力和运输能力的总和而形成经济优势。

所谓"山东食海盐"，也指出了"海盐"的主要消费区域。

2. 关于"山西""盐卤"

《史记》卷一二九《货殖列传》"山西食盐卤"句下，张守节《正义》解释"盐卤"即"石盐及池盐"：

> 谓西方咸地也。坚且咸，即出石盐及池盐。⑧

---

① 马新：《汉唐时代的海盐生产》，《盐业史研究》1997年第2期。

② 《史记》，第3267页。

③ 《汉书》，第1668页。

④ 《汉书》，第1591页。

⑤ 《后汉书》，中华书局1965年版，第1558页。

⑥ 《史记》卷一〇六《吴王濞列传》，第2822页。

⑦ 《史记》卷三〇《平准书》，第1425页。

⑧ 《史记》，第3269页。

关于"石盐",《梁书》卷五四《西北诸戎传·高昌》说:"出良马、蒲陶酒、石盐。"①而"池盐"应是"盐池"的产品。

《史记》卷五《秦本纪》记载:"(秦昭襄王)十一年,齐、韩、魏、赵、宋、中山五国共攻秦②,至盐氏而还。"关于"盐氏"地名,裴骃《集解》引徐广曰:"盐,一作'监'。"张守节《正义》:

> 《括地志》云:"盐故城一名司盐城,在蒲州安邑县。"

> 按:掌盐池之官,因称氏。③

《史记》卷一二九《货殖列传》:"猗顿用盬盐起。"裴骃《集解》引《孔丛子》曰:"猗顿,鲁之穷士也。耕则常饥,桑则常寒。闻朱公富,往而问术焉。朱公告之曰:'子欲速富,当畜五牸。'于是乃适西河,大畜牛羊于猗氏之南,十年之间其息不可计,赀拟王公,驰名天下。以兴富于猗氏,故曰猗顿。"说"猗顿"自"鲁"至"西河","大畜牛羊"致富。然而与《史记》"猗顿用盬盐起"之说不相符合。司马贞《索隐》:"盬音古。案:《周礼·盐人》云'共苦盐',杜子春以为苦读如盬。盬谓出盐直用不炼也。一说云盬盐,河东大盐;散盐,东海煮水为盐也。"指出盐业经营可致富。张守节《正义》:"案:猗氏,蒲州县也。河东盐池是畦盐。作'畦',若种韭一畦。天雨下,池中咸淡得均,即畎池中水上畔中,深一尺许坑,日暴之五六日则成,盐若白矾石,大小如双陆及棋,则呼为畦盐。或有花盐,缘黄河盐池有八九所,而盐州有乌池,犹出三色盐,有井盐、畦盐、花盐。其池中凿井深一二尺,去泥即到盐,掘取若至一丈,则著平石无盐矣。其色或白或青黑,名曰井盐。畦盐若河东者。花盐,池中雨下,随而大小成盐,其下方微空,上头随雨下池中,其滴高起若塔子形处曰花盐,亦曰即成盐焉。池中心有泉井,水淡,所作池人马尽汲此井。其盐四分入官,一分入百姓也。池中又凿得盐块,阔一尺余,高二尺,白色光明洞彻,年贡之也。"④所谓"盐卤"的生产方式,大体得以说明。《汉书》卷二八上《地理志上》"河东郡"条:

---

① 《梁书》,中华书局1973年版,第811页。
② 张守节《正义》:"盖中山此时属赵,故云五国也。"
③ 《史记》,第210-212页。
④ 《史记》,第3259-3260页。

安邑，巫咸山在南，盐池在西南。①

王先谦《汉书补注》有较详尽的解说："先谦曰：《秦纪》：五国攻秦，至盐氏。《括地志》以为在此。《涑水注》：涑水自左邑来，西南过安邑县西。禹都也。又西南径监盐县故城②，下入猗氏，城南有盐池。上承盐水，水出东南薄山，西北径巫咸山，又径安邑故城南，又西注盐池。《地理志》曰：盐池在安邑西南。许慎谓之鹽，长五十一里，广七里，周百一十六里。今池水东西七十里，南北十七里，紫色澄渟，潭而不流。水出石盐，自然印成。朝取夕复，终无减损。《山海经》谓之盐贩之泽也。董祐诚云：今盐水出夏县南中条山，一名白沙河，又名姚暹渠，又名巫咸河，自夏阳径安邑解州之北，至虞乡北，入五姓湖。水若入盐池，则盐不成。故障之，不复入池。盖今昔悬殊矣。"③

《汉书》卷八七上《扬雄传上》记载："其三月，将祭后土，上乃帅群臣横大河，凑汾阴。既祭，行游介山，回安邑，顾龙门，览盐池……"颜师古注："龙门山在今蒲州龙门县北。盐池在今虞州安邑县南。"④说的也是《汉书》卷二八上《地理志上》"河东郡"的"安邑""盐池"。

《汉书》卷八《宣帝纪》说汉宣帝刘询曾因巫蛊之祸入狱，"虽在襁褓，犹坐收系郡邸狱"，"因遭大赦"，虽得"属籍宗正"，仍经历平民生活。"受《诗》于东海澓中翁，高材好学，然亦喜游侠，斗鸡走马，具知闾里奸邪，吏治得失。数上下诸陵，周遍三辅，常困于莲勺卤中。尤乐杜、鄠之间，率常在下杜。"关于"常困于莲勺卤中"，注家的解释指出其地有一处盐池。颜师古注："如淳曰：'为人所困辱也。莲勺县有盐池，纵广十余里，其乡人名为卤中。莲音辇。勺音灼。'师古曰：'如说是也。卤者，咸地也，今在栎阳县东。其乡人谓此中为卤盐池也。'"⑤

---

① 《汉书》，第1550页。
② 王先谦注："晋县，今运城。"
③ 王先谦：《汉书补注》，中华书局据清光绪二十六年虚受堂刊本1983年影印版，第676页。
④ 《汉书》，第3535页。
⑤ 《汉书》，第235-238页。

3. 关于"领南、沙北固往往出盐"

《史记》卷一二九《货殖列传》说"领南、沙北固往往出盐","领南"即岭南盐产,大致还是"海盐"。而所谓"沙北""出盐",主要是"石盐及池盐"。

如《汉书》卷二八下《地理志下》"金城郡"条,说到"临羌"县西北方向有"盐池":

> 临羌。西北至塞外,有西王母石室、仙海、盐池。北则湟水所
> 出,东至允吾入河。西有须抵池,有弱水、昆仑山祠。莽曰盐羌。①

"仙海",即"鲜水海"②,也就是今天的青海湖。③"临羌",王莽改名"盐羌",也突出强调了"盐池"的资源优势。

《史记》卷一二三《大宛列传》司马贞《索隐述赞》:"大宛之迹,元因博望。始究河源,旋窥海上。条枝西入,天马内向。葱岭无尘,盐池息浪。旷哉绝域,往往亭障。"④所谓"盐池息浪",是从边疆史、民族史角度叙说的语言,亦涉及丝绸之路史。如果从盐业史视角观察,也可以注意到这条东西文化交流史上的重要通道上有关盐业资源与盐业生产的信息。

二、"盐官"分布体现的盐产格局

汉武帝时代实行严格的禁榷制度,盐业生产和运销一律收归官营。"募民自给费,因官器作煮盐,官与牢盆。"对"欲擅管山海之货,以致富羡,役利细民"的"浮食奇民"予以打击,敢私煮盐者,"钛左趾,没入其器物"⑤。

国家在各地设置"盐官"。"盐官"的分布,可以体现盐业生产比较集中的区域的经济形势,也可以从一个特殊的角度了解全国产业布局及社会生

---

① 《汉书》,第1611页。

② 王子今、高大伦:《说"鲜水":康巴草原民族交通考古札记》,《中华文化论坛》2006年第4期;《康巴地区民族考古综合考察》,天地出版社2008年版;《巴蜀文化研究集刊》第4卷,巴蜀书社2008年版。

③ 谭其骧:《中国历史地图集》,中国地图出版社1982年版,第二册,第33-34页。

④ 《史记》,第3180页。

⑤ 《史记》卷三〇《平准书》,第1429页。

活情状。

1. 《汉书》卷二八《地理志》著录的"盐官"

当时于产盐区各置盐业管理机构"盐官"。各地"盐官"《汉书》有所记载。有的学者说："盐官设置的地方，史无明文；但铁官设置之郡，则《通考·征榷考》列举其名。"① 其实，《汉书》卷二八《地理志》载录各地"盐官"和"铁官"，都有明确的"设置"地点的记录。其中"盐官"共35处，即：

河东郡：安邑；

太原郡：晋阳；

南郡：巫；

钜鹿郡：堂阳；

勃海郡：章武；

千乘郡；

北海郡：都昌，寿光；

东莱郡：曲成，东牟，㠈，昌阳，当利；

琅邪郡：海曲，计斤，长广；

会稽郡：海盐；

蜀郡：临邛；

犍为郡：南安；

益州郡：连然；

巴郡：朐忍；②

陇西郡；

安定郡：三水；

北地郡：弋居；

上郡：独乐，龟兹；

西河郡：富昌；

---

① 翦伯赞：《秦汉史》，北京大学出版社1983年版，第191页。

② 《汉书》卷二八上《地理志上》，第1550页，第1551页，第1566页，第1575页，第1579页，第1580页，第1583页，第1585页，第1586页，第1591页，第1598页，第1599页，第1601页，第1603页。

朔方郡：沃壄；

五原郡：成宜；

雁门郡：楼烦；

渔阳郡：泉州；

辽西郡：海阳；

辽东郡：平郭；

南海郡：番禺；

苍梧郡：高要。①

李剑农写道："（货殖传）于盐之产地，虽尝称山东多鱼盐……吴东有海盐之饶，然又曰'山东食海盐，山西食盐卤，领南沙北往往出盐'；故制盐业亦不限于滨海某一隅；地理志中记有盐官之郡国，亦遍于东西南北各区，虽不如铁官之多，亦共达三十二处。"所列举32处，遗漏了"北海郡：都昌""东莱郡：嵫""益州郡：连然""北地郡：弋居"。然而却列有"越嶲之定莋"②，但《汉书》卷二八上《地理志上》"越嶲郡"条只说"定莋，出盐"，并没有说"盐官"设置。③

《地理志》所载录盐官其实并不足全数，也就是说，若干西汉实际存在的"盐官"为《汉书》卷二八《地理志》缺载。此外，对于《地理志》载录的"盐官"，也有存在疑问者。如"渔阳郡"条下："泉州，有盐官，莽曰泉调。"④《汉书补注》："先谦曰：后汉因。《续志》：'有铁'，此云'有盐官'，未知孰讹。"⑤

2. 《地理志》缺载"盐官"考补

对于西汉时期存在的"盐官"而《地理志》缺漏者，有研究者通过认真考订陆续有所增补。严耕望曾考补2处：

---

① 《汉书》卷二八下《地理志下》，第1610页，第1615页，第1616页，第1617页，第1618页，第1619页，第1621页，第1624页，第1625页，第1626页，第1628页，第1629页。

② 李剑农：《先秦两汉经济史稿》，中华书局1962年版，第170-172页。

③ 《汉书》，第1600页。

④ 《汉书》，第1624页。

⑤ 王先谦：《汉书补注》，第814页。

　　　　西河郡：盐官；

　　　　雁门郡：沃阳。[①]

杨远又考补6处：

　　　　越嶲郡：定莋；

　　　　巴郡：临江；

　　　　朔方郡：朔方，广牧；

　　　　东平国：无盐；

　　　　广陵国。

杨远又写道："疑琅邪郡赣榆、临淮郡盐渎两地，也当产盐，尤疑东海郡也当产盐，姑存疑。"[②]

　　曾仰丰《中国盐政史》说："考《汉书·地理志》对于西汉盐官，叙载甚详，大都为产盐旺盛之区，可证当时设官，只在产地"，"叙列""《汉志》所载盐官"则"凡三十有七，建置区域，共为二十七郡"。[③]罗庆康《汉代专卖制度研究》写道："《辞海》注：汉武帝在'36处设置盐官'。[④]浙江省高等师范院校编《中国通史讲义》认定，汉'设有盐官的县共达37个'。虽然上述各家所言皆有所本，但汉代设置盐官应是43处。"他补列"盐官"8处：

　　　　朔方郡：朔方；

　　　　越嶲郡：青岭；

　　　　巴郡：临江；

　　　　陇西郡：西；

　　　　朔方郡：广牧；

　　　　犍为郡：南广；

　　　　渔阳郡；

　　　　广陵郡。[⑤]

---

① 严耕望：《中国地方行政制度史》上编"秦汉地方行政制度史"，"中央研究院"历史语言研究所专刊之四十五，1961年版。

② 杨远：《西汉盐、铁、工官的地理分布》，《香港中文大学中国文化研究所学报》第9卷上册，1978年。

③ 曾仰丰：《中国盐政史》，商务印书馆1998年据1936年版影印版，第89-91页。

④ 原注："《辞海》（1976年5月版）。"

⑤ 罗庆康：《汉代专卖制度研究》，中国文史出版社1991年版，第68页，第70-71页。

林剑鸣《秦汉史》说："计全国共有盐官凡二十七郡，为官三十有六。"他指出："关于盐铁官的数目，由于记载含混及计算方法不同，历代史家统计数目略有不同。如《文献通考》记盐官数目作'二十八郡'。王先谦《汉书补注》：'郡国有盐官者三十六，有铁官者五十。'《汉史论集》认为：'（铁官）有四十八处''（盐官）有三十八处'。笔者以前考证为'盐官有三十七处，铁官四十九处'（见西北大学历史系油印讲义《中国古代史》上册，1978年印刷，后写入十院校《中国古代史》编写组《中国古代史》上册，见该书第291页）。最近，马元材先生的《桑弘羊传》对此考证甚详，可视为最新研究成果。"并转录马氏《盐官分布状况表》。[①]马元材的说法，即："这时所置盐铁官，据《汉书·地理志》所载，计有盐官凡二十七郡，为官三十有六。"[②]

秦汉封泥资料可见"西盐"封泥，应是陇西郡西盐官遗存；"江左盐丞""江右盐丞"封泥，或与巴郡临江盐官有关；"琅左盐丞""琅邪左盐"封泥有可能与琅邪郡海曲、计斤、长广盐官有关；"楗盐左丞"封泥，或许即楗为郡南安盐官遗存；而"海右盐丞"封泥[③]，则未知是否勃海郡、北海郡、东海郡、南海郡某盐官遗物，抑或与琅邪郡海曲盐官、会稽郡海盐盐官或辽西郡海阳盐官有某种关联。

图2-1 秦"西盐"封泥图
据任红雨编著：《中国封泥大系》，
西泠印社出版社2018年版

图2-2 汉"楗盐左丞"封泥
据任红雨编著：《中国封泥大系》，
西泠印社出版社2018年版

---

① 林剑鸣：《秦汉史》，上海人民出版社1989年版，第379页，第394-396页。马元材（非百）：《桑弘羊传》，中州书画社1981年版，第71-73页。

② 马元材（非百）：《桑弘羊传》，第70-71页。

③ 傅嘉仪：《秦封泥汇考》，上海书店出版社2007年版，第61-62页。

"盐官"的考定，其实还有可以探索的学术空间。

3. "盐官"的"山东""山西""领南、沙北"分布

如此，据相关史料，大体可知西汉盐官位于30郡国，共43处。其中滨海地区分布计19处，占44.18%。按照曾仰丰《中国盐政史》的表述，是"西北所设，多于东南"。[①]

《史记》卷一二九《货殖列传》："山东食海盐，山西食盐卤，领南、沙北固往往出盐，大体如此矣。"[②]其实沿海盐业出产，满足了东方沿海及中部人口最密集地区的食盐消费需求。

海盐西运，与秦汉时期由东而西的货运流向的基本趋势是大体一致的。由于海盐生产方式特殊，产量可观，在其生产总过程中运输生产的比重益发显著。

班固《西都赋》写道："东郊则有通沟大漕，溃渭洞河，泛舟山东，控引淮、湖，与海通波。"李贤注："漕，水运也。"[③]他的《东都赋》也有"东澹海漘，北动幽崖，南趯朱垠"文句，盐文化的影响，可以至于"殊方别区，界绝而不邻，自孝武所不能征，孝宣所不能臣"[④]之远方。内地"与海通波""东澹海漘"的交通条件，是可以方便海盐西运的。

4. 尹湾汉简所见东海郡"盐官"

江苏连云港东海尹湾6号汉墓出土简牍资料，有木牍《东海郡吏员定簿》。其中提供了东海郡行政机构设置和管理定员等信息。有关"盐官"的文字内容特别值得重视：

伊卢盐官吏员卅人长一人秩三百石丞一人秩二百石令史一人官啬夫二人佐廿五人凡卅人

北蒲盐官吏员廿六人丞一人秩二百石令史一人官啬夫二人佐廿二人凡廿六人

---

① 曾仰丰：《中国盐政史》，第89-91页。

② 《史记》，第3269页。

③ 《后汉书》卷四〇上《班固传》，第1338页。

④ 《后汉书》卷四〇下《班固传》，第1364页。

郁州盐官吏员廿六人丞一人秩二百石令史一人官啬夫一人佐廿三人凡廿六人（二反）[1]

图2-3　尹湾汉简所见东海郡盐官
据连云港市博物馆、中国社会科学院简帛研究中心、东海县博物馆、
中国文物研究所：《尹湾汉墓简牍》，中华书局1997年版

有学者分析："伊卢盐官设置等同于小县，为长。""伊卢盐官设长一人、丞一人，而北蒲和郁州命卿只有丞一人。因而伊卢为盐官设署之地，而北蒲和郁州为盐官别治——分支结构。""盐官吏员设置总数，除伊卢为盐官署

---

[1] 连云港市博物馆、中国社会科学院简帛研究中心、东海县博物馆、中国文物研究所：《尹湾汉墓简牍》，中华书局1997年版，第84页。

地置吏卅人，其余郁州和北蒲盐官别治吏员设置皆为廿六人。除长外，包括丞、令史、官啬夫和佐。”“北蒲、郁州盐官有丞无长，实际丞代行盐官长职责，处理有关事务。”“盐官设令史一人，主要为记室令史，主管上章表报及文书档案。”“盐官治所和盐官别治皆设‘官啬夫二人’，其职责不同于乡官，主要从事国家盐政管理和盐斤买卖。”“另外盐官治所设‘佐廿五人’，北蒲和郁州皆设‘佐廿二人’。啬夫之下设佐，为啬夫之辅佐，当为盐官所辖各场的监督员。虽为少吏，却能在各场独立地行使自己的社会职能，主持分场工作。”①

所谓“伊卢为盐官设署之地，而北蒲和郁州为盐官别治——分支结构”的层级分别，有一定道理。官阶和吏员数量差异均说明“伊卢盐官”处于主管地位。“伊卢盐官”“北蒲盐官”和“郁州盐官”均使用“盐官”名号，这是很重要的现象。这一情形说明《汉书》卷二八《地理志》显示的各地“盐官”可能都有较复杂的建置结构。郡的“盐官”有分设机构的设计②，但是县的“盐官”是怎样的情形，尚未可具体知晓。

刘洪石根据尹湾汉简的资料，认为：“我们可以肯定地说，《汉书·地理志·东海郡》条下‘朐，秦始皇立石海上以为东门阙。有铁官。’当为‘有盐官’之误。”③吉成名以为“有铁官”应为“有盐铁官”之误。④

5. 其他“盐官”存在的可能

一些历史文献透露的信息说明可能亦有其他“盐官”存在。

如西河郡有县名“盐官”者⑤，或是以“盐官”作为县的名号。《汉书补注》：“先谦曰：《续志》，后汉省。”⑥

《汉书》卷二八下《地理志下》：雁门郡沃阳，“盐泽在东北，有长

---

① 刘洪石：《汉代东海郡朐县的海盐生产和管理机构》，《盐业史研究》2002年第1期。
② 尽管称作“盐官别治——分支结构”的说法未必合适。
③ 刘洪石：《汉代东海郡朐县的海盐生产和管理机构》，《盐业史研究》2002年第1期。
④ 吉成名：《中国古代食盐产地分布和变迁研究》，第24-25页。
⑤ 《汉书》卷二八下《地理志下》，第1618页。
⑥ 王先谦：《汉书补注》，第805页。

丞，西部都尉治"①。《水经注》卷三《河水》："沃水又东北流，注盐池。《地理志》曰：盐泽在东北者也。今盐池西南去沃阳县故城六十五里，池水澂渟，渊而不流，东西三十里，南北二十里。池北七里，即凉城郡治。池西有旧城，俗谓之凉城也。郡取名焉。《地理志》曰：泽有长、丞。此城即长、丞所治也。"②

《汉书》卷二八上《地理志上》"越巂郡"条："定莋，出盐。"③《华阳国志·蜀志》"越巂郡""定筰县"条："有盐池④，积薪，以齐水灌而焚之，成盐。汉末，夷皆锢之，张嶷往争，夷帅狼岑，槃木王舅，不肯服，嶷禽，挞杀之。厚赏赐，余类皆安，官迄今有之。"⑤当地富产盐，元置闰盐州，明置盐井卫，清置盐源县。"汉末，夷皆锢之，张嶷往争"，得以成功控制，"官迄今有之"。西汉时为官有的可能性是很大的。

《水经注》卷三三《江水》说到蜀地与巴地的几处盐产地点，有些可能在《汉书》卷二八《地理志》所见"盐官"之外：

> 江水东径广都县，汉武帝元朔二年置，王莽之就都亭也。李冰识察水脉，穿县盐井。

> 江水又东南径南安县西，有熊耳峡，连山竞险，接岭争高，汉河平中，山崩地震，江水逆流，悬溉有滩，名垒坻，亦曰盐溉，李冰所平也。

> 江水又东径临江县南，王莽之监江县也。⑥《华阳记》曰："县在枳东四百里，东接朐忍县，有盐官。自县北入盐井溪，有盐井营户，溪水沿注江。"

> 江水又东会南、北集渠，南水出涪陵县界，谓之阳溪，北流径巴东郡之南浦侨县西，溪硖侧，盐井三口，相去各数十步，以木为桶，径五尺，修煮不绝。

---

① 《汉书》，第1621页。
② 〔北魏〕郦道元著，陈桥驿校证：《水经注校证》，第81页。
③ 《汉书》，第1600页。
④ 任乃强注："《郡国志》注引此文，作'盐坑'。"
⑤ 〔晋〕常璩撰，任乃强校注：《华阳国志校补图注》，第210页。
⑥ "监江"，清文渊阁《四库全书》本《水经注》作"盐江"。

江水又东径瞿巫滩，即下瞿滩也，又谓之博望滩。左则汤溪水注之，水源出县北六百余里上庸界，南流历县，翼带盐井一百所，巴、川资以自给。粒大者方寸，中央隆起，形如张伞，故因名之曰伞子盐。有不成者，形亦必方，异于常盐矣。王隐《晋书·地道记》曰：入汤口四十三里，有石煮以为盐，石大者如升，小者如拳，煮之水竭盐成。盖蜀火井之伦，水火相得，乃佳矣。①

所谓"巴、川"地方"盐井""盐溉"等，当时经营者所谓"盐井营户"，应当是有设置管理机构的。

《汉书》卷二八下《地理志下》：朔方郡朔方，"金连盐泽、青盐泽皆在南"②。《水经注》卷三《河水》："河水又东南径朔方县故城东北，……按《地理志》云：金连盐泽、青盐泽并在县南矣。又按《魏土地记》曰：县有大盐池，其盐大而青白，名曰青盐，又名戎盐，入药分，汉置典盐官。"③《汉书》卷二八下《地理志下》：朔方郡广牧，"东部都尉治，莽曰盐官"④。又记载：东平国无盐县，"莽曰有盐亭"⑤。

此外，《史记》卷一〇六《吴王濞列传》说，吴王刘濞"煮海水为盐"致"国用富饶"⑥，则吴地显然有丰厚的盐产资源。《史记》卷一二九《货殖列传》也说吴"东有海盐之饶"。⑦《后汉书》卷二四《马棱传》："章和元年，迁广陵太守，时谷贵民饥，奏罢盐官，以利百姓。"⑧明确说到东汉"广陵"也有"盐官"。

探索汉代盐官设置，也要考虑到汉武帝之后盐政的时代变化。《华阳国志》卷三《蜀志》写道："孝宣帝地节三年，罢汶山郡，置北部都尉。时又穿临邛蒲江盐井二十所，增置盐铁官。"⑨《太平御览》卷八六五引《蜀王

---

① 〔北魏〕郦道元著，陈桥驿校证：《水经注校证》，第768页，第770页，第774页，第775-776页。

② 《汉书》，第1619页。

③ 〔北魏〕郦道元著，陈桥驿校证：《水经注校证》，第76页。

④ 《汉书》，第1619页。

⑤ 《汉书》，第1637页。

⑥ 《史记》，第2822页。

⑦ 《史记》，第3267页。

⑧ 《后汉书》，第862页。

⑨ 〔晋〕常璩撰，任乃强校注：《华阳国志校补图注》，第142页。

本纪》曰："宣帝地节中，始穿盐井数十所。"^①所谓"地节三年""穿临邛蒲江盐井二十所"，"地节中，始穿盐井数十所"，提示了汉宣帝时代新的盐业开拓。不同时期新"穿""盐井""增置盐铁官"情形，或许屡有发生。而"盐官"的"增置"，也是自然的。

6. 齐地滨海"盐官"

据《汉书》卷二八《地理志》，西汉属于齐地的盐官有：千乘郡；北海郡：都昌，寿光；东莱郡：曲成，东牟，嵫，昌阳，当利；琅邪郡：海曲，计斤，长广。多至11处，占已知盐官总数的25.58%。^②在滨海地区盐官中，齐地占57.89%。齐人通过海盐生产体现的海洋资源开发方面的优势，因此有突出的历史表现。

《北堂书钞》卷一四六引徐幹《齐都赋》生动地形容了齐地盐业生产的繁荣景象："若其大利，则海滨博者，溲盐是钟，皓皓乎若白雪之积，鄂鄂乎若景阿之崇。"又引刘桢《鲁都赋》："又有咸池溿沆，煎炙赐春。燋暴溃沫，疏盐自殷。挹之不损，取之不动。""其盐则高盆连冉，波酌海臻。素醝凝结，皓若雪氛。""盐生水内，暮取朝复生。"^③这些可以说明齐鲁海盐生产的盛况。所谓"挹之不损，取之不动""暮取朝复生"，都体现了运输实际上是海盐由生产走向流通与消费的重要的转化形式，又是其生产过程本身的最关键的环节。参考汉代齐地盐业生产的相关信息，也有助于理解作为其基础的大一统政治形势实现之前齐人海洋资源开发的成就。

《盐铁论·轻重》记录了关于汉武帝盐政原则历史合理性的辩论。其中载"御史"语：

> 昔太公封于营丘，辟草莱而居焉。地薄人少，于是通利末之道，极女工之巧。是以邻国交于齐，财畜货殖，世为强国。管仲相桓公，袭先君之业，行轻重之变，南服强楚而霸诸侯。今大夫君修

---

① 〔宋〕李昉等：《太平御览》，第3840页。

② 有学者统计："据《汉书·地理志》所记，全国共设盐官三十六处，其中山东十一处。""山东所设盐官占全国盐官的百分之三十点六，几乎占全国盐官的三分之一。""这个事实，充分说明汉代山东出盐之多，也说明汉代山东煮盐业在全国所占之重要地位。"逄振镐：《汉代山东煮盐业的发展》，《秦汉经济问题探讨》，华龄出版社1990年版，第131-132页。

③ 〔唐〕虞世南：《北堂书钞》，中国书店据光绪十四年南海孔氏刊本1989年影印版，第616-617页。

> 太公、桓、管之术，总一盐、铁，通山川之利而万物殖。是以县官用饶足，民不困乏，本末并利，上下俱足，此筹计之所致，非独耕桑农也。

文学则说：

> 礼义者，国之基也，而权利者，政之残也。孔子曰："能以礼让为国乎？何有。"伊尹、太公以百里兴其君，管仲专于桓公，以千乘之齐，而不能至于王，其所务非也。故功名隳坏而道不济。当此之时，诸侯莫能以德，而争于公利，故以权相倾。今天下合为一家，利末恶欲行？淫巧恶欲施？大夫君以心计策国用，构诸侯，参以酒榷，咸阳、孔仅增以盐、铁，江充、杨可之等，各以锋锐，言利末之事析秋毫，可为无间矣。非特管仲设九府，徼山海也。然而国家衰耗，城郭空虚。故非特崇仁义无以化民，非力本农无以富邦也。①

辩论双方，都承认"管仲相桓公，袭先君之业，行轻重之变""管仲专于桓公""设九府，徼山海"对于汉武帝盐业管理政策的启示性的影响。

已经多有学者关注先秦齐国盐政与汉代盐政的比较研究。②除了说明他们之间的历史继承关系而外，对于齐国在先秦齐太公及齐桓公时代盐政经营特别是管仲建设"海王之国"的方式，我们也可以参照汉武帝时代所谓"修太公、桓、管之术，总一盐、铁，通山川之利而万物殖"的经济活动，深化自己的认识。在进行这样的比较研究时，对管仲"通利末之道""行轻重之变"的方式和意义，似乎不宜做保守的理解。

三、张家山汉简《金布律》中的早期井盐史料

张家山汉简《金布律》中关于井盐的内容，是迄今所知井盐史最早的资料。而其他有关简文，也可以帮助我们深化对于西汉初年盐业史的认识。

---

① 王利器：《盐铁论校注》（定本），中华书局1992年版，第178-179页。
② 如罗庆康：《两汉专卖政策的发展与演变》，《暨南学报（人文科学与社会科学版）》1990年第2期；罗庆康：《春秋齐国与两汉盐制比较研究》，《盐业史研究》1998年第4期。

张家山二四七号汉墓竹简整理小组对于简文"私为菌盐煮济汉"的释文和注释可以商榷。简文"济汉"字样，或许提供了有关当时经济区域界定的信息。

1.《二年律令》所见"私盐井煮"

湖北江陵张家山二四七号汉墓出土竹简经整理后终于发表，其中许多内容，为我们认识西汉初年的社会历史提供了新的资料。其中题为《二年律令》者，有《金布律》部分。《金布律》，已见于睡虎地秦简"秦律十八种"。睡虎地秦墓竹简整理小组解释说："金布律，关于货币、财物方面的法律。汉代有金布律，或称金布令，《汉书·萧望之传》注：'金布者，令篇名也，其上有府库金钱布帛之事，因以名篇。'[1]《晋书·刑法志》：'金布律有毁伤亡失县官财物，……金布律有罚赎入责以呈黄金为价……'"[2]而我们今天所看到的张家山汉简《金布律》的内容，则涉及更为广泛的社会生活层面。

西汉初期可以归入经济法的《金布律》的发现，显然有益于我们认识当时的经济形态和经济制度。我们还注意到，张家山汉简《金布律》中，可以看到涉及盐政的珍贵内容：

诸私为菌（卤）盐，煮济汉及有私盐井煮者，税之，县官取一，主取五。

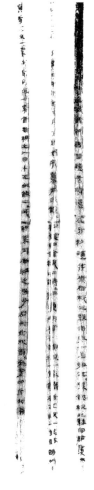

图2-4 张家山汉简《金布律》有关"私盐井煮"的简文
据张家山二四七号汉墓竹简整理小组：《张家山汉墓竹简［二四七号汉墓］》，文物出版社2001年版

---

① 今按：《汉书》卷七八《萧望之传》："望之、彊复对曰：'先帝圣德，贤良在位，作宪垂法，为无穷之规，永惟边竟之不赡，故《金布令甲》曰：边郡数被兵，离饥寒，夭绝天年，父子相失，令天下共给其费。固为军旅卒暴之事也。'颜师古注："'金布'者，令篇名也。其上有府库金钱布帛之事，因以名篇。'令甲'，其篇甲乙之次。"见《汉书》第3278页。
② 睡虎地秦墓竹简整理小组：《睡虎地秦墓竹简》，文物出版社1978年11月版，第55页。

（四三六）①

人们首先会关注其中"私盐井煮"的文字。

关于井盐的早期开发，正史中以《汉书》的记载较早。《汉书》卷九一《货殖传·程郑》写道："程、卓既衰，至成、哀间，成都罗裒訾至钜万。初，裒贾京师，随身数十百万，为平陵石氏持钱。其人强力。石氏訾次如、直，亲信，厚资遣之，令往来巴蜀，数年间致千余万。裒举其半赂遗曲阳、定陵侯，依其权力，赊贷郡国，人莫敢负。擅盐井之利，期年所得自倍，遂殖其货。"②其中所谓"擅盐井之利，期年所得自倍"，说明盐井的经营，可以获取高额利润，可见当时井盐已经是相当成熟的产业。又《太平御览》卷八六五引《蜀王本纪》曰："宣帝地节中，始穿盐井数十所。"③其说与《货殖传》"成、哀间""成都罗裒"成功的事迹相符合。虽然也有战国时期四川井盐业已经得到开发的说法，但是我们所看到的关于四川先秦时期井盐生产的历史记录，都是后世追述的。如《华阳国志》卷三《蜀志》记载，张若于成都"置盐铁市官并长、丞"，李冰"穿广都盐井"。④从政府管理机制的健全可以推定，当时四川的盐业已经相当发达。⑤关于盐产形式，《后汉书》卷八六《西南夷列传·冉駹》说"地有咸土，煮以为盐"⑥，《太平御览》卷八六五引《益州记》写道："汶山、越巂，煮盐法各异。汶山有咸石，先以水渍，既而煎之。越巂先烧炭，以盐井水沃炭，刮取盐。"⑦可知曾经有不同的"煮盐法"同时并行的情形。

---

① 张家山二四七号汉墓竹简整理小组：《张家山汉墓竹简〔二四七号墓〕》，文物出版社2001年版，第192页。

② 《汉书》，第3690页。

③ 《太平御览》，第3840页。《华阳国志》卷三《蜀志》："孝宣帝地节三年，罢汶山郡，置北部都尉。时又穿临邛蒲江盐井二十所，增置盐铁官。"〔晋〕常璩撰，任乃强校注：《华阳国志校补图注》，第142页。

④ 〔晋〕常璩撰，任乃强校注：《华阳国志校补图注》，第128页，第134页。

⑤ 参看廖品龙：《试论张若在成都置盐铁市官与李冰穿广都盐井》，谢忠梁：《汉代四川井盐生产劳动画像砖新探》，见自贡市盐业历史博物馆编：《四川井盐史论丛》，四川省社会科学院出版社1985年版，第46-90页。

⑥ 《后汉书》，第2858页。

⑦ 《太平御览》，第3841页。

图2-5 四川郫县出土盐井生产画像砖

据《中国画像砖全集·四川汉画像砖》，四川美术出版社2006年版，图一一〇

图2-6 四川邛崃出土盐井生产画像砖

据《中国画像砖全集·四川汉画像砖》，四川美术出版社2006年版，图一一一

2. 关于"济汉"

张家山二四七号汉墓的年代，在吕后至文帝初年。[1]看来，张家山汉简
《金布律》中所见"私盐井煮"，是迄今所知有关井盐开发的最早的史料。

对于简文"诸私为菌盐煮济汉及有私盐井煮者税之县官取一主取五"，
张家山二四七号汉墓竹简整理小组的释文写作：

> 诸私为菌（卤）盐，煮济、汉，及有私盐井煮者，税之，县官
> 取一，主取五。（四三六）

整理小组又有注释："济、汉，水名。"[2]

考察简文内容后可以发现，其中"私为菌（卤）盐煮"似不宜分断，其
文应当连读，而与下文"有私盐井煮"相并列。

又释文"煮济、汉"，其说未可通解，而"济、汉，水名"的解释，
看来也是错误的。其实这里只有"汉"字可以解为"水名"。"济汉"二字
亦不应分断，其本意当是济渡汉水。"济汉"之说，多见于古籍。如《左
传·庄公四年》："……王遂行，卒于樠木之下。令尹斗祁、莫敖屈重除道
梁溠，营军临随。随人惧，行成。莫敖以王命入盟随侯，且请为会于汉汭而
还。济汉而后发丧。"又《定公三年》："蔡侯归，及汉，执玉而沈，曰：
'余所有济汉而南者，有若大川！'"《定公四年》："冬，蔡侯、吴子、
唐侯伐楚。舍舟于淮汭，自豫章与楚夹汉。左司马戌谓子常曰：'子沿汉而
与之上下，我悉方城外以毁其舟，还塞大隧、直辕、冥厄。子济汉而伐之，
我自后击之，必大败之。'既谋而行。武城黑谓子常曰：'吴用木也，我用
革也，不可久也，不如速战。'史皇谓子常：'楚人恶子而好司马。若司马
毁吴舟于淮，塞城口而入，是独克吴也。子必速战，不然不免。'乃济汉而
陈，自小别至于大别。"[3]《太平御览》卷七六六引《帝王世纪》："昭王

---

① 李学勤：《江陵张家山汉简概述》，《简帛佚籍与学术史》，时报文化出版企业有限公司1994年
版，第204页。

② 张家山二四七号汉墓竹简整理小组：《张家山汉墓竹简〔二四七号墓〕》，第192页。

③ 《春秋左传集解》，第136页，第1615页，第1628页。

济汉，船人恶之，以胶船进王。中流，胶舡解，王没于水。"①又卷八一四引《管子》："齐桓公伐楚，济汉水，逾方城，使贡丝于周室。"②汉水曾经是楚地与中原的界隔。"济汉"，先秦时期曾经意味着由文明之地进入了中原人心目中的蛮荒之地。在西汉初年，所谓"济汉"可能仍然有逾越某种意义上的经济文化区界的涵义。

按照"济汉"应是济渡汉水的理解，则这条与盐产盐政有关的律文内容应当释读如下：

> 诸私为菌（卤）盐煮，济汉，及有私盐井煮者，税之，县官取
> 一，主取五。（四三六）

其内容除涉及井盐的开发之外，也涉及盐运的方向以及盐税的税率等。③

有的学者不同意这一见解，认为"煮济、汉"文意可通，先秦典籍可以看到类似文例，如《管子·轻重》所谓"煮沸水为盐"④。但是，沸水入海，"煮沸水为盐"，仍然可以理解为在沸水入海处煮盐。《管子·地数》和《轻重甲》中说到"煮沸水为盐"的同时，又有"令北海之众毋得聚庸而煮盐"的说法，可知理解"沸水"煮盐应当与"北海"煮盐相联系。马非百认为"沸"并非川名，只是海水煮盐工序中的卤水⑤，这一意见也可以参考。或许"沸水"作为河流名称，原本出自"沸"为卤水之义。关于《管子》"煮沸水为盐"之"沸水"，还可以有其他的理解。其文或作"煮沸水为盐"，或作"煮沸火为盐"，或作"煮水为盐"。⑥《管子·地数》"煮沸水为盐"，据黎翔凤《管子校注》，对于"沸水"有多种理解："洪颐煊云：'沸'当作'沸'。沸水清不能为盐，且下文'修河、济之流'，字已作'济'。《轻重甲篇》《乙篇》《丁篇》并此篇，此语凡五见，唯《轻重

---

① 〔宋〕李昉等：《太平御览》，第3398页。"船人恶之"，《太平御览》卷七六八引《帝王世纪》作"舡人恶之"。第3406页。清文渊阁《四库全书》本作"汉江人恶之"。《史记》卷四《周本纪》张守节《正义》引《帝王世纪》："昭王德衰，南征，济于汉，船人恶之，以胶船进王，王御船至中流，胶液船解，王及祭公俱没于水中而崩。"第135页。

② 〔宋〕李昉等：《太平御览》，第3616页。

③ 王子今：《张家山汉简〈二年律令〉所见盐政史料》，《文史杂志》2002年第4期。

④ 《管子·地数》和《轻重甲》都有"煮沸水为盐"的说法。

⑤ 对于"海出沸无止""沸水之盐以日消"，他解释说：沸，"就是煮盐的卤水"。见《管子轻重篇新诠》，第58页。

⑥ 参看颜昌峣：《管子校释》，岳麓书社1996年版，第579页，第598页。

甲篇》作'沸'，字不误。安井衡云：'沸'，漉也。凡煮盐，撒潮于沙上，既干，盛沙于器，又灌潮而漉之，然后煮之，故云'煮沸水'也。何如璋云：'沸'当作'海'，沸不可煮盐也。闻一多云：洪谓'沸'为误字，良是，然'沸'字义亦难通。今谓'沸'当为'沛'字之误也。（'沸'隶书作'沸'，与'沛'形近，故每相混。《汉书·地理志》'卞泗水西南至方舆入沛渠'，又'蕃，南梁水西南至胡陵入沛渠'，今本'沛'俱作'沛'。）《轻重乙篇》'夫海出沛无止，山生金木无息'，《轻重丁篇》'煮沛为盐'，'沛'俱作名词用，则字当读为浡。……浡者，水浮沤也。……古盖以海水跳波击岸，喷勃成沤者，其色正白，状极似盐，故呼水未成盐者为浡。字一作'沸'者，'浡''沸'声义俱近，涫沸之水亦有浮沤，故海边起浮沤之水亦称沸水也。……翔凤案：闻说是也。"[1]

今山东济南因以得名的所谓济水，已经成为黄河下游入海河段。此济水西汉时写作沛水。而西汉时的济水，则只是漳水的一条支流，流经常山郡房子县、钜鹿郡廮陶县地界，即今河北赞皇、高邑、柏乡一带。[2]其地不闻出盐。汉水虽然是名川，但是汉水流域内也没有盐产地。而《金布律》若以相距甚远、流域范围之规模亦甚为悬殊的济水和汉水相并列，也是不好理解的。

考虑到这些因素，看来张家山汉简《金布律》简文"诸私为菌盐煮济汉"，似乎仍然以"诸私为菌（卤）盐煮，济汉"的理解较为合理。

分析汉初政区地理，由中原南下"济汉"所至之地，主要是江陵所在的南郡地区。西汉初年南郡除云杜（今湖北京山）、安陆（今湖北云梦）两县在汉江以北外，大部分地方在汉江以南。南郡在汉初又曾两度短暂置临江国。[3]所以当时所谓"济汉"，有文化地理的意义，也有政治地理的意义，即由中央所辖地方进入了诸侯所辖地方。考虑到张家山汉简《二年律令》中多有视诸侯王国为敌对势力之政治倾向的内容[4]，则"济汉"之政治地理方面的意义似乎不应忽视。

---

[1] 黎翔凤撰，梁运华整理：《管子校注》，第1364页，第1366-1367页。

[2] 《汉书》卷二八上《地理志上》："房子，赞皇山，济水所出，东至廮陶入泜。"第1576页。

[3] 参看周振鹤：《西汉政区地理》，人民出版社1987年版，第134-135页。

[4] 如《捕律》可见："捕从诸侯来为间者一人，拜（拜）爵一级，有（又）购二万钱。不当拜（拜）爵，级赐万钱，有（又）行其购。"张家山二四七号汉墓竹简整理小组：《张家山汉墓竹简〔二四七号墓〕》，释文注释第153页。

3. 池盐煎煮的可能性

"菡（卤）盐"，即出产于北方内地的池盐。《史记》卷一二九《货殖列传》写道："夫天下物所鲜所多，人民谣俗，山东食海盐，山西食盐卤，领南、沙北固往往出盐，大体如此矣。"对于所谓"山西食盐卤"，张守节《正义》解释说："谓西方咸地也。坚且咸，即出石盐及池盐。"[①]食盐消费区域划分之"山东食海盐，山西食盐卤"，似乎不宜做简单化的理解。《后汉书》卷一七《贾复传》记述"南阳冠军人"贾复的事迹，有至河东运盐的情节："王莽末，为县掾，迎盐河东，会遇盗贼，等比十余人皆放散其盐，复独完以还县，县中称其信。"[②]可能"山东"一些地方，依然属于"食盐卤"的消费区域。《说文·卤部》："鹽，河东盐池也。袤五十一里，广七里，周百十六里。"段玉裁注："《左传》正义、《后汉书》注所引同。惟《水经注·涑水》篇引作长五十一里，广六里，周一百一十四里为异。《魏都赋》注：猗氏南盐池，东西六十四里，南北七十里。《郡国志》注引杨佺期《洛阳记》：河东盐池，长七十里，广七里。《水经注》曰：今池水东西七十里，南北七十里。参差乖异，盖随代有变。"[③]《太平御览》卷八六五引《说文》作："袤五十里，广六里，周一百十四里。"又附注："戴延之《西京记》曰：'盐生水中，夕取朝复，千车万驴，适意多少。'"[④]可知张家山汉简《金布律》所谓"私为菡（卤）盐煮"者，很可能就是"河东盐池"出产。王莽新朝末年南阳冠军县掾贾复之盐运方向，正与汉初吕后时代律文所谓"私为菡（卤）盐煮，济汉"切近。

有的学者指出，池盐的生产方式，有捞取法、开掘法、晒制法、煎煮法等多种，"各地不尽一致，有的采取这种方法，有的采取那种方法，有的则几种方法并存"。"在我国池盐生产工艺中，河东池盐的晒制法占有突出地

---

① 《史记》，第3269页。

② 《后汉书》，第664页。

③ 〔汉〕许慎撰，〔清〕段玉裁注：《说文解字注》，第586页。

④ 〔宋〕李昉等：《太平御览》，第3838页。参看王子今：《两汉盐产与盐运》，《盐业史研究》1993年第3期；又《秦汉交通史稿》（增订版），中国人民大学出版社2013年版，第345-346页。

位"①。我们现在不能明确地了解汉代河东池盐是否采用过煎煮法的方式生产，但是不能排除所谓"私为菌（卤）盐煮"，"几种方法并存"时亦曾运用煎煮法的可能。或许张家山汉简《金布律》中的这一资料，可以为盐业史研究提供有意义的信息。

4. "盐井之利"

《论衡·别通》在论述"人含百家之言，犹海怀百川之流也"的道理时，说到"西州盐井"：

> 夫海大于百川也，人皆知之。通者明于不通，莫之能别也。润下作咸，水之滋味也。东海水咸，流广大也。西州盐井，源泉深也，人或无井而食，或穿井不得泉，有盐井之利乎？不与贤圣通业，望有高世之名，难哉！

关于"西州盐井"，黄晖注："裴矩《西域记》：'盐水在西州高昌县东。'《书抄》一四六引……'西'下有'海'字，'深'下有'润'字。并非。"②郑文《论衡析诂》"西州"注文也写道："西州，裴矩《西域记》：'盐水在西州高昌县东。'按：高昌，古国名，本汉车师前国地，名曰高昌壁，亦作高昌垒，晋时置高昌郡，北魏和平时始为国。隋时尝入贡，后为唐所灭。故地当在今新疆维吾尔自治区吐鲁番县。"③

"西州"，按照通常理解，如《汉语大词典》的解释，有四义：①古城名。东晋置，为扬州刺史治所。②指陕西地区。③指巴蜀地区。④唐贞观十四年（640）灭麴氏高昌，以其地置西州，辖境相当今吐鲁番盆地一带，为东西交通要冲。④黄晖、郑文均取其第四义。然而言"盐井"，言"穿井""得泉"，则显然不是"高昌"方向的"西州"。也不可能是"扬州"与"陕西"。有的学者的解说是正确的，如北京大学历史系《论衡注释》对于"人或无井而食，或穿井不得泉，有盐井之利乎"句做如下解释："人们

---

① 吉成名：《中国古代池盐生产技术》，《文史知识》1996年第4期。
② 黄晖：《论衡校释》，中华书局1990年版，第592页。
③ 郑文：《论衡析诂》，巴蜀书社1999年版，第597页。
④ 汉语大词典编辑委员会、汉语大词典编纂处编纂：《汉语大词典》，汉语大词典出版社1991年版，第8卷第740-741页。

有的没有井盐可供食用，有的打井得不到盐水，这样，他们能享受到有盐井那样的好处吗？"对于"西州盐井"，注文则明确写道："西州：指四川一带。"①

杨宝忠《论衡校笺》就"有盐井之利乎"，只是笺注："句首疑脱'安'字。上文'安得巨大之名'，是其例。"②对于"西州盐井"未作讨论。

所谓"西州盐井"的真实语义，北京大学历史系《论衡注释》的理解看来是合理的。"西州盐井"应是张家山汉简之后发展得比较迅速的盐业生产经济实体。"盐井"作为盐产设施，区域间有引进与传播。位于巴蜀地方的"西州盐井"，应当继承了张家山汉简《金布律》所见早期井盐的生产技术。

---

① 北京大学历史系《论衡》注释小组：《论衡注释》，中华书局1979年版，第756页，第758页。
② 杨宝忠：《论衡校笺》，河北教育出版社1999年版，第448页。

3 | 第三章 秦汉盐运：交通史视角的考察

《韩诗外传》卷七讨论人才学的一个主题时，说到运输史的情节："伍子胥前功多，后戮死，非知有盛衰也，前遇阖闾，后遇夫差也。夫骥罢盐车，此非无形容也，莫知之也。使骥不得伯乐，安得千里之足，造父亦无千里之手矣。"[①]《史记》卷八四《屈原贾生列传》亦可见贾谊赋文"骥垂两耳兮服盐车"[②]，《汉书》卷四八《贾谊传》作"骥垂两耳，服盐车兮"，颜师古注："驾盐车也。"[③]看来，盐运是人皆以为艰难鄙下的相当普遍的运输活动。王莽诏曰："夫盐，食肴之将"，"非编户齐民所能家作，必卬于市，虽贵数倍，不得不买"。[④]卫觊与荀彧书也写道："夫盐，国之大宝也，自乱来散放，宜如旧置使者监卖。"[⑤]强有力的中央政府总理盐政，往往同时对盐运也施行严格的统一管理。自汉武帝时代开始推行的这一政策，对于稳定汉王朝的经济基础发挥了重要的作

---

① 屈守元：《韩诗外传笺疏》，巴蜀书社1996年版，第600页。

② 《史记》，第2493页。

③ 《汉书》，第2223页。

④ 颜师古注："将，大也，一说为食肴之将帅。"《汉书》卷二四下《食货志下》，第1183页。

⑤ 《三国志》卷二一《魏书·卫觊传》，中华书局1959年版，第610页。

用。[①]这一政策又产生了久远的历史影响，历代专制政府多以此作为其基本经济政策的主要内容之一。

一、《九章算术》盐运史料

《九章算术》作为汉代经济史料受到学界的重视。正如有的学者所指出的："这部书的内容鲜明地表现了数学与经济的密切关系"，"在书中的246道算题里，大约有190道是和经济活动有关的应用题，这些算题保存了当时社会经济方面的许多重要史料"。涉及的经济史问题包括："其一：汉代的社会生产力状况"，"其二：汉代社会的经济基础"，"其三：汉代的商业交通状况"。[②]其中有反映盐运方式的信息，值得我们关注。

1. 盐的"均输"

据《史记》《汉书》记载，汉武帝时代推行"均输"制度，并取得了成效："桑弘羊为大农丞，管诸会计事，稍稍置均输以通货物矣。""大农以均输调盐铁助赋，故能赡之。""请置大农部丞数十人，分部主郡国，各往往县置均输盐铁官，令远方各以其物贵时商贾所转贩者为赋，而相灌输。""边余谷诸物均输帛五百万匹。"[③]通常的解释，往往把"均输"与"平准"混同。有的学者将桑弘羊主持推行的均输制度归入官营商业的范畴[④]，这其实是不符合史实的。其实，"均输"是完善官营运输业的管理，同时改进调整全国规模的运输调度，从而使以往重复运输、过远运输、对流

---

① 例如汉武帝时代政府面临经济困难时，"大农以均输调盐铁助赋，故能赡之"。见《史记》卷三〇《平准书》，第1440页。据《汉书》卷九《元帝纪》，汉元帝初元五年（前44）夏四月诏令罢"盐铁官"，然而时仅3年，永光三年（前41）冬，即"以用度不足""复盐铁官"。（见《汉书》第285页，第291页）有关汉代盐官设置的文物资料有上海博物馆藏印"琅左盐丞"及《封泥考略》"楗邪左丞"、《封泥汇编》"琅邪左盐"等。又《凝清室丛官印存》"莲勺卤咸督印"，陕西省博物馆藏印"莲勺卤督印"及"石藕盐督"印，则反映曹魏盐官制度。参看王子今：《两汉盐产与盐运》，《盐业史研究》1993年3期。

② 宋杰：《〈九章算术〉与汉代社会经济》，首都师范大学出版社1994年版，第1-2页。

③ 《史记》卷三〇《平准书》，第1432页，第1441页。

④ 例如范文澜《中国通史》第二册将均输法的实行列于"官营商业"条下，见《中国通史》人民出版社1978年版，第80页。傅筑夫、王毓瑚《中国经济史资料·秦汉三国编》也将其归入官营商业的内容之中，见《中国经济史资料·秦汉三国编》，中国社会科学出版社1982年版，第383-387页。

运输等不合理运输所导致的"天下赋输或不偿其僦费"①的现象得以扭转的制度。②

"均输"语汇最初在行政生活中使用，其实早于汉武帝时代。有记载说，战国楚有"均输"仓名。陈直指出："《越绝书》卷二云：'吴两仓，春申君所造，西仓名曰均输。'据此均输之名，在战国末期已有之。"③张家山汉简《二年律令》有《均输律》。④有学者指出："鉴于秦汉律之间的承袭关系，江陵张家山汉简中的律令、奏谳书，可与秦简中的有关内容互相参照，进行比较研究，因而也是研究秦代法制史的重要资料。"⑤

通过张家山汉简《均输律》或可推知，秦代制度有关"均输"的内容，体现了以"均"为追求的交通文化精神，或许已经发生了积极的历史作用。

而汉代盐运，有取"均输"原则的实证。

2.《九章算术·均输》"取佣负盐"算题

《九章算术·均输》中有多方面反映汉代运输方式的内容，其中有关于"取佣负盐"的算题：

> 今有取佣，负盐二斛，行一百里，与钱四十。今负盐一斛七
> 斗三升少半升，行八十里。问：与钱几何？
> 答曰：二十七钱一十五分钱之一十一。

---

① 《史记》卷三〇《平准书》，第1441页。

② 王子今：《西汉均输制度新议》，《首都师范大学学报（社会科学版）》1994年第2期。

③ 陈直：《汉书新证》，天津人民出版社1979年版，第177页。

④ 李学勤最早指出"其年代上限为西汉初年，下限不会晚于景帝"的湖北江陵张家山汉墓出土汉简可见《均输律》。见李学勤：《中国数学史上的重大发现——江陵张家山汉简一瞥》，《文物天地》1985年第1期；荆州地区博物馆：《江陵张家山三座汉墓出土大批竹简》；张家山汉墓竹简整理小组：《江陵张家山汉简概述》，《文物》1985年第1期。整理小组确定的律文只有三条："船车有输，传送出津关，而有传啬夫、吏、啬夫、吏与敦长、方长各□□而□□□□发□出□置皆如关□"（二二五），"诸（？）行（？）津关门（？）东（？）□□□□"（二二六），"▮均输律"（二二七）。对于"均输"语，整理小组注释："均输，《汉书·百官公卿表》注引孟康曰：'均输，谓诸当所输于官者，皆令输其地土所饶，平其所在时价，官更于它处卖之，输者既便，而官有利也。'"张家山二四七号汉墓竹简整理小组：《张家山汉墓竹简〔二四七号墓〕（释文修订本）》，文物出版社2006年版，第39页。今按："它处"，《汉书》卷一九上《百官公卿表上》颜师古注引孟康曰原作"佗处"。见《汉书》第731页。从不完整的《均输律》律文看，《均输律》规范的是应当主要还是"输""送""行"等运输行为。

⑤ 徐世虹等：《秦律研究》，武汉大学出版社2017年版，第21页。

术曰：置盐二斛升数，以一百里乘之为法。以四十钱乘今负
盐升数，又以八十里乘之，为实。实如法得一钱。[①]

此算题可以反映当时盐运的通常形式。"负盐"是承担"盐"的运输劳作的
基本方式。"负盐"劳作的情形，在汉画像砖保留的资料中有形象的体现。[②]

3.《说文》："今盐官三斛为一𥂕"

物资储运的包装形式其实是十分重要的。我们曾经讨论过粮食运输的
包装方式。辽宁辽阳东汉晚期墓葬壁画中可见载瓮车的图像，画面内容表
现了装载流质货物的运车的特殊型式[③]。秦汉时期车辆装载物往往以布囊或
革囊作为包装形式。《说文·橐部》："𥂕，橐也。""𢍏，车上大橐。"
又说："橐，囊也。""囊，橐也。"[④]居延汉简也可见"三石布囊一"
（E.P.T59:7）"革橐一盛糒三斗米五斗"（E.P.T68:22）等。[⑤]简文或称之
为"卷""券""𥂕"。[⑥]诸葛亮"流马""后杠与等版方囊二枚""每枚
受米二斛三斗"，也采用类似的装载方式。汉代画像中还可以看到车辆上运
载布囊盛装的物品的画面。然而秦汉时期运输车辆较为通行的装载方式是散
装。山东沂南汉画像石墓中室南面石刻表现入储谷物的情形，画面中可以看
到3辆运载散装谷粟的牛车[⑦]。又汉光武帝建武三年（27），刘秀军与赤眉

---

① 郭书春汇校：《汇校九章算术》，辽宁教育出版社、台湾九章出版社2004年版，第244页。

② 王子今：《四川汉代画像中的"担负"画面》，《四川文物》2002年第1期。

③ 李文信：《辽阳发现的三座壁画古墓》，《文物参考资料》1955年第5期。

④ 段玉裁注："按，许云：'橐，囊也。''囊，橐也。'浑言之也。《大雅》毛传曰：'小曰橐，
大曰囊。'高诱注《战国策》曰：'无底曰橐，有底曰囊。'皆析言之也。"又说，"橐，囊
也"，"囊，橐也"，"疑当云'橐，小囊也'，'囊，橐也'，则同异皆见。全书之例如此。此
盖有夺字。"段玉裁注又写道："又《诗释文》引《说文》：'无底曰橐，有底曰囊。'与各本绝
异。"〔汉〕许慎撰，〔清〕段玉裁注：《说文解字注》，第276页。

⑤ 居延汉简又可见以所谓"布纬"作为军粮包装形式者，如"布纬，糒三斗"（181.8），"布纬三
糒九斗"（E.J.T.37:1552）等。有学者以为"布纬约可裹束粮粮于身，近似后世所谓'军粮袋'之
类"。见初师宾：《汉边塞守御器备考略》，《汉简研究文集》，甘肃人民出版社1984年版，第
155页。但以"三斗"军粮裹束于身，当无法行军作战。可知此说尚可商榷。

⑥ 例如："卒陈偃粟一卷三斗三升"（57.19），"士吏尹忠糜一卷三斗三升自取又二月食糜一卷三
斗三升卒陈襄取"（57.20），"☐粟一券寄粟，☐☐☐二券寄粟"（48.12B），"☐二卷以给北
部候长"（232.18），"☐四卷"（234·20），"出四券☐"（236.1），"第四出四卷以给☐"
（236.35），"入卷七枚☐长安国受尉☐"（275.1），"受降卒张泻出廿卷付仓石出六卷以给肩水
卒"（433.3，433.32），"☐卷以给候 史出二卷给北部候长。出二卷以给☐"（433.8）。

⑦ 南京博物院、山东省文物管理处编：《沂南古画像石墓发掘报告》，文化部文物管理局1956年版。

军战于渑池，赤眉军佯败，"弃辎重走，车皆载土，以豆覆其上"，诱使刘秀军邓弘部饥卒争夺，于是"引还击弘，弘军溃乱"。[1]由此可知军中辎重车载运军粮一般也采取散装形式。甘肃武威磨咀子汉墓出土的牛车模型中残留粮食遗迹，显然是作为散装运粮车的摹拟明器随葬。[2]武威雷台汉墓出土3辆铜制大车模型，"舆内尚留有粟粒痕迹"，发掘者推测是"载粮用的'辎车'"，其装载方式大致也是散装。这座汉墓还出土了形制与大车略同的铜制辇车模型，3辆铜辇车所驾3匹马的胸前均铭刻车主某某及"辇车马"字样。[3]散装运输的普及，可以节省包装材料，简化工序，减少损失，如果仓储设备良好，也利于装卸作业的完成。武威雷台汉墓铜制大车模型后部有能够自由启闭的车门，显然可以方便装卸。散装需解决防雨防尘问题，并要求车厢结构严密，以不致漏失。四川广汉大堆子汉画像砖收缴谷米的画面中所表现的载重马车，车厢方正严整一如武威雷台汉墓所出铜车模型，但车厢前端又有一挡板。[4]此外，青海西宁南滩汉墓出土木制牛车模型结构也与上述车型类同。[5]估计这是当时通行的运车型式之一，武威雷台铜车应当也有活动的前挡板，可能模型未作细致体现。这种车厢规整的车型，可以根据装载容积大致估算载物重量，不必以小量器一一计量，因而可以提高装载效率，适宜于大规模运输。[6]

不过，以"橐""囊"包装，有容易计量的优点。非大宗运输的情形，普遍仍取这种包装方式。当时"帣"的制作和使用，有确定的容量形制。《说文·巾部》说到"盐官"的设定：

> 帣，囊也。今盐官三斛为一帣。

关于"帣，囊也"，段玉裁注："《集韵》曰：囊有底曰帣。或借为絭字。《史记》：淳于髡帣鞴鞠脮。帣鞴谓以鞴约袖。《糸部》曰：絭，缠臂绳也。"对于"今盐官三斛为一帣"，段玉裁注："举汉时语证之。"以为与

---

[1] 《后汉书》卷一七《冯异传》，第646页。

[2] 甘肃省博物馆：《武威磨咀子三座汉墓发掘简报》，《文物》1972年第12期。

[3] 甘肃省博物馆：《武威雷台汉墓》，《考古学报》1974年第2期。

[4] 高文：《四川汉代画像砖》，上海人民美术出版社1987年版，图二〇。

[5] 青海省文物管理委员会：《西宁市南滩汉墓》，《考古》1964年第5期。

[6] 王子今：《秦汉交通史稿》（增订本），中国人民大学大学出版社2013年版，第121-123页。

《手部》"掊"字下所谓"今盐官入水取盐为掊"①同样，"皆汉时盐法中语"。②看来，盐官产盐之包装形式乃至转运形式，都有统一的规格。

盐"三斛"，正是河西戍卒100人一月定量的总和。

二、秦汉盐运主要线路

盐运是秦汉时期食盐生产区与食盐消费区之间交通运输活动的重要内容。讨论当时盐运的主要线路，可以依据传世文献以及出土文献。若干遗址的考古发掘成果也可以提供重要的线索。

1. 河东池盐的外运

司马迁说"山西食盐卤"。"盐卤"，张守节《史记正义》："谓西方咸地也。坚且咸，即出石盐及池盐。"③河东池盐资源所在其实未可称"西方咸地"，其出产的食盐供应着相当广阔的中部地区。

所谓"山东食海盐，山西食盐卤"并不宜作绝对的理解，史籍中还可以看到南阳地区食用河东池盐的实例，如"南阳冠军人"贾复"迎盐河东"故事。《后汉书·贾复传》记述：

> 王莽末，为县掾，迎盐河东，会遇盗贼，等比十余人皆放散
> 其盐，复独完以还县，县中称其信。④

《说文·卤部》："鹽，河东盐池也。袤五十一里，广七里，周百十六里。"⑤《太平御览》卷八六五引作"袤五十里，广六里，周一百十四

---

① 《续汉书·百官志五》："凡郡县出盐多者置盐官，主盐税。"刘昭注补引胡广曰："盐官掊坑而得盐，或有凿井煮海水而以得之者。"《后汉书》，第3625页。

② 〔汉〕许慎撰，〔清〕段玉裁注：《说文解字注》，第360-361页。

③ 《史记》，第3269页。

④ 《太平御览》卷八六五引《东观汉记》："贾复为县掾，迎盐河东，会盗贼起，等辈放散其盐，复独完还致县中。"见《太平御览》，第3838页。

⑤ 段玉裁注："《左传》正义、《后汉书》注所引同。惟《水经注·涑水》篇引作'长五十一里，广六里，周一百十四里'为异。《魏都赋》注：'猗氏南盐池，东西六十四里，南北七十里。'《郡国志》注引杨佺期《洛阳记》：'河东盐池，长七十里，广七里。'《水经注》曰：'今池水东西七十里，南北七十里。'参差乖异，盖随代有变。"〔汉〕许慎撰，〔清〕段玉裁注：《说文解字注》，第586页。除池沼水面随代变迁外，历代尺度有异，可能也是导致记述"参差乖异"的原因之一。

里"，又附注：

> 戴延之《西京记》曰：盐生水中，夕取朝复，千车万驴，适
> 意多少。①

也说运输实际上是"盐卤"生产的关键环节。

另一反映河东池盐外运的史例，即第五伦"载盐往来太原、上党"故事。《后汉书》卷四一《第五伦传》记载：

> （第五伦）将家属客河东，变名姓，自称王伯齐，载盐往来太
> 原、上党，所过辄为粪除而去，陌上号为道士，亲友故人莫知其处。②

《太平御览》卷一九五引《东观汉记》："第五伦自度仕宦牢落，遂将家属客河东，变易姓名，自称王伯齐，常与奴载盐北至太原贩卖，每所止客舍，去辄为粪除，道上号曰道士，开门请求，不复责舍宿直。"③太原郡晋阳有盐官，第五伦仍由河东"载盐往来太原"，说明河东安邑盐池出产丰饶且交通条件便利，其市场范围之扩展可以形成对其他产盐地的冲击。

《续汉书·郡国志一》：河东郡安邑"有盐池"，刘昭注补引杨佺期《洛阳记》："河东盐池长七十里，广七里，水气紫色。有别御盐，四面刻印如印齿文章，字妙不可述。"④

左思《魏都赋》有"墨井盐池，玄滋素液"句，李善注："河东猗氏南有盐池，东西六十四里，南北七十里。"⑤或可理解为反映东汉末年盐业经济的信息。结合前述贾复"迎盐河东"故事，可知中原政治文化重心地区邺、洛阳、南阳皆仰仗河东安邑盐产。

2. 简牍资料所见"北边""调盐""取盐"

"山东食海盐，山西食盐卤"，大体说明了秦汉时期盐业的产销区划。

《太平御览》卷八二引《尸子》："昔者桀纣纵欲长乐以苦百姓，珍怪

---

① 〔宋〕李昉等：《太平御览》，第3838页。
② 《后汉书》，第1396页。
③ 〔宋〕李昉等：《太平御览》，第940页。
④ 《后汉书》，第3397-3398页。
⑤ 〔梁〕萧统编，〔唐〕李善注：《文选》，中华书局据胡克家刻本1977年缩小影印版，第98页。

远味，必南海之荤，北海之盐。"①虽然作为"此其祸天下亦厚矣"的非常之例，然而也反映中原人早已有"北海之盐"的消费经验。讨论汉代盐官的交通布局，不能不注意到北边地区盐官之密集。前文列举的43处盐官中，北边盐官计16处，占37.21%。北边盐业资源的开发，除用以满足边防军民的需要外，北边道便利的盐运交通条件也是重要因素之一。

居延汉简可见所谓"廪盐名籍"（141.2）②、"盐出入簿"（E.P.T7:13）③。边地又有容量相当可观的储盐设施，如简文可见：

> 永始三年计余盐五千四百一石四斗三龠（E.P.T50:29）

敦煌汉简也有：

> 盐临泉二千五百积稚卿（1125）

尽管如此，我们仍然可以看到有时出现可能因盐运不足所导致的食盐匮乏的情形，如：

> ☑十二月食盐皆毕已敢言之（E.P.T52:254）

有的戍所甚至出现食盐完全断绝的境况：

> 卒胡朝等廿一人自言不得盐言府●一事集封　八月庚申尉史常
>
> 封（136.44）

所谓"一事集封"，或许反映这种情形受到充分重视。

与盐运有一定关系的简例，又有：

> 三年调盐九十石☑（E.P.T 31:10）
>
> 前宿
>
> ☑隧取盐不还仁有☑（E.P.T52:672）
>
> ☑坐劳边使者过郡饮适盐卅石输官（E.P.T51:323）

又如：

> 其市买五均之物及盐而无二品☑（E.P.T6:88）

此则反映以盐为转贩对象的商运，在某些时期、某些地区受到政府的严格

---

① 〔宋〕李昉等：《太平御览》，第386页。《太平御览》卷八六五引作"南海之荤，北海之盐"。第3839页。

② 如："郭卒□□　盐三升　十一月庚申自取"（286.12）。简文更多见"盐"与"食"一同受取之例，如："郭卒张竟盐三升十二月食三石三斗三升少　十一月庚申自取"（203.14）。

③ 如："出盐二石一斗三升　给食戍卒七十一人二月戊午□□□"（139.31），"出盐三升"（268·9），"出盐二升九龠"（268.12）。

统制。

3. 楚盐供需条件

任乃强《说盐》一文曾经论述巴东盐泉对于满足楚地食盐消费的重要作用。他认为，宋玉的《高唐》《神女》两赋，即"把食盐比作神女"，是"歌颂巫盐入楚的诗赋"。[①]此说在某种意义上可以为研究楚地食盐供需关系史提供参考意见。

《汉书》卷二八《地理志》载各地盐官35处，属于巴蜀地方的有：蜀郡临邛、犍为郡南安、巴郡朐忍。其地在今四川邛崃、四川乐山、重庆云阳西。所录盐官其实未能完全，据杨远考补，又有越嶲郡定莋、巴郡临江两处[②]，其地在今四川盐源和重庆忠县。[③]

从现有资料看，巴郡朐忍和巴郡临江两地盐产，极可能利用川江水路东运。[④]而朐忍在《华阳国志》卷一《巴志》中即列于"巴东郡"条下。[⑤]

4. 巴蜀滇地方盐运

李学勤曾经将"东周时代列国"划分为"七个文化圈"。其中有"巴蜀滇文化圈"："西南的今四川省有巴、蜀两国，加以今云南省的滇及西南其他部族，是巴蜀滇文化圈。它一方面与楚文化相互影响，向北方又与秦沟通。"[⑥]这一对区域文化的认识，其实也适合于秦汉西南形势。秦汉时期巴蜀滇地区大致以井盐自给。但是分析其区域交通形势，包括巴蜀滇区域内部不同地方的联系方式及其与其他区域的沟通，仍不能忽视盐运的意义。

---

① 〔晋〕常璩撰，任乃强校注：《华阳国志校补图注》，第52-59页。

② 杨远：《西汉盐、铁、工官的地理分布》，《香港中文大学中国文化研究所学报》第9卷上册，1978年。

③ 参看谭其骧：《中国历史地图集》第二册，第29-30页。

④ 《华阳国志》卷一《巴志》："临江县，枳东四百里。接朐忍。有盐官，在监涂二溪，一郡所仰。其豪门亦家有盐井。""朐忍县，郡西二百九十里。水道有东阳、下瞿数滩。山有大、小石城势。故陵郡旧置，有巴乡名酒、灵寿木、橘圃、盐井、灵龟。汤溪盐井，粒大者方寸。""汉发县，有盐井。""南西充国县，故充国，和帝时置。有盐井。"〔晋〕常璩撰，任乃强校注：《华阳国志校补图注》，第30页，第36页，第43页，第46页。

⑤ 〔晋〕常璩撰，任乃强校注：《华阳国志校补图注》，第27页，第33页，第36页。

⑥ 李学勤：《东周与秦代文明》，上海人民出版社2007年版，第11页。

四川出土汉画像砖有反映盐井生产场景的宝贵画面。图中有劳动者"负盐"形象。成都羊子山和邛崃出土画像砖可见反映"负盐"劳作的写实画面。①《九章算术·均输》中列有算题："今有取佣，负盐二斛，行一百里，与钱四十。今负盐一斛七斗三升少半升，行八十里。问：与钱几何？"②成都羊子山和邛崃画像砖所见画面，正是《九章算术》中说到的"负盐"劳作的形象表现。

四川出土汉代画像砖反映盐业生产的画面中对于盐运情景的精心描绘，也突出强调了运输于生产的意义，"表现为生产过程在流通过程内的继续"③。

成、哀间成都商人罗褒"贾京师""往来巴蜀""赊贷郡国"，又"擅盐井之利，期年所得自倍，遂殖其货"。④经营盐运，当是致富途径之一。

据说，"中国目前发现的最早盐业生产发源地位于四川盆地东部长江三峡的中坝一带"。有学者考察巴地盐产盐运，指出："在四川自贡盐井没有开发之前即李冰治蜀之前，巴国的盐雄踞长江中游、上游一带数千年。秦灭巴后，与楚人展开了对盐的争夺，并很快控制了三峡地区的盐，三峡之盐便成为秦统一六国的重要资源。"四川忠县崖脚墓地"大量的楚国入侵者墓葬"，或许就与争夺盐产基地的战争有关。研究者指出，当地盐产的外运多通过水路。"长江北岸的巫山中有巫溪宝源山盐泉（即今天的宁厂），有大宁河的舟船之利。长江南岸的巫山中有清江盐泉，有古大溪河的舟船之利。这里的盐行销楚蜀乃至更广大地区，换来不尽的衣食奇货，当然可以不耕而食，不织而衣。"⑤盐产成为当地第一产业，足以实现全面的市场交换。这一流通程序的实现，是要依赖运输通道的。

当然，盐运也有陆路运输的途径。考古学者考察大宁河栈道时，注意到交通遗迹中有与盐产盐运相关的信息。"宋代黄庭坚至巫山，看到其弟官署中陈设有一件种莲铁盆，疑为古物，果真是一件汉代铁盆，上有铸文，为汉永平二年（59）物，疑为煮盐所用，遂撰《汉铁盐盆记》。但其文并未言巫

① 龚廷万等：《巴蜀汉代画像集》，文物出版社1998年版，图135。
② 郭书春：《汇校九章算术》，第244页。
③ 马克思：《资本论》第2卷，《马克思恩格斯全集》第24卷，人民出版社1972年版，第170页。
④ 《汉书》卷九一《货殖传》，第3690页。
⑤ 白九江：《巴盐与盐巴——三峡古代盐业》，重庆出版社2007年版，第4页，第24页。

山铁盐盆与巫溪宁厂盐泉有何关系。明周复俊撰《全蜀艺文志》卷五十九引宋赵明诚跋，此器作'汉巴官铁量，铭云：巴官，永平七年，三百五斤，第二十七'。称其为量器，与盐无涉。明曹学佺《蜀中广记》卷八十'神仙志下'附录鬼怪曰：'《大宁图经》云，汉永平七年，尝引此县咸泉至巫山，以铁牢盆盛之，水化为血。'《大宁图经》是一已失传的方志。这段文字也可以视作文人记录下来的传说，其中也未提到栈道。后代好事之徒，附会其说，称东汉永平年间，凿栈道引盐水至巫山。此说影响甚大，但证据亦嫌不足。""另外，光绪《巫山县志》卷三十一'古迹'云：'石孔，沿宁河山峡俱有，唐刘晏所凿，以引盐泉。'"①关于宋代汉"牢盆"的发现，陈直有所论说："《隶续》卷三有《汉巴官铁盆铭》云：'巴官三百五十斤，永平七年，第廿七西。'洪氏考云在巫山县。此器是第二十七，可见尚不止此数。又《隶续》卷十四，有《修官二铁盆款识》云：'廿五石廿年修官作，廿五石。'洪氏考云：'乾道中陆游监汉嘉郡得之，字画无篆体，盖东汉初年所作，修官正与永平巴官相同。'上述两则，皆东汉烧盐的牢盆，为工具留存之仅可考者。"②后世传说"汉永平七年，尝引此县咸泉至巫山，以铁牢盆盛之，水化为血"等有"神仙""鬼怪"色彩，而"引""咸泉"，"引盐水"之说，或许是特殊盐运方式的曲折反映。

5. "骥服盐车上太山"

贾谊为长沙王太傅，意不自得，及渡湘水，为赋以吊屈原，其辞有所谓"骥垂两耳兮服盐车"。《史记》卷八四《屈原贾生列传》司马贞《索隐》引《战国策》曰："夫骥服盐车上太山中阪，迁延负辕不能上，伯乐下车哭之也。"③《战国策·楚策四》："夫骥之齿至矣，服盐车而上太行。蹄申膝折，尾湛胕溃，漉汁洒地，白汗交流，中阪迁延，负辕不能上。伯乐遭之，下车攀而哭之，解纻衣以幂之。骥于是俯而喷，仰而鸣，声达于天，若

---

① 原注："《中国地方志集成·光绪巫山县志》卷三十一'古迹'，巴蜀书社、上海书店，1992年据道光七年（1893年）刻本影印。"今按：版本年代信息有误，《光绪巫山县志》不当有道光刻本。"道光七年（1893年）"有误。1893年为光绪十九年。重庆市文物局、重庆市移民局、西安文物保护修复中心：《三峡古栈道》下册《大宁河栈道》，文物出版社2006年版，第20-21页。
② 陈直：《两汉经济史料论丛》，陕西人民出版社1980年版，第105页。
③ 《史记》，第2494页。

出金石声。"①所谓"骥服盐车上太山","骥""服盐车而上太行",似亦可作为河东郡安邑盐池产盐流通范围的例证之一。

所谓"骥服盐车上太山",似可说明河东解池盐产有提供齐鲁地方居民消费的情形。这与我们有关齐鲁凭借海盐生产优势曾经长期居于盐业领先地位的知识,显然不相符合。

司马贞《索隐》引《战国策》作"骥服盐车上太山中阪",而《战国策·楚策四》作:"夫骥……服盐车而上太行"。又《盐铁论·讼贤》也说到良马牵引"盐车"行于"太行之阪":

> 骐骥之挽盐车垂头于太行之坂,屠者持刀而睨之。②

如此,则说明解池出产的盐为华北平原居民消费的情形,此与司马迁《史记》卷一二九《货殖列传》所谓"山东食海盐,山西食盐卤"③之有关食盐消费区域划分的判断有所不同。

《后汉书》卷二四《马援列传》李贤注:"桓宽《盐铁论》曰:'骐骥负盐车,垂头于太行之坂,见伯乐则喷而长鸣。'"④也说"太行之坂"。《盐铁论·利议》载文学曰:"骥,举之在伯乐,其功在造父。造父摄辔,马无驽良,皆可取道。周公之时,士无贤不肖,皆可与言治。故御之良者善调马,相之贤者善使士。今举异才而使臧驺御之,是犹扼骥盐车而责之使疾。此贤良、文学多不称举也。"⑤王利器指出:"唐储光羲诗:'峻阪悲骐骥。'李白诗:'盐车上峻阪。'并用此语。"⑥看来,这一有关盐运史的记录共同保留于史著、政论和诗作之中,成为习用之典。"骥挽盐车""太行之阪",成为人们深刻铭记的历史记忆和文化象征。然而我们在这里更为关注的是其中透露的盐运方向问题。

与"骥服盐车上太山中阪"及"骐骥负盐车,垂头于太行之坂"不同,又有"骐骥驾盐车上于虞坂"的说法。《水经注》卷四《河水》:

---

① 〔西汉〕刘向:《战国策》,第573页。

② 王利器:《盐铁论校注》(定本),第284页。

③ 《史记》,第3269页。

④ 《后汉书》,第841页。

⑤ 王利器:《盐铁论校注》(定本),第324页。

⑥ 王利器:《盐铁论校注》(定本),第287页

河水又东，沙涧水注之，水北出虞山，东南径傅岩，历傅说隐室前，俗名之为圣人窟。孔安国传：傅说隐于虞、虢之间。即此处也。傅岩东北十余里，即巅轵坂也。《春秋左传》所谓入自巅轵者也。有东、西绝涧，左右幽空穷深，地壑中则筑以成道，指南北之路，谓之为轵桥也。傅说佣隐，止息于此，高宗求梦得之是矣。桥之东北有虞原，原上道东有虞城，尧妻舜以嫔于虞者也。周武王以封太伯后虞仲于此，是为虞公。《晋太康地记》所谓北虞也。城东有山，世谓之五家冢，冢上有虞公庙，《春秋谷梁传》曰：晋献公将伐虢，荀息曰：君何不以屈产之乘，垂棘之璧，假道于虞。公曰：此晋国之宝也。曰：是取中府置外府也。公从之，及取虢灭虞，乃牵马操璧，璧则犹故，马齿长矣。即宫之奇所谓：虞、虢其犹辅车相依，唇亡齿寒，虢亡，虞亦亡矣。其城北对长坂二十许里，谓之虞坂。戴延之曰：自上及下，七山相重。《战国策》曰：昔骐骥驾盐车上于虞坂，迂延负辕而不能进。此盖其困处也。[①]"虞坂"，应当位于河东解池盐产外运的主要通道上。

所谓"长坂二十许里"，"自上及下，七山相重"，大体说明了"虞坂"的交通形势。

三、秦汉盐运史个案研究之一：说"江阳之盐"

《太平御览》卷八六五引崔骃《博徒论》有"江阳六盐"语。有学者推断应为"江阳之盐"的误写。[②]《北堂书钞》卷一四六引崔骃《博徒论》正作"江阳之盐"。[③]《博徒论》文字残缺，目前尚不能明确"江阳之盐"在文中的位置。汉代"江阳"地位重要，但是其盐产没有受到充分重视，崔骃《博徒论》言"江阳之盐"，说明"江阳"在当时盐业史中的特殊地位。相关信息补充了我们对汉代巴蜀地方井盐生产规模和运输形式的认识。分析《元和郡县图志》的相关内容，可知所谓"江阳之盐"或许指通过"江阳"

---

① 〔北魏〕郦道元著，陈桥驿校证：《水经注校证》，第115-116页。

② 〔宋〕李昉等：《太平御览》，第3841页。

③ 〔唐〕虞世南：《北堂书钞》，第616页。

即今泸州运输至广大消费区的盐业产品。这一盐运系统的货源包括自贡盐产。汉代即已得到广泛传播的所谓"江阳之盐"，很可能就是这一曾经以沱江为主要运输系统的重要盐产区的产品的共有名号。

1. 《博徒论》"江阳之盐"

《太平御览》卷八六五《饮食部二十三》"盐"题下，可以看到如下有关盐产的信息：

> 崔骃《博徒论》曰："江阳六盐。"[①]

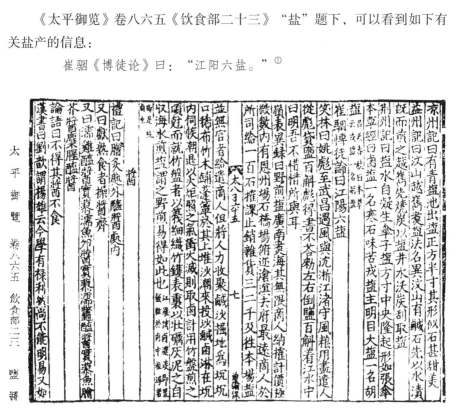

图3-1 《太平御览》卷八六五引崔骃《博徒论》"江阳六盐"
〔宋〕李昉等撰：《太平御览》，中华书局用上海涵芬楼影印宋本1960年复制重印版

这一说法被有的著作沿承。如清人丁宝桢《四川盐法志》卷四《井厂四》写道：

> 江阳县今泸州等境　崔骃《博徒论》曰："江阳六盐。"《御

---

① 〔宋〕李昉等：《太平御览》，第3841页。《四部丛刊》三编景宋本同。

览》八百六十五。①

"江阳"被判定为"今泸州等境"，"江阳六盐"被看作"井厂"出产。这样的认识，也值得盐业史学者注意。

有盐业史学者在讨论"秦汉时期食盐产地"时指出："东汉崔骃《博徒论》提到'江阳六盐'。何谓六盐？令人费解。笔者认为，这里'六'字可能是'之'字的误写，因形近而误；'江阳六盐'可能原为'江阳之盐'。"②

以为"江阳六盐"应即"江阳之盐"的判断是正确的。我们看到，《北堂书钞》卷一四六引崔骃《博徒论》正作"江阳之盐"。③

《渊鉴类涵》卷三九一《食物部四·盐四》有关崔骃《博徒论》涉及"盐"的内容则是这样显示的：

> 江阳之盐。崔骃《博徒论》曰：江阳六盐。④

引文同《太平御览》卷八六五作"江阳六盐"，文题则作"江阳之盐"。

《北堂书钞》卷一四六《酒食部五·盐三十三》可以看到崔骃《博徒论》"江阳之盐"引文：

> 江阳之盐。崔骃《博徒论》云：江阳之盐。○今案陈俞本及
> 严辑《崔骃集》同。⑤

《北堂书钞》作为唐代类书，较《太平御览》和《渊鉴类涵》成书年代早得多，可知崔骃《博徒论》中"江阳之盐"是正字，"江阳六盐"确实是讹写。

严可均辑《全上古三代秦汉三国六朝文》中《全后汉文》卷四四《博徒论》即作：

> 江阳之盐。《书钞》一百四十六。⑥

所据也是《北堂书钞》引文。

---

① 〔清〕丁宝桢：《四川盐法志》，清光绪刻本。

② 吉成名：《中国古代食盐产地分布和变迁研究》，第31页。

③ 〔唐〕虞世南：《北堂书钞》，第616页。

④ 《渊鉴类函》，文渊阁《四库全书本》。

⑤ 〔唐〕虞世南：《北堂书钞》，第616页。

⑥ 〔清〕严可均：《全上古三代秦汉三国六朝文》，中华书局1958年版，第713页。

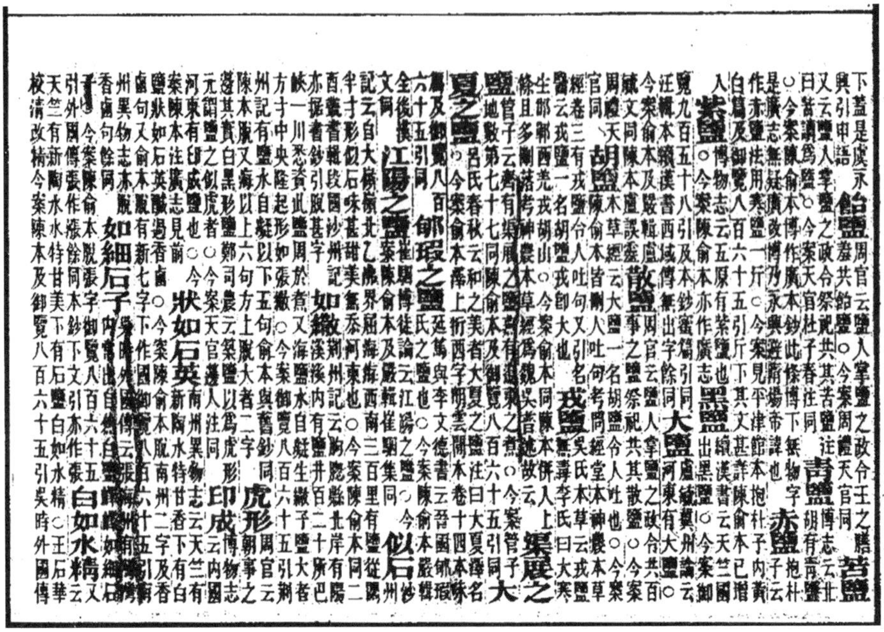

图3-2　《北堂书钞》卷一四六引崔骃《博徒论》"江阳之盐"

［唐］虞世南编撰：《北堂书钞》，中国书店据光绪十四年南海孔氏刊本1989年影印版

2.《博徒论》中有关"盐"的文字的复原

明人张溥编《汉魏六朝百三家集》卷一二汉《崔骃集》中《博徒论》的内容是这样的：

博徒论

博徒见农夫，戴笠持耨，以芸蓼荼，面色骊黑，手足胼胝，肤如桑朴，足如熊蹄，蒲望垄亩，汗出调泥，乃谓曰：子触热耕耘，背上生盐，胫如烧椽，皮如领革，锥不能穿，行步狼跋，蹄戾胫酸，谓子草木，支体屈伸，谓子禽兽，形容似人，何受命之薄，禀性不纯。

又：

牛臛羊脍，炙雁煮凫，鸡寒狗热，重案满盈。【中阙】适逢

长史，抚绥于车。蒸羔炰鳖，饪鹄煎鱼。但到酒垆，不醉无归。[①]

然而，严可均辑《全上古三代秦汉三国六朝文》中《全后汉文》卷四四崔骃《博徒论》为：

> 博徒见农夫戴笠持耜，以芸蓼荼，面色骊黑，手足胼胝，肤如桑朴，足如熊蹄，蒲望陇亩，汗出调泥。乃谓曰："子触热耕芸，背上生盐，胫如烧椽，皮如领革，锥不能穿，行步狼跋，蹄戾胫酸。谓子草木，支体屈伸；谓子禽兽，形容似人。何受命之薄，禀性不纯。"《御览》三百八十二。
>
> 紫唇素齿，雪白玉晖。《御览》三百六十八。
>
> 燕臛羊残，炙雁煮凫。《书钞》一百四十二，《文选·七命》注。又《御览》八百六十一。鸡寒狗热。《书钞》一百四十五作"寒鸡热狗"。重案满俎。《书钞》一百四十二。
>
> 适逢长吏，膏卫东显，抚绥下车，但到酒垆烂燀。同上。
>
> 江阳之盐。《书钞》一百四十六。[②]

胡长青整理《两汉全书》崔骃论著，指出："燕臛羊残"，《北堂书钞》卷一四二引作"鸷臛羊残"[③]；"重案满俎"，《北堂书钞》卷一四二引作"重案满盈"；"适逢长吏"，《北堂书钞》卷一四二引作"适逢长史"。[④]

现在看来，由于文辞残碎，难以判断"江阳之盐"的原来位置。也就是说，要完整准确地复原《博徒论》中有关盐的文字的原有次序，是难以实现的。但是，"江阳之盐"很可能与饮食方面的内容，如"牛臛羊胘，炙雁煮凫，鸡寒狗热，重案满盈""蒸羔炰鳖，饪鹄煎鱼。但到酒垆，不醉无归"等文句有关。考虑韵文要求，则很可能与"背上生盐，胫如烧椽，皮如领革，锥不能穿，行步狼跋，蹄戾胫酸"连文。然而"盐"字在邻近内容中重复出现，似亦不合理。

---

① 〔明〕张溥：《汉魏六朝百三家集》，清文渊阁《四库全书》本。

② 〔清〕严可均：《全上古三代秦汉三国六朝文》，第1册第713页。

③ 《北堂书钞》卷一四四亦引作"鸷臛羊残"。〔唐〕虞世南：《北堂书钞》，第604页。

④ 董治安：《两汉全书》，山东大学出版社2009年版，第16册，第9334页。

3. "江阳"盐产考议

吉成名在《中国古代食盐产地分布和变迁研究》中就"秦汉时期食盐产地"的论说，有"井盐产地"一节。其中指出："汉代井盐产地分布于南、蜀、犍为、越嶲、益州、江阳、巴、巴东、牂柯、永昌十郡。"关于"江阳郡江阳县"，又发表了如下意见：

> 西汉设江阳县，属犍为郡。东汉建安十八年（213）改枝江都尉为江阳郡，治江阳县。[①]
>
> ……《汉书·地理志》未载江阳产盐，可能是西汉时期尚未产盐或产盐不多的缘故。据《博徒论》称赞江阳之盐可知，东汉时期江阳县（治所即今四川泸州市）井盐生产可能已经比较繁荣了。[②]

不知吉书何以判定"江阳"是指"江阳县"而非"江阳郡"。

东汉晚期，江阳是蜀中重郡。[③]据《三国志》记载，任江阳太守者曾有彭羕[④]、王山[⑤]、向条[⑥]、刘邕[⑦]、程畿[⑧]等。李严曾据兵"江阳"[⑨]，也体现"江阳"的重要。"江阳"在这里应当是郡名，而非指县。[⑩]《三国志》卷三三《蜀书·后主传》裴松之注引《汉晋春秋》曰："（建兴九年）冬十

---

① 论者或据《水经注》。

② 吉成名：《中国古代食盐产地分布和变迁研究》，第29-31页。

③ 《三国志》卷三二《蜀书·先主传》：刘备入蜀，"分遣诸将平下属县，诸葛亮、张飞、赵云等将兵溯流定白帝、江州、江阳，惟关羽留镇荆州"。中华书局1959年版，第882页。据《三国志》卷三六《蜀书·赵云传》，进击江阳的主将是赵云："先主自葭萌还攻刘璋，召诸葛亮。亮率云与张飞等俱溯江西上，平定郡县。至江州，分遣云从外水上江阳，与亮会于成都。"第949页。

④ 《三国志》卷四〇《蜀书·彭羕传》，第995页。

⑤ 《三国志》卷四一《蜀书·王连传》，第1010页。

⑥ 《三国志》卷四一《蜀书·向朗传》裴松之注引《襄阳记》，第1010页。

⑦ 《三国志》卷四五《蜀书·杨戏传》载杨戏《季汉辅臣赞·刘南和》，第1084页。

⑧ 《三国志》卷四五《蜀书·杨戏传》载杨戏《季汉辅臣赞·程畿》，第1089页。

⑨ 《三国志》卷四〇《蜀书·李严传》裴松之注引亮公文上尚书曰："平为大臣，受恩过量，不思忠报，横造无端，危耻不办，迷罔上下，论狱弃科，导人为奸，情狭志狂，若无天地。自度奸露，嫌心遂生，闻军临至，西向托疾还沮、漳，军临至沮，复还江阳，平参军狐忠勤谏乃止。"第1000页。

⑩ "江阳"为县名之例，有《三国志》卷四五《蜀书·张翼传》："先主定益州，领牧，翼为书佐。建安末，举孝廉，为江阳长，徒涪陵令，迁梓潼太守，累迁至广汉、蜀郡太守。"第1073页。据《晋书》卷一四《地理志上》："江阳郡，蜀置，统县三，户三千一百。江阳，符，汉安。"是江阳县为江阳郡属县。

月，江阳至江州有鸟从江南飞渡江北，不能达，堕水死者以千数。"①"江阳"与"江州"并列，应当也是郡名。《晋书》卷一四《地理志上》"蜀章武元年""分犍为立江阳郡"之说，似言立郡过晚。《华阳国志》卷三《蜀志》说："江阳郡，本犍为枝江都尉，建安十八年置郡。汉安程征、石谦白州牧刘璋，求立郡。璋听之，以都尉广汉成存为太守。属县四，户五千，去洛四千八十里。东接巴郡，南接牂牁，西接广汉、犍为，北接广汉。"②明确言"建安十八年置郡"。任乃强则以为应为"建安八年"。③

虽然确实"《汉书·地理志》未载江阳产盐"，但是有关"江阳之盐"的信息并非仅见于《博徒论》。《华阳国志》卷三《蜀志》明确写道：

> 江阳县，郡治，……有富义盐井。

任乃强说，"本名富世盐井，后周因之置富世县。唐人避讳作'富义'"④。这应当是有关"江阳之盐"的明确资料。所谓"富世盐井"或"富义盐井"，指出了盐产地点⑤，也说明了盐产形式。《华阳国志》卷三《蜀志》有"广汉郡"条："郪县，有……富国盐井。"任乃强说："'富国盐井'，汉晋间郪甚著名之盐井，盖亦如隋唐时之'陵井'（今仁寿县），唐、宋时之'富世井'（今富顺县），皆李冰法式陂井也（其后亦皆改作筒井）。""汉晋世所谓'富国盐井'，自筒井兴，乃与陵井、富世井同废也。"⑥盐井命名喜用"富"字，甚至影响到相关地名，是值得重视的文化现象。《华阳国志》卷三《蜀志》又写道：

> 汉安县，……有盐井。

---

① 《晋书》卷二八《五行志中》"羽虫之孽"条："蜀刘禅建兴九年十月，江阳至江州，有鸟从江南飞渡江北，不能达，堕水死者以千数。是时诸葛亮连年动众，志吞中夏，而终死渭南，所图不遂。又诸号分争，颇丧徒旅。鸟北飞不能达，堕水死者，皆有其象也。亮竟不能过渭，又其应乎！此与汉时楚国乌斗堕泗水粗类矣。"

② "江阳郡"后，原有"先有王延世著勋河平，后有董钧为汉定礼，王、董、张、赵为四族。二县在中，多山田，少种稻之地"。任乃强以为："旧刻本此下错入资中县'先有王延年'至'种稻之地'三十六字。《函海》本与廖本先已移正。"〔晋〕常璩撰，任乃强校注：《华阳国志校补图注》，第180页。

③ 〔晋〕常璩撰，任乃强校注：《华阳国志校补图注》，第181页。

④ 〔晋〕常璩撰，任乃强校注：《华阳国志校补图注》，第180页。《隋书》卷二九《地理志上》"泸川郡"条下："富世，后周置，及置洛源郡。开皇初郡废。"中华书局1973年版，第828页。

⑤ "富义"或"富世"，在今富顺，其地属四川自贡市。

⑥ 〔晋〕常璩撰，任乃强校注：《华阳国志校补图注》，第166页，第169页。

新乐县，……有盐井。①

也都记述了"江阳之盐"的生产性质均为井盐。同样可以说明这一地区的"井盐生产"确实"已经比较繁荣了"。据谭其骧主编《中国历史地图集》，三国蜀汉以及西晋时，江阳郡包括今四川自贡市区。当时的汉安县，在今四川内江西。②而两汉时期，位于今四川泸州的江阳以及今四川自贡地方，均属于犍为郡。③

4. "江阳"盐运推想

《续汉书·郡国志五》"益州犍为郡"下"江阳"条刘昭注补："《华阳国志》曰：'江雒会，有方兰祀，江中有大阙、小阙。'《蜀都赋》注云：'沱潜既道，从县南流至汉嘉县，入大穴，中通刚山下，因南潜出，今名复出水是也。'"④今本《华阳国志》卷三《蜀志》：

江阳县，郡治。治江、雒会，有方山兰祠。江中有大阙、小阙。季春，黄龙堆没，阙即平。昔云，世祖微时，过江阳，有一子。望气者曰："江阳有贵儿气。"王莽求之，县人杀之。后世祖为子立祠，谪江阳民不使冠带者数世。有富世盐井。又郡下百二十里者，曰伯涂鱼梁。云伯氏女为涂氏妇，造此梁。

"富世盐井"，注："本名富世盐井，后周因之置富世县。唐人避讳作'富义'。"所谓"江中有大阙、小阙"，而"季春，黄龙堆没，阙即平"，暗示"阙"于航标的性质之外，也可以作为水位标志。对于所谓"伯涂鱼梁"，任乃强有所分析："'伯涂鱼梁'别无所见。云'郡下百二十里'，则当在今龙溪口以下，去郡已远而名不泯，必大工程也。大江不能作鱼梁，应是就江水岔港为之。工程不能不大，惟大富室乃能兴工。伯涂其人，盖如巴寡妇清之类，以工商业致巨富之寡妇也。非大地主或大奴隶主不能造此鱼

---

① 关于"新乐县""盐井"，任乃强注："此'盐井'当指安宁河（淯水）侧之淯井，唐置淯州，宋置淯井监。本盐泉，与川东各盐泉相似。非李冰式之陂井也，距淯水口只十余里，今为长宁县，晋时为新乐县地也。"〔晋〕常璩撰，任乃强校注：《华阳国志校补图注》，第180-181页，第184页。

② 谭其骧：《中国历史地图集》，第3册，第22-23页，第47-48页。

③ 谭其骧：《中国历史地图集》，第2册，第29-30页，第53-54页。

④ 《后汉书》，第3510页。

梁，且亦不单为取鱼，盖兼为沿江造田或灌溉之用。江水涨落大，虽岔港亦非有高堤障水即不得为鱼梁也。郡少儒学而能进入封建社会者，盖地当江雒之会，近盐铁生产之区，人习于工商运输之业，易致巨富，乐得封建秩序而不喜诗书文学之业故也。富至累世，则子弟淫泆自戕，赖妇女持其业，每每出名寡妇。巴寡妇清与此伯涂，皆其一例。"所谓"鱼梁"人工所"造"，"取鱼"及"兼为沿江造田或灌溉之用"都是臆测。考虑其直接作用，或许与航运有关。而"地当江雒之会，近盐铁生产之区，人习于工商运输之业，易致巨富"之说，都是确定可靠的判断。任乃强说："江阳郡与其属县虽居巴、蜀水运中心，而以偏近'南夷'故，不为秦汉统治阶级所重，文化落后，经济落后，入三国世始渐进入封建社会。"[1]所谓"经济落后"的评价恐怕并不准确，"居巴、蜀水运中心"的说法，则是值得重视的判定。

关于任乃强以为"内地文士沦落于此者妄造"的"昔云，世祖微时，过江阳，有一子"的传说，《水经注》卷三三《江水》也有记述："昔世祖微时，过江阳县，有一子，望气者言，江阳有贵儿象，王莽求之而獠杀之。后世祖怨，为子立祠于县，谪其民，罚布数世。"[2]任乃强认为，汉光武帝刘秀"生平事迹具在，不可能至江阳有儿"[3]。所谓"世祖微时，过江阳，有一子"传说的发生，可能正是江阳地方"以偏近'南夷'故，不为秦汉统治阶级所重"导致出现的文化现象。任乃强说："《常志》虽以其为郡而欲重之，苦无资料充实篇章。徒多采民间传说。"而这样的传说，"所代表者为开始向封建制过渡之社会心理与社会动态"[4]。我们并不同意任说有关"封建社会""封建制"的意见，但是江阳与文明积累丰厚的中原文化重心地区的联系，确实可以通过相关传说表现的"社会心理与社会动态"有所反映。

关于"江中有大阙、小阙"，应是江阳航运开发者和经营者的直接观察体验。《水经注》卷三三《江水》也有记述："江中有大阙、小阙焉。季春之月，则黄龙堆没，阙乃平也。"[5]

---

① 〔晋〕常璩撰，任乃强校注：《华阳国志校补图注》，第180页，第182页，第181页。

② 〔北魏〕郦道元著，陈桥驿校证：《水经注校证》，第772页。

③ 〔晋〕常璩撰，任乃强校注：《华阳国志校补图注》，第182页。

④ 〔晋〕常璩撰，任乃强校注：《华阳国志校补图注》，第181页。

⑤ 〔北魏〕郦道元著，陈桥驿校证：《水经注校证》，第772页。

《华阳国志》卷三《蜀志》有关"符县"的内容中，讲述了涉及航运线路的如下故事：

> 符县，郡东二百里。元鼎二年置。治安乐水会。东接巴蜀乐城。南通平夷、鳖县。永建元年十二月，县长赵祉遣吏先尼和拜檄巴郡守，过成湍滩，死。子贤求丧，不得。女络年二十五，有二子并数岁。乃分金珠，作二锦囊系儿头下。至二年二月十五日，女络乃乘小船，至父没所，哀哭自沈。见梦告贤曰："至二十一日，与父尸俱出。"至日，父子浮出。县言郡，太守萧登高之，上尚书，遣户曹掾为之立碑。人为语曰："符有先络。鳖道张帛，求其夫，天下无有其偶者矣。①

江水湍滩，舟航沉浮，说明了当时的水运条件。西晋"符县"，在今四川合江。②《水经注》卷三三《江水》在记述"络"的悲剧之前，还说到另一在"江中"结束生命的故事：

> 扬雄《琴清英》曰：尹吉甫子伯奇至孝，后母谮之，自投江中，衣苔带藻，忽梦见水仙，赐其美药，思惟养亲，扬声悲歌，船人闻之而学之，吉甫闻船人之声，疑似伯奇，援琴作《子安之操》。

"江中""水仙"以及"船人""悲歌"等生动情节，丰富了航运史的遗存。《水经注》卷三三《江水》下文紧接着写道：

> 江水径汉安县北，县虽迫山川，土地特美，蚕桑鱼盐家有焉。江水东径樊石滩，又径大附滩，频历二险也。

所谓"蚕桑鱼盐家有焉"说到了"盐"产资源所有权的普及。而盐产借助交通条件可以实现与其他地方其他物资的交换。《水经注》卷三三《江水》关于江州形势，还有值得特别重视的内容：

> 地势侧险，皆重屋累居，数有火害，又不相容，结舫水居者五百余家。承二江之汇，夏水增盛，坏散颠没，死者无数。③

"结舫水居者五百余家"，以及"承二江之汇，夏水增盛，坏散颠没"等记录，是可以作为航运史料予以关注的。

---

① 〔晋〕常璩撰，任乃强校注：《华阳国志校补图注》，第180页。
② 谭其骧：《中国历史地图集》，第3册，第47-48页。
③ 〔北魏〕郦道元著，陈桥驿校证：《水经注校证》，第773页。

虽有"成湍滩"之险，但可利用"水通"之利。由"江阳"地方"江中"航路的畅通，可以推想，"江阳之盐"的运输方式，航运应是比较方便的路径。

很可能《博徒论》保留的"江阳之盐"的响亮名声，与借用江航条件形成的盐运便利相关。也就是说，"江阳之盐"因"水通"之利，享有了北方名士崔骃亦知晓的知名度。[①]

5. 自贡井盐与"江阳之盐"的关系

宋郭允滔《蜀鉴》卷四"李雄伪定蜀地"条："雄遣师攻僰道，犍为太守魏纪弃城走，江阳太守姚袭死之。僰道，今叙州犍为治。今叙州犍为县，资中、牛鞞、南安诸邑皆隶焉。江阳，今泸州。雄始定其地。"[②]"江阳"虽然在"泸州"，但是与"犍为""僰道"有着密切的关系。

所谓"江阳之盐"，应当包括今自贡地方的盐产。讨论自贡盐产和盐运的历史，不应当忽略有关"江阳之盐"的历史文化信息。

唐代地理书《元和郡县图志》出现"盐井"字样，计卷二二《山南道三》1次，卷三一《剑南道上》7次，卷三二《剑南道中》1次，卷三三《剑南道下》26次，卷三九《陇右道上》1次。最为密集的是卷三三《剑南道下》。

《元和郡县图志》卷三三《剑南道下》"荣州"条说到唐代公井县与汉代江阳县有渊源关系：

> 公井县，中下。西北至州九十里。本汉江阳县地，属犍为郡。周武帝于此置公井镇。隋因之。武德元年于镇置荣州，因改镇为公井县。
>
> ……　……
>
> 县有盐井十所。又有大公井，故县镇因取为名。

唐代公井县因盐井得名，其地在今四川自贡西。[③]《元和郡县图志》"公井县，本汉江阳县地，属犍为郡"之说，明确了这一地区盐产与"江阳之盐"

---

① 《后汉书》卷五二《崔骃传》："崔骃字亭伯，涿郡安平人也。"见《后汉书》第1703页。读崔骃生平事迹，似乎并没有蜀地的生活经历。

② 〔宋〕郭允滔：《蜀鉴》，清文渊阁《四库全书》本。

③ 谭其骧：《中国历史地图集》，第5册，第65-66页。

的关系。

荣州"管县六",其他五县,如:"旭川县,本汉南安县地。贞观元年于此置旭川县,因县有盐井号旭井,取以名县。""和义县,以招和夷獠,故以和义为名。……县有盐井五所。""威远县,本汉资中县地。隋开皇三年于此置威远戍以招抚生獠。十一年改戍为县,属资州。武德元年,改属荣州……县有盐井七所。""应灵县,本汉南安县地。隋开皇十年于此置大牢镇,十三年改镇为县。县界有大牢溪,因取为名。天宝元年改为应灵。县有盐井四所。"①荣州"管县六"中,除亦"本汉南安县地"的"咨官县"未注明"有盐井"外,其余五县均"有盐井",至少计二十七所。旭川县"因县有盐井,号旭井,取以名县",县中盐井未必只有"旭井"一所。因而二十七所这一数字合计,很可能是不完全的。

6. "江阳""水通"之利:沱江盐运体系

我们可以将《元和郡县图志》卷三一《剑南道上》简州、资州,与卷三三《剑南道下》普州、荣州、陵州、泸州所记录的可能利用"江阳""水通"之利的盐井分布的信息列表如表1:

表1 利用"江阳""水通"之利的盐井分布信息

简州	阳安县	阳明盐井,在县北十四里。又有牛鞞等四井,公私仰给
	平泉县	上军井、下军井,并盐井也,在县北二十里,公私资以取给①
资州	内江县	盐井二十六所,在管下
	银山县	盐井一十一所,在管下②

① 〔唐〕李吉甫撰,贺次君点校:《元和郡县图志》,第859-861页。
② 〔唐〕李吉甫撰,贺次君点校:《元和郡县图志》,第783-784页。
③ 〔唐〕李吉甫撰,贺次君点校:《元和郡县图志》,第785-786页。

续表

普州	安岳县	县有盐井一十所
	普康县	县有盐井三所
	普慈县	县有盐井一十四所①
荣州	旭川县	因县有盐井号旭川，取以名县
	和义县	县有盐井五所
	威远县	县有盐井七所
	公井县	县有盐井十所，又有大公井，故县镇因取为名
	应灵县	县有盐井四所
陵州		晋孝武帝太元中，益州刺史毛璩置西城戍以防盐井，周闵帝元年又于此置陵州，因陵井以为名。陵井者，本沛国张道陵所开，故以"陵"为号。晋太元中，刺史毛璩乃于东西两山筑城，置主将防卫之。后废陵井，更开狼毒井，今之煮井是也，居人承旧名，犹曰陵井，其实非也。今按州城南北两面悬岸斗绝，四面显敞，南临井
	仁寿县	陵井，纵广三十丈，深八十余丈。益部盐井甚多，此井最大。以大牛皮囊盛水，引出之役作甚苦，以刑徒充役。中有祠，盖井神。 张道陵祠，在县西南百步。陵开凿盐井，人得其利，故为立祠
	贵平县	平井盐井，在县东南七步
	井研县	井研盐井，在县南七里。镇及县皆取名焉。又有思稜井、井镬井②
泸州	江安县	可盛盐井，在县西北一十一里
	富义县	富义盐井，在县西南五十步。月出盐三千六百六十石，剑南盐井，唯此为大。其余亦有井七所③

① 〔唐〕李吉甫撰，贺次君点校：《元和郡县图志》，第858-859页。
② 〔唐〕李吉甫撰，贺次君点校：《元和郡县图志》，第861-864页。
③ 〔唐〕李吉甫撰，贺次君点校：《元和郡县图志》，第864-865页。

我们应当注意到，唐代属于泸州的富义县，在今四川富顺县，现在属于四川自贡市。

这些盐井的产品，都可以通过沱江水道运送到泸州（州治在今四川泸州），然后进入长江航道。

汉代即已得到广泛传播的所谓"江阳之盐"，很可能就是这一可以归入一个盐运系统的重要盐产区的产品的共有名号。其得名，应与"江阳"位于沱江汇入长江这一重要地点的空间位置有关。"江阳"于是成为包括自贡在内的盐产区盐运的中转站和集散点。前引盐业史学者言"东汉时期江阳县（治所即今四川泸州市）井盐生产可能已经比较繁荣了"，"井盐生产可能已经比较繁荣了"的判断，或许不宜限定于"江阳县"，应当扩展到沿沱江更宽广的地区。

四、秦汉盐运史个案研究之二：秦直道盐路

在秦人早期发展的历史迹象中，已可见对盐产资源和盐运线路的重视。秦始皇直道连通九原与云阳，形成了南北"千八百里直通之"[①]的交通格局，以实现抗击匈奴的军事支持功用。就交通结构战略设计的出发点而言，在军事意义之外，这条道路其实也有经济联系的作用。除满足军需运输的要求外，这条交通干线有利于"北边"地方盐产内运，这也是秦直道研究者应当予以关注的学术考察主题。以盐产和盐运为视角分析秦始皇直道经济带的意义，应当有益于深化对秦史和秦直道史的认识。而对于秦始皇及其助手们努力维护统一的战略构想与行政操作的意义，我们由此也可以有较深入的理解。这一工作无疑也会推进对秦汉盐史的新探索和新认识。

1. 秦直道的经济功用

《史记》卷六《秦始皇本纪》记载："三十五年，除道，道九原抵云

---

① 《史记》卷八八《蒙恬列传》："始皇欲游天下，道九原，直抵甘泉，乃使蒙恬通道，自九原抵甘泉，堑山堙谷，千八百里。"见《史记》第2566页。《史记》卷六《秦始皇本纪》："三十五年，除道，道九原抵云阳，堑山堙谷，直通之。"见《史记》第256页。《通志》卷四《秦纪》："（秦始皇）三十五年，除道，道九原抵云阳，堑山堙谷，千八百里直通之。"〔宋〕郑樵：《通志》，中华书局1987年版，第64页。

阳，堑山堙谷，直通之。"①《史记》卷一五《六国年表》："（秦始皇）三十五年，为直道，道九原，通甘泉。"②秦始皇直道是秦王朝营建的重大工程之一，其规模之宏大、意义之重要、施工效率之惊人，可以看作秦政的典范。

秦直道的修筑，当然也是规模宏大的经济行为。关于秦直道的建设动机，《史记》卷八八《蒙恬列传》的记述，强调秦始皇个人的出行需求：

始皇欲游天下，道九原③，直抵甘泉④，乃使蒙恬通道，自九原抵甘泉，堑山堙谷，千八百里。道未就。

李斯为赵高陷构，于狱中上书秦二世，自言七条罪状，实则自陈建国强国之功绩，"幸二世之寤而赦之"。其中说到主持驰道规划建设：

治驰道，兴游观，以见主之得意。罪六矣。⑤

也说秦帝国的交通建设事业，目的在于满足秦始皇"游"的需求，炫耀威权，"以见主之得意"⑥。

《资治通鉴》卷七"秦始皇三十五年"的记载引用《蒙恬列传》的内容，然而不取"始皇欲游天下"语：

三十五年，使蒙恬除直道，道九原，抵云阳，堑山堙谷千八百里，数年不就。⑦

司马光的取舍，体现出正确的历史判断。显然，秦直道营造的主要出发点，并非仅仅满足"始皇欲游天下"的需要。

从秦直道工程主持者蒙恬的身份可以得知，修筑这条道路的主要意义，在于完备抗击匈奴的国防建设。司马迁"自直道归，行观蒙恬所为秦筑长城

---

① 《史记》，第256页。

② 《史记》，第758页。

③ 张守节《正义》："九原郡，今胜州连谷县是。"

④ 张守节《正义》："宫在雍州。"

⑤ 《史记》，第2561页。

⑥ 秦始皇的交通行为可以"见主之得意"的例证，有《史记》卷七《项羽本纪》："秦始皇帝游会稽，渡浙江，梁与籍俱观。籍曰：'彼可取而代也。'"见《史记》第296页。《史记》卷八《高祖本纪》："高祖常繇咸阳，纵观，观秦皇帝，喟然太息曰：'嗟乎，大丈夫当如此也！'"见《史记》第344页。

⑦ 〔宋〕司马光编著，〔元〕胡三省音注，"标点资治通鉴小组"校点：《资治通鉴》，中华书局1956年版，第244页。

亭障"①，说明了直道和长城边防的关系。《史记》卷一一〇《匈奴列传》又明确写道："后秦灭六国，而始皇帝使蒙恬将十万之众北击胡，悉收河南地。因河为塞，筑四十四县城临河，徙適戍以充之。而通直道，自九原至云阳，因边山险堑溪谷可缮者治之，起临洮至辽东万余里。又度河据阳山北假中。"②开通直道的作用，与"塞""戍""据"等长城防务建设有关，也与"北击胡"，"度河"攻伐匈奴的作战行动有关。③

其实，从经济史的视角考察秦始皇直道，也可以有所发现。《史记》记载"始皇帝使蒙恬将十万之众北击胡，悉收河南地"，蒙恬部队的军需供应，提出了交通运输要求。④又"因河为塞，筑四十四县城临河，徙適戍以充之"，这些移民的迁入、安置以及与原居地的经济联系，也是经济史考察需要面对的问题。我们曾经注意直道北运丝绸的可能性。⑤史念海的秦始皇直道研究，已经较早地提示了这条道路的经济功能。他在《秦始皇直道遗迹的探索》一文中写道："根据康熙《鄜州志》的记载，这条道路当时不仅是直道的遗迹，而且还可以通行。乾隆《正宁县志》也有同样的记载，说是'此路一往康庄，修整之则可通车辙。明时以其直抵银夏，故商贾经行。'""正宁刘家店子林区工人见告：听前辈老人说过，这条道路直向西北，通到定边，平常驴驮马载，络绎不绝。旬邑石门关的同志见告：据当地人们回忆，距今数十年前，由石门关至马拦河一段子午岭的主脉风子梁，正是关中棉花向北运输的道路。每当运花季节，梁上路旁的灌木枝上，粘花带絮，一路皆白。解放战争前，石门关是陕甘宁边区的一部分，为储粮仓库所在地；风子梁更成为转运粮草的大路。这些事实都说明，直道在秦始皇修筑以后，历代还曾断断续续加以使用……"⑥以物资"转运"为主题的"使用"，以及所谓"商贾经行"，"驴驮马载，络绎不绝"者，我们看到此直道在"秦始皇修

---

① 《史记》卷八八《蒙恬列传》，第2570页。
② 《史记》，第2886页。
③ 参看宋超：《汉匈战争三百年》，华夏出版社1996年版，第10-11页。
④ 王子今：《秦军事运输略论》，《秦始皇帝陵博物院2013年》，总3辑，三秦出版社2013年版。
⑤ 王子今：《直道与丝绸之路交通》，《历史教学》2016年第4期。
⑥ 史念海：《秦始皇直道遗迹的探索》，《文物》1975年第10期。

筑以后""历代""断断续续"被使用的迹象。历史文献的记录，则有《汉书》卷九四下《匈奴传下》记载："元帝初即位，呼韩邪单于复上书，言民众困乏。汉诏云中、五原郡转谷二万斛以给焉。"①可知这一时期呼韩邪单于部众活动于"云中、五原郡"以北地方。此次"转谷"运输，应通过直道。时在汉元帝初元元年（前48）。汉王朝北输匈奴的丝绸和丝绸制品，也应当通过直道运送。②如果完全否认秦始皇时代直道交通设计和交通经营与经济生活的关系，恐怕是不合情理的。

这一视角的直道史考察，还可以进一步拓展路径。

2. 北边盐产

秦始皇直道联系北边盐产基地的事实，也值得我们关注。

汉武帝时代开始推行严格的盐铁官营制度，盐业生产和运销一律收归官营。"募民自给费，因官器作煮盐，官与牢盆。"对"欲擅管山海之货，以致富羡，役利细民"的"浮食奇民"予以打击，敢私煮盐者，"钛左趾，没入其器物"③。当时于各产盐区设置盐业管理机构"盐官"。

西汉"盐官"的设置，据《汉书》卷二八《地理志》记载，各地盐官合计35处，即：河东郡：安邑；太原郡：晋阳；南郡：巫；钜鹿郡：堂阳；勃海郡：章武；千乘郡；北海郡：都昌、寿光；东莱郡：曲成、东牟、嶵、昌阳、当利；琅邪郡：海曲、计斤、长广；会稽郡：海盐；蜀郡：临邛；犍为郡：南安；益州郡：连然；巴郡：朐忍④；陇西郡；安定郡：三水；北地郡：弋居；上郡：独乐、龟兹；西河郡：富昌；朔方郡：沃壄；五原郡：成宜；雁门郡：楼烦；渔阳郡：泉州；辽西郡：海阳；辽东郡：平郭；南海郡：番禺；苍梧郡：高要。⑤《地理志》所载录盐官其实并不足全数，严耕

---

① 《汉书》，第3800页。
② 王子今：《直道与丝绸之路交通》，《历史教学》2016年第4期。
③ 《史记》卷三〇《平准书》，第1429页。
④ 《汉书》卷二八上《地理志上》，第1550-1551页，第1566页，第1575页，第1579-1580页，第1583页，第1585-1586页，第1591页，第1598-1599页，第1601页，第1603页。
⑤ 《汉书》卷二八下《地理志下》，第1610页，第1615 1619页，第1621页，第1624 1626页，第1628 1629页。

望曾考补2处：西河郡：盐官；雁门郡：沃阳。[①]杨远又考补6处：越巂郡：定筰；巴郡：临江；朔方郡：朔方、广牧；东平国：无盐；广陵国。又写道："疑琅邪郡赣榆、临淮郡盐渎两地，也当产盐，尤疑东海郡也当产盐，姑存疑。"[②]亦有文献透露出其他"盐官"的存在。[③]如此西汉盐官可知位于30郡国，共43处。

秦汉时期，"北边"成为社会共同关注的区域方向。"北边"当时也是确定的军事地理和民族地理的代表性符号。《史记》卷三〇《平准书》言"匈奴数侵盗北边""侵扰北边""北边未安"，又记载汉武帝巡行"北边"事："天子北至朔方，东到太山，巡海上，并北边以归。"[④]《汉书》卷二四下《食货志下》也写道："天子北至朔方，东封泰山，巡海上，旁北边以归。"[⑤]

《汉书》卷二五上《郊祀志上》："上乃遂去，并海上，北至碣石，巡自辽西，历北边至九原。"[⑥]"北边"，已成为汉帝国长城沿线地方的地理代号。"北边"是汉代文献中出现比较频繁的区域称谓。《史记》卷八八《蒙恬列传》："太史公曰：'吾适北边，自直道归，行观蒙恬所为秦筑长城亭障，堑山堙谷，通直道，固轻百姓力矣。'"[⑦]又《汉书》卷七《昭帝

---

① 严耕望：《中国地方行政制度史》上编"秦汉地方行政制度史"，"中央研究院"历史语言研究所专刊之四十五，1961年版。

② 杨远：《西汉盐、铁、工官的地理分布》，《香港中文大学中国文化研究所学报第9卷》，香港中文大学中国文化研究所，1978年。

③ 在严耕望、杨远考补之外，还有可能存在"盐官"的地方，上文已经说明。其中位于北边者，如西河郡盐官以"盐官"名县。《汉书》卷二八下《地理志下》：雁门郡沃阳，"盐泽在东北，有长丞，西部都尉治"。第1621页。《水经注》卷三《河水》："沃水又东北流，注盐池。《地理志》曰：盐泽在东北者也。""池西有旧城，俗谓之'凉城'也。"《地理志》曰'泽有长、丞'，此城即长、丞所治也。"〔北魏〕郦道元著，陈桥驿校证：《水经注校证》，第81页。《汉书》卷二八下《地理志下》：朔方郡朔方，"金连盐泽、青盐泽皆在南"。第1619页。《水经注》卷三《河水三》："按《魏土地记》曰：县有大盐池，其盐大而青白，名曰青盐，又名戎盐，入药分，汉置典盐官。"〔北魏〕郦道元著，陈桥驿校证：《水经注校证》，第76页。《汉书》卷二八下《地理志下》：朔方郡广牧，"东部都尉治，莽曰盐官"。第1619页。东平国无盐，"莽曰有盐亭"。第1637页。

④ 《史记》，第1419页，第1421-1422页，第1441页。

⑤ 《汉书》，第1175页。

⑥ 《汉书》，第1236页。

⑦ 《史记》，第2570页。

纪》："发军屯西河，左将军桀行北边。"①《汉书》卷六九《赵充国传》说道："北边自敦煌至辽东万一千五百余里，乘塞列隧有吏卒数千人。"②《史记》卷三〇《平准书》说，汉武帝时代经营边疆地区的文化扩张，"严助、朱买臣等招来东瓯，事两越，江淮之间萧然烦费矣。唐蒙、司马相如开路西南夷，凿山通道千余里，以广巴蜀，巴蜀之民罢焉。彭吴贾灭朝鲜，置沧海之郡，则燕齐之间靡然发动。及王恢设谋马邑，匈奴绝和亲，侵扰北边，兵连而不解，天下苦其劳，而干戈日滋。行者赍，居者送，中外骚扰而相奉，百姓抏弊以巧法，财赂衰耗而不赡。"③"事两越，江淮之间萧然烦费矣"，"广巴蜀，巴蜀之民罢焉"，"灭朝鲜，置沧海之郡，则燕齐之间靡然发动"，汉文化在这三个方向的扩张，都仅仅导致局部地方的民众承受了沉重的压力。然而对匈奴的战争，却牵动全国，致使"天下苦其劳"。"北边"与秦始皇直道的重要战略意义，当然与这一形势有关。

西汉时期，有"北边二十二郡"的说法。《汉书》卷八《宣帝纪》："（本始元年）夏四月庚午，地震。诏内郡国举文学高第各一人。"颜师古注引韦昭曰："中国为内郡，缘边有夷狄障塞者为外郡。成帝时，内郡举方正，北边二十二郡举勇猛士。"④所说"成帝时"事，见《汉书》卷一〇《成帝纪》：元延元年秋七月诏："与内郡国举方正能直言极谏者各一人，北边二十二郡举勇猛知兵法者各一人。"⑤所谓"北边二十二郡"与所谓"内郡国"形成对应关系，⑥两者人才构成的特点有所区别。我们注意到，"北边二十二郡"中，计有"盐官"12处，即：陇西郡；安定郡：三水；北地郡：弋居；上郡：独乐、龟兹；西河郡：富昌；朔方郡：沃壄；五原郡：成宜；雁门郡：楼烦；渔阳郡：泉州；辽西郡：海阳；辽东郡：平郭。"北边二十二郡"

① 《汉书》，第218页。
② 《汉书》，第2989页。王子今：《战国秦汉交通格局与区域行政》，中国社会科学出版社2015年版，第142页。
③ 《史记》，第1420-1421页。
④ 《汉书》，第241页。
⑤ 《汉书》，第326页。
⑥ "内郡国"，可能是西汉后期出现的体现区域意识更为明确的行政地理概念。帝王诏令的使用，见于《汉书》卷八《宣帝纪》、卷九《元帝纪》、卷一〇《成帝纪》。另《汉书》卷七〇《陈汤传》及卷九九中《王莽传中》也可见"内郡国"。见《汉书》第3024页，第4131页。

所有"盐官"占全国"盐官"总数的27.9%，比例已经相当可观。

由此可以理解司马迁《史记》卷一二九《货殖列传》所谓"山东食海盐，山西食盐卤，领南、沙北固往往出盐"之"山西""沙北"盐产形式。所谓"盐卤"，张守节《正义》："谓西方咸地也。坚且咸，即出石盐及池盐。"[①]"北边"盐产以"池盐"为主。

特别值得我们注意的，是直道沿途地方有多处"盐官"存在。上文说到的43处西汉"盐官"，其中直道途经以及直道可以联系的"北边"诸郡者，有：

> 安定郡：三水；
>
> 北地郡：弋居；
>
> 上郡：独乐，龟兹；
>
> 西河郡：富昌；
>
> 朔方郡：沃壄；
>
> 五原郡：成宜。

这7处"盐官"，在已经考定的43处西汉"盐官"中，数量比例达到16.3%。这些盐产基地的产量以及满足消费需求区域的规模，我们尚无从估计。

而上郡的独乐、龟兹，五原郡的成宜，朔方郡的沃壄，秦始皇直道几乎直接通达。

从历史文献获得的盐业史信息，我们可以看到秦始皇直道联系数处盐业基地的情形。

3. "朔方""盐泽"与"新秦中"移民运动

《水经注》卷三《河水》说到"北河""王莽之盐官"："自高阙以东，夹山带河，阳山以往，皆北假也。《史记》曰：秦使蒙恬将十万人，北击胡，度河取高阙，据阳山北假中，是也。北河又南合南河。南河上承西河，东径临戎县故城北，又东径临河县南，又东径广牧县故城北，东部都尉治。王莽之盐官也。径流二百许里，东会于河。"随即说到"朔方"的两处

---

① 《史记》，第3269页。

"盐泽"："河水又东南径朔方县故城东北，《诗》所谓城彼朔方也。汉元朔二年，大将军卫青取河南地为朔方郡，使校尉苏建筑朔方城，即此城也。王莽以为武符者也。按《地理志》云：金连盐泽、青盐泽并在县南矣。又按《魏土地记》曰：县有大盐池，其盐大而青白，名曰青盐，又名戎盐，入药分，汉置典盐官。池去平城宫千二百里，在新秦之中。服虔曰：新秦，地名，在北方千里。如淳曰：长安以北，朔方以南也。薛瓒曰：秦逐匈奴，收河南地，徙民以实之，谓之新秦也。"①

所谓"金连盐泽""青盐泽"位于"新秦"或曰"新秦中"，据《魏土地记》，"池去平城宫千二百里"，又言"在新秦之中"。按照汉代学者服虔的说法，"新秦，地名，在北方千里"。此言在关中秦汉文化重心"北方千里"。这正是与以关中地方为基点所见秦始皇直道的走向大体一致的方位。如淳提示的空间位置，"长安以北，朔方以南也"，也正指示了秦始皇直道的位置与方向。《水经注》引薛瓒曰"秦逐匈奴，收河南地，徙民以实之，谓之'新秦'也"，同样值得探索直道史的学者关注。相关文字见于《史记》卷三〇《平准书》的记载及其他史家的解说。《史记》卷三〇《平准书》："（汉武帝）徙贫民于关以西，及充朔方以南新秦中，七十余万口，衣食皆仰给县官。数岁，假予产业，使者分部护之，冠盖相望。其费以亿计，不可胜数。"对于"新秦中"，裴骃《集解》："服虔曰：'地名，在北方千里。'如淳曰：'长安已北，朔方已南。'瓒曰：'秦逐匈奴以收河南地，徙民以实之，谓之新秦。今以地空，故复徙民以实之。'"②《水经注》引瓒曰，自"秦逐匈奴以收河南地，徙民以实之，谓之新秦"截断，不取"今以地空，故复徙民以实之"。汉武帝组织的这次移民，"徙贫民于关以西，及充朔方以南新秦中，七十余万口"，规模甚大。而"衣食皆仰给县官"，又引发牵涉面甚广的运输行为。所谓"数岁"，则言这种"衣食"的"给"，持续相当长的时日。而"使者分部护之，冠盖相望"，已经明确提示了"徙民"的交通程式。

① 〔北魏〕郦道元著，陈桥驿校证：《水经注校证》，第76页。
② 《史记》，第1425页。

对于汉代"北边""盐泽"的历史地理学研究，有学者进行了有积极意义的工作。[1]而相关盐业史研究，尚有开拓的学术空间。

联系《平准书》言"朔方""徙民"事及《水经注》"盐泽"位置与秦始皇直道的共同关系，可以进行有关直道盐运可能性的判断。

4. "金连盐泽""青盐泽"盐产由秦直道南运的可能

《汉书》卷二八下《地理志下》"朔方郡"条明确记载了两处"池盐"产地"金连盐泽"和"青盐泽"之所在：

> 朔方郡，……朔方，金连盐泽、青盐泽皆在南。莽曰武符。[2]

《读史方舆纪要》卷六一《陕西十·榆林镇》"胡落池"条写道："胡落池，在镇北境。《唐食货志》：安北都护有胡落池，岁得盐万四千斛，给振武、天德两军。《郡县志》云：宥州长泽县亦有胡落盐池。《辽志》：丰州有大盐泺，盖缘河多卤地也。又盐泽亦在镇北境。《汉志》：朔方县南有金连盐泽及青盐泽，今堙废。"又有"红盐池"条："红盐池，镇西北三百五十里。成化中，套寇入宁夏韦州，总督王越知其屯于红盐池，乃从安边营北境红山儿出边，昼夜兼行百八十里，至白盐滩。又行百五十里，至红盐池。寇大创，渡河北遁。[3]红山儿，王复云：自花马池东走环庆之道也。"[4]清齐召南《水道提纲》卷五说："套中产盐池以喀喇莽凡为大，即古郡南金连盐泽及青盐泽，唐时名胡洛盐池者。"[5]《旧唐书》卷四八《食货志上》："胡落池在丰州界，河东供军使收管。每年采盐约一万四千余石，供振武、天德两军及营田水运官健。自大中四年党项叛扰，馈运不通，供军使请权市河东白池盐供食。"[6]王先谦《汉书补注》"朔方"条也写道："《魏土地记》云：县有大盐池，其盐大而青白，名曰青盐，又名戎

---

[1] 艾冲：《鄂尔多斯高原汉代三泽地望初探》，《西夏研究》2018年第1期。

[2] 《汉书》，第1619页。

[3] 《明史》卷一三《宪宗纪一》："（成化九年秋七月）庚子，王越袭满都鲁、孛罗忽、孔加思兰于红盐池，大破之。诸部渐出河套。"《明史》，中华书局1974年版，第169页。

[4] 〔清〕顾祖禹：《读史方舆纪要》，上海书店出版社1998年版，第428页。

[5] 〔清〕齐召南：《水道提纲》，清文渊阁《四库全书》本。

[6] 《旧唐书》，中华书局1975年版，第2110页。《新唐书》卷五四《食货志四》："安北都护府有胡落池，岁得盐万四千斛，以给振武、天德。"第1377页。

盐，入药分，汉置典盐官。池在新秦之中。薛瓒云：秦逐匈奴，收河南地，徙民以实之，谓之新秦也。……陈澧云：今蒙古鄂尔多斯右翼南境有喀喇莽尼池、乌蓝池，即此二泽。其孰为金连盐泽，孰为青盐泽，未详。"[1]王先谦《后汉书集解》"朔方"条也引《魏土地记》云："县有大盐池，在新秦之中。"注："《一统志》：盐池今名喀剌莽泊。"又引薛瓒云："秦逐匈，收河南地，徙民以实之，谓之新秦也。"还写道："《晋志》无。《一统志》：故城今河套内鄂尔多斯右翼后旗境。"注："董祐诚云：《汉志》谓盐泽在县南，则故城在喀剌莽泊之北。"[2]

其实，史念海在发表于1975年的著名论文《秦始皇直道遗迹的探索》中，已经说到直道沿线"金连盐泽"和"青盐泽"等盐湖。他在讨论直道选线的考虑时，说到湖泊存在的作用："东胜县西南在秦王朝时是有湖泊分布的。直道在这里经过，自会绕道而行。"于是推断"伊克昭盟东胜县城西南九十里，在漫赖公社海子湾大队以东的二顷半生产队之南约二百米的地方"发现的"百米左右，残宽约二十二米"的"路面"遗迹，"可以认为是直道的一段"。有关"金连盐泽"和"青盐泽"等盐湖的论说，史念海写道："在这条直线的两旁，虽无险峻的高山，却散布着许多淖尔沼泽。……汉代记载，在这河南地区域里，有金连盐泽和青盐泽。青盐泽可能就是现在杭锦旗北部的盐海子，蒙名胡布莽淖，迄今仍产结晶颗粒较大的青盐，为伊盟主要盐产地。这个盐海子原来很大，现在大部干涸，看来已很小。今鄂尔多斯草原的湖泊以东胜县西南的巴汗淖和合同察汗淖为最大，其形成时期似不会晚于盐海子。但这两个湖泊虽大，水却是带苦味的。古代未见记载，可能是这个缘故。"[3]

其他盐湖"古代未见记载"的原因，可能在于规模小于"金连盐泽"和"青盐泽"，经济意义次于"金连盐泽"和"青盐泽"，未必一定因为水质"带苦味"。也可能由于"原来很大，现在大部干涸，看来已很小"，或是原先并非盐湖。这种可能性是存在的。我们在就额济纳汉简"居延盐"

① 王先谦：《汉书补注》，第806页。
② 王先谦：《后汉书集解》，中华书局据1915年虚受堂刊本1984年影印版，第1296页。
③ 史念海：《秦始皇直道遗迹的探索》，《文物》1975年第10期。关于"金连盐泽和青盐泽"，原注："《汉书》二八《地理志》。"

简文的讨论中，注意到因气候变迁导致的内蒙古"盐湖"的生成与演变。[①]
所谓"居延海""居延泽"，《内蒙古盐业史》说，"原本为一湖"，"后世湖面随着额济纳河下游的改道而时有移动，且逐步淤塞分为二海，东海称为苏古诺尔，西海称为嘎顺诺尔"，书中《阿拉善盟盐湖分布图》中，嘎顺诺尔和苏古诺尔均被标示为盐湖。[②]而《内蒙古盐湖》书中的"内蒙古自治区水系分布图"，苏古诺尔的图标则为"湖泊"，与"盐湖"有别。但是同书"内蒙古自治区地貌区划及主要盐湖分布示意图"中，该湖却又被标示为"盐湖"。[③]董正钧《居延海》一书也说，今日之居延海有东海、西海之分，蒙古语分称索果诺尔、戛顺淖尔，其水质一咸一淡。[④]据实地考察，这一又被译作"索果诺尔"的湖为"盐碱水质"[⑤]，"距离湖岸边尚远"的地面，"有白色的盐碱遗迹"，"由此可知索果诺尔已较以往缩小"。[⑥]古今地理条件多有变易，然而"金连盐泽"和"青盐泽"中的"青盐泽可能就是今杭锦旗北部的盐海子，蒙语称胡布莽淖，迄今仍产结晶颗粒较大的青盐，为伊盟主要盐产地"的情形值得注意。史念海指出："这个盐海子原来很大，现在大部干涸，看来已很小。"直道联系地区当时分布更多具有一定规模的"盐湖"的可能性是存在的。而这些盐业产品主要以关中地区为方向外运，当时的经营者不会想不到利用直道这样便利的交通条件。

《中国自然地理图集》中的"中国外生矿藏和变质矿藏"图所标注的沉积盐外生矿床，直道西侧有北大池、花马池。[⑦]由于古今年代相距久远，这样的信息，在考察秦汉时期食盐生产、食盐运销和食盐消费时当然只能作为参考。不过，应当考虑到，在现今对陕西关中食盐消费提供最主要支持的吉

① 王子今：《"居延盐"的发现——兼说内蒙古盐湖的演化与气候环境史考察》，《盐业史研究》2006年第2期，收入《额济纳汉简释文校本》，文物出版社2007年版。

② 牧寒：《内蒙古盐业史》，内蒙古人民出版社1987年版，第38页，第36页。

③ 郑喜玉等：《内蒙古盐湖》，科学出版社1992年版，第12页，第4页。

④ 董正钧：《居延海》，1951年影印手抄本。转见马先醒：《汉居延志长编》，鼎文书局2001年版，第36页。

⑤ 斯文赫定：《亚洲腹地探险八年1927—1935》，徐十周等译，新疆人民出版社1992年版，第130-131页。

⑥ 罗仕杰：《1996年台北简牍学会汉代居延遗址考察日志》，《汉代居延遗址调查与卫星遥测研究》，台湾古籍出版有限公司2003年版，第8-9页。

⑦ 西北师范学院地理系、地图出版社：《中国自然地理图集》，地图出版社1984年版，第38页。

兰泰盐产资源当时尚未能为秦汉帝国直接控制的情况下，这些盐业资源当时如果得以发现，有所开发，无疑可以为咸阳、长安附近政治文化重心地带提供盐业产品。而最便捷的盐运路径，显然是秦始皇直道。

5. 直道经济带：以盐产盐运为视角

秦始皇直道沿线，见于历史文献的、比较明确的盐池，历代多有记录。有些记载与"汉时""盐泽"相联系。

《嘉庆重修一统志》卷五四三《鄂尔多斯·山川》说到"长盐池""红盐池"以及"锅底池"：

> 长盐池在右翼前旗南三十五里，蒙古名达布苏图。
>
> 红盐池在右翼前旗西南三百里，蒙古名五楞池。明成化中总督王越败套寇于红盐池，即此。《延绥志》：榆林东有长盐池、红盐池，西有西红盐池、锅底池，俱僻在境外。《榆林卫志》：红盐池在卫西北三百五十里。
>
> 锅底池在右翼后旗西九十里，周围二十余里，产盐。兔河、赤沙河二水注入其中，即汉时朔方县盐泽，唐时名胡落盐池者也。今土人名喀喇莽奈脑儿。《汉书·地理志》：朔方郡朔方，金连盐泽、青盐泽皆在南。《水经注》：《魏土地记》曰：朔方县有大盐池，其盐大而青白色，名曰青盐，又名戎盐，入药分，汉置典官盐池，去平地官千二百里，在新秦之中。《唐书·食货志》：安北都护府有胡洛池，岁得盐万四千斛，以给镇武、天德。《元和志》：胡洛盐池，在长泽县北五百里，周回三十里，亦谓之独乐池。声相近也。汉有盐官。按汉时朔方盐泽有二，至后魏时止言一池，即唐长泽县北五百里之胡洛盐池，今喀喇莽奈大盐池也。
>
> 但汉时金连盐泽今不可考。[1]

《新唐书》卷五四《食货志四》："唐有盐池十八……""盐州五原有乌池、白池、瓦池、细项池……"[2]。则"盐州"一州占唐王朝"盐池十八"总数的22.2%。《旧唐书》卷四八《食货志上》说到列于首位的"乌池"的规模："乌池在盐州，旧置榷税使。长庆元年三月，敕乌池每年粜盐收博榷米，以一十五万石为定额。"[3]

---

[1] 《嘉庆重修一统志》，《四部丛刊》续编景旧钞本。

[2] 《新唐书》，第1377页。

[3] 《旧唐书》，第2110页。

据吉成名考察，直道沿线区域汉代池盐产地有：北地弋居（治所在今甘肃宁县南）；上郡独乐（治所在今陕西米脂县马湖峪）、龟兹（治所在今陕西榆林市北）二县；西河郡富昌（治所在今陕西府谷县古城乡）、盐官二县；朔方郡朔方（治所在今内蒙古杭锦旗什拉召附近）、沃壄（治所在今内蒙古磴口县河拐子古城）、广牧（治所在内蒙古五原县西土城子古城）三县；五原郡成宜（治所在今内蒙古乌拉特前旗白彦花镇）。论者指出，西河郡有盐官县（今地不详），"县名之所以取名'盐官'，可能与该县设有盐官有关，据此推测该县产盐"。朔方郡广牧县，"莽曰盐官"。新莽时期之所以将广牧县取名为"盐官县"，"很可能与该县设有盐官有关。据此推测该县产盐"[①]。

魏晋南北朝直道沿线地方的池盐产地，有新平郡"三水县（治所在今陕西旬邑县西二十八里）""朔方郡广牧、朔方二县"。关于"金连盐泽"和"青盐泽"，论者指出，"金连盐泽，今内蒙古杭锦旗哈日芒乃淖尔（盐海子），青盐泽今地名不详"。"史为乐主编《中国历史地名大辞典》将金连盐泽和青盐泽均释为今内蒙古杭锦旗哈日芒乃淖尔（分别见该书第1602页和第1454页），其中应有一误。"池盐产地，论者又标列"五原郡"："晋郭义恭《广志》卷上曰：'五原有紫盐。'这里所说的'五原'很可能指五原郡（治所即今陕西定边县）。"唐代则有"威州温池县（治所在今宁夏盐池县惠安堡）""会州会宁县（治所在今甘肃靖远县）""盐州五原县（治所在今陕西定边县）""夏州朔方县（治所在今陕西靖边县白城子）""德静县（治所在今陕西榆林市西）""宥州长泽县（治所在今内蒙古鄂托克旗东南城川古城）"。[②]

虽然自然环境的变迁可能影响盐业的开发，且历史文献记载的缺失也造成考察的困难，然而由直道通过地带后世盐产资源的分布，仍然可以大体推知秦汉时期这一地区的盐业生产也应当有一定的密度和规模。盐业产品，也曾经是直道运输业务的主题之一。从这一视角认识秦始皇直道的经济作用，应当是有益的。

---

① 吉成名：《中国古代食盐产地分布和变迁研究》，中国书籍出版社2013年版，第28-29页。
② 吉成名：《中国古代食盐产地分布和变迁研究》，第40-41页，第72-73页。

4

第四章　秦汉盐市：
商业史视角的考察

　　此说"盐市"，是以商业史的视角考察盐在市场的交易现象。追逐盐的"商贾之利"，导致以盐为经营对象的商业往来相当活跃。盐在社会生活中的重要性亦使得盐价直接关系着日常饮食消费，直接影响着广大社会层面的生活质量。这些现象，都是盐史研究者应当关注的。

一、盐的"商贾之利"

　　获取盐，进而通过贸易取利占据经济优势，是经济生活中可以实现的成就。先秦古国有成功的史例，汉初诸侯国占据获取海洋资源的便利，也曾经在经济上与中央政府抗衡。民间"商贾"也有通过这一方式获取"千金"得以致富的情形。

1. "便鱼盐之利"，"齐为大国"

　　齐国作为东方"大国"，因盐业的开发而获取经济利益。国家实力也因此显著提升，在各国关系中占据上风。

　　齐国是中国历史上第一个依靠盐业发展而崛起的政治实体。《史记》卷三二《齐太公世家》：

　　　　太公至国，修政，因其俗，简其礼，通商工之业，便鱼盐之利，而人民多归齐，齐为大国。①

———————

① 《史记》，第1480页。

所谓"通商工之业"与"便鱼盐之利"连说，似可理解为"盐"因"通商"达到了"利"的实现。

齐桓公时代，推行了一系列新的政策："桓公既得管仲，与鲍叔、隰朋、高傒修齐国政，连五家之兵，设轻重鱼盐之利，以赡贫穷，禄贤能，齐人皆说。"关于"设轻重鱼盐之利"，司马贞《索隐》解释说："按：《管子》有理人《轻重》之法七篇。轻重谓钱也。又有捕鱼、煮盐法也。"①因控制"鱼盐"在市场交易利益的分配，国家取得可观的利益份额，故而财力雄厚，迅速富强，于是称霸天下。《史记》卷三二《齐太公世家》记载："（诸侯）皆信齐而欲附焉。"随后，"诸侯会桓公于甄，而桓公于是始霸焉"。

2. 汉初诸侯国以盐业优势"天下所仰"

《史记》卷六〇《三王世家》分析地方经济实体利用盐业开发获取发展机会的情形：

> 三江、五湖有鱼盐之利，铜山之富，天下所仰。②

事实上，汉初占有沿海地方的诸侯势力确实通过对海洋资源的成功开发，取得丰盈的经济实利。与《三王世家》同样说到"三江、五湖"区域经济优势的，有《史记》卷一二九《货殖列传》：

> 夫吴自阖庐、春申、王濞三人招致天下之喜游子弟，东有海盐之饶，章山之铜，三江、五湖之利，亦江东一都会也。③

较"鱼盐之利"更鲜明地强调了盐业优势的意义，即所谓"海盐之饶"。

利用"海盐之饶"充实国力，以致形成抗衡中央的态势的诸侯国中，以吴国最为典型。《史记》卷一〇六《吴王濞列传》记载："高帝十一年秋，淮南王英布反，东并荆地，劫其国兵，西度淮，击楚，高帝自将往诛之。刘仲子沛侯濞年二十，有气力，以骑将从破布军蕲西，会甄，布走。荆王刘贾为布所杀，无后。上患吴、会稽轻悍，无壮王以填之，诸子少，乃立濞于沛为吴王，王三郡五十三城。已拜受印，高帝召濞相之，谓曰：'若状有反相。'心独悔，业已拜，因拊其背，告曰：'汉后五十年东南有乱者，岂若

---

① 《史记》卷三二《齐太公世家》，第1487页。
② 《史记》，第2116页。
③ 《史记》，第3267页。

邪？然天下同姓为一家也，慎无反！'濞顿首曰：'不敢。'"然而刘濞据有吴国，很快就因山海资源的开发，取得了"国用富饶"的经济成就：

> 会孝惠、高后时，天下初定，郡国诸侯各务自拊循其民。吴有豫章郡铜山，濞则招致天下亡命者盗铸钱，煮海水为盐，以故无赋，国用富饶。

裴骃《集解》："如淳曰：'铸钱煮盐，收其利以足国用，故无赋于民。'"张守节《正义》："按：既盗铸钱，何以收其利足国之用？吴国之民又何得无赋？如说非也。言吴国山既出铜，民多盗铸钱，及煮海水为盐，以山海之利不赋之，故言无赋也。其民无赋，国用乃富饶也。"晁错建议削藩，吴国是主要目标：

> 晁错为太子家令，得幸太子，数从容言吴过可削。数上书说孝文帝，文帝宽，不忍罚，以此吴日益横。及孝景帝即位，错为御史大夫，说上曰："昔高帝初定天下，昆弟少，诸子弱，大封同姓，故王孽子悼惠王王齐七十余城，庶弟元王王楚四十余城，兄子濞王吴五十余城：封三庶孽，分天下半。今吴王前有太子之郤，诈称病不朝，于古法当诛，文帝弗忍，因赐几杖。德至厚，当改过自新。乃益骄溢，即山铸钱，煮海水为盐，诱天下亡人，谋作乱。今削之亦反，不削之亦反。削之，其反亟，祸小；不削，反迟，祸大。"[①]

"煮海水为盐"，实现"国用富饶"，成为中央政权认定诸侯王国拥有可能"反""乱"之经济实力的重要条件。

《盐铁论·刺权》载录"大夫"语："今夫越之具区，楚之云梦，宋之巨野，齐之孟诸，有国之富而霸王之资也。人君统而守之则强，不禁则亡。齐以其肠胃予人，家强而不制，枝大而折干，以专巨海之富而擅鱼盐之利也。势足以使众，恩足以恤下，是以齐国内倍而外附。权移于臣，政坠于家，公室卑而田宗强，转毂游海者盖三千乘，失之于本而末不可救。今山川海泽之原，非独云梦、孟诸也。鼓铸煮盐，其势必深居幽谷，而人民所罕至。奸猾交通山海之际，恐生大奸。乘利骄溢，散朴滋伪，则人之贵本者寡。大农盐铁丞咸阳、孔仅等上请：'愿募民自给费，因县官器，煮盐予

---

① 《史记》，第2821-2822页，第2824-2825页。

用，以杜浮伪之路。'由此观之：令意所禁微，有司之虑亦远矣。"①桑弘羊等通过回顾历史，说明了对于盐业利润"人君统而守之则强，不禁则亡"的政策依据。所谓"枝大而折干，以专巨海之富而擅鱼盐之利也"，其实也是大致符合汉初经济形势的。

3. 民间"煮盐"者"财或累万金"

《盐铁论·本议》中，"大夫"言："管子云：'国有沃野之饶而民不足于食者，器械不备也。有山海之货而民不足于财者，商工不备也。'陇、蜀之丹漆旄羽，荆、扬之皮革骨象，江南之楠梓竹箭，燕、齐之鱼盐旃裘，兖、豫之漆丝絺纻，养生送终之具也，待商而通，待工而成。故圣人作为舟楫之用，以通川谷，服牛驾马，以达陵陆；致远穷深，所以交庶物而便百姓。是以先帝建铁官以赡农用，开均输以足民财；盐、铁、均输，万民所戴仰而取给者，罢之，不便也。"其中说到"山海之货"，具体则有"燕、齐之鱼盐"。辩论对方"文学"也引用了管子的话："国有沃野之饶而民不足于食者，工商盛而本业荒也；有山海之货而民不足于财者，不务民用而淫巧众也。故川源不能实漏卮，山海不能赡溪壑。"②双方辩说的侧重点不同，但是都强调了"山海之货"对于市场的意义。《盐铁论·通有》："大夫曰：'五行：东方木，而丹、章有金铜之山；南方火，而交趾有大海之川；西方金，而蜀、陇有名材之林；北方水，而幽都有积沙之地。此天地所以均有无而通万物也。今吴、越之竹，隋、唐之材，不可胜用，而曹、卫、梁、宋，采棺转尸；江、湖之鱼，莱、黄之鲐，不可胜食，而邹、鲁、周、韩，藜藿蔬食。天地之利无不赡，而山海之货无不富也；然百姓匮乏，财用不足，多寡不调，而天下财不散也。'"③《盐铁论·复古》："浮食奇民，好欲擅山海之货，以致富业，役利细民。"④也都说到"山海之货"。所谓"擅山海之货，以致富业"，指出了以盐业经营迅速致富的路径。与"擅山海之货"相近的表述形式，有"擅山海之财"。《盐铁论·力耕》：

---

① 王利器：《盐铁论校注》（定本），第120-121页。
② 王利器：《盐铁论校注》（定本），第3-4页。
③ 王利器：《盐铁论校注》（定本），第42页。
④ 王利器：《盐铁论校注》（定本），第78页。

"文学曰：'古者，十一而税，泽梁以时入而无禁，黎民咸被南亩而不失其务。故三年耕而余一年之蓄，九年耕有三年之蓄。此禹、汤所以备水旱而安百姓也。草莱不辟，田畴不治，虽擅山海之财，通百末之利，犹不能赡也。'"[1]所谓"擅山海之财，通百末之利"，应是商贸自由的表现。

又有"山海之利"的说法。《盐铁论·复古》载录"大夫"的话："山海之利，广泽之畜，天地之藏也。"然而开发则可以致富。他随即直接揭示了汉初"豪强大家"因此形成社会影响力和控制力的情形："往者，豪强大家，得管山海之利，采铁石鼓铸，煮海为盐。一家聚众，或至千余人，大抵尽收放流人民也。远去乡里，弃坟墓，依倚大家，聚深山穷泽之中，成奸伪之业，遂朋党之权，其轻为非亦大矣！"[2]

《史记》卷三〇《平准书》："冶铸煮盐，财或累万金，而不佐国家之急，黎民重困。"[3]也指出了盐业经营者利用市场需求大量获取财富的情形。

4. "贾盐"经营与"算数"教育

《盐铁论·禁耕》："山海者，财用之宝路也。"[4]明确指出海洋资源开发影响市场，可以致富。李剑农说："煮盐，自战国后期以来，已成为商品生产。"如"齐之大煮盐"东郭咸阳，即"汉代初期工业生产中之最有势力者"，其产业"规模之大，使用工人之众，均非他种手工业所能及"。[5]"煮盐"固然可以利用盐产收获博取"万金"之富，而在流通程序中通过"贾盐"经营亦可以提升社会经济地位。张家山汉简《算数书》中有关于"贾盐"的算题：

> 贾盐今有盐一石四斗五升少半升，贾取钱百五十欲石衡（率）
之，为钱几何？
>
> 曰：百三钱四百卅□分钱九十五。术（76）
>
> 曰：三盐之数以为法，亦三一石之升数，以钱乘之为实。（77）

① 王利器：《盐铁论校注》（定本），第27-28页。
② 王利器：《盐铁论校注》（定本），第78-79页。
③ 《史记》，第1425页。
④ 王利器：《盐铁论校注》（定本），第68页。
⑤ 李剑农：《先秦两汉经济史稿》，第178页。

就张家山汉简《算数书》进行深入研究的学者指出，"贾盐"之"贾"，就是"卖"。而"下文的'贾取钱'之'贾'指商人"。[①]

"贾盐"之"贾"，就是"卖"，即指商业行为的判断是合理的。《说文·贝部》写道："贾，市也。"段玉裁注："市，买卖所之也。因之凡买凡卖皆曰市。贾者，凡买卖之称也。《酒诰》曰：'远服贾。'汉石经《论语》曰：'求善贾而贾诸。'今《论语》作'沽'者，假借字也。引伸之，凡卖者之所得，买者之所出，皆曰贾。俗又别其字作'价'。"[②]

《汉书》卷二四上《食货志上》说当时教育形式："八岁入小学，学六甲五方书计之事……"对于"学六甲五方书计之事"，颜师古注："苏林曰：'五方之异书，如今秘书学外国书也。'臣瓒曰：'辨五方之名及书艺也。'师古曰：'瓒说是也。'"[③]瓒说较苏林说更为接近事实，但是并没有完整说明《食货志》的意思。"六甲五方""之事"并不仅仅是"辨五方之名"，"书计之事"也不仅仅是"书艺"。所谓"学六甲五方书计之事"，应是指基本知识和书写计算的技能。顾炎武说："'六甲'者，四时六十甲子之类；'五方'者，九州岳渎列国之名；'书'者，六书；'计'者，九数。瓒说未尽。"周寿昌说："此《礼记·内则》之言。礼，'九年教之数日'，郑注：'朔望与六甲也'，犹言学数干支也。'六年教之数与方名'，郑注：'方名，东西'，即所云'五方'也。以东西该南北中也。'十年出就外傅，居宿于外，学书记'，即'书计'也。'书'，文字；'计'，筹算也。六书九数，皆古人小学之所有事也。"[④]所谓"学六甲五方书计之事"，包括地理知识与数学知识的学习，是不宜忽视的事实。

上文说到《九章算术·均输》"取佣负盐"算题涉及盐运的数学应用。张家山汉简《算数书》有关"贾盐"的内容，则说明"盐"的商业经营作为社会经济生活中的常见现象，也被列入数学教育的教材。

与《九章算术》一起，清华大学藏战国简《算表》、北京大学藏秦简《算书》、岳麓书院藏秦简《数》、江陵张家山汉简《算数书》、云梦睡虎

---

① 彭浩：《张家山汉简〈算数书〉注释》，科学出版社2001年版，第74页。

② 〔汉〕许慎撰，〔清〕段玉裁注：《说文解字注》，第281页。

③ 《汉书》，第1122页。

④ 金少英：《汉书食货志集释》，中华书局1986年版，第37页。

地汉简《算术》、阜阳双古堆汉简《算术书》，构成数学进步序列的重要环节。[1]张家山汉简《算数书》有关"贾盐"的算题，对于盐史研究乃至商业史、经济史研究，有值得学界珍视的意义。

二、汉宣帝"减天下盐贾"

盐在市场上交易的价格，关系着民生。这一情形致使最高执政集团在盐价腾升、可能导致社会危机的时刻，会动用行政力量控制盐价。西汉行政史的记载中，就有帝王诏令抑制"盐贾"的情形。后世评价，以为汉宣帝的这一政策是"有仁民之心"的表现。

图4-1　汉宣帝像

1. 天象与"盐贵"的关系

社会对盐价的普遍关心，使得"盐贵"与否的预测，具有了产生神秘主

---

① 萧灿：《岳麓书院藏秦简〈数〉研究》，中国社会科学出版社2015年版，第2-11页。

义意识的基础。

《史记》卷二七《天官书》中可以看到天象与"盐贵"这一物价现象有神秘关联的记载：

> 杵、臼四星，在危南。匏瓜，有青黑星守之，鱼盐贵。

张守节《正义》："杵、臼三星，在丈人星旁，主军粮。占：正下直臼，吉；与臼不相当，军粮绝也。臼星在南，主春。其占：覆则岁大饥，仰则大熟也。"司马贞《索隐》："案：《荆州占》云'匏瓜，一名天鸡，在河鼓东。匏瓜明，岁则大熟也'。"张守节《正义》：

> 匏音白包反。匏瓜五星，在离珠北，天子果园。占：明大光
> 润，岁熟；不，则包果之实不登；客守，鱼盐贵也。[①]

"匏瓜"星座如果"明"或"明大光润"则预示丰收，即"岁熟"或曰"岁则大熟也"。如果"有青黑星守之"或曰"客守"，则预示灾荒，并导致物价浮动，以致"鱼盐贵"。

2. 关于"占验凌杂米盐"

政治时势的变化，会影响天文占验之书的预言主题，这可能也体现了数术之学与政治密切关联的情形。

《史记》卷二七《天官书》关于春秋战国政治史、战争史与"天变"的关系，这样写道：

> 太史公推古天变，未有可考于今者。盖略以春秋二百四十二年之间，日蚀三十六，彗星三见，宋襄公时星陨如雨。天子微，诸侯力政，五伯代兴，更为主命，自是之后，众暴寡，大并小。秦、楚、吴、越，夷狄也，为强伯。田氏篡齐，三家分晋，并为战国。争于攻取，兵革更起，城邑数屠，因以饥馑疾疫焦苦，臣主共忧患，其察祆祥候星气尤急。近世十二诸侯七国相王，言从衡者继踵，而皋、唐、甘、石因时务论其书传，故其占验凌杂米盐。

什么是"占验凌杂米盐"呢？张守节《正义》解释说：

> 凌杂，交乱也。米盐，细碎也。言皋、唐、甘、石等因时务

---

① 《史记》，第1310页。

论其书传中灾异所记录者，故其占验交乱细碎。其语在《汉书·五行志》中也。①

《汉书》卷二六《天文志》的说法是：

近世十二诸侯七国相王，言从横者继踵，而占天文者因时务论书传，故其占验鳞杂米盐，亡可录者。②

张守节《正义》"米盐，细碎也"的解释，或许应当存在更准确的理解。言"凌杂米盐"或"鳞杂米盐"，如果从"米盐"的物理形态方面理解，判断为如米粒盐末一般"细碎"，可能并不一定准确。"凌杂米盐"或"鳞杂米盐"，或许有可能是说，与政治外交及军事战略不同，"占验"主题已涉及社会物质生产与物质生活。这当然是明显的变化，在政治家、军事家眼中，或许也可以说是一种"细碎"。然而这一变化其实体现了数术之学服务方向改变的文化进步。

《史记》《汉书》说"米盐"，语义比较复杂。如《史记》卷一二二《酷吏列传》说减宣事迹："宣为左内史。其治米盐，事大小皆关其手，自部署县名曹实物，官吏令丞不得擅摇，痛以重法绳之。居官数年，一切郡中为小治辨，然独宣以小致大，能因力行之，难以为经。"③《史记会注考证》引张守节《正义》："米盐谓细碎。"《史记会注考证》："《韩非子·说难》篇：'米盐博辩，则以为多而交之。'"④《汉书》卷九〇《酷吏传·咸宣》："其治米盐。"颜师古注："米盐，细杂也。"⑤（咸宣，即《史记》之减宣。）《汉书》卷八九《循吏传·黄霸》："时上垂意于治，数下恩泽诏书，吏不奉宣。太守霸为选择良吏，分部宣布诏令，令民咸知上意。使邮亭乡官皆畜鸡豚，以赡鳏寡贫穷者。然后为条教，置父老师帅伍长，班行之于民间，劝以为善防奸之意，及务耕桑，节用殖财，种树畜养，去食谷马。米盐靡密，初若烦碎，然霸精力能推行之。吏民见者，语次

---

① 《史记》，第1344页，第1346页。

② 《汉书》，第1301页。

③ 《史记》，第3152页。

④ 〔汉〕司马迁撰，〔日〕泷川资言考证，〔日〕水泽利忠校补：《史记会注考证附校补》，上海古籍出版社1986年版，第1967页。

⑤ 《汉书》，第3661-3662页。

寻绎，问它阴伏，以相参考。尝欲有所司察，择长年廉吏遣行，属令周密。吏出，不敢舍邮亭，食于道旁，乌攫其肉。民有欲诣府口言事者适见之，霸与语道此。后日吏还谒霸，霸见迎劳之，曰：'甚苦！食于道旁乃为乌所盗肉。'吏大惊，以霸具知其起居，所问豪厘不敢有所隐。鳏寡孤独有死无以葬者，乡部书言，霸具为区处，某所大木可以为棺，某亭猪子可以祭，吏往皆如言。其识事聪明如此，吏民不知所出，咸称神明。奸人去入它郡，盗贼日少。"所谓"米盐靡密，初若烦碎"，颜师古注："米盐，言碎而且细。"[1]颜注以为"米盐，言碎而且细"，应当影响了张守节《正义》的判断。然而黄霸故事中"米盐靡密，初若烦碎"语接"及务耕桑，节用殖财，种树畜养，去食谷马"，是指具体的社会经济生活，而并非强调其直观形态的"细碎"。而所谓"米盐靡密，初若烦碎"既言"靡密"，又言"烦碎"，如"米盐，言碎而且细"，则显然重复过甚。而与颜师古、张守节大致同时代的人物，已有用"米盐"指具体的饮食生活消费实物的习惯。如《旧唐书》卷一七三《李珏传》："茶为食物，无异米盐，于人所资，远近同俗。"[2]"米盐"就是"食物"。《新唐书》卷一六四《王彦威传》："彦威于儒学固该邃，亦善吏事，但经总财用，出入米盐，非所长也。"[3]又《新唐书》卷五四《食货志四》："穆宗即位，京师鬻金银十两亦垫一两，籴米盐百钱垫七八。"[4]

3. 汉宣帝地节四年九月诏

关于对"盐贾"的控制，汉宣帝地节四年（前66）九月颁布诏书，令"其减天下盐贾"。《汉书》卷八《宣帝纪》：

> 九月，诏曰："朕惟百姓失职不赡，遣使者循行郡国问民所疾苦。吏或营私烦扰，不顾厥咎，朕甚闵之。今年郡国颇被水灾，已振贷。盐，民之食，而贾咸贵，众庶重困。其减天下盐贾。"

"盐，民之食，而贾咸贵"，颜师古注："贾读曰价。其下亦同。""众

---

[1] 《汉书》，第3629-3630页。

[2] 《旧唐书》，第4503-4504页。

[3] 《新唐书》，第5057页。

[4] 《新唐书》，第1390页。

庶重困"，颜师古注："更增其困也。"①就是说，在"郡国颇被水灾"之后，"盐，民之食，而贾咸贵"，更加重了"众庶"的生存困难。

荀悦《汉纪》没有记录这一诏书。《资治通鉴》卷二五《汉宣帝地节四年》："九月，诏减天下盐贾。"胡三省注："贾读曰价。"②

汉宣帝"其减天下盐贾"的诏令，是"昭宣中兴"的表现之一。也是秦汉盐史中值得重视的政策记录。宋王应麟《通鉴答问》卷五《宣帝》"减天下盐贾"条就此有所评论：

> 或曰：盐贾之贵，其始于东郭、孔、桑欤？曰：《管子·海王》之篇：计口赋盐渠展之煮，得成金万斤。景公设祈望之守。燕有辽东之煮。非始于汉也。汉胶东、鲁国食盐取给邻郡，犹未竭利尽取也。东南负海之郡，唯会稽之海盐置官，犹有遗利在民也。至是减其贾以便民食。其后，平当言渤海池盐且勿禁，以救民急，犹以恤民为先，不颛于裕国也。汉之盐贾，史策不书。唐天宝、至德间，每斗十钱。乾元元年，第五琦加百钱。贞元四年，江淮斗增二百，为钱三百一十。后复增六十。河中两池，斗为钱三百七十。民困高估，至有淡食者。有以谷数斗易盐一升。顺宗减江淮盐价，斗二百五十，河中两池斗钱三百。然天下之赋，盐利居半，其法视汉益密矣。《诗》曰：民之质矣，日用饮食。《周官》"盐人"所掌，共祭祀、宾客膳羞而已，无与于民食也。汉文之弛山泽，不得见地节之诏。其有仁民之心乎！③

南宋真德秀在就此进行的议论中，于赞扬汉宣帝之外，又有政治批评。《故事》（甲戌七月十一日进）：

> 臣窃惟宣帝可谓恤民之深，虑民之至矣。其疾苦，则遣使者循行以问之；灾害，则振贷之。至于盐直之贵，似未深为民害，必诏有司损其贾而后已。盖元后民之父母也，孩提乳哺，少失其节，皆父母之责。困穷茕独，一失其养，皆元后之辜。

论者随即对当时行政提出了直接的意见建议："陛下爱民之深，虑民之至，

---

① 《汉书》，第252页。
② 《资治通鉴》，第821页。
③ 〔宋〕王应麟：《通鉴答问》，清文渊阁《四库全书》本。

不减汉宣。而近岁以来，吏以击搏震挠为功，不知以护养抚柔为本，营私烦扰，殆匪一端。迩者又闻郡国守臣侵牟规利，有薪刍诸物，官为列肆以自售者，于是物贾骤腾，而细民不胜其困矣。有尽拘商盐，酬之以楮，而官自出鬻，责民以钱者。于是盐直暴踊，而人为之淡食矣。吁此何等气象，而见于今日邪！昔陆贽有言：民者邦之本，财者民之心。其心伤则其本伤，本伤则枝叶颠悴，而根柢蹶拔矣。贽之斯言，可为永鉴。臣愿明谕辅臣，尽斥天下贪残之吏，其尤亡状者，施之以流放不齿之刑。毋但削秩免官而已。仍命词臣推原德意，降一诏书，丁宁训饬，俾天下晓然。知圣主加惠元元之意，去苛猛而趋忠厚。此培埴邦本之先务。惟陛下深留圣意，海内幸甚。"[1]

看来，在千百年的盐史记忆中，汉宣帝因"盐，民之食，而贾咸贵，众庶重困"而宣布"其减天下盐贾"的诏令，已经成为"仁民"的行政标杆，被看作体现"恤民之深，虑民之至"政治理念的示范性政治表现。

王应麟所谓"平当言渤海池盐且勿禁，以救民急"，见于《汉书》卷七一《平当传》："使行流民幽州，举奏刺史二千石劳来有意者，言勃海盐池可且勿禁，以救民急。所过见称，奉使者十一人为最，迁丞相司直。"所谓"言勃海盐池可且勿禁，以救民急"，颜师古注："恣民煮盐，官不专也。"[2]应当是局部区域盐业政策的调整。

三、盐价考察

汉宣帝诏书言"盐，民之食，而贾咸贵"，宣布"其减天下盐贾"。王应麟赞赏："其有仁民之心乎！"他在进行汉唐盐价史分析时说："汉之盐贾，史策不书。"其实，对于汉代盐价的考察，是可以通过"史策"之外的传世文献和出土文献提供的信息来进行的。

1. 盐价考察的意义和难度

盐在饮食生活中地位非常重要，故成为社会经济关系中的重要因素。盐

---

[1] 〔宋〕真德秀：《西山文集》卷五《对越甲藁·故事》，清文渊阁《四库全书》本。
[2] 《汉书》，第3050页。

价因此在物价考察中被看作应予重视的指标。盐价虽然重要，然而经济史论著中并未将它作为分析的重心，秦汉经济史学术成果尤其如此。其重要原因，是秦汉盐价考察存在资料缺乏的严重困难，即所谓"汉之盐贾，史策不书"。

李剑农《先秦两汉经济史稿》论说"商品生产的冶铁与煮盐"，分析了汉武帝"盐官"设置的经济作用，也说到元帝时因发生灾异"诏罢盐铁官"，又因用度不足"旋即恢复"事，以及"元成间"平当建议调整盐政管理形式，"言勃海盐池可且勿禁，以救民急"情形。对于东汉时期盐业管理的反复，也有说明。①然而没有涉及盐价问题。

傅筑夫《中国封建社会经济史》第二卷在论述"秦汉时代"的"贩运性商业与商品"时写道："在古代，交通运输条件的限制，也决定了商品贩运的内容不可能是体积笨重和单位价值不高的生活必需品。""笨重的生活必需品是不能作远程的运输的。所以，商业所贩运的，只能是奢侈品。""在这里，唯一的例外是盐铁，在盐铁酒酤没有实行禁榷之前，这几种商品特别是盐铁，乃是商业贩运的大宗。盐铁虽然也是体积笨重，单位价值不高，但由于是绝对必需，而又不是消费者自己所能生产，也不是到处都能生产，必须向市场购买，故其运销数量极为庞大，成为商业经营中一项最有利可图的事业。"②然而，在他的著作中也没有论说盐价问题。

甚至在有的专门以"物价"为学术研究主题的论著中，对于秦汉时期，论述了"米谷价格""布帛、器用、田宅、牲畜的价格"，也总结了"物价变动的原因"③，但是也没有谈到秦汉时期的"盐价"。

2. 陈直《两汉经济史料论丛》

在秦汉史研究中坚持二重证据法，力主实证原则，以历史文献与出土文物相结合的方式提出诸多新识的学者中，陈直居于领先地位。他的学术专著《史记新证》和《汉书新证》已经具有学术经典的意义。所著《两汉经济史料论丛》也因"力求使考古资料与文献资料结合为一家，使考古资料为历史服务"的特点，为学界所推重。

---

① 李剑农：《先秦两汉经济史稿》，第178-181页。
② 傅筑夫：《中国封建社会经济史》第二卷，人民出版社1982年版，第410-411页。
③ 谭文熙：《中国物价史》，湖北人民出版社1994年版，第69-83页。

陈直《两汉经济史料论丛》中《汉代的米谷价及内郡边郡物价情况》一篇，专门考论汉代"物价"。其中有关于"盐价"的内容：

盐石百钱（见《御览》八百六十五引《续汉书》）。[1]

这一资料发表于"两汉边郡的物价情况"一节。在"两汉内郡的物价情况"部分则没有"盐价"。

在《关于两汉的手工业》部分"制盐业"题下，陈直也进行了"盐价的稽考"。他写道：

《御览》卷八百六十五引《续汉书》云："虞诩为武都太守，始到郡，谷石千五百，盐石八千，视事三岁，谷石八千（恐为八十误文）盐百。"[2]所谓盐百者，指每石百钱而言。汉代以一百二十斤为一石，则盐价贱时，每斤不足一钱。我们对于汉代的盐价，从无稽考，此条可称为最重要的材料，虽然在地区时代贵贱上有不同之点，得此可略知大概。又《说文》卷字云："今盐三斛一卷。"是纪盐斛的名称。[3]

此说虞诩主政武都郡时盐价的变化。陈直在《汉代的米谷价及内郡边郡物价情况》中将此条资料列于"两汉边郡的物价情况"题下，由此或可理解在"两汉内郡的物价情况"部分没有涉及盐价资料的原因。

虞诩守武都时盐价资料亦见于《后汉书》卷五八《虞诩传》的记载：虞诩任武都太守，"诩始到郡，户裁盈万。及绥聚荒余，招还流散，二三年间，遂增至四万余户。盐米丰贱，十倍于前"。李贤注引《续汉书》："诩始到，谷石千，盐石八千，见户万三千。视事三岁，米石八十，盐石四百，流人还归，郡户数万，人足家给，一郡无事。"[4]这一武都盐价数据，与《太平御览》卷八六五引《续汉书》的说法有所不同。我们不很清楚陈直为什么采用《太平御览》卷八六五引《续汉书》的内容，然而可能还是《后汉书》卷五八《虞诩传》李贤注引《续汉书》的记载更为接近事实。

---

[1] 陈直：《两汉经济史料论丛》，自序，第281页。

[2] 〔宋〕李昉等：《太平御览》，第3838页。

[3] 陈直：《两汉经济史料论丛》，第105页。今按：《说文》"今盐三斛一卷"不是"纪盐斛的名称"，而是盐的特别包装形式"卷"的名称的规格的解说。

[4] 《后汉书》，第1869-1870页。

3. 罗庆康《汉代专卖制度研究》

罗庆康《汉代专卖制度研究》第二章《两汉的专卖商品》第二节"盐"题下，分说"一、盐的产地""二、盐官""三、盐价""四、盐税""五、盐的采制"。其中对于"盐价"的讨论，指出范文澜"私盐与粟米同价"之说"值得商榷"，并据史书记载，如《后汉书·虞诩传》及李贤注引《续汉书》，得出"虞诩始到武都时，粮价与盐价之比是1：5，虞诩到武都三年后，粮价与盐价之比是1：5.6。总的来说，粮价与盐价之比大约是1：5"。

他按照这样的比例用"散见于各处之粮价""推算出汉代同时期的大致盐价"，推算出了"汉初"及文帝时代、宣帝时代、元帝时代、王莽时代、章帝时代、安帝时代、献帝时代共19个不同年代的盐价数据。其中汉元帝永光二年（前42）又分别有"京师""边郡""关东"三个数据。其中最高为汉献帝时"谷石数万"[1]对应盐价石3750钱，最低为汉宣帝时代"谷石至五钱"时盐价石0.35钱。这样的"推算"方式，显然是难以确实符合历史真实的。

论者还根据"《史记·货殖列传》中有'糵曲盐豉千答'亦比千乘之家一句"，推定了"豉价"和"盐价"。"豉价"据居延汉简"出钱廿五粜豉一斗"（214.4），"每升为2.5钱"，"盐价"则为"盐每升大约为5.5钱"。[2]

4. 王仲荦《金泥玉屑丛考》

王仲荦"专于魏晋南北朝隋唐五代史"，然而较早就"已把注意力转移到史学中经济史部分了"。他有"打算写《物价考》"的计划，"框架已经搭好"，并决定"书名改为《金泥玉屑丛考》"。王仲荦遗著《金泥玉屑丛考》最终出版，包括未完成部分的资料汇编。

《金泥玉屑丛考》卷一为"《管子》物价考""《韩非子》物价考""《战国策》物价考""《越绝书·计倪内经》物价考""《史记·货殖列传》物价考"。其中"《史记·货殖列传》物价考"部分有"酒酱价""盐曲价"。关于"酒酱价"有两条资料，第二条涉及"酱"：

醯酱千瓨

---

① 据作者原注，以"5万"计算。

② 罗庆康：《汉代专卖制度研究》，中国文史出版社1991年版，第72-76页。

荦按：徐广曰：长颈罂缶。《索隐》醯酰千瓵，千瓵
二十万，瓵直二百。

"盐豉价"中，其实说到"盐豉"：

蘖曲盐豉千荅

荦按：斗六升曰荅，千荅二十万，一荅二百文。

"豉"与以"盐"为主要原料制作的调味品，也是讨论"盐"时应当关注的。

不过，这些与"盐"有关的物价资料，如司马迁《史记》卷一二九《货殖列传》中所承认"其大率也"[1]，都仅仅只是约略之数，似乎不足以作为物价史研究的确实根据。[2]

《金泥玉屑丛考》卷二《汉代物价考》有"酱蜜价"和"盐井价""盐价"。所谓"酱蜜价"题下列有"酱价"：

《北堂书钞》卷一四六引《范子然计》：酱出东海，上价
二百，中百，下三十。

而"盐井价"：

《华阳国志·先贤士女赞》：张寿少给县丞杨放为佐，放为
梁贼所得，寿乃卖家盐井，得三十万，市马五匹往赎放。

又说到"盐价"：

《后汉书·虞诩传》注引《续汉志》：米石八十，盐石
四百。

《金泥玉屑丛考》卷三《魏晋河西物价考》中列有"酒曲盐豉价"。其中关于"盐豉价"：

《居延汉简》三一四·四：出钱廿五，籴豉一斗。

《汉地皇三年（公元二二年）居延劳边使者过界中费册》
（木简）：盐豉各一斗，直卅。

---

① 《史记》，第3274页。
② 《史记》卷一二九《货殖列传》说，拥有"蘖曲盐豉千荅"者，"此亦比千乘之家"。裴骃《集解》引徐广曰："（荅）或作'台'，器名有瓵。孙叔然云瓵，瓦器，受六升合为瓵。音贻。"司马贞《索隐》："盐豉千盖。下音贻。孙炎说云'瓵，瓦器，受斗六合'，以解此'盖'，非也。案：《尚书大传》云'文皮千合'，则数两谓之合也。《三仓》云'楰，盛盐豉器，音他果反'，则盖或楰之异名耳。"见《史记》，第3274-3276页。看来，这里所说的"盐豉"，有可能主要是说秦汉时期的主要饮食消费品"豉"。参看王子今：《汉代人饮食生活中的"盐菜""酱""豉"消费》，《盐业史研究》1996年第1期。

《居延汉简》一五四·一〇，一五四·一一：三月禄用盐十九斛五斗，钱四百五十□。[1]

王仲荦《金泥玉屑丛考》辑录的有关汉代"盐价"的资料，数量是空前的。特别是《华阳国志·先贤士女赞》所见张寿"卖家盐井，得三十万"的记录，是相当宝贵的资料。

5. 谢桂华等《秦汉物价资料辑录》

谢桂华、周年昌《秦汉物价资料辑录》同样注意传世文献资料与出土简牍资料中相关信息的收集。其中有"盐价"和"豉价"。"盐价"：

〔汉宣帝地节四年〕九月，诏曰："……今年郡国颇被水灾，已振贷。盐，民之食，而贾咸贵，众庶重困。其减天下盐贾。"[2]

〔王莽〕地皇三年《劳边使者过界中费》册：

……盐、豉各一斗，直卅。[3]

〔东汉安帝时，虞诩为武都太守。〕诩始到郡，户裁盈万。乃绥聚荒余，招还流散，二三年间，遂增至四万余户。盐米丰贱，十倍于前。李贤注引《续汉书》曰：诩始到，谷石千，盐石八千，见户万三千。视事三岁，米石八十，盐石四百，流人还归，郡户数万，人足家给，一郡无事。[4]

又列有"豉价"：

简二一四·四（乙壹伍伍版）：……出钱廿五，籴豉一斗。[5]

〔王莽〕地皇三年《劳边使者过界中费》册：

……盐、豉各一斗，直卅。……[6]

---

① 王仲荦著，郑宜芳整理：《金泥玉屑丛考》，中华书局1996年版，前言，第7-8页，第12页，第32-33页，第40页，第60页。

② 原注："《汉书》卷八《宣帝纪》。"

③ 原注："《居延新出土的汉简》图版捌，载《文物》一九七八年第一期。"

④ 原注："《后汉书》卷五十八《虞诩传》。"

⑤ 原注："《甲乙编》释文页一百四十二。"

⑥ 原注："《居延新出土的汉简》图版捌，载《文物》一九七八年第一期。"谢桂华、周年昌：《秦汉物价资料辑录》，中国社会科学院历史研究所编：《中国古代社会经济史资料》第一辑，福建人民出版社1985年版，第43-44页。

"盐、豉各一斗,直卅"一例,分列于"盐价""豉价"中。①

6. 丁邦友《汉代物价新探》

以汉代物价为研究对象的学者多已注重运用二重证据法的学术方式。"盐价"作为关注点的研究,以简牍资料作为考察重心,随着出土文献发掘与整理工作的进步以及诸多收获陆续问世,在学界的认识中有了新的推进。

丁邦友对于战国秦汉的盐价资料进行了认真的整理和分析,考察态度比较认真,工作质量比较可靠。他注意到《管子·海王》提供的有关"盐价"的记载,如:"因人之山海,假之名有海之国雠盐于吾国,釜十五,吾售而官出之以百。我未与其本事也,受人之事,以重相推。——此人用之数也。"②丁邦友考察这一信息,得出了两点认识:

> 第一,官府确定的盐的销售价格通常为每釜(100升)100钱,这是一条很重要的记载。以前,有人认为《管子》记载的物价不足信,但是,《管子·海王篇》关于官定盐价为每石(釜)100钱的记载与张家山汉简《算数书》"贾盐"算题记载的战国末期秦国的盐价每石103钱③十分吻合,这不能不使我们重新认识其价值。《算数书》当主要是秦国经济环境的产物,而按照通常的观点,《管子·轻重篇》则主要是齐国经济环境的反映。虽然战国时代,秦、齐两国的量制比较接近,但两国币制不同,何以《算数书》与《管子·轻重篇》这两个重要的文献记载的盐价都在1石100钱附近?目前,我们还无法解释这个问题。尽管如此,但两书所记载的盐与粮食的比价却是可以互相参证的。

关于"秦、齐两国的量制比较接近",原注引述了中国古代度量衡史专家丘光明的分析:

> 丘光明先生说:"子禾子铜釜等铜量皆属田齐十进位的新量制,一升约合今205毫升,单位量值与秦国接近。商鞅铜方升刻铭

---

① 谢桂华、周年昌《秦汉物价资料辑录》引录这条简文,在"盐价"题下作"直卅",在"豉价"题下作"直卌",前者有误。福建人民出版社1985年版,第44页。

② 原注:"马非百:《管子轻重篇新诠》上册,第209页。"

③ 原注:"张家山汉墓竹简整理小组:《张家山汉墓竹简〔二四七号墓〕》,第259页。"

有'齐□卿大夫来聘'，也可能是齐国与秦国在容量制度方面曾作

过交流，并且取得了统一。"①

应当注意到，"秦、齐两国"多方面"比较接近"的情形，在历史文献中已经有所透露。战国外交史可见"秦齐交合""合秦齐之交"②"秦齐之交合"③"秦齐雄雌之国"④，以及"齐秦之交""齐秦之合"⑤"齐秦合"⑥的情形。从秦的立场出发，这固然符合远交近攻战略，同时也体现出秦对齐的看重。"昭王十九年，秦称西帝，齐称东帝。"⑦《史记》卷一五《六国年表》写道："（齐）为东帝二月，复为王。"⑧《史记》卷四六《田敬仲完世家》有"秦假东帝"的说法⑨，说明齐"东帝"称号虽使用短暂，却体现出秦视齐为平等国家，予以相当的尊重，与齐"比较接近"的态度。秦昭襄王时代，孟尝君田文曾经任秦相。《史记》卷七五《孟尝君列传》："齐湣王二十五年，复卒使孟尝君入秦，昭王即以孟尝君为秦相。"⑩陕西临潼秦东陵一号墓出土漆豆针刻文字有"相邦薛君"字样⑪，证实孟尝君在秦昭襄王时代确曾"入秦""为秦相"。

关于"《管子·海王篇》关于官定盐价为每石（釜）100钱的记载与张家山汉简《算数书》'贾盐'算题记载的战国末期秦国的盐价每石103钱十分吻合"，是很有意义的发现，但是应当考虑《管子·海王》的成书年代，而"《算数书》当主要是秦国经济环境的产物"的认识，也许还可以讨论。

丁邦友获得的第二点认识是："第二，产盐之国盐价很低，每釜（100升）只要15钱，卖出时则可以达到每釜100钱的高价，官府销售价是产地销

---

① 原注："参见丘光明《中国历代度量衡考》，科学出版社1992年版，第184页。"

② 《史记》卷四〇《楚世家》，第1724页。

③ 《史记》卷七〇《张仪列传》，第2288页。

④ 《史记》卷七五《孟尝君列传》，第2361页。

⑤ 《史记》卷四六《田敬仲完世家》，第1900页。

⑥ 《史记》卷四六《田敬仲完世家》，第1900页，《史记》卷七〇《张仪列传》，第2287页。

⑦ 《史记》卷七二《穰侯列传》，第2325页。

⑧ 《史记》，第739页。

⑨ 《史记》，第1904页。

⑩ 《史记》，第2354页。

⑪ 王辉、尹夏青、王宏：《八年相邦薛君、丞相殳漆豆考》，《考古与文物》2011年第2期。

售价的近7倍。盐产地之盐价如此低，这是否可信呢？我认为这个数字应该是有其根据的。"他引录《管子·轻重甲》的一条材料：

> 十月始正，至于正月，成盐三万六千钟。……乃以令使粜之，得成金万一千余斤。①

这其实也是一条关于"盐价"的史料。丁邦友指出："《管子》记载的金价有两个，一为《管子·揆度篇》所载金每斤值钱10 000②，一为《管子·轻重甲》所载金每斤值钱4000③。这两个数字究竟哪一个更符合战国时代的社会实际呢？"丁邦友认为，后者"才是战国时代的金价"。"按照金1斤值钱4000计"，"每釜（100升）盐值122.22钱"。然而，这"却是国家用行政手段干预市场导致盐价大涨的结果"。这种"干预"的方式，《管子》书中是有所表述的。"《管子·海王篇》记述齐国收获36 000钟盐后，管仲对桓公说：'孟春既至，农事且起。大夫无得缮冢墓，理宫室，立台榭，筑墙垣。北海之众无得聚庸而煮盐。若此，则盐必坐涨而十倍。'"④论者又引录《管子·地数》的说法：

> 管子曰：阳春农事方作，令民勿得筑垣墙，勿得缮冢墓。丈（大）夫勿得治宫室，勿得立台榭，北海之众勿得聚庸而煮盐。然盐之贾（价）必四什倍。君以四什之贾（价），修河济之流，南输梁赵宋卫濮阳。⑤

"煮盐"与其他工役劳作"筑垣墙""缮冢墓""治宫室""立台榭"同样，都与"农事"形成人力冲突。在"阳春农事方作"时，"北海之众勿得聚庸而煮盐"，似乎"煮盐"为农人兼作。

《管子·海王》"北海之众无得聚庸而煮盐"，《管子·地数》"北海之众勿得聚庸而煮盐"，所谓"聚庸而煮盐"，说明了"北海"盐业的生产方式。"聚庸"既体现了劳动规模，也体现了雇佣关系。

张家山汉简《算数书》中有关于"贾盐"的算题，丁邦友以为可以反映

---

① 原注："马非百：《管子轻重篇新诠》，第532页。"
② 原注："同上书，第461页。"
③ 原注："同上书，第552页。"
④ 原注："马非百：《管子轻重篇新诠》下册，第532页。"
⑤ 原注："同上书，第415-416页。"

"战国后期秦国盐价"：

　　　　今有盐一石四斗五升少半升，贾取钱百五十，欲石衡（率）

　　之，为钱几何？曰：百三钱四百卅【六】分钱九十五。（二）①

论者将此"盐价"信息与睡虎地秦简所见秦"粮价"进行了比较②，结论
是："秦国盐与粟、谷的比价""是103：30，即大约3.5：1"。"里耶秦
简中有简牍记载：在秦始皇三十年（前217年）前后，里耶地区稻一石值
二十至二十一钱③，这个粮价当与战国末期秦国的粮价相去不远。以此与
《算数书》所记的盐价相比，则盐、稻的比价在5.15：1或4.9：1，平均为
5：1。"丁邦友又进行了秦国与齐国盐价的比较："秦国盐与粟、谷的比价
从低到高依次为3.5：1、5：1、7：1、11.5：1；齐国盐与粟的比价从低到
高依次是2.5：1、5：1、10：1。由此可见，两国盐与粟、谷的比价基本接
近。""可见，在战国后期，齐、秦两国盐与粮食之间的比价并不存在明显
的差别。"④应当指出，论者对睡虎地秦简和里耶秦简中相关资料的使用，
没有考虑到价格的区域差异和年代差异，特别是粮价的差异。对于张家山汉
简《算数书》的成书年代，笔者认同彭浩说，即"极可能在秦代"，"在西
汉初年又增补了少量算题"。⑤然而在不能明确有多少算题是西汉初年增补
的情况下，将其都看作"秦代"，甚至是"战国后期"的资料，并与"齐国
盐价"资料比较，可能存在问题。而"齐国盐价"的资料主要据《管子》书
的记载，也是有疑问的。现在看来，讨论"战国后期，齐、秦两国盐与粮食
之间的比价"，可靠的资料尚不充备。然而，丁邦友《汉代物价新探》所进
行的细致全面的工作，毕竟将相关考察推进到新的境界，是值得赞赏的。

　　丁邦友《汉代物价新探》是第一部全面的汉代物价研究的专门著作。除
上文介绍之外，在第二章"张家山汉简物价研究"中有关"盐价"的考察，
第三章"《史记·货殖列传》物价研究"中有关"酱"的"价格"的考察，

① 原注："《张家山汉墓竹简〔二四七号墓〕》，第259页。"

② 论者采用的睡虎地秦墓竹简粮价资料的出处，原注为："云梦睡虎地秦简整理小组：《睡虎地秦墓竹简》，第51页。"今按：《睡虎地秦墓竹简》的编者，应为"睡虎地秦墓竹简整理小组"。

③ 原注："湖南省文物考古研究所：《里耶发掘报告》，第216页。"

④ 丁邦友：《汉代物价新探》，中国社会科学出版社2009年版，第58-64页。

⑤ 彭浩：《张家山汉简〈算数书〉注释》，第11页。

第四章"汉简中的河西物价"有关"盐、豉""价"的考察，第五章"汉代若干产品价格考述"中"关于汉代盐价的历史考察"一节，都有超越前人的新见提出。丁著《汉代物价新探》也是第一部比较重视"盐价"考察的物价学专著。对于战国秦汉盐价问题，作者集中了比较全面的资料，进行了相当认真的思索，所发表的见解，可以充实我们对秦汉盐史的理解。当然，陆续刊布的新的简帛资料，将不断更新我们的认识。

四、走马楼简牍所见盐米比价与汉代盐史信息的对照

长沙走马楼简牍可见吏许迪割用仓米一案的调查处理记录，其中涉及当时盐米比价的内容，不仅是认识当时社会经济生活的重要资料，也为盐业史研究的新认识提供了有益的条件。通过许迪割米案文牍，可知当时当地的盐价与米价大致的比率为6∶1。这是迄今年代比较早的可以较精确地反映"盐"这种于国计民生至为重要的物资一般价格的文物实证，可以参证其他资料进行综合研究，因而特别值得珍视。

1. J22-2540号木牍所见盐米价格信息

走马楼简牍资料中有编号为J22-2540的木牍，内容涉及吏许迪割用仓米一案的调查审理，其中又有关于当时经济生活与吏治状况以及刑讯方式等诸方面的重要信息，已经多有学者予以重视。

虽然已经有多篇论文发表了研究成果，对于这一文书的断句、释读、解义，仍然有若干问题可以继续深入探讨。例如，其中有关"盐""米"价格比率的数据，就值得研究者充分重视。

对于这一文牍的释读，学界已有多种论点相继发表，研究者分别考论，各有高见，如《长沙走马楼J22发掘简报》①、《长沙走马楼三国吴简·嘉禾吏民田家莂》附《长沙走马楼二十二号井发掘报告》②、胡平生《长沙走马

---

① 宋少华、何旭红：《长沙走马楼J22发掘简报》，《文物》1999年第5期。
② 长沙市文物考古研究所、中国文物研究所、北京大学历史学系走马楼简牍整理组：《长沙走马国吴简·嘉禾吏民田家莂》，文物出版社1999年版。

楼三国孙吴简牍三文书考证》[①]、王素《长沙走马楼三国孙吴简牍三文书新探》[②]等。对照图版，可以对释文提出新的意见。今以为全篇释文当作：

　　1　录事掾潘琬叩头死罪白：过四年十一月七日，被督邮敕，考实吏许迪。辄与核事吏赵谭、

　　2　部典掾烝若、主者史李珠，前后穷核考问。迪辞：卖官余盐四百廿六斛一斗九升八合四勺，偪米

　　3　二千五百六十一斛六斗九升已。二千四百卅九斛一升，付仓吏邓隆、谷荣等。余米一百一十二斛六斗八升，迪割

　　4　用饮食，不见为廪直。事所觉后，迪以四年六月一日，偷入所割用米毕，付仓吏黄瑛等。

　　5　前录见都尉，知罪深，重诣言：不割用米。重复实核，迪故下辞，服割用米审。前后榜押迪，凡

　　6　□不加五毒，据以迪□□服辞结罪，不枉考迪。乞曹重列言府。傅前解，谨下启。琬诚

　　7　惶诚恐，叩头死罪死罪。

　　8　若

　　　　　　　　　　　　　　　　二月十九日戊戌〔白〕。

最后一行"若"字批文的释读，王素所说至确[③]。而据图版，其字与所署日期"二月十九日戊戌"各就上下，故格式体现似应有所间隔。[④]

2. 胡平生盐米布比价考论

其中所谓"迪辞：卖官余盐四百廿六斛一斗九升八合四勺，偪米

[①] 胡平生：《长沙走马楼三国孙吴简牍三文书考证》，《文物》1999年第5期。

[②] 王素：《长沙走马楼三国孙吴简牍三文书新探》，《文物》1999年第9期。

[③] 王素：《长沙走马楼三国孙吴简牍三文书新探》，《文物》1999年第9期；《"若"即"诺"可以作为定论——长沙走马楼简牍研究辨误（三）》，《光明日报》2000年8月25日。

[④] 王子今：《走马楼简许迪剐米事文牍释读商榷》，《郑州大学学报（哲学社会科学版）》2001年第4期。根据已经发表的报告和论著，整篇文书中所谓"剐用"，凡出现四次。对于"剐"字的释读，今遵从谢桂华、李均明、侯旭东等学者的意见，对照图版，以为应当改释为"割"。"剐用"，应即"割用"。"割"，即非法劫取。《后汉书》卷二六《韦彪传》："赋敛充常调而贪吏割其财。"第918页。《北齐书》卷一五《尉景传》："尔割天子调。"中华书局1972年版，第194页。《新唐书》卷一一八《李渤传》："聚敛之臣割下媚上。"第4283页。"割"的文意皆与走马楼简许迪案"割米"之"割"接近。

二千五百六十一斛六斗九升已"，提供了有关当时"盐""米"比价的重要资料。胡平生就此进行了细致而有意义的工作。他在《长沙走马楼三国孙吴简牍三文书考证》一文中写道：

> 根据考实文书所记许迪案盐、米折算的数据，结合走马楼简的其他资料，可对当时的物价有所了解。按照牍文官盐四百廿六斛一斗九升八合四勺，沽米二千五百六十一斛六斗九升计；按照一斗米一百六十钱、一斗米二尺布计：
>
> 4261.984斗盐＝25616.9斗米；
>
> 1斗盐＝6.01斗米；
>
> 1斗米＝0.17斗盐；
>
> 1斗盐＝961.69钱；
>
> 1斗盐＝12.02尺布；
>
> （这里使用的是嘉禾四年"佃田租税券书"的数据，依《中国书法》所刊嘉禾五年的数据，1斗米约为1.7尺布，1斗米约为112钱）这是重要的经济史资料。

胡平生所说"《中国书法》所刊"，是指宋少华的论文《大音希声——浅谈对长沙走马楼三国吴简的初步认识》所附图版。[①]而据随即出版的《长沙走马楼三国吴简·嘉禾吏民田家莂》，嘉禾四年的米、布、钱的换算标准大致是：1斗米＝2尺布；1斗米＝160钱；1尺布＝0.5斗米；1尺布＝80钱；1钱＝0.00625斗米；1钱＝0.0125尺布。[②]而嘉禾五年的情形较为复杂。"租税之米由仓收纳，而钱、布容于库。钱、布亦可折合为米纳于仓，折合率不一，在一定的幅度范围变动，其中布折米的变动幅度较小，而钱折米的变动幅度则较大。"嘉禾五年布折米的比率常见者为1.6尺布＝1斗米及1.66尺布＝1斗米两种。而比率高者达1.84尺布＝1斗米，少者仅1.41尺布＝1斗米。嘉禾五年钱折米的比率在50钱＝1斗米至150钱＝1斗米之间浮动，幅度较大。[③]

---

① 宋少华：《大音希声——浅谈对长沙走马楼三国吴简的初步认识》，《中国书法》1998年1期。

② 长沙市文物考古研究所等：《嘉禾四年吏民田家莂解题》，《长沙走马楼三国吴简·嘉禾吏民田家莂》，第72页。

③ 长沙市文物考古研究所等：《嘉禾五年吏民田家莂解题》，《长沙走马楼三国吴简·嘉禾吏民田家莂》，第165页。

嘉禾五年的物价波动，或许与这一年的严重灾情有关。[1]

看来，直接讨论"盐"与"米"的比价，或许较为明了清晰。

如果以许迪割米案文牍提供的"4261.984斗盐＝25616.9斗米"的数据为基本资料，取更为精确的计算结果，应当是：

$$4261.984斗盐＝25616.9斗米；$$
$$1斗盐＝6.01056斗米；$$
$$1斗米＝0.16637斗盐；$$

当时当地的盐价与米价，大致的比率为6∶1。

3. 陈直的研究与虞诩守武都时史例

陈直是较早注重物价研究并且以此作为经济史研究的基础的学者。他的名著《两汉经济史料论丛》中所收论文《汉代的米谷价及内郡边郡物价情况》，在讨论"汉代内郡的物价情况"时不涉及盐价。讨论"西汉边郡的物价情况"时有一例说到盐价："盐石百钱（见《御览》八百六十五引《续汉书》）。"[2]《太平御览》卷八六五原文作："《续汉书》曰：'虞诩为武都太守，始到郡，谷石千五百，盐石八千，视事三岁，谷石八千，盐百。'"[3]

其事亦见于《后汉书》卷五八《虞诩传》的记载：虞诩任武都太守，"诩始到郡，户裁盈万。及绥聚荒余，招还流散，二三年间，遂增至四万余户。盐米丰贱，十倍于前"。李贤注引《续汉书》说：

> 诩始到，谷石千，盐石八千，见户万三千。视事三岁，米石八十，盐石四百，流人还归，郡户数万，人足家给，一郡无事。[4]

说虞诩方到任时，"盐"与"谷"的比价是8∶1，主持行政三年之后，物价大幅度下降，米价只有原先谷价的8%，盐价也下降了95%。这时"盐"与"谷"的比价成为5∶1。这一数据，与《太平御览》卷八六五引《续汉书》的说法有所不同。可能还是《后汉书》卷五八《虞诩传》李贤注引《续汉书》的记载更为接近事实。

---

[1] 《三国志》卷四七《吴书·吴主传》："（嘉禾五年）自十月不雨，至于夏。"第1141页。

[2] 陈直：《两汉经济史料论丛》，第281页。

[3] 〔宋〕李昉等：《太平御览》，第3838页。

[4] 《后汉书》，第1869-1870页。

虞诩主持武都郡行政，在东汉安帝时。《续汉书》的这一记载，可能是距离走马楼简许迪割米案文牍时代最为相近的一条有关盐价的明确的资料了。另一值得研究者注意的事实是，武都非盐产地，在盐的产销系统中，与长沙有一定的可比性。然而武都粮产显然不及长沙，因而就盐米比价来说，武都5：1和长沙6：1，大约都是比较正常的。

4. 汉简盐价史料与走马楼相关简文的比较

江陵张家山汉简《算数书》中，有涉及盐价的算题。前引丁邦友《汉代物价新探》的研究成果中已经涉及：

贾盐　今有盐一石四斗五升少半升，贾取钱百五十，欲石衡（率）之，为钱几何？曰：百三钱四百卅分钱九十五。术曰：三盐之数以为法，亦三一石之升数，以钱乘之为实。[1]

盐价应为103.2347钱，而算题答案"百三钱四百卅分钱九十五"，为103.2209钱。虽然算题内容不可能距离现实生活过远，但是毕竟是作为一种假设提出，尚未可作为认识盐业史和盐交易史的确证。

居延出土地皇三年《劳边使者过界中费》简册中，也有涉及盐价的资料，前引"盐价"研究论著多曾予以注意：

盐豉各一斗直卅（E.J.T22:7）[2]

如果"盐豉各一斗"合计"直卅"，则价格或与张家山汉简《算数书》盐价相当，而低于虞诩主政武都时盐价。[3]

显然，走马楼简牍许迪割米案文牍提供的盐米比价资料，是迄今年代比较早的可以较精确地反映国计民生至为重要的物资之价格的文物实证，可以参证其他资料进行综合研究，因而特别值得珍视。

秦汉至三国时期的盐价，将来或有可能发现更多资料，可以更清晰地说明其历史变化。

---

[1]　江陵张家山汉简整理小组：《江陵张家山汉简〈算数书〉释文》，《文物》2000年第9期。

[2]　甘肃居延考古队：《居延汉代遗址的发掘和新出土的简册文物》，《文物》1978年第1期，图版捌。

[3]　谢桂华、周年昌《秦汉物价资料辑录》引录这条简文，在"盐价"题下作"直冊"，在"豉价"题下作"直卅"，前者有误。见其书第44页。

5 | 第五章 秦汉盐政：
行政史视角的考察

　　"盐政"包括盐业管理，即盐产和盐运经营的控制和统筹。"盐政"史考察也应当瞩目包括所谓"盐法""盐税"等法制史和财政史方面的内容。中国古代行政史中，"盐政"占有重要的地位。秦汉"盐政"对于国家政体和社会经济有显著的意义，也对后世"盐政"形成了深刻的历史影响。

一、盐政史的开端

　　"盐政"作为行政内容在历史上出现，或许与早期国家的形成大致同时。除了传说时代的历史记忆外，我们看到的比较明确的记录，应是西周封建制初始阶段，齐国的建国者"太公望吕尚"即以"东海上人"出身①，对海洋资源开发予以特殊重视，"通鱼盐"②，"通鱼盐之利"③，以此作为立国之本。《七国考》卷二《田齐食货》有"鱼盐"条："《国策》〔齐一〕：齐愍王请献鱼盐之地三百于秦。按

---

① 《史记》卷三二《齐太公世家》："东海上人。"裴骃《集解》："《吕氏春秋》曰：'东夷之土。'"第1477页。
② 《史记》卷一二九《货殖列传》有所记述："（齐）地潟卤，人民寡，于是太公劝其女功，极技巧，通鱼盐，则人物归之，襁至而辐凑。"第3255页。
③ 《汉书》卷二八下《地理志下》："太公以齐地负海舄卤，少五谷而人民寡，乃劝以女工之业，通鱼盐之利，而人物辐凑。"见《汉书》第1660页。

《管子》云：齐有渠展之盐，请君伐菹薪，煮水为盐①，征而积之，十月至正月，成三万六千钟。下令曰：孟春农事起，无得煮盐。此则坐长十倍。桓公棸之，得成金万一千斤。②《国语》云：齐通鱼盐于东莱。"③

1. "盐政"的起始

"盐政"这一语汇，在正史中《明史》可见12例，《清史稿》可见167例。有"水利、漕运、盐政"并列之例④，可以知道"盐政"的重要。清代有"盐政官""盐政专官""盐政大臣""督办盐政大臣"。"会办盐政大臣"名号及"盐政处""盐政院"，看来是晚出的说法。

然而"盐政"也见于上古史籍。如《周礼·天官冢宰·盐人》记载"盐人"职能：

盐人掌盐之政令，以共百事之盐。祭祀，共其苦盐、散盐。宾客，共其形盐、散盐。王之膳羞共饴盐，后及世子亦如之。凡齐事，鬻盬以待戒令。

郑玄注："政令谓受人教所处置，求者所当得。"⑤《周礼正义》："注云'政令谓受人教所处置'者，凡海盬产盐之处，以盐来入，此官并受之，又区其种别，处置其所，则教令之。云'求其所当得'者，谓求盐共用，各依其所当得者与之。若祭祀当得苦盐、散盐，宾客当得形盐、散盐，膳羞当得饴盐是也。"⑥

而《北堂书钞》卷一四六有"掌盐政"条，言"《周官》云盐人掌盐之政令"⑦。这是"盐政"一语较早见于文献的例子。然而有的《周礼》研究者并不认为《周礼》提出了有关与后世近似的"盐政"的理念：

盐人奄二人，女盐二十人，奚四十人。

---

① 原注："煮沛水也。"
② 原注："远案：此系节引大意非原文。"
③ 〔明〕董说原著，缪文远订补：《七国考订补》，第203页。
④ 《清史稿》卷三七九《陶澍传》，第11608页。
⑤ 〔明〕阮元：《十三经注疏》，第675页。
⑥ 〔清〕孙诒让撰，王文锦、陈玉霞点校：《周礼正义》，中华书局1987年版，第411页。
⑦ 〔唐〕虞世南：《北堂书钞》，第617页。

释曰：盐之所产，有刮于地而得者，有风其水而成者，有熬
其波出于井而为者，有积于卤而结者。此其所出必于海泽之旁，则
既有川泽之衡取之矣。此其所掌乃鬻盐之务者也。然五味非盐不
和，《周官》不著盐政，用女为之者，亦膳羞之盐焉耳。①

所谓"《周官》不著盐政"，否认"盐人掌盐之政令"即"盐政"，以为其
所掌的只是"膳羞之盐"。这是明代学者的理解。对照明代"盐政"形式，
发表"《周官》不著盐政"这样的意见，是可以理解的。清人方苞则说：
"'盐人掌盐之政令，以共百事之盐'，'政令'谓敛散收藏之法。"②也
限定了"盐之政令"指导、管理、控制的对象范围。

明代论著，已经有以"盐政"为题名者。《千顷堂书目》卷九《食货
类》可见"朱廷立《盐政志》十卷""袁世振《两淮盐政疏理成编》十五
卷""《八闽盐政志》""李棵《粤东盐政考》""《粤西盐政考》"③
等。其他又有"盐志""盐法""盐事"等多种。又有"唐臣《两浙鹾
志》"④"《重修两浙鹾志》""冷宗元《长芦鹾志》七卷"，"鹾志"就
是"盐志"。⑤《池北偶谈》卷七《谈献三》"王东皋"条写道："上有意
以都御史召，竟未及用而卒，海内惜之。满洲总宪某，尝叹盐法之弊，合肥
龚端毅公曰：'古云有治人，无治法。但以两淮付王伯勉，两浙付魏象枢，
各加金都御史久任，何患盐政不肃清乎？'"⑥由这样的议论，可以知道当
时"盐法"和"盐政"的语义似乎是比较接近的。

明陈应芳《论农政专官》提出"辅天""利民"的多条建议，其中写
道："……盐利所聚，民有争心，私贩公行，莫可禁止。元末张士诚起于此
地盐徒可镜也。令二三巡司总属讯察，通其利而除其害，盐政因以修举。利
十矣。"⑦已经明确"盐政"以"禁止""民""争""盐利"的"私贩"

---

① 〔明〕柯尚迁：《周礼全经释原》卷一《天官冢宰第一》，清文渊阁《四库全书》本。

② 〔清〕方苞：《周官集注》卷二，清文渊阁《四库全书》本。

③ 原注："万历间修，不知撰人。"

④ 原注："巡盐御史。"

⑤ 〔清〕黄虞稷：《千顷堂书目》，清文渊阁《四库全书》本。

⑥ 〔清〕王士禛撰，靳斯仁点校：《池北偶谈》，中华书局1982年版，第155-156页。

⑦ 〔明〕陈应芳：《敬止集》卷一《图论》，清文渊阁《四库全书》本。

行为为主题。

2. 管仲"轻重"政策的启示

《史记》卷三二《齐太公世家》记载，齐桓公任用管仲等，通过制定对盐产加强管理诸政策等方式，"修齐国政"，强化了齐国的国力：

> 桓公既得管仲，与鲍叔、隰朋、高傒修齐国政，连五家之兵，设轻重鱼盐之利，以赡贫穷，禄贤能，齐人皆说。

所谓"设轻重鱼盐之利"，司马贞《索隐》：

> 按：《管子》有理人《轻重》之法七篇。轻重谓钱也。又有捕鱼、煮盐法也。①

"捕鱼、煮盐法"，应是说"捕鱼法""煮盐法"。《太平御览》卷八六五引《益州记》曰："汶山、越嶲煮盐法各异。汶山有醎石，先以水渍，既而煎之。越嶲先烧炭，以盐井水泼炭，刮取盐。"②《益州记》所说"煮盐法"，是说"煮盐"的方式，与司马贞《索隐》言"煮盐法"为管理"煮盐"的法令不同。

管仲推行的有关"煮盐法"及"正盐策"政策的制度化进程，推进了齐桓公强国愿望的实现。不过数年时间，齐国成为东方霸主。《史记》卷三二《齐太公世家》："五年，伐鲁，鲁将师败。鲁庄公请献遂邑以平，桓公许，与鲁会柯而盟。鲁将盟，曹沫以匕首劫桓公于坛上，曰：'反鲁之侵地！'桓公许之。已而曹沫去匕首，北面就臣位。桓公后悔，欲无与鲁地而杀曹沫。管仲曰：'夫劫许之而倍信杀之，愈一小快耳，而弃信于诸侯，失天下之援，不可。'于是遂与曹沫三败所亡地于鲁。诸侯闻之，皆信齐而欲附焉。七年，诸侯会桓公于甄，而桓公于是始霸焉。"③

齐桓公"始霸"，是影响深刻的历史事件。《春秋大全》卷九："程氏曰：上无明王，下无方伯，列国交争，桓公始霸，天下与之。故疏'同

---

① 《史记》，第1487页。
② 〔宋〕李昉等：《太平御览》，第3841页。《天中记》卷四六引《益州记》："醎石。汶山、越嶲煮盐法各异。汶山有咸石，先以水渍，既而煎之。越嶲先烧炭，以盐井水泼炭，刮取盐。"清文渊阁《四库全书》本。
③ 《史记》，第1487页。

盟'，志同欲也。"　"陈氏曰：诸侯初主盟也。自是无特相盟者矣。盟未有言同者，于是言同盟。以齐桓之初主盟也。夫主盟者，举天下而听于一邦也。王者不作，举天下而听于一邦，古未之有也。"①而"齐桓公始霸"对其他国家历史走向的冲击，《通志》可见对鲁国史进行的分析。②

不过，对于管仲的"盐政"，后人有所质疑。如宋儒叶适《习学记言序目》卷四五《管子》"轻重"条说："（管仲）戏辞误论今虽存而不举者众矣，独盐铁为后人所遵③，言其利者无不祖管仲，使之蒙垢万世，甚可恨也！按其书，记食盐之人，月为钱三十，中岁之谷，粜不十钱，而月食谷四石；是粜谷市盐与食谷之费略不甚远，虽今之贵盐不至若是，而管仲何以行之？……孔子以器小卑管仲，责其大者可也，使其果猥琐为市人不肯为之术，孔子亦不暇责矣。故管子之尤谬妄者，无甚于《轻重》诸篇。"④

唐人王起《蜃楼赋》也许是海洋文学值得关注的作品，题注："以海旁蜃气象楼台为韵。"开篇即言："伊浩汗之鹏壑，有岩峣之蜃楼。不因材而结构，自以气而飞浮。闷然无朕，赫矣难俦。"又说："出彼波涛，必丽天以成象""若乃雾歇烟销，云归月朗，千里目极，八纮心赏"。气势宏大雄奇。文末则写道："夫鼎居汾水，艳艳以腾文；剑在丰城，雄雄而增气。方今圣功不宰，海物咸在，固知吐为楼阁以全其躯，岂争彼鱼盐弗加于海。"⑤在他笔下，是否"鱼盐弗加于海"，似乎是"孔子以器小卑管仲"的"器小"。

因"齐秦之交""齐秦之合"⑥的关系，亦由于秦文化传统对"实用"的特别看重⑦，管仲的"轻重"之术应当对秦国行政有所影响。司马迁《史

---

① 〔明〕胡广等：《春秋大全》卷九《庄公下》，清文渊阁《四库全书》本。

② 《通志》卷二六《氏族略二·以国为氏·周同姓国》"鲁氏"条："臣谨按：鲁自庄公之时，齐桓公始伯。尔后，齐为盟主，鲁共命之不暇，则报政之言周公不虚也。况鲁自襄仲杀嫡立庶，宣公之后，公室微弱，政在三家。昭公不反国，哀公辛于有山氏。可哀也哉。鲁ель自周公至顷公，三十四世，岂周公之泽流芳浸远。而微弱之渐，亦由伯禽立政之所始也。"〔宋〕郑樵：《通志》，第448页。

③ 今按："独盐铁为后人所遵"，清文渊阁《四库全书》本作"独盐策为后人所遵"。

④ 〔宋〕叶适：《习学记言序目》，中华书局1977年版，第673-674页。

⑤ 〔唐〕王起：《蜃楼赋》，〔宋〕李昉等：《文苑英华》卷一四〇，中华书局1966年版，第648页。

⑥ 《史记》卷四六《田敬仲完世家》，第1900页。

⑦ 王子今：《秦文化的实用之风》，《光明日报》2013年7月15日15版；《秦"功用"追求的极端性及其文化影响》，《陕西历史博物馆馆刊》第20辑，三秦出版社2013年版。

记》所见多则"齐桓公始霸"记录，体现出汉代史家对这一标志性事件的重视。①汉武帝时代的"盐政"新形式，也很可能自管仲"《轻重》之法"得到启示。

3. "猗顿用鹽盐起"

关于齐国的"盐政"形式，有的学者认为曾经发生过变化。循其思路，应当是注意到了"猗顿"的盐业经营的成功。

《史记》卷一一二《平津侯主父列传》载主父偃语，有关于秦末形势的分析："臣闻天下之患在于土崩，不在于瓦解，古今一也。何谓土崩？秦之末世是也。陈涉无千乘之尊，尺土之地，身非王公大人名族之后，无乡曲之誉，非有孔、墨、曾子之贤，陶朱、猗顿之富也，然起穷巷，奋棘矜，偏袒大呼而天下从风，此其故何也？由民困而主不恤，下怨而上不知，俗已乱而政不修，此三者陈涉之所以为资也。是之谓土崩。故曰天下之患在于土崩。"②说到"陶朱、猗顿之富"。《史记》卷六《秦始皇本纪》引录贾谊《过秦论》："秦王既没，余威振于殊俗。陈涉，瓮牖绳枢之子，甿隶之人，而迁徙之徒，才能不及中人，非有仲尼、墨翟之贤，陶朱、猗顿之富，蹑足行伍之间，而倔起什伯之中，率罢散之卒，将数百之众，而转攻秦。斩木为兵，揭竿为旗，天下云集响应，赢粮而景从，山东豪俊遂并起而亡秦族矣。"③其中所谓"陶朱、猗顿之富"，提示了在齐国获取产业成功的两位富商。《史记》卷四八《陈涉世家》引录《过秦论》也说到"材能不及中人，非有仲尼、墨翟之贤，陶朱、猗顿之富也"④。所谓"猗顿之富"，是说"猗顿"是大富、巨富的代表。《盐铁论·复古》："大夫曰：宇栋之内，燕雀不知天地之高也；坎井之蛙，不知江海之大；穷夫否妇，

---

① "齐桓公始霸"，《史记》记录凡8见。《史记》卷四《周本纪》，第151页；《史记》卷三三《鲁周公世家》，第1531页；《史记》卷三四《燕召公世家》，第1551页；《史记》卷三五《管蔡世家》，第1571页；《史记》卷三八《宋微子世家》，第1625页；《史记》卷三九《晋世家》，第1640页；《史记》卷四〇《楚世家》，第1696页；《史记》卷四二《郑世家》，第1764页。又《史记》卷五《秦本纪》："齐桓公伯于鄄。"第183页。

② 《史记》，第2956页。

③ 《史记》，第281页。

④ 《史记》，第1964页。

不知国家之虑；负荷之商，不知猗顿之富。"①显然，"猗顿"是高等级"富""商"的标志性符号。

"猗顿"可以与"陶朱"齐名，明确了他在商界的尊贵地位与至高影响。《史记》卷一二九《货殖列传》表扬成功的实业家，先说"范蠡"即"陶朱"，记述文字颇多。"范蠡"之后有"子赣""白圭"，随后即说到"猗顿"和经营"铁冶"的"邯郸郭纵"：

> 猗顿用盬盐起。

司马迁以经营盐业的"猗顿"与经营铁业的"郭纵"并说，很可能有对应评议汉武帝盐铁政策的深意。

关于"猗顿用盬盐起"，裴骃《集解》引《孔丛子》说"猗顿"出身于鲁，曾经向"陶朱"问致富之术：

> 猗顿，鲁之穷士也。耕则常饥，桑则常寒。闻朱公富，往而问术焉。朱公告之曰："子欲速富，当畜五牸。"于是乃适西河，大畜牛羊于猗氏之南，十年之间其息不可计，赀拟王公，驰名天下。以兴富于猗氏，故曰猗顿。②

此说"猗顿，鲁之穷士也"，从事"耕""桑"不免"饥""寒"，于是"闻朱公富，往而问术焉"。陶朱建议猗顿经营畜牧业，"于是乃适西河，大畜牛羊于猗氏之南，十年之间其息不可计，赀拟王公，驰名天下"。《孔丛子》用"以兴富于猗氏"，解释其名号"猗顿"的发生。而在临近"西河"的地方确有以"猗"为名的地方。③看来，"猗顿"接受"陶朱"建议，"于是乃适西河，大畜牛羊于猗氏之南"的说法于"以兴富于猗氏，故曰猗顿"一句而言有一定的合理性，但是却并不符合《货殖列传》所谓"猗

---

① 王利器：《盐铁论校注》（定本），第79页。

② 《史记》，第3259页。

③ 《史记》卷五《秦本纪》："三十六年，缪公复益厚孟明等，使将兵伐晋，渡河焚船，大败晋人，取王官及鄗，以报殽之役。晋人皆城守不敢出。于是缪公乃自茅津渡河，封殽中尸，为发丧，哭之三日。"张守节《正义》："鄗音郊。《左传》作'郊'。杜预云：'书取，言易也。'《括地志》云：'王官故城在同州澄城县西北九十里。又云南郊故城在县北十七里。又有北郊故城，又有西郊古城。《左传》云文公三年，秦伯伐晋，济河焚舟，取王官及郊也。'《括地志》云：'蒲州猗氏县南二里又有王官故城，亦秦伯取者。'上文云'秦地东至河'，盖猗氏王官是也。"第193页。《史记》卷五《秦本纪》还记述："康公元年。往岁缪公之卒，晋襄公亦卒；襄公之弟名雍，秦出也，在秦。晋赵盾欲立之，使随会来迎雍，秦以兵送至令狐。"裴骃《集解》："杜预曰：'在河东。'"张守节《正义》："令音零。《括地志》云：'令狐故城在蒲州猗氏县界十五里也。'"第195页。

顿用盬盐起”之说。

《史记》卷八四《屈原贾生列传》载贾谊《鵩鸟赋》有“傅说胥靡兮，乃相武丁”句，司马贞《索隐》：“《墨子》云‘傅说衣褐带索，佣筑于傅岩’。傅岩在河东太阳县。又《夏靖书》云‘猗氏六十里黄河西岸吴阪下，便得隐穴，是说所潜身处也’。”①也说“猗氏”在“河东”。《史记》卷一二九《货殖列传》所谓“猗顿用盬盐起”，或理解“盬盐”即池盐，“猗顿”因解州“池盐”开发致富。司马贞《索隐》：“盬音古。案：《周礼·盐人》云‘共苦盐’，杜子春以为苦读如盬。盬谓出盐直用不炼也。一说云盬盐，河东大盐；散盐，东海煮水为盐也。”张守节《正义》：“案：猗氏，蒲州县也。河东盐池是畦盐。作‘畦’，若种韭一畦。天雨下，池中咸淡得均，即畎池中水上畦中，深一尺许坑，日暴之五六日则成，盐若白矾石，大小如双陆及棋，则呼为畦盐。或有花盐，缘黄河盐池有八九所，而盐州有乌池，犹出三色盐，有井盐、畦盐、花盐。其池中凿井深一二尺，去泥即到盐，掘取若至一丈，则著平石无盐矣。其色或白或青黑，名曰井盐。畦盐若河东者。花盐，池中雨下，随而大小成盐，其下方微空，上头随雨下池中，其滴高起若塔子形处曰花盐，亦曰即成盐焉。池中心有泉井，水淡，所作池人马尽汲此井。其盐四分入官，一分入百姓也。池中又凿得盐块，阔一尺余，高二尺，白色光明洞彻，年贡之也。”②

《史记》卷三一《吴太伯世家》载伍子胥言：“昔有过氏杀斟灌以伐斟寻，灭夏后帝相。”关于“过氏”，裴骃《集解》：“贾逵曰：‘过，国名也。’”司马贞《索隐》：“过音戈。寒浞之子浇所封国也，猗姓国。《晋地道记》曰：‘东莱掖县有过乡，北有过城，古过国也。’”③可知“东莱掖县”有“猗姓国”。

《汉书》卷九一《货殖传》齐召南《考证》：“按范蠡、子贡、白圭、猗顿、乌氏、巴寡妇清，其人皆在汉以前，不应与程卓诸人并列。此则沿袭《史记》本文，未及刊除者也。刘知几每讥班氏失于裁断，此亦其彰彰者。”④然而猗顿有可能是秦人。《玉芝堂谈荟》卷三附《宛委余编》：

---

① 《史记》，第2498页。

② 《史记》，第3259-3260页。

③ 《史记》，第1469-1470页。

④ 清文渊阁《四库全书》本。

"秦皇为巴寡妇筑女怀清台，又令猗顿得朝见，比封君。"①所谓"得朝见，比封君"，据《史记》卷一二九《货殖列传》，是乌氏倮事："秦始皇帝令倮比封君，以时与列臣朝请。"②《宛委余编》误。当然也不排除另有所据的可能。

《淮南子·氾论》："玉工眩玉之似碧卢者，唯猗顿不失其情。"高诱注："碧卢或云碔砆。猗顿，鲁之富人，能知玉理，不失其情也。"③强调猗顿"鲁之富人"的身份，与《史记》裴骃《集解》引《孔丛子》"鲁之穷士""适西河""兴富"之说不同，但是都说出身于"鲁"。而"鲁"与"东海"的紧密关系，由《汉书》卷二八下《地理志下》"汉兴以来，鲁东海多至卿相"④之"鲁东海"连说的表述方式可知。《北堂书钞》卷一四六又引刘桢《鲁都赋》："又有咸池漭沆，煎炙赐春。爓暴渍沫，疏盐自殷。挹之不损，取之不动。""其盐则高盆连冉，波酌海臻。素醝凝结，皓若雪氛。""汤盐池东西长七十里，南北七里，盐生水内，暮取朝复生。"⑤直接说当地盐产之丰盛。可以推知"猗顿用盬盐起，鲁之富者"，致富地点，可能就在鲁地。元人于钦《齐乘》卷一《分野》也是这样表述的："自南河下流，北距岱山，为邹、鲁，皆负海之国，货殖之所阜也。"⑥直接称"鲁"为"负海之国"。所谓"货殖之所阜也"，应当包括盐产。

4. 齐国"盐政"的变化

基于对"猗顿"事迹的关注，有的研究者发表了推定齐国"盐政"有所变化的意见。

我们看到这样的论说："学术界通常认为，春秋前期管仲相齐，率先创立了食盐专卖制度。此后，这一制度在齐国实行了很长的时间。到战国时期，七雄并立，东方六国——韩、赵、魏、楚、燕、齐的食盐流通政策比较

---

① 清文渊阁《四库全书》本。

② 《史记》，第3260页。

③ 张双棣：《淮南子校释》，北京大学出版社1997年版，第1435页，第1437页。

④ 《汉书》，第1663页。

⑤ 〔唐〕虞世南：《北堂书钞》，第616页。

⑥ 清文渊阁《四库全书》本。

宽松，允许私营工商业者从事盐铁的生产和销售。在这种政策下，商人们自己掌握生产、垄断资源，自己定价出售，操纵市场，除纳税外，生产利润和商业利润同时归私人所得，所以不少人顿时暴富，最著名的莫过于以煮盐致富的猗顿。也就是说，作为食盐官营创始者的齐国，到战国时期却放弃了这一能为国家带来巨额财政收入的制度……"[①]

论者所谓"学术界通常认为"，以两种论著发表的意见为支撑。马新认为："到齐景公时，已把官山海变成了国家对山海的全部垄断，弄得'人民苦离，夫妇皆诅'，与此同时，新兴贵族田氏则在其领地放开山海之利，'山木如市，弗加于山，鱼盐蜃蛤，弗加于海'，与国君争夺百姓。这实际上又把管仲的专卖政策完全否定了。"[②]吴慧认为："（田氏）为了争取新兴地主和商人的支持，允许他们自由生产和自由运销盐铁产品，甚至一度不收税，取得政权后，这一政策延续下来。"[③]

所谓"山木如市，弗加于山，鱼盐蜃蛤，弗加于海"，见于《左传·昭公三年》载晏子之说：

> 齐侯使晏婴请继室于晋，……既成昏，晏子受礼。叔向从之宴，相与语。叔向曰："齐其何如？"晏子曰："此季世也，吾弗知。齐其为陈氏矣！公弃其民，而归于陈氏。齐旧四量，豆、区、釜、钟。四升为豆，各自其四，以登于釜。釜十则钟。陈氏三量，皆登一焉，钟乃大矣。以家量贷，而以公量收之。山木如市，弗加于山。鱼盐蜃蛤，弗加于海。民参其力，二入于公，而衣食其一。"

"山木如市，弗加于山。鱼盐蜃蛤，弗加于海。"韦昭注："贾如在山、海，不加贵。""民参其力，二入于公，而衣食其一。"韦昭注："言公重赋敛。"[④]所谓"山木如市，弗加于山，鱼盐蜃蛤，弗加于海"，《韩非子·外储说右上》的表述是"市木之价不加贵于山，泽之鱼盐龟鳖羸蚌不加

① 丁邦友：《汉代物价新探》，第64页。
② 马新：《论汉武帝以前盐政的演变》，《盐业史研究》1996年第2期。
③ 吴慧：《中国商业通史》第一卷，中国财政经济出版社2004年版，第259页。
④ 《春秋左传集解》，第1218-1219页，第1221页。

贵于海”①。

盐价"不加贵于海"，可以使盐业在自然形态下得以自由发展。不过，齐国"盐政"的具体变化，究竟是怎样的情形，"陈氏"控制的经济成分在齐国经济生活中能够占有多大的比重，"取得政权后"是否确实真的使"这一政策延续下来"，现在并不很清楚。很早就有学者就此提出疑问。宋儒叶适《习学记言序目》卷四五《管子》"轻重"条写道："按《周官》盐人掌盐之政令，不载政令之由，详其义，官自造盐食用耳，不榷卖也。又按《左氏》，晏子言：'鱼盐蜃蛤，弗加于海，海之盐蜃，祈望守之。'是时衰微苛敛，始有禁榷，陈氏因为厚施，将以取齐，晏子忧之，因疾而谏。然则管仲所行，安得为晏子所非乎？齐卒以此亡，若管仲果行之而乃以此霸，又可信乎？"②

对于战国时期齐国的"盐政"，也许还应当进行更认真的讨论，以求得接近历史真实的判断。

5. 战国秦的"盐政"

徐复《秦会要订补》卷一七有"盐铁"条，引《盐铁论·非鞅》："商君相秦，外设百倍之利，收山泽之税，国富民强，蓄积有余。是以攘地斥境，不赋百姓而师以赡。"关于"盐政"的内容，引录三条史料：

> 秦穆公使贾人载盐，征诸贾人。《说苑·臣术篇》。
>
> 李冰识察水脉，穿广都盐井诸陂池。蜀于是有养生之饶焉。《华阳国志》三。
>
> 《水经·江水注》：江水东径广都县。李冰识察水脉，穿县盐井。
>
> 张若治成都，置盐铁市官并长丞。《华阳国志》三。③

---

① 陈奇猷：《韩非子集释》，上海人民出版社1974年版，第716页。《晏子春秋》卷四《内篇问下》："晏子聘于晋，叔向从之宴，相与语。叔向曰：'齐其何如？'晏子对曰：'此季世也，吾弗知，齐其为田氏乎？'叔向曰：'何谓也？'晏子曰：'公弃其民，而归于田氏。齐旧四量：豆、区、釜、钟。四升为豆，各自其四，以登于釜，釜十则钟。田氏三量，皆登一焉，钟乃巨矣。以家量贷，以公量收。山木如市，弗加于山，鱼盐蜃蛤，弗加于海。民参其力，二入于公，而衣食其一。'"吴则虞：《晏子春秋集释》，中华书局1962年版，第268页。

② 〔宋〕叶适：《习学记言序目》，第673-674页。

③ 徐复：《秦会要订补》，群联出版社1955年版，第270-271页。

秦史中贾人"载盐"的信息，《七国考》卷二《秦食货》"载盐"条载录《太平御览》引文，缪文远又有补述：

> 《太平御览》云："秦穆公使贾人载盐。"
>
> 〔补〕事见《说苑·臣术篇》。秦本土不产盐，其地与山西解池密迩，故使贾人载盐。此属春秋时事。战国诸侯制度多承袭春秋，七国时，秦虽无使贾人载盐明文，但盐为人民食用之物，此办法当仍继续。①

其实，"秦穆公使贾人载盐"在《太平御览》中三次出现，两例据《说苑》，一例据《世说》：

> 《说苑》曰："秦穆公使贾人载盐于卫，贾人买百里奚，使将车至秦，穆公观盐，见百里奚牛肥。公问之，对曰：'臣牛食之以时，使之不暴，是以肥也。'公知其君子，以为上卿。"（《太平御览》卷二二八）
>
> 《世说》曰："秦穆公使贾人载盐，百里奚使将车。"（《太平御览》卷八六五）
>
> 《说苑》曰："秦穆公使贾人载盐，征诸贾人。百里奚以五羖羊之皮将车之秦。秦穆公观盐，见百里奚牛肥也，对曰：'臣饮食以时，使之不以暴，有险先，后之以身，是以肥也。'穆公知其君子也，乃以为上卿。"（《太平御览》卷八九九）②

而《说苑·臣术》作：

> 秦穆公使贾人载盐于卫③，征诸贾人，贾人买百里奚以五羖羊之皮，使将车之秦，秦穆公观盐，见百里奚牛肥，曰："任重道远以

---

① 〔明〕董说原著，缪文远订补：《七国考订补》，第190页。

② 〔宋〕李昉等：《太平御览》，第1082页，第3840页，第3991页。

③ 向宗鲁校证："'于卫'二字旧脱，今据《书钞》一百四十六、《御览》二百二十八引补，《世说·德行篇》注引作'载盐于虞'，盖后人因百里奚为虞人而臆改，惟事与他书不合，《史记·秦本纪》：'既虏百里奚，以为秦穆公夫人媵于秦，百里奚亡秦走宛，楚鄙人执之，缪公以五羊皮赎之。'与卫无涉。"又引《史记·商君传》赵良语："五羖大夫，荆之鄙人也。自鬻于秦客，被褐食牛，期年，穆公知之，举之牛口之下，而加之百姓之上。"又引《韩诗外传》八云："百里奚，齐之乞者也，逐于齐西，无以自进，自卖五羊皮，为一轭车，见秦穆公。"向宗鲁说："此二说，一以为荆之鄙人，一以为齐之乞者，与《孟子》诸书又异。窃谓此文'载盐于卫'云云，盖贾人自卫适楚也。"所谓"五羖之事，言人人殊"，是确实的。然而"贾人自卫适楚"没有根据，且与秦国盐事全然无关。

险，而牛何以肥也？"对曰："臣饮食以时，使之不以暴，有险，先后之以身，是以肥也。"穆公知其君子也，令有司具沐浴为衣冠与坐，公大悦，异日，与公孙支论政，公孙支大不宁，曰："君耳目聪明，思虑审察，君其得圣人乎！"公曰："然，吾悦夫奚之言，彼类圣人也。"公孙支遂归，取雁以贺，曰："君得社稷之圣臣，敢贺社稷之福。"公不辞，再拜而受，明日，公孙支乃致上卿以让百里奚曰："秦国处僻民陋，以愚无知，危亡之本也，臣自知不足以处其上，请以让之。"公不许，公孙支曰："君不用宾相，而得社稷之圣臣，君之禄也；臣见贤而让之，臣之禄也。今君既得其禄矣，而使臣失禄，可乎？请终致之。"公不许。公孙支曰："臣不肖而处上位，是君失伦也，不肖失伦，臣之过。进贤而退不肖，君之明也，今臣处位，废君之德，而逆臣之行也，臣将逃。"公乃受之。故百里奚为上卿以制之，公孙支为次卿以佐之也。[①]

《七国考》缪文远补述："秦本土不产盐，其地与山西解池密迩，故使贾人载盐。""秦本土不产盐"之说不确。[②]有的论著沿袭此说，如王仁湘、张征雁《盐与文明》写道："《说苑·臣术》上说：'秦穆公使贾人载盐，征诸贾。'这是春秋时代的事情。秦地本不产盐，由商人从邻国贩运，应该由来已久。秦穆公指定商人贩运食盐一事，说明秦国大约于此时建立了经营食盐的特许制度。可以肯定的是，这种特许权的授予，不仅会给获得它的商人带来丰厚盐利，政府的收入也肯定可观。"[③]其说关于"经营食盐的特许制度"及"政府"和"商人"均可得利的推定很有道理，然而"秦本地不产盐"之说应当斟酌。《太平御览》引《说苑》"秦穆公使贾人载盐于卫"，"山西解池"说似与《七国考》缪文远补述所谓"载盐于卫"不合。然而左思《魏都赋》言"墨井盐池，玄滋素液"，李善注："河东猗氏南有盐池，东西六十四里，南北七十里。"[④]"山西解池"盐产可以归于"魏都"形胜诸因素之中，也不能排除"魏""卫"误写的可能。"秦本土"有比较充备

---

① 〔汉〕刘向撰，向宗鲁校证：《说苑校证》，中华书局1987年版，第43-45页。

② 上文"西汉水盐业资源的开发与早期秦史"一节已有考论。

③ 王仁湘、张征雁：《盐与文明》，辽宁人民出版社2007年版，第150-151页。

④ 〔梁〕萧统编，〔唐〕李善注：《文选》，第98页。

的盐产①，且秦穆公时秦国已在西北方向形成一定影响，由这一方向得到食盐应当并不困难。"使贾人载盐""山西解池"，应当有与其地"密迩"的因素。也有可能是"贾人"根据市场信息自主的选择。

从"盐政"考察的视角出发，更为我们注意的，"秦穆公使贾人载盐，征诸贾人"的行为，而"秦穆公观盐"的情节，尤其体现出最高执政者对"盐政"的认真关注。《说苑》"秦穆公使贾人载盐，征诸贾人，贾人买百里奚以五羖羊之皮，使将车之秦"语，《说苑校证》以为："'征'即'卫'之讹文，'贾人'二字不当叠，当从《世说注》《书钞》《御览》去二字。"②这样，即作"秦穆公使贾人载盐卫，诸贾人买百里奚以五羖羊之皮，使将车之秦"或"秦穆公使贾人载盐，卫诸贾人买百里奚以五羖羊之皮，使将车之秦"，这样的论点，是难以成立的。

有研究者指出："多数学者认为战国时期的秦国从商鞅变法开始，在食盐流通体制上走了一条与东方六国完全相反的道路——实行了盐铁专卖制度。"③高凯认为，战国时期秦国实行的是官营盐铁手工业的政策。④马新指出："战国时代，随着'工商食官'制度的瓦解，私营工商业者的力量日益强大，私营商业成为商业流通中的主导力量，除西方的秦国外，各国都弛山泽之禁，听任百姓经营盐铁。"⑤吴慧也写道："在战国时期私营商业势力大为发展的条件下，只有秦国实行盐铁专卖，主其事的商鞅是管仲之后实行盐铁专卖政策的第二个最著名的人物。"他认为："为了防止经营盐铁的人太多而妨害农业，防止豪民从中而起，山泽之利善于私门，商鞅进一步控制了生产环节，比管仲统得更严。""关中多铁，陇西有盐，秦国设官主管，加强统制，管理生产，防止私铸私煮；产品的运销也不许私人自由经

---

① 吉成名分析秦汉时期"池盐产地"，计"13郡18县"，另有西域都护府蒲昌海，共计19处。其中陇西郡西县，安定郡三水县，北地郡弋居县，上郡独乐、盐官二县，西河郡富昌、盐官二县，朔方郡朔方、沃壄、广牧三县，五原郡成宜县、左冯翊莲勺县，都在秦地。吉成名：《中国古代食盐产地分布和变迁研究》，第26-29页。而秦惠文王兼并蜀地之后，井盐产地多归于秦。

② 〔汉〕刘向撰，向宗鲁校证：《说苑校证》，第44页。

③ 丁邦友：《汉代物价新探》，第64页。

④ 高凯：《略论汉代官营盐铁业的利和弊》，《郑州大学学报（哲学社会科学版）》1992年第3期。

⑤ 马新：《论汉武帝以前盐政的演变》，《盐业史研究》1996年第2期。

营。"①郭正忠指出："在秦统一六国前，即已置盐官，收盐利，甚至由官府直接介入食盐的生产。"他甚至说："似可以认为战国时秦国的食盐官营，比之于春秋时齐国的盐制又进了一步——在食盐的生产上，已经不再是一般百姓私制，而是由官府强制奴隶们从事生产了。"②郝树声也认为专卖制度始于商鞅，秦在商鞅变法时已经实行了盐铁专卖制度。③

然而，《商君书》中没有看到"盐"字。有关商鞅立法中"盐政"的内容的分析，多据后世政论家对商鞅之法的批判。如关于秦国盐铁运销政策及"专卖税"制度，吴慧有这样的分析："商鞅也并不主张完全由官府设置机构配备商贾来搞盐铁的运销，而是利用商人现成的销售能力，把专卖产品交给（或部分地交给）商人分销（零售，不包括运销和批发）。商人须交纳很重的税（专卖税）以换取经销权，所得利润只是小部分。经销商人是经过特许的，人数有限制。这种做法与允许商人纳税后即可自由地生产、销售盐铁产品的一般征税制不同。专卖产品价格由国家规定，以解决财政收入问题，'田租、口赋、盐铁之利二十倍于古'，盐铁的大部分利润由国家专有。"④王仁湘、张征雁的认识与此接近："商鞅的办法也不排斥利用商人现成的销售能力，规定可以把专卖产品交给商人分销，但商人需交纳很重的专卖税来换取经销权。经销商要经过特许，人数也有限制，而且盐价要由国家统一规定。秦因商鞅变法，增加了国家的财政收入，这在一定程度上为秦国后来统一战争的胜利，打下了坚实的经济基础。"⑤

吴慧所谓"田租、口赋、盐铁之利二十倍于古"，即《汉书》卷二四上《食货志上》载董仲舒语：

> 古者税民不过什一，其求易共；使民不过三日，其力易足。民财内足以养老尽孝，外足以事上共税，下足以畜妻子极爱，故民说从上。至秦则不然，用商鞅之法，改帝王之制，除井田，民得卖买，富者田连仟伯，贫者亡立锥之地。又颛川泽之利，管山林之饶，荒淫越

① 吴慧：《中国商业通史》第一卷，中国财政经济出版社2004年版，第278-279页。
② 郭正忠：《中国盐业史·古代编》，人民出版社1997年版，第30页。
③ 郝树声：《略论秦汉时期盐铁钱专营与中央集权的巩固》，《甘肃社会科学》1998年第3期。
④ 吴慧：《中国商业通史》第一卷，第278-279页。
⑤ 王仁湘、张征雁：《盐与文明》，第237页。

制，逾侈以相高；邑有人君之尊，里有公侯之富，小民安得不困？又加月为更卒，已复为正，一岁屯戍，一岁力役，三十倍于古；田租口赋，盐铁之利，二十倍于古。或耕豪民之田，见税什五。故贫民常衣牛马之衣，而食犬彘之食。重以贪暴之吏，刑戮妄加，民愁亡聊，亡逃山林，转为盗贼，赭衣半道，断狱岁以千万数。

关于"田租口赋，盐铁之利，二十倍于古"，颜师古注：

如淳曰："秦卖盐铁贵，故下民受其困也。"师古曰："既收田租，又出口赋，而官更夺盐铁之利。率计今人一岁之中，失其资产，二十倍多于古也。"[1]

所谓"颛川泽之利，管山林之饶"，即管控所有资源，以致"盐铁之利，二十倍于古"，而"秦卖盐铁贵，故下民受其困也"，"官更夺盐铁之利"，均统说"盐铁"。似乎并没有实证资料可以说明秦具体的"盐政"形式。

有些学者于是进行了这样的分析："如果战国时代齐国与秦国的食盐流通体制截然相反，按照正常逻辑来说，秦国的盐价自然要比齐国的盐价高出不少，但我们考察的情况却并非如此。从盐价上来看，我们似乎不能得出战国时期齐、秦两国盐制截然相反的结论，换句话说，战国时期齐、秦两国的盐制是否存在巨大反差，我们尚需持谨慎的态度。"[2]这种"谨慎的态度"，是合理的。

6. 《韩非子》：晏子说田成子"盐""不加贵于海"

对秦政设计形成深刻影响的《韩非子》书中，《外储说右上》说到有关"盐"的政策：

景公与晏子游于少海，登柏寝之台而还望其国，曰："美哉，泱泱乎，堂堂乎，后世将孰有此？"晏子对曰："其田成氏乎？"景公曰："寡人有此国也，而曰田成氏有之，何也？"晏子对曰："夫田成氏甚得齐民，其于民也，上之请爵禄行诸大臣，下之私大斗斛区釜以出贷，小斗斛区釜以收之。杀一牛，取一豆肉，余以食

---

[1] 《汉书》，第1137-1138页。
[2] 丁邦友：《汉代物价新探》，第65-66页。

士。终岁，布帛取二制焉，余以衣士。故市木之价不加贵于山，泽之鱼盐龟鳖嬴蚌不加贵于海。君重敛，而田成氏厚施。齐尝大饥，道旁饿死者不可胜数也，父子相牵而趋田成氏者不闻不生。故周秦之民相与歌之曰：'讴乎，其已乎苞乎，其往归田成子乎！《诗》曰：'虽无德与女，式歌且舞。'今田成氏之德，而民之歌舞，民德归之矣。故曰：其田成氏乎。"公泫然出涕曰："不亦悲乎！寡人有国而田成氏有之，今为之奈何？"晏子对曰："君何患焉！若君欲夺之，则近贤而远不肖，治其烦乱，缓其刑罚，振贫穷而恤孤寡，行恩惠而给不足，民将归君，则虽有十田成氏，其如君何？"[1]

其中"泽之鱼盐龟鳖嬴蚌不加贵于海"，言不因对资源的控制而提高物产的价格。其中明确说到"盐"。

《韩非子》的学说对于秦政治风格的影响甚为深刻。[2]这段文字显示出的对于致使"田成氏甚得齐民"的包括"盐"的"海"产资源获得与分配的政策的态度，大致是肯定和欣赏的。这可以从一个侧面帮助我们理解秦的盐业政策。其中所谓"周秦之民相与歌之曰：讴乎，其已乎苞乎，其往归田成子乎！"说到"秦之民"竟然有表露"往归田成子"心愿的歌谣，也是值得我们深思的。

不过，对于战国秦的"盐政"的具体制度的考察，还有待于进一步认真细致的工作。

二、秦与汉初的盐业政策

傅筑夫说："中国古代的商品经济是从春秋后期开始发展的，到了战国时期，已经发展到了一定的高度，并且已经产生了巨大影响，从而引起了社

---

① 陈奇猷：《韩非子集释》，第716-717页。

② 《史记》卷六三《老子韩非列传》："人或传其书至秦。秦王见《孤愤》《五蠹》之书，曰：'嗟乎，寡人得见此人与之游，死不恨矣！'李斯曰：'此韩非之所著书也。'秦因急攻韩。韩王始不用非，及急，乃遣非使秦。秦王悦之，未信用。李斯、姚贾害之，毁之曰：'韩非，韩之诸公子也。今王欲并诸侯，非终为韩不为秦，此人之情也。今王不用，久留而归之，此自遗患也，不如以过法诛之。'秦王以为然，下吏治非。李斯使人遗非药，使自杀。韩非欲自陈，不得见。秦王后悔之，使人赦之，非已死矣。"第2155页。

会经济的巨大变化。""在一个以自然经济为基础的封建社会中，商业的出现是引起一切变化的起点，战国年间社会经济的许多重大变革，都是由商业直接或间接引起的，所有这一切，都说明商业在战国年间已经很发达了。"而"秦汉是战国的继续"[①]，研究秦汉盐史，考察秦汉"盐政"形式，不能忽略战国秦汉商业进步的历史背景。

1. 秦的商业政策与盐业控制

通过若干文物资料的考察，如秦封泥"西盐""西盐丞印""琅邪左盐"（如图5-1）以及"江右盐丞"（如图5-2）、"江左盐丞"（如图5-3）"□胡□盐"等[②]，可以得知秦国家决策集团对于"盐"的管理，确实是有专门的行政设置的。

图5-1 秦"琅邪左盐"封泥
据任红雨编著：《中国封泥大系》，
西泠印社出版社2018年版

图5-2 秦"江右盐丞"封泥
据任红雨编著：《中国封泥大系》，
西泠印社出版社2018年版

图5-3 秦"江左盐丞"封泥
据任红雨编著：《中国封泥大系》，西泠印社出版社2018年版

---

① 傅筑夫：《中国封建社会经济史》第二卷，第396页。
② 任红雨：《中国封泥大系》，西泠印社出版社2018年版，第289页，第126页，第413页。

然而据李剑农有关先秦经济史的论说，"煮盐"生产，"自战国后期以来，已成为商品生产"[①]。考察秦的盐业控制，必然涉及秦是否"抑商"这一问题。

有一种传统学术意见，以为商鞅变法即压抑商贾的地位。秦"抑商"说成为秦史经济政策判断的学术成见。同时，亦有否定秦"抑商"，甚至以为秦"重商"的观点。亦可见秦"限商"意见的发表。

李剑农总结"商君变法之条款，与经济改革有关系者"，第一项即"奖励农业生产，抑制商贾"。他指出："非但孟子，即孟子以前之政治家如管仲、子产、晏子以及儒家之大师孔子，亦从无重农抑商之主张；有此主张并实行此种政策者，实自商鞅始。自此视农为'本富'，商为'末富'，所谓'崇本抑末'之思想，渐成为中国流行的经济思想。"[②]钱穆《秦汉史》写道："今据《史记·商君列传》，商鞅变法有极关重要者几端……"凡列10项：①废贵族世系，②行县制，③禁大家族聚居，④行新田制，⑤推行地方自治，⑥制军爵，⑦奖农织，⑧建新都，⑨统一度量衡，⑩法律上之平等。关于其中"⑦奖农织"，钱穆又写道："耕织致粟帛多者复其身，事末利及怠而贫者举以为收孥。收录为官奴婢。"[③]《史记》卷六八《商君列传》的记述是：

> 僇力本业，耕织致粟帛多者复其身。事末利及怠而贫者，举以为收孥。

司马贞《索隐》："末谓工商也。盖农桑为本，故上云'本业耕织'也。怠者，懒也。《周礼》谓之'疲民'。以言懒怠不事事之人而贫者，则纠举而收录其妻子，没为官奴婢，盖其法特重于古也。"[④]

林剑鸣《秦史稿》分析"商鞅变法的实施"，对于这条史料的解释是："凡经营商业及怠惰而贫困的，要连其妻子儿女一同没入官府为奴。"又说："当时，将农业称为'本业'，将从事商业称为'末业'，重本抑末从此成为秦国的传统。"[⑤]林剑鸣《秦汉史》说："'重农抑商'是自商鞅变

① 李剑农：《先秦两汉经济史稿》，第178页。

② 李剑农：《先秦两汉经济史稿》，第120页。

③ 钱穆：《秦汉史》，生活·读书·新知三联书店2004年版，第7页。

④ 《史记》，第2230-2231页。

⑤ 林剑鸣：《秦史稿》，上海人民出版社1981年版，第185-186页。

法以来秦国一贯实行的国策。""为保护地主政权的经济基础，秦王朝继续推行'重农抑商'政策。""秦始皇采纳了李斯的建议，将'上农除末'作为一种指导方针向全国公开宣布。""表示'上农除末'是秦王朝的根本方针。"①郑良树说："无可否认，商鞅是一位重农抑商的极力主张者。他似乎没有提出任何理论上的根据，不过，以当时的社会形态和结构而言，重农应该是可以理喻的；至于抑商，应该被视为重农的另一面而已，至少商鞅就这么地认为的。""为了达到重农的目标，商鞅不惜采用各种方法，'无所不用其极'地裁抑商人及商业活动。"②有的论著写道："商鞅采取种种措施严格限制商业活动，几乎走到了取消商业的地步。"③一些以秦经济史为研究对象的论著均认同秦"抑商"之说，或以为"由于封建国家实行抑商政策"，商人"在政治上和经济上""受到不同程度的歧视"④，或以为商鞅"控制商业"的政策即"耕战抑商政策"导致了"秦国的商品经济落后"⑤。有学者说："只有秦国由于从商鞅到秦始皇都是坚决实行重农抑商的政策，才防止了大商人向封建君主闹独立性，才粉碎了拥有大量奴隶的大商人同新兴地主争夺统治权的篡权阴谋（吕不韦事），也在一定程度上抑制了商人的剥削和兼并农民的不利于巩固封建经济的活动。"⑥或说"秦代厉行""'抑末'即抑制私人工商业的政策"和"秦代严厉摧残和打击商贾的做法"，"西汉建立之后"方得以"调整"。⑦类似的意见，又有："至于秦国，由商鞅时期所建立的抑制商人的法令，到商鞅死后，仍然存在。商业更难发展。""中国全国范围内，商业的进一步发展，还要到西汉全国统一之后。"⑧

以为秦"抑商"的意见，在战国秦汉史研究领域形成了主导性的影响。一些具有教科书性质的著作采用此说。如安作璋主编《中国史简编》即强调

① 林剑鸣：《秦汉史》，第140-141页。

② 郑良树：《商鞅及其学派》，上海古籍出版社1989年版，第171-172页。

③ 何汉：《秦史述评》，黄山书社1986年版，第98页。

④ 林甘泉：《中国经济通史·秦汉经济卷》，中国社会科学出版社2007年版，第592页。

⑤ 蔡万进：《秦国粮食经济研究》，内蒙古人民出版社1996年版，第111页。

⑥ 吴慧：《桑弘羊研究》，齐鲁书社1981年版，第31页。

⑦ 晋文：《桑弘羊评传》，南京大学出版社2005年版，第15页。

⑧ 宋叙五：《西汉的商人与商业》，新亚教育文化有限公司2010年版，第14页。

"重农抑商"是商鞅变法的"主要内容"。①傅筑夫、王毓瑚编《中国经济史资料·秦汉三国编》于"经济政策及行政"一章中专列"抑商附禁奢侈"一节，与另一节"重农"并列。史料自《史记》卷六《秦始皇本纪》秦始皇三十三年发"贾人"略取陆梁地事起载录。②《剑桥中国秦汉史》第1章"秦国和秦帝国"中"实行变法"部分，论"经济政策"的内容中写道："商鞅的主要目的是建立一个以勤劳的农民和有纪律的军队为基础的统一而强大的国家，军队的士兵实际上征自农民。农战'本业'得到鼓励，经营和制造奢侈品的'末业'要加以限制。目标是建立一个靠满足现状和定居的农民的劳动和不受追逐利润的商人和手工业者的活动干扰的静态的农业社会。事实上，所发生的许多社会的其他方面的变化势必阻止这种空想的实现。但是，如同汉代初期儒家采取的方针那样，法家反对私人经商活动的措施一直有力地阻止了工商业者在以后的中国社会中取得支配地位。"③台湾译本的译文有所不同。④大陆译本所谓商鞅的"空想"，台湾译本作"商鞅的理想"，虽表述不同，都指出这种思想理念的追求其实未能实现。还应当注意到，论者对商鞅"抑商"的判断是有所保留的，一译"经营和制造奢侈品的'末业'要加以限制"，一译"抑制贸易和制造奢侈品的'末业'"，应当都并不是指所有的"商业"。这种对"抑商"有所分析的认识又见于田昌五、安作璋主编《秦汉史》。他们对"事末利及怠而贫者，举以为收孥"的理解是"如果弃农经商，或懒惰游荡而贫穷的，则举以为收孥，即没收其本人为官奴婢"。论者明确写道："应当指出，这项法令不适用于从事正当商业和手工业的人，对他们另有安排，是不能'举以为收孥'的。如然，整个社会经

① 安作璋：《中国史简编：古代卷》，高等教育出版社2014年版，第86页。

② 傅筑夫、王毓瑚：《中国经济史资料·秦汉三国编》，中国社会科学出版社1982年版，第483页。

③ 〔美〕卜德：《秦国和秦帝国》，〔英〕崔瑞德、〔英〕鲁惟一编：《剑桥中国秦汉史》，杨品泉等译，中国社会科学出版社1992年版，第52-53页。

④ 韩复智主译本译文："商鞅的主要目标，是要建立一个由勤奋农民和训练有素的军队所组成的统一而强盛的国家；其军队的士兵，是由农民征募而来。商鞅鼓励农战的'本业'；抑制贸易和制造奢侈品的'末业'。其目标是要建立一个不受钻营私利润的商人和手工业者干扰；而是由满足现状，采取定居生活方式的勤劳农民，所组成的静态农业社会。事实上，当时所发生的许多社会或其他方面的改变，却阻挠了商鞅的理想实现。但是，汉朝初年，儒家学者所提出的改革，却有法家的反对私人商业交易活动的主张。此主张一直有效地阻止了工商业者，在日后中国社会中，取得领导的地位。"Denis Tvitchett·John K.Fairbank编，韩复智主译：《剑桥中国史》第一册《秦汉篇，前221—220》，南天书局有限公司1996年版，第45页。

济生活岂不要陷于瘫痪吗？"①这样的意见，值得我们重视。

也有一些学者并不认为秦推行"抑商"政策。何兹全指出："秦的统一，是春秋战国以来，社会经济，即商品货币关系发展的必然结果。""商鞅变法以后，秦国的国家权力集中在国君手里，国君的权力是强大的。政府解决了土地问题，氏族贵族土地所有制改变为自由买卖的土地所有制，旧的氏族贵族阶级在政治、经济、社会上的特权取消了，在旧的社会秩序下没有地位的新的商人贵族可依自己的才能取得政治地位和社会荣誉。当时，东方各国虽然都是秦国敌国，但在这些国家内，代表新的商人贵族阶级的进步势力，却无不以为秦国政府是代表他们利益的政府，各国有才能的人，这些被客观条件决定在本国没有出路的人，无不跑到秦国来找出路，帮助秦国完成统一工作。"他还认为，秦统一后，"货币和度量衡制的统一，是商品货币关系发展的必然要求；货币和度量衡制统一后，又必然反转来促进商品货币关系发展"②。瞿兑之《秦汉史纂》在秦史部分"社会经济"内容中"商业"题下不仅不言"抑商"，反而发表了秦"重商"的评断：

秦之重商。远在穆公以前。

商业既繁。商人势力益大。进执国政。

"秦之重商。远在穆公以前"句下引录《史记》卷一二九《货殖列传》："及秦文秦缪居雍隙。陇蜀之货物而多贾。献孝公徙栎邑。栎邑北却戎翟。东通三晋。亦多大贾。武昭治咸阳。……四方辐凑并至而会。地小人众。故其民益玩巧而事末也。"③明确言"秦之重商"，瞿兑之书可称标新立异。④

不过，吕思勉《秦汉史》也说到当时的时代风习和社会形势，"晚周以来，盖封建势力日微，而资本势力方兴之会。封建势力，如死灰之不可复然矣，而或不知其不可然而欲然之；资本势力，如洪水之不可遏湮也，而或不知

---

① 田昌五、安作璋：《秦汉史》，人民出版社1993年版，第24-25页。

② 何兹全：《秦汉史略》，上海人民出版社1955年版，第4-5页，第10页。

③ 《史记》卷一二九《货殖列传》："及秦文、（孝）〔德〕、缪居雍，隙陇蜀之货物而多贾。献（孝）公徙栎邑，栎邑北却戎翟，东通三晋，亦多大贾。（武）〔孝〕、昭治咸阳，因以汉都，长安诸陵，四方辐凑并至而会，地小人众，故其民益玩巧而事末也。"中华书局1959年版，第3261页。"及秦文、德、缪居雍，隙陇蜀之货物而多贾。献公徙栎邑，栎邑北却戎翟，东通三晋，亦多大贾。孝、昭治咸阳，因以汉都，长安诸陵，四方辐凑并至而会，地小人众，故其民益玩巧而事末也。"中华书局2013年点校本二十四史修订本，第3930页。

④ 瞿兑之：《秦汉史纂》，杨家骆主编：《中国学术类编》单行本，鼎文书局1979年版，第74-75页。

其不可湮而欲湮之；此为晚周至先汉扰攘之由"。他引录《汉书》卷九一《货殖传》："及周室衰，礼法堕，诸侯刻桷丹楹，大夫山节藻棁，八佾舞于庭，《雍》彻于堂。其流至乎士庶人，莫不离制而弃本，稼穑之民少，商旅之民多，谷不足而货有余。陵夷至乎桓、文之后，礼谊大坏，上下相冒，国异政，家殊俗，耆欲不制，僭差亡极。于是商通难得之货，工作亡用之器，士设反道之行，以追时好而取世资。伪民背实而要名，奸夫犯害而求利……"①以为"此文最能道出东周以后社会之变迁，及其时之人之见解"②。

　　翦伯赞认为商鞅变法实现了"商人"地位的上升。"新兴的商人地主，首先在秦国获得了政权。商鞅变法，正是秦国历史之新的转向的表现。""秦自孝公用商鞅变法之后，秦国的政权已经是商人地主的政权，因而秦国的武力，也就是商人地主的武力，从而秦国所收夺的土地，也就是商人地主的土地。"他认为："秦代的统一，城市手工业的发达是一个主要的历史动力。因为作为秦国政权之主要支持者的商人地主，正是城市手工业中成长起来的一种新的历史因素；秦代的统一，正是这种新的历史因素之成熟。""当初期封建主义的政治体制一旦成为商业资本之发展的障碍时，他就必须被废除。六国的灭亡与秦代的统一，正是这一历史原理的实现。"秦统一的意义，在于"扫除以前障碍商业交换之发展的领主政治和领主之间的混战"。"这样，秦代的政府，就创造了商业资本走向全面发展的客观条件。所以当秦始皇统一天下以后，巡行全国各地的时候，到处都得到商人地主的欢迎。"③有的学者说："秦商业起初较落后，但战国中叶以后，发展很快。秦统一后，又有了进一步的发展"，以为秦的崛起与统一的实现，均与"商业""发展"同步。"秦统一后，秦始皇为发展封建经济的需要，除大力发展官营工商业外，亦曾鼓励商人经营致富，加以统一货币、度量衡、车轨等措施的推行，使秦代的工商业较前有了进一步的发展。秦代的工商业主要是官营工商业，同时亦有私营工商业，其中包括大工商业主和小手工业

---

① 《汉书》，第3681-3682页。
② 吕思勉：《秦汉史》，上海古籍出版社1983年版，第2-3页。
③ 翦伯赞：《秦汉史》，北京大学出版社1983年版，第7页，第25页，第32页，第36页。

者、小商人。"[1]

秦"重商"之说是否成立，可以讨论。秦对商业和商人之政策的确切内容及其历史文化影响，有必要进行符合历史真实的说明。商鞅一类人物与商贾对于传统宗法社会有同样的不满情绪和破除意向，也许也是应当注意到的。[2]

祝中熹在《秦国商业及货币形态析述》中写道："战国时期曾普遍流行抑商思想，秦国由于影响巨大的商鞅变法含有抑商的内容而特别引人瞩目。""商鞅变法的基本内容，核心在耕、战二字，通过强农达到强军、强国的目的。很显然，商业的过度兴盛同变法的战略方针背道而驰。""不过我们必须看到，商鞅的抑商只是重农的辅策，只着眼于防止农业劳动力的分流，意在减少、降低商业的负面影响，而并未从根本上扼杀商业的生命力。"论者指出："以被认为是抑商政策最鲜明的一条'事末利及怠而贫者，举以为收孥'而言，也是仅言'末利'而不直言经商。那个时代'末'的含义并非专指商业，而多指奇巧奢靡的物品或技艺。""商鞅的'事末利'是个模糊概念，具有较大的伸缩性，完全可以把他认为对国家不利的一些商业经营纳入其中，肯定反映了变法的抑商倾向。这对商人群体无疑是个警诫，但并不意味着否定商业的合法性和正当性。变法中有些内容在客观上还有利于商业的长远发展，如'平斗、桶、权、衡、丈、尺'，……是政府严格市场管理，建立商品交易秩序，强化国家职能的作为，对正常的商业发展具有促进作用。"[3]

考察秦"抑商"或"重商"，关键在于对《商君列传》"事末利及怠而贫者，举以为收孥"之"末利"的理解。与"末利"相关的概念，是"末作""末业"。

---

[1] 原注："《秦律·司空》规定一般人以劳役抵偿赀赎和欠官府债务，可以找年龄相当的人代替，唯有'作务及贾而负债者，不得代'。可见秦存在着经济上极不稳定，容易负债的小手工业者和小商人。"王云度、张文立：《秦帝国史》，陕西人民教育出版社1997年版，第138页，第132页，第144页。

[2] 范文澜说："法家一般也代表商贾（地主常兼作商贾）的利益，商鞅抑末是在秦国的特殊措施。"《中国通史》第一册，人民出版社1978年版，第190页。

[3] 祝中熹：《秦史求知录》，上海古籍出版社2012年版，第309页，第313-314页。

从秦的经济史记录看，商业的发展也自有传统。《史记》卷六《秦始皇本纪》记载："献公立七年，初行为市。""（惠文王）立二年，初行钱。"[1]安作璋主编《中国史简编》虽然以为"重农抑商"是商鞅变法的"主要内容"。不过，论者仍承认秦献公"'初行为市'，允许在国内从事商业性活动"，"为商鞅变法准备了必要的条件"。[2]商鞅变法的第一个动作"徙木立信"，即将表演的舞台设定在都城雍的"市"。《史记》卷六八《商君列传》："令既具，未布，恐民之不信，已乃立三丈之木于国都市南门，募民有能徙置北门者予十金。民怪之，莫敢徙。复曰'能徙者予五十金'。有一人徙之，辄予五十金，以明不欺。卒下令。"[3]对于"国都市南门"，有人理解为"栎阳城闹市区的南门"[4]，以"闹市区"释"市"，似未能准确理解"市"的意义。秦的"市"曾经相当繁荣，成为秦经济生活的重要构成。由秦律遗存可知，秦管理"市"的制度已经相当成熟。商路的畅通也促成了富国强兵事业的成功。李商隐诗云："嬴氏并六合，所来因不韦。"[5]通过吕不韦的政治表演可以察知，秦的政治传统并非绝对压抑商人，甚至不排斥商人参政。秦始皇时代不仅允许吕不韦这样出身商人者把握最高执政权，在嬴政亲政之后对于乌氏倮和巴寡妇清的非常礼遇，以及《史记》卷一二九《货殖列传》记录的诸多秦商的成就，也可以真切反映当时工商业者的地位。

《史记》卷一二九《货殖列传》写道："夫山西饶材、竹、谷、纑、旄、玉石；山东多鱼、盐、漆、丝、声色；江南出楠、梓、姜、桂、金、锡、连、丹沙、犀、玳瑁、珠玑、齿革；龙门、碣石北多马、牛、羊、旃裘、筋角；铜、铁则千里往往山出棋置：此其大较也。皆中国人民所喜好，谣俗被服饮食奉生送死之具也。故待农而食之，虞而出之，工而成之，商而通之。"[6]《货殖列传》应是司马迁经济意识的集中表达，也是当时经济形

---

① 《史记》，第289页。

② 安作璋：《中国史简编：古代卷》，高等教育出版社2014年版，第85页。

③ 《史记》，第2231页。

④ 李存山：《商鞅评传——为秦开帝业的改革家》，广西教育出版社1997年版，第21页。

⑤ 李商隐：《井泥四十韵》，刘学锴、余恕诚：《李商隐诗歌集解》，中华书局1988年版，第1404页。

⑥ 《史记》，第3253-3254页。

势的真实反映。①"山东多……盐",而"待……商而通之"的说法,应当是符合当时经济史的实际的。

秦王朝对盐产和盐运有所控制,除前说秦封泥"西盐""西盐丞印"以及"江右盐丞""江左盐丞""□胡□盐"等作为文物实证外,《汉书》卷一九上《百官公卿表上》:"少府,秦官,掌山海池泽之税,以给共养。"②有学者据此分析说:"煮盐手工业由少府收税,当时的盐税一定很重,所以到文帝后六年才有'弛山林','与众庶同其利'的作法。"③

齐涛指出,"关于秦的盐业政策,可以征引的只有《汉书·食货志》所记董仲舒言",即前引:"至秦则不然,用商鞅之法,改帝王之制,除井田,民得卖买,富者田连仟伯,贫者亡立锥之地。又颛川泽之利,管山林之饶,荒淫越制,逾侈以相高;邑有人君之尊,里有公侯之富,小民安得不困?又加月为更卒,已复为正,一岁屯戍,一岁力役,三十倍于古;田租口赋,盐铁之利,二十倍于古。"又据《盐铁论·非鞅》引大夫言:"昔商君相秦也,内立法度,严刑罚,饬政教,奸伪无所容。外设百倍之利,收山泽之税,国富民强,器械完饰,蓄积有余。是以征敌伐国,攘地斥境,不赋百姓而师以赡。故利用不竭而民不知,地尽西河而民不苦。盐、铁之利,所以佐百姓之急,足军旅之费,务蓄积以备乏绝,所给甚众,有益于国,无害于人。"齐涛说:"这两条史料不仅晚出,而且说得也过于洗练,因此,长期以来,秦朝是否实行了盐铁专卖,史学界一直未能达成共识。仁者见仁,智者见智,争执不休。"他主张"从历史与逻辑的结合上加以分析与论证",重视《商君书·垦令》"壹山泽"与"重关市之赋"的说法,认为:"'壹山泽'表明山林川泽之内的生产由国家统一管理,民间不得擅自进行生产,这实际上也表明盐业生产的官府专营。官府或官府特许的业盐者所产之盐,可能经一般商人之手流入各地,但要交纳很重的商税,也就是'重关市之赋'。"他还指出,"正因为商鞅以

---

① 详见王子今:《秦"抑商"辨疑:从商君时代到始皇帝时代》,《中国史研究》2016年第3期;《秦"抑商""重商"辨——兼说始皇帝时代乌氏倮、巴寡妇清"名显天下"》,《秦始皇帝陵博物院2016》,陕西师范大学出版社2016年版。

② 《汉书》,第731页。

③ 宋治民:《汉代手工业》,巴蜀书社1992年版,第138页。《史记》卷一〇《孝文本纪》:"后六年……天下旱,蝗。帝加惠:令诸侯毋入贡,弛山泽……"裴骃《集解》:"弛,废也。废其常禁以利民。"第432页。《汉书》卷四《文帝纪》:"(后六年)夏四月,大旱,蝗。令诸侯无入贡,弛山泽。"颜师古注:"弛,解也,解而不禁,与众庶同其利。"第131页。

来的秦国实行的是盐铁专卖，所以，才会有司马迁对汉初政策转变的那段描述"，即《史记》卷一二九《货殖列传》："汉兴，海内为一，开关梁，弛山泽之禁，是以富商大贾周流天下，交易之物莫不通。"齐涛还写道："其实，董仲舒所言秦时的'颛山泽之利，管山林之饶'，已道出了其中真情，这与管子的'官山海'异曲同工。所以，如淳注董仲舒言道：'秦卖盐铁贵，故下民受其困也。'师古也曰：'既收田租，又出口赋，而官更夺盐铁之利，率计今人一岁之中，失其资产，二十倍多于古也。'"大概正是基于这样的认识，对于秦王朝盐政的主流理解大致形成了。《中国大百科全书》中"盐官"这一词条是这样表述的：

> 盐官　秦汉时主管盐政的官署。盐业在古代是有关国计民生的重要生产部门。战国时，东方诸国盐业主要由商人经营，官府收税。只有秦于商鞅变法后置盐官，"颛（专）川泽之利，管山林之饶"，实行食盐官营……①

所说"秦于商鞅变法后置盐官……实行食盐官营"，所叙说的历史时段，应当包括秦代。

其实，就秦代盐政，我们所知仍然十分有限。有的论著在论说秦汉"商业"和商业"政策"时甚至回避了这一学术主题，以为"秦王朝的存在时间不长，可以略而不论"②。关于秦代盐政的最终判断，齐涛如下说法是比较客观、比较审慎的："秦时食盐如何专卖，详情已不得而知，我们只知道在许多地方设有专门的盐官，如咸阳、成都等地。"③

2. 汉初盐政："接秦之弊"，"因循而不革"

西汉初年的政策律令与秦代有继承关系。我们注意到政论家和史论家并说"秦汉"的习惯。西汉初期，可能人们已经习惯"秦""汉"连说，将"秦汉"看作一个历史时期。如《史记》卷一〇二《张释之冯唐列传》

---

① 吴树平："盐官"，见中国大百科全书总编辑委员会《中国历史》编辑委员会秦汉史编写组：《中国大百科全书·中国历史·秦汉史》，中国大百科全书出版社1986年版，第200页。
② 傅筑夫：《中国封建社会经济史》第二卷，人民出版社1982年版，第396页。
③ 原注："见《华阳国志·蜀志》。"齐涛：《汉唐盐政史》，山东大学出版社1994年版，第58-61页。

写道："释之言秦汉之间事，秦所以失而汉所以兴者久之。"①事在张释之"为廷尉"时，即汉文帝三年（前177）之前②，当时距刘邦建国不过29年，距"汉并天下"不过25年。司马迁在《史记》卷一三〇《太史公自序》总结《太史公书》的写作，开头就写道："罔罗天下放失旧闻，王迹所兴，原始察终，见盛观衰，论考之行事，略推三代，录秦汉，上记轩辕，下至于兹，著十二本纪，既科条之矣。"③所谓"略推三代，录秦汉"，应体现汉武帝时代普遍的历史意识与语言风格。《汉书》卷二九《沟洫志》："近察秦汉以来，河决曹、卫之域，其南北不过百八十里者……"，记录"王莽时"事。④而《汉书》卷三六《楚元王传》："向乃集合上古以来历春秋六国至秦汉符瑞灾异之记，推迹行事，连传祸福，著其占验，比类相从，各有条目，凡十一篇，号曰《洪范五行传论》，奏之。"又："历上古至秦汉，外戚僭贵未有如王氏者也。"⑤《汉书》卷六二《司马迁传》："其言秦汉，详矣。"⑥《汉书》卷六九《赵充国辛庆忌传》："秦汉已来，山东出相，山西出将。"⑦《汉书》卷九一《货殖传》："秦汉之制，列侯封君食租税，岁率户二百。"⑧《汉书》卷九四下《匈奴传下》："若乃征伐之功，秦汉行事，严尤论之当矣。"⑨则已是《汉书》著者口吻。

---

① 《史记》，第2751页。

② 《汉书》卷一九下《百官公卿表下》："（孝文三年）中郎将张释之为廷尉。"见《汉书》，第756页。《史记》卷一〇二《张释之冯唐列传》："以訾为骑郎，事孝文帝，十岁不得调，无所知名。释之曰：'久宦减仲之产，不遂。'欲自免归。中郎将袁盎知其贤，惜其去，乃请徙释之补谒者。释之既朝毕，因前言便宜事。文帝曰：'卑之，毋甚高论，令今可施行也。'于是释之言秦汉之间事，秦所以失而汉所以兴者久之。文帝称善，乃拜释之为谒者仆射。""上拜释之为公车令。"……拜为中大夫。顷之，至中郎将……其后拜释之为廷尉。"见《史记》，第2751页，第2753页，可知"事孝文帝，十岁不得调，无所知名"事不确。以《汉书》"（孝文三年）中郎将张释之为廷尉"推知，"释之言秦汉之间事，秦所以失而汉所以兴者久之"必然在公元前177年之前。

③ 《史记》，第3319页。

④ 《汉书》，第1696-1697页。

⑤ 《汉书》，第1950页，第1960页。

⑥ 《汉书》，第2737页。

⑦ 《汉书》，第2998页。

⑧ 《汉书》，第3686页。

⑨ 《汉书》，第3833页。

　　"秦汉"连说语言习惯的形成，很可能与秦汉制度的连续有关。这一政治史、法制史现象，史家总结为"汉承秦制"。《汉书》卷一〇〇上《叙传上》："汉家承秦之制，并立郡县，主有专己之威，臣无百年之柄。"①班固所谓"汉家承秦之制"，应当就是后来人们平素常用的"汉承秦制"之说的完整的经典话语。"汉承秦制"这种明朗的简洁表述，屡见于记述东汉史的文献。《后汉书》卷四〇上《班彪传》记载班彪对隗嚣分析比较战国与当时的形势，说道："周之废兴，与汉殊异。昔周爵五等，诸侯从政，本根既微，枝叶强大，故其末流有从横之事，势数然也。汉承秦制，改立郡县，主有专己之威，臣无百年之柄。"②又如《续汉书·礼仪志中》刘昭注补引《魏书》记载有司奏言回顾"讲武"制度："汉承秦制，三时不讲，唯十月车驾幸长安水南门，会五营士，为八阵进退，名曰乘之。"③《续汉书·舆服志上》说乘舆等级："秦并天下，阅三代之礼，或曰殷瑞山车，金根之色。汉承秦制，御为乘舆，所谓孔子乘殷之路者也。"④《续汉书·舆服志下》言佩玉制度："秦乃以采组连结于璲，光明章表，转相结受，故谓之绶。汉承秦制，用而弗改，故加之以双印佩刀之饰。"⑤所谓

---

① 《汉书》，第4207页。

② 中华书局标点本"校勘记"："'汉承秦制改立郡县'，按：张森楷校勘记谓'改'当依《前书》作'并'，既承秦制，则非汉所改也。"《后汉书》，第1323页，第1352页。

③ 《续汉书·礼仪志中》刘昭注补引《魏书》："建安二十一年三月，曹公亲耕藉田。有司奏：'四时讲武于农隙。汉承秦制，三时不讲，唯十月车驾幸长安水南门，会五营士，为八阵进退，名曰乘之。今金革未偃，士民素习，可无四时讲武，但以立秋择吉日大朝车骑，号曰治兵。上合礼名，下承汉制也。'"《后汉书》，第3124页。又《三国志》卷一《魏书·武帝纪》裴松之注引《魏书》，中华书局1959年版，第47页。

④ 《续汉书·舆服志上》："天子玉路，以玉为饰，锡樊缨十有再就，建太常，十有二斿，九仞曳地，日月升龙，象天明也。夷王以下，周室衰弱，诸侯大路。秦并天下，阅三代之礼，或曰殷瑞山车，金根之色。汉承秦制，御为乘舆，所谓孔子乘殷之路者也。"《后汉书》，第3643页。

⑤ 《续汉书·舆服志上》说乘舆等级："汉承秦制，御为乘舆，所谓孔子乘殷之路者也。"《续汉书·舆服志下》言佩玉制度："古者君臣佩玉，尊卑有度；上有韨，贵贱有殊。佩，所以章德，服之衷也。韨，所以执事，礼之共也。故礼有其度，威仪之制，三代同之。五霸迭兴，战兵不息，佩非战器，韨非兵旗，于是解去韨佩，留其系璲，以为章表。故《诗》曰'鞙鞙佩璲'，此之谓也。韨佩既废，秦乃以采组连结于璲，光明章表，转相结受，故谓之绶。汉承秦制，用而弗改，故加之以双印佩刀之饰。"《后汉书》，第3671-3672页。

"汉承秦制"，后世为史家习用。①近世史学言"汉承秦制"，或强调西汉前期与中期与秦的历史一致性。瞿兑之写道："通而论之，由秦始皇以至汉宣帝，总为一期，其治体倾向，大都相似，斯乃撷取儒法两家所长以成一统之规。"②何兹全说："由刘邦和他的集团所建立起来的汉帝国，基本上可以说是秦帝国的延续。"他也是将汉初情形与秦比较："不同的是：汉帝国没有像秦帝国那样彻底的废除封国制度，而是采取和分权势力妥协的政策，在统一帝国内，部分的恢复了封国制。另外，汉帝国的统治者起自民间，参加过秦末的农民大起义，知道人民力量的伟大，因之对人民采取了让步的减轻压迫、减轻剥削的政策。"③田昌五、安作璋的表述是这样的："汉初除分封诸侯王与秦有别外，不过是由一批新的军事封君地主的统治代替秦朝的官僚勋贵和军功地主而已。如此说来，秦汉到底有什么实质性的差别呢？曰：差别还是有的。秦法令繁苛，汉初逐步予以剔除；秦赋役繁重，汉初有所减轻；秦朝的征戍和兴作在汉初就更少见了。加以不复授田、土地私有、农民的处境大有改善，他们已是真正的自耕农民了。因此就出现了'汉兴七十年间，国家无事，非遇水旱之灾，则民人给家足'的景象。"④其实，关于汉初政权构成与秦王朝的区别，赵翼论"汉初布衣将相之局"已经有所分析。⑤

---

① 如《晋书》卷三〇《刑法志》："汉承秦制，萧何定律，除参夷连坐之罪，增部主见知之条，益事律《兴》《厩》《户》三篇，合为九篇。"中华书局1974年版，第922页。《宋书》卷一八《礼乐志五》："汉承秦制，冠有十三种，魏、晋以来，不尽施用。"中华书局1974年版，第504页。《魏书》卷一〇八之四《礼乐志四》："始皇作金根之车，汉承秦制，御为乘舆。"中华书局1974年版，第2814页。《旧唐书》卷二三《礼仪志三》："按《周礼·大宗伯》曰：'郁人，下士二人，赞祼事。'汉承秦制，无郁人之职，故使近臣为之。魏、晋至今，因而不改。"第896页。《明史》卷六五《舆服志一》："汉承秦制，御金根为乘舆。"中华书局1974年版，第1597页。

② 瞿兑之：《秦汉史纂》，鼎文书局1979年版，第327页。

③ 何兹全：《秦汉史略》，第145-146页。

④ 田昌五、安作璋：《秦汉史》，第7页。

⑤ 赵翼分析"汉初布衣将相之局"，指出刘邦功臣多出身平民，"一时人才皆出其中，致身将相，前此所未有也。盖秦、汉间为天地一大变局"。战国时已有"徒步而为相"，"白身而为将"者，"此已开后世布衣将相之例。而兼并之力尚在有国者，天方借其力以成混一，固不能一旦扫除之，使匹夫而有天下也。于是纵秦皇尽灭六国，以开一统之局"。"下虽无世禄之臣，而上犹是继体之主也。""汉祖以匹夫起事，角群雄而定一尊。其君既起自布衣，其臣亦自多亡命无赖之徒，立功以取将相，此气运为之也。天之变局，至是始定。"以为"天意已另换新局"。〔清〕赵翼著，王树民校证：《廿二史札记校证》（订补本），中华书局1984年版，第36-37页。王子今：《秦汉时期的历史特征与历史地位》，《石家庄学院学报》2018年第4期。

汉初对秦制度与政策的继承，史籍或说"接秦之弊""接秦之敝"，或说"汉因循而不革"。《史记》卷三〇《平准书》："汉兴，接秦之弊，丈夫从军旅，老弱转粮饷，作业剧而财匮，自天子不能具钧驷，而将相或乘牛车，齐民无藏盖。"[①]《汉书》卷二四上《食货志上》："汉兴，接秦之敝，诸侯并起，民失作业，而大饥馑。凡米石五千，人相食，死者过半。"[②]《汉书》卷一九上《百官公卿表上》："秦兼天下，建皇帝之号，立百官之职。汉因循而不革，明简易，随时宜也。"[③]这些说的是政治经济的基本制度。至于汉初对秦王朝"盐政"的继承，即所谓"接"与"因循"，应当有迹象可以探寻。

3.　"削之会稽""夺之东海"：沿海区域控制

汉初曾被迫推行分封制，中央政权实际控制的地域在刘邦时代起初仅二十四郡。沿海地域除济北、临淄、胶东、琅邪外，尽为异姓诸侯所有。[④]闽越和南越地方由于开发程度较低以及与中央政权的特殊关系，可以在讨论中忽略不计。刘邦时代晚期解决了异姓诸侯势力的威胁。有实力的异姓诸侯逐一被翦灭，然而分封的同姓诸侯完全控制了东方地区，汉郡仅余十五。沿海地方全为燕、赵、齐、楚、吴等诸侯王国所有。[⑤]被多数学者判断年代为吕后二年（前186）的张家山汉简《二年律令》中，透露出当时中央政权和诸侯王国的紧张关系。

汉文帝接受贾谊"众建诸侯而少其力"[⑥]的建议，分齐为七，琅邪郡归属中央。又河间国除，其地入汉，勃海郡也归于中央。汉王朝对于沿海地方，只控制了勃海、琅邪二郡。据有漫长的海岸线的，是燕、济北、齐、淄川、胶东、楚、吴这几个诸侯王国。[⑦]

① 《史记》，第1417页。

② 《汉书》，第1127页。

③ 《汉书》，第722页。

④ 参看周振鹤：《西汉政区地理》，人民出版社1987年版，第9页，《汉高帝五年七异姓诸侯封域示意图》。

⑤ 参看周振鹤：《西汉政区地理》，第11页，《高帝十二年十王国、十五汉郡示意图》。

⑥ 《汉书》卷四八《贾谊传》："欲天下之治安，莫若众建诸侯而少其力。"第2237页。

⑦ 参看周振鹤：《西汉政区地理》，第13页，《文帝后期十七诸侯二十四郡示意图》。

汉景帝二年（前155）将楚国的东海郡收归中央所有[①]，是特别值得重视的一项政治举措。秦始皇"立石东海上朐界中，以为秦东门"的地方，曾置东海郡，治郯。楚汉之际曾经称郯郡。汉初则属楚国，高帝五年（前202）又曾归于中央，后来仍属楚国。汉景帝二年"以过削"[②]，使得汉帝国重新据有了"东门"，开启了直通东海的口岸。又以此为据点，揳入吴楚之间，与亲中央的梁国东西彼此对应，实现了北方诸侯和南方诸侯的隔离。[③]东海郡地位之重要，还可以从尹湾出土汉简数据得以体现。[④]

汉景帝削藩，极其重视对沿海地方统治权的回收，突出表现在吴楚七国之乱平定之后对于沿海区域的控制，创造了对高度集中的中央集权空前有利的形势。既属沿海又属北边的辽东、辽西、右北平、渔阳，已经由中央政府直接统领。环渤海又据有渤海、平原、东莱郡。黄海、东海海滨，则有琅邪、东海、会稽郡。这一时期诸侯国所控制的沿海地区，只有燕、齐、淄川、胶东、江都国所据海岸。[⑤]《史记》卷一七《汉兴以来诸侯王年表》记述这一时期的政治地理形势：

> 吴楚时，前后诸侯或以适削地，是以燕、代无北边郡，吴、淮南、长沙无南边郡，齐、赵、梁、楚支郡名山陂海咸纳于汉。诸侯稍微，大国不过十余城，小侯不过数十里，上足以奉贡职，下足以供养祭祀，以蕃辅京师。而汉郡八九十，形错诸侯间，犬牙相临，秉其厄塞地利，强本干，弱枝叶之势，尊卑明而万事各得其所矣。[⑥]

所谓"名山陂海咸纳于汉"，值得治秦汉史者高度关注。平定吴楚七国之乱后，汉王朝中央政权不仅控制了"北边郡"和"南边郡"，也控制了沿海的

---

① 《史记》卷五○《楚元王世家》："王戊立二十年，冬，坐为薄太后服私奸，削东海郡。"第1988页。《汉书》卷三六《楚元王传》："王戊稍淫暴，二十年，为薄太后服私奸，削东海、薛郡。"第1924页。

② 《汉书》卷二八上《地理志上》"东海郡"条："高帝置。"颜师古注引应劭曰："秦郯郡。"第1588页。《汉书补注》："全祖望曰：'故秦郡，楚汉之际改名郯郡，属楚国。高帝五年属汉，复故，仍属楚国。景帝二年复故。'以过削。"

③ 参看周振鹤：《西汉政区地理》，第14页，《景帝三年初吴楚七国叛乱前形势图》。

④ 连云港市博物馆、中国社会科学院简帛研究中心、东海县博物馆、中国文物研究所：《尹湾汉墓简牍》，中华书局1997年版。

⑤ 参看周振鹤：《西汉政区地理》，第15页，《景帝中元六年二十五王国示意图》。

⑥ 《史记》，第803页。

东边郡。《盐铁论·晁错》：

　　晁生言诸侯之地大，富则骄奢，急即合从。故因吴之过而削之

会稽，因楚之罪而夺之东海，所以均轻重，分其权，而为万世虑也。

削藩战略的重要主题之一，或者说削藩战略的首要步骤，就是夺取诸侯王国的沿海地方。

有学者指出了吴楚七国之乱前后削藩的对象齐、楚、赵等国疆域的损失："吴楚七国之乱前，景帝削楚之东海郡……"，"齐'纳于汉'的支郡有北海、济南、东莱、平原和琅邪五郡"，赵地渤海"入汉为郡"。[①]

汉武帝时代除强制性实行推恩令使诸侯国政治权力萎缩，而中央权力空前增长，对原先属于诸侯国的沿海地区实现了全面的控制之外，又于元鼎六年（前111）灭南越、闽越，置南海、郁林、苍梧、合浦、儋耳、珠崖、交址、九真、日南郡[②]，其中多数临海，就区域划分来说，均属于沿海地区。元封三年（前108）灭朝鲜及其附庸，置乐浪、真番、临屯、玄菟四郡。[③]"至此是西汉直属郡国版图臻于极盛之时"[④]，而汉帝国对于海岸的控制也至于空前全面、空前严密的程度。

汉帝国中央执政集团力求强有力地控制沿海区域的努力，主要在于通过对海滨的直接占有，显示对于"天下"全面控制的威权。对于"海"的控制，是据有"天下"的一种象征。《墨子·非命下》："贵为天子，富有天下。"[⑤]后来"天下"则以"海"为空间标志。贾谊《过秦论》："贵为天子，富有四海。"[⑥]《汉书》卷五六《董仲舒传》和《汉书》卷六五《东方朔传》也都保留了西汉政治家董仲舒、东方朔同样语言的表述。[⑦]这种观念

① 董平均：《西汉分封制度研究——西汉诸侯王的隆替兴衰考略》，甘肃人民出版社2003年版，第128-129页。
② 《史记》卷三〇《平准书》："汉连兵三岁，诛羌，灭南越，番禺以西至蜀南者置初郡十七。"裴骃《集解》："徐广曰：'南越为九郡。'骃案：晋灼曰：'元鼎六年，定越地，以为南海、苍梧、郁林、合浦、交趾、九真、日南、珠崖、儋耳郡。'"第1440页。
③ 《汉书》卷二六《天文志》："朝鲜在海中。"第1306页。
④ 参看周振鹤：《西汉政区地理》，第17页。
⑤ 〔清〕孙诒让著，孙以楷点校：《墨子间诂》，中华书局1986年版，第253页。
⑥ 〔汉〕贾谊撰，阎振益、钟夏校注：《新书校注》，中华书局2000年版，第16页。
⑦ 《汉书》，第2503页，第2858页。

在汉代社会似已相当普及，亦对后世有所影响。①然而其直接的出发点，其实也有追求经济利益的考虑，即谋求对食盐生产基地的掌控。晁错对吴王刘濞的指控，首先即"即山铸钱，煮海为盐，诱天下亡人谋作乱逆"②。《盐铁论·刺权》也指责诸侯王"以专巨海之富而擅鱼盐之利也"。"巨海鱼盐"是重要的资源。《盐铁论》中所谓"山海之货"③"山海之财"④"山海之利"⑤，"山海者，财用之宝路也"⑥，也反复强调海产收益的经济意义。当然，事实上皇帝与诸侯王以沿海地方为对象的博弈，绝不仅仅是贪求"海盐之饶"⑦而进行针对个别盐产地的争夺。

4. 刀间故事

有的学者在研究"秦代的盐铁政策"时，为了说明"私营盐铁富豪发财致富的过程以及秦对私营盐铁究竟实行的什么政策"，列举了《史记》卷一二九《货殖列传》中说到的所谓"私营盐铁富豪""蜀卓氏""程郑""宛孔氏""曹邴氏""刀间"等。论者以为，从"这些大富豪所经营的煮盐冶铁手工业和发财致富的过程"来看，"这些人都是从战国末年到秦、西汉初年的私人经营盐铁大发横财的'暴发户'。他们既不是官营大富豪，也丝毫看不出是什么所谓'假民'包商制的大富豪"⑧。

所谓"包商制"，指对于秦与西汉初期盐铁制度的一种意见。陈直曾经指出："《史记·货殖传》所记，卓氏用铁冶富，及程郑、宛孔氏、曹邴氏、猗顿，均以煮盐冶铁致富。《盐铁论》所记有朐邴（即曹邴）以布衣起家。上述诸人，皆在战国末至西汉初。他们既非盐铁官，何以能专盐铁的大利？我疑为秦及西汉初期的盐铁官，是采用包商制。卖盐的必如后代之票

---

① 《续汉书·礼仪志上》刘昭注补引干宝《周礼》注，也有"贵为天子，富有四海"之说。《后汉书》，第3106页。

② 《汉书》卷三五《吴王濞传》，第1906页。

③ 王利器：《盐铁论校注》（定本），第4页，第42页，第78页。

④ 王利器：《盐铁论校注》（定本），第28页。

⑤ 王利器：《盐铁论校注》（定本），第78页。

⑥ 王利器：《盐铁论校注》（定本），第68页。

⑦ 《史记》卷一二九《货殖列传》，第3267页。

⑧ 逄振镐：《秦汉经济问题探讨》，华龄出版社1990年版，第66-67页。

商、食岸商，盐官相当于转运使，程郑、宛孔氏等人，相当于盐商。卖铁的必由铁官许可，取得执照后，方能即山鼓铸，并非人人可以就海煮盐，就山开矿也。《华阳国志·蜀郡临邛县》云：‘汉文时以铁铜赐邓通，假民卓王孙，岁取千匹，故卓王孙货累巨万，邓通钱亦遍天下。’这一段文献，是说邓通将铜铁矿开采权，包与卓王孙，充分证明《货殖传》中以盐铁起家的，皆是包商制。"①陈直在讨论东汉盐制时，也说"其作用等于后代的包商食岸制"②。张传玺也认为，在秦和西汉前期，实行盐铁包商政策。③朱德贵也赞同此说。④今按：《史记》卷一二九《货殖列传》："蜀卓氏之先，赵人也，用铁冶富。秦破赵，迁卓氏。卓氏见虏略，独夫妻推辇，行诣迁处。诸迁虏少有余财，争与吏，求近处，处葭萌。唯卓氏曰：‘此地狭薄。吾闻汶山之下，沃野，下有蹲鸱，至死不饥。民工于市，易贾。’乃求远迁。致之临邛，大喜，即铁山鼓铸，运筹策，倾滇蜀之民，富至僮千人。田池射猎之乐，拟于人君。程郑，山东迁虏也，亦冶铸，贾椎髻之民，富埒卓氏，俱居临邛。宛孔氏之先，梁人也，用铁冶为业。秦伐魏，迁孔氏南阳。大鼓铸，规陂池，连车骑，游诸侯，因通商贾之利，有游闲公子之赐与名。"⑤卓氏"用铁冶富"，"即铁山鼓铸"，程郑"亦冶铸"，"宛孔氏之先，梁人也，用铁冶为业。秦灭魏，迁孔氏南阳，大鼓铸"，陈直言"程郑、宛孔氏等人，相当于盐商"，应是偶然笔误。

前说"私营盐铁富豪""蜀卓氏""程郑""宛孔氏""曹邴氏""刀间"等，其实只有出身齐地的"刀间"的经营内容包括盐业。《史记》卷一二九《货殖列传》说"刀间"故事：

> 齐俗贱奴虏，而刀间独爱贵之。桀黠奴，人之所患也，唯刀间收取，使之逐渔盐商贾之利，或连车骑，交守相，然愈益任之。终得其力，起富数千万。故曰"宁爵毋刀"，言其能使豪奴自饶而

① 陈直：《两汉经济史料论丛》，第238-239页。
② 陈直：《两汉经济史料论丛》，第103页。
③ 张传玺：《论秦汉时期三种盐铁政策的递变》，《秦汉问题研究》（增订本），北京大学出版社1995年版，第240页。
④ 朱德贵：《汉简与财政管理新证》，中国财政经济出版社2006年版，第123页。
⑤ 《史记》，第3277-3278页。

尽其力。^①

刀间善于"使豪奴",即任用"桀黠奴""使之逐渔盐商贾之利",从而获得成功。这是典型的民间工商业者经营盐业的实例。

有学者通过对刀间事迹的分析,说明当时的经济形势:"司马迁在《史记·货殖列传》中说,一个叫刀闲的利用奴虏为自己'逐渔盐商贾之利'。据此'渔盐商贾'四字,可知刀闲经营的项目,除了食盐之外,还有其他的一些商品。刀闲可能是利用这些奴虏,在各处设立货栈,将盐批售给那些活跃于乡村市场上的贩夫贩妇,任其销往别处。食盐的运销,不仅范围广大,销售量也大而稳定。盐商因此有能力在一个相当大的世界之内,于各处建立固定的销售点,并通过贩夫贩妇把盐销售到乡村的角角落落。"论者指出:"在政府的掌控之下,盐商们就这样堂而皇之地登上了历史舞台。"^②所谓"货栈""批售""固定的销售点""贩夫贩妇"主持的"运销"等程序细节,是基于论者的推想,尚无确定的实证。"刀间"或作"刁间",或作"刀闲"。

5. 所谓"西汉前期的盐业放任"

汉初盐业开发处于相对自由的境况。《盐铁论·禁耕》载大夫语:"夫权利之处,必在深山穷泽之中,非豪民不能通其利。异时,盐铁未笼,布衣有朐邴,人君有吴王,皆盐铁初议也。吴王专山泽之饶,薄赋其民,赈赡穷乏,以成私威。私威积而逆节之心作。"^③在所谓"未笼"即"未实行盐铁专卖政策"的时期^④,有"人君"据此"以成私威",得以与朝廷抗衡,也有"豪民""布衣"借助这一条件提升经济地位。

《史记》卷一二九《货殖列传》所提供的有关民间拥有盐业资源开发权及盐产、盐运经营权的例证,还有:

> 齐代山海,膏壤千里,宜桑麻,人民多文彩布帛鱼盐。^⑤

---

① 《史记》,第3279页。

② 王仁湘、张征雁:《盐与文明》,第151页。

③ 王利器:《盐铁论校注》(定本),第67页。

④ 杨华星、缪坤和:《汉代专卖制度研究》,贵州大学出版社2011年版,第28页。

⑤ 《史记》,第3265页。

此"人民"，即《盐铁论》所谓"布衣"。对于拥有一定数量畜牧业、渔业、林业、园圃业等产业资本以及拥有田地等不动产的民户，判定其社会地位为"此其人皆与千户侯等"。尽管这些财产未必成为商品，进入市场，即所谓"然是富给之资也，不窥市井，不行异邑，坐而待收，身有处士之义而取给焉"。[①]又如：

> 通邑大都，酤一岁千酿，醯酱千瓨，浆千甔，屠牛羊彘千
> 皮，贩谷粜千钟，薪稿千车，船长千丈，木千章，竹竿万个，其轺
> 车百乘，牛车千两，木器髹者千枚，铜器千钧，素木铁器若巵茜千
> 石，马蹄躈千，牛千足，羊彘千双，僮手指千，筋角丹沙千斤，
> 其帛絮细布千钧，文采千匹，榻布皮革千石，漆千斗，蘖曲盐豉千
> 答，鲐鮆千斤，鲰千石，鲍千钧，枣栗千石者三之，狐貂裘千皮，
> 羔羊裘千石，旃席千具，佗果菜千钟，子贷金钱千贯，节驵会，贪
> 贾三之，廉贾五之，此亦比千乘之家，其大率也。

拥有这样的财富的人，社会地位"亦比千乘之家"。其中明确有"盐"，还说到"豉""酱"。这段话的前面，司马迁写道："夫用贫求富，农不如工，工不如商，刺绣文不如倚市门，此言末业，贫者之资也。"[②]可知所说"盐""豉""酱"都是可以进入民间市场流通程序的商品。

在汉武帝实行盐铁官营之前，据说"孝惠、高后时，为天下初定，复弛商贾之律"[③]，对工商业的控制有所放松。就盐业史而言，有的学者称当时的政策为"西汉前期的盐业放任"。[④]

现在看来，这种"放任"是有限的。国家利用税收制度在一定程度上控制着盐业经营。对于《盐铁论》中所见"文学""贤良"以为"昔文帝之时，无盐、铁之利而民富"[⑤]以及"民得占租鼓铸、煮盐之时，盐与五谷同贾"[⑥]等说法，也不宜作绝对化的理解。

---

① 《史记》，第3272页。

② 《史记》，第3274页。

③ 《史记》卷三〇《平准书》，第1418页。

④ 齐涛：《汉唐盐业史》，山东大学出版社1994年版，第61页。

⑤ 王利器：《盐铁论校注》（定本），第93页。

⑥ 王利器：《盐铁论校注》（定本），第430页。

6. "故盐铁家富者"

《史记》卷三〇《平准书》记载，汉武帝推行盐铁官营制度时，在选择主要负责这一行政任务的人员时，采用了特殊的方式：

> 使孔仅、东郭咸阳乘传举行天下盐铁，作官府，除故盐铁家富者为吏。[1]

在选择主管盐铁的机关的吏员时，考虑任用对"盐铁"经营富有经验的"故盐铁家富者"。负责盐业管理的东郭咸阳，就曾经是有成就的盐业经营者。《史记》卷三〇《平准书》写道：

> 咸阳，齐之大煮盐。

东郭咸阳属下的吏员，也按照"除故盐铁家富者为吏"的标准选拔。于是，管理盐业的官员，都是对业务比较熟悉的专业人员。而后"吏道益杂，不选，而多贾人矣"[2]的情形，也值得注意。

这一情形也证明了在正式推行盐铁官营之前，对于民间盐业的经营似乎并没有很严格的限制。

7. 盐铁官营之前的盐业管理

张家山汉简《金布律》所谓"税之，县官取一，主取五"，体现了对于盐产盐运征税的比率。简文或许可以理解为税率为六分之一。《九章算术·均输》："今有人持金十二斤出关。关税之，十分而取一。""今有人持米出三关，外关三而取一，中关五而取一，内关七而取一。""今有人持金出五关，前关二而税一，次关三而税一，次关四而税一，次关五而税一，次关六而税一。"[3]这些内容，或许有益于理解简文所谓"税之，县官取一，主取五"。

---

[1] 《史记》，第1429页。

[2] 《史记》，第1428页。

[3] 郭书春：《汇校九章算术》，第249页，第259-260页。

　　敦煌汉简可见"官取少有之☐"简文①，其中有"官取"字样，或许也有可能与"县官取一"的说法有某种关系。《新唐书》卷五二《食货志二》载陆贽上疏请厘革赋役之甚害者，说道："有田之家坐食租税，京畿田亩税五升，而私家收租亩一石，官取一，私取十，稿者安得足食？"②其中所谓"官取一，私取十"，正与张家山汉简《金布律》"县官取一，主取五"文例极其类似。

　　简文"主取五"的"主"，应当是指盐业的经营者。据《盐铁论·禁耕》所见大夫的说法，其身份是"豪民"："夫权利之处，必在深山穷泽之中，非豪民不能通其利。异时，盐铁未笼，布衣有胸邴，人君有吴王，皆盐铁初议也。"其生产形式的特点，如文学所说，是"盐冶之处，大傲皆依山川，近铁炭，其势咸远而作剧"，按照大夫的意见，如果不加抑制，"则豪民擅其用而专其利。决市闾巷，高下在口吻，贵贱无常，端坐而民豪"③。张家山汉简《金布律》所谓"主取五"，虽寥寥三字，也透露了盐业之"主"即专擅于盐产的"豪民"们的经营形式以及经济实力。

　　"十口之家十人食盐，百口之家百人食盐。"④王莽诏书曾经强调："夫盐，食肴之将。""非编户齐民所能家作，必印于市，虽贵数倍，不得不买。"⑤也有敏锐的政治谋略家指出："夫盐，国之大宝也。"⑥作为最基本的生活必需品，作为维持社会正常经济生活不可或缺的重要物资，盐的生产和供应，对国计民生的意义十分重要。张家山汉简《金布律》中关于盐业的条文中只涉及"私为菌（卤）盐煮"和"私盐井煮"两种情形，而没有说到海盐生产，这是因为西汉初年中央政府实际控制的地域，并不包括沿海地

① 敦煌汉简1861，吴礽骧、李永良、马建华：《敦煌汉简释文》，甘肃人民出版社1991年版，第196页。

② 《新唐书》，第1357页。

③ 王利器：《盐铁论校注》（定本），第67-68页。

④ 黎翔凤撰，梁运华整理：《管子校注》，第1246页。

⑤ 《汉书》卷二四下《食货志下》，第1183页。

⑥ 《三国志》卷二一《魏书·卫觊传》，第610页。

区①，所有的海盐生产基地当时都为诸侯王所控制。可能也正是由于这一原因，当时西汉王朝对于"私为菌（卤）盐煮"和"私盐井煮"的经营行为，予以更高度的重视。

三、汉武帝盐业官营

汉武帝时代推行官营盐铁制度。官营盐铁，也是使西汉帝国的经济基础得到空前强固的有效的经济政策之一。官营盐铁，就是中央政府在盐、铁产地分别设置盐官和铁官，实行统一生产和统一销售，利润为国家所有。这一制度，有着非常深远的历史影响。

图5-4　汉武帝像

---

① 周振鹤：《西汉政区地理》，第7-13页。

1. "伐胡"战略与"县官大空"危机

关于汉武帝时代以盐铁官营为主题的经济新政策制定和推行的背景，是"伐胡"即以与匈奴作战为重要政治、军事、外交动作引发的经济危机，当然也有天灾严重等因素。《史记》卷三〇《平准书》记载："天子为伐胡，盛养马，马之来食长安者数万匹，卒牵掌者关中不足，乃调旁近郡。而胡降者皆衣食县官，县官不给，天子乃损膳，解乘舆驷，出御府禁藏以赡之。其明年，山东被水灾，民多饥乏，于是天子遣使者虚郡国仓廥以振贫民。犹不足，又募豪富人相贷假。尚不能相救，乃徙贫民于关以西，及充朔方以南新秦中，七十余万口，衣食皆仰给县官。数岁，假予产业，使者分部护之，冠盖相望。其费以亿计，不可胜数。于是县官大空。"[①]

"盐铁"统制，是和币制改革同时进行的。在国家面临财政问题的时候，"富商大贾"依恃"冶铸煮盐"获得惊人财富，却"不佐国家之急"，"天子与公卿"于是实施打击手段："而富商大贾或蹛财役贫，转毂百数，废居居邑，封君皆低首仰给。冶铸煮盐，财或累万金，而不佐国家之急，黎民重困。于是天子与公卿议，更钱造币以赡用，而摧浮淫并兼之徒。是时禁苑有白鹿而少府多银锡。自孝文更造四铢钱，至是岁四十余年，从建元以来，用少，县官往往即多铜山而铸钱，民亦间盗铸钱，不可胜数。钱益多而轻，物益少而贵。有司言曰：'古者皮币，诸侯以聘享。金有三等，黄金为上，白金为中，赤金为下。今半两钱法重四铢，而奸或盗摩钱里取鋊，钱益轻薄而物贵，则远方用币烦费不省。'乃以白鹿皮方尺，缘以藻缋，为皮币，直四十万。王侯宗室朝觐聘享，必以皮币荐璧，然后得行。又造银锡为白金。以为天用莫如龙，地用莫如马，人用莫如龟，故白金三品：其一曰重八两，圜之，其文龙，名曰'白选'，直三千；二曰以重差小，方之，其文马，直五百；三曰复小，撱之，其文龟，直三百。令县官销半两钱，更铸三铢钱，文如其重。盗铸诸金钱罪皆死，而吏民之盗铸白金者不可胜数。"[②]币制的调整，必然使得主持者占据金融优势，并取得显著的利益。然而也激发了受损害的阶层的反抗情绪，于

---

① 《史记》，第1425页。

② 《史记》，第1425-1427页。

是"盗铸诸金钱"的犯罪现象"不可胜数"。

虽然"摧浮淫并兼之徒"的动作有所收益，但是"富商大贾或蹛财役贫，转毂百数，废居居邑，封君皆低首仰给。冶铸煮盐，财或累万金，而不佐国家之急"的情形没有根本解决，执政集团于是采用超经济强制手段对于"富商大贾"们聚集财富的主要方式——"冶铸煮盐"进行行政夺取。

2．"咸阳，齐之大煮盐"

《史记》卷三〇《平准书》记述，汉武帝决意采用强劲手段由国家统领"盐铁"经营：

> 于是以东郭咸阳、孔仅为大农丞，领盐铁事；桑弘羊以计算用事，侍中。咸阳，齐之大煮盐，孔仅，南阳大冶，皆致生累千金，故郑当时进言之。弘羊，雒阳贾人子，以心计，年十三侍中。故三人言利事析秋豪矣。

关于"东郭咸阳"，司马贞《索隐》：

> 东郭，姓；咸阳，名也。按：《风俗通》东郭牙，齐大夫，咸阳其后也。

关于"三人言利事析秋豪"，司马贞《索隐》："按：言百物毫芒至秋皆美细。今言弘羊等三人言利事纤悉，能分析其秋毫也。"[1]

汉武帝选用的这三位经济人才，"咸阳，齐之大煮盐，孔仅，南阳大冶，皆致生累千金"，"弘羊，雒阳贾人子，以心计"，都是真正的经营奇才。而汉家早先制度，对于包括工商业者在内的"商贾"是予以压制的，法令有所谓"商贾之律"：

> 天下已平，高祖乃令贾人不得衣丝乘车，重租税以困辱之。孝惠、高后时，为天下初定，复弛商贾之律，然市井之子孙亦不得仕宦为吏。[2]

汉武帝破格任用东郭咸阳、孔仅、桑弘羊，是明显违反传统制度的。桑弘羊"雒阳贾人子"，因"市井之子孙亦不得仕宦为吏"的制度不能进入体制

---

① 《史记》，第1428页。
② 《史记》卷三〇《平准书》，第1418页。

内参与经济决策。而"咸阳，齐之大煮盐，孔仅，南阳大冶，皆致生累千金"，此二人本人就是上层执政集团予以敌视的"富商大贾"。

汉武帝识人的眼光和用人的魄力，在中国古代人才史和中国古代人才思想史上有特殊的表现。汉武帝在位54年，作为统一帝国的最高权力者，执政时间仅次于康熙（61年）和乾隆（60年）。汉武帝执政时期能够敏锐地识人，明智地用人，是他取得政治成功的重要条件。按照东汉史学家班固在《汉书》卷六《武帝纪》最后"赞曰"中的说法，汉武帝"畴咨海内，举其俊茂，与之立功"①。他的功业，其实是当时"海内""俊茂"们共同创立的。班固在《汉书》卷五八《公孙弘卜式兒宽传》最后的赞语中提示我们，汉武帝时代是在人才的发现和识拔方面最值得肯定的历史阶段："赞曰：公孙弘、卜式、兒宽皆以鸿渐之翼困于燕爵，远迹羊豕之间，非遇其时，焉能致此位乎？是时，汉兴六十余载，海内艾安，府库充实，而四夷未宾，制度多阙。上方欲用文武，求之如弗及，始以蒲轮迎枚生，见主父而叹息。群士慕向，异人并出。卜式拔于刍牧，弘羊擢于贾竖，卫青奋于奴仆，日磾出于降虏，斯亦曩时版筑饭牛之朋已。汉之得人，于兹为盛，儒雅则公孙弘、董仲舒、兒宽，笃行则石建、石庆，质直则汲黯、卜式，推贤则韩安国、郑当时，定令则赵禹、张汤，文章则司马迁、相如，滑稽则东方朔、枚皋，应对则严助、朱买臣，历数则唐都、洛下闳，协律则李延年，运筹则桑弘羊，奉使则张骞、苏武，将率则卫青、霍去病，受遗则霍光、金日磾，其余不可胜纪。是以兴造功业，制度遗文，后世莫及。"②这段文字又见于《史记》卷一一二《平津侯主父列传》，以"班固称曰"的形式引录。③

所谓"弘羊擢于贾竖""运筹则桑弘羊"，表扬了汉武帝发现和任用桑弘羊的英明。而"推贤则韩安国、郑当时"，亦肯定了"咸阳，齐之大煮盐，孔仅，南阳大冶，皆致生累千金，故郑当时进言之"的意义。汉武帝对郑当时推荐意见的认可，也是东郭咸阳在管理盐业方面得以"兴造功业"的基本条件。

---

① 《汉书》，第212页。
② 《汉书》，第2633-2634页。
③ 《史记》，第2964-2965页。

"咸阳，齐之大煮盐，孔仅，南阳大冶，皆致生累千金"，这两位人物赖"郑当时进言之"。"郑当时者，字庄"，司马迁为立传，其性格识见有特别之处。《史记》卷一二〇《汲郑列传》写道："郑庄以任侠自喜，脱张羽于厄，声闻梁楚之间。孝景时，为太子舍人。每五日洗沐，常置驿马安诸郊，存诸故人，请谢宾客，夜以继日，至其明旦，常恐不遍。庄好黄老之言，其慕长者如恐不见。年少官薄，然其游知交皆其大父行，天下有名之士也。武帝立，庄稍迁为鲁中尉、济南太守、江都相，至九卿为右内史。以武安侯魏其时议，贬秩为詹事，迁为大农令。"东郭咸阳与孔仅被推荐，应当正在郑当时"为大农令"时。郑当时推荐贤能，深心诚恳。"庄为太史，诫门下：'客至，无贵贱无留门者。'执宾主之礼，以其贵下人。庄廉，又不治其产业，仰奉赐以给诸公。然其馈遗人，不过算器食。每朝，候上之间，说未尝不言天下之长者。其推毂士及官属丞史，诚有味其言之也，常引以为贤于己。未尝名吏，与官属言，若恐伤之。闻人之善言，进之上，唯恐后。山东士诸公以此翕然称郑庄。"不过，司马迁笔下也有批评郑当时的文字："然郑庄在朝，常趋和承意，不敢甚引当否。"[1]这样说来，东郭咸阳和孔仅的任用，汉武帝决策的意义就更重要了。

东郭咸阳，据《史记》卷三〇《平准书》司马贞《索隐》："《风俗通》东郭牙，齐大夫，咸阳其后也。"[2]其先祖很可能有曾先后为齐国盐业主及国家官员的经历，甚至可能兼有两种身份。他以"齐之大煮盐"的实业家身份进入执政集团中心，成为管理国家盐政的主官，在一定意义上左右了西汉盐政史的走向与进程，对此后千百年中国古代盐政史也产生了影响。

3. "举行天下盐铁"

据《史记》卷三〇《平准书》，国家盐业统制的全面推行，直接与北边战事紧张及相应财政困难有关，同时调整经济问题的方式还有新的币制的确定：

---

[1] 郑当时任用官吏也有出现失误的情形，其事当在"大农令"任上，即推荐东郭咸阳前后："及晚节，汉征匈奴，招四夷，天下费多，财用益匮。庄任人宾客为大农僦人，多逋负。司马安为淮阳太守，发其事，庄以此陷罪，赎为庶人。"《史记》，第3112-3113页。

[2] 《史记》，第1428页。

其明年，大将军、骠骑大出击胡，得首虏八九万级，赏赐五十万金，汉军马死者十余万匹，转漕车甲之费不与焉。是时财匮，战士颇不得禄矣。

有司言三铢钱轻，易奸诈，乃更请诸郡国铸五铢钱，周郭其下，令不可磨取镕焉。

大农上盐铁丞孔仅、咸阳言："山海，天地之藏也，皆宜属少府，陛下不私，以属大农佐赋。愿募民自给费，因官器作煮盐，官与牢盆。浮食奇民欲擅管山海之货，以致富羡，役利细民。其沮事之议，不可胜听。敢私铸铁器煮盐者，釱左趾，没入其器物。郡不出铁者，置小铁官，便属在所县。"使孔仅、东郭咸阳乘传举行天下盐铁，作官府，除故盐铁家富者为吏。吏道益杂，不选，而多贾人矣。

关于"沮事之议"，司马贞《索隐》："沮，止也。仅等言山海之藏宜属大农，奇人欲擅利，必有沮止之议，此不可听许也。"可知决策者意志的坚定。关于"釱左趾"，即言"敢私铸铁器煮盐者"的惩罚形式。裴骃《集解》："《史记音隐》曰：'釱音徒计反。'韦昭曰：'釱，以铁为之，著左趾以代刖也。'"司马贞《索隐》："按：《三苍》云'釱，踏脚钳也'。《字林》徒计反。张斐《汉晋律序》云'状如跟衣，著左足下，重六斤，以代膑，至魏武改以代刖也'。"所谓"置小铁官"，裴骃《集解》："邓展曰：'铸故铁。'"①就是设置重新熔铸废铁的机构。

所谓"使孔仅、东郭咸阳乘传举行天下盐铁，作官府"，即以极快的速度，于"天下"全面落实这一制度。而"除故盐铁家富者为吏"的政策，任用有盐产经营经验的成功实业家参与盐业管理，即以盐业专家管理盐业，自然可以提升盐政管理的行政水准。所谓"吏道益杂，不选，而多贾人矣"，即此政策致使选官制度史上的新局面出现。

"盐铁"控制的政策，使得汉王朝的财政危机得以缓解。汉武帝时代，还采取了"算缗"和"告缗"等直接打击大商贾的政策。元狩四年（前119）开始推行的"算缗钱"制度，规定商人、兼营手工业的商人以及高利

---

① 《史记》，第1428-1430页。

贷者，必须向政府申报其资产。每二千钱应纳税一算，即一百二十钱。自产自销的手工业品，每四千钱一算。轺车一车一算，商人拥有的轺车则加倍。船五丈以上一算。商人有产不报或报而不实的，罚令戍边一年，财产予以没收。元鼎四年（前114），汉武帝又下令实行"告缗"，鼓励民间相互告发违反"算缗"法令的行为。规定将所没收违法商人资产的一半奖励给告发者。于是，在"告缗"运动中，政府没收的财产数以亿计，没收的奴婢成千上万，没收的私有田地，大县数百顷，小县百余顷。中等资产以上的商贾，大多数都遭到告发以致破产。"算缗""告缗"推行之后，政府的府库得到充实，商人受到沉重的打击。专制主义中央集权制度的空前加强，得到了强有力的经济保障。《史记》卷三〇《平准书》记述：

> 杨可告缗遍天下，中家以上大抵皆遇告。杜周治之，狱少反者。乃分遣御史廷尉正监分曹往，即治郡国缗钱，得民财物以亿计，奴婢以千万数，田大县数百顷，小县百余顷，宅亦如之。于是商贾中家以上大率破，民偷甘食好衣，不事畜藏之产业，而县官有盐铁缗钱之故，用益饶矣……初，大农管盐铁官布多，置水衡，欲以主盐铁；及杨可告缗钱，上林财物众，乃令水衡主上林。上林既充满，益广。[1]

所谓"县官有盐铁缗钱之故，用益饶矣"，以及"大农管盐铁官布多"，"主盐铁"之"水衡"管理的"上林财物众"，都说明"盐铁"制度对于充实国库、解决国家财政问题发挥了重要作用。后来的战争消耗也因"大农管盐铁官布多"得到支持。"其明年，南越反，西羌侵边为桀。于是天子为山东不赡，赦天下囚，因南方楼船卒二十余万人击南越，数万人发三河以西骑击西羌，又数万人度河筑令居。初置张掖、酒泉郡，而上郡、朔方、西河、河西开田官，斥塞卒六十万人戍田之。中国缮道馈粮，远者三千，近者千余里，皆仰给大农。""汉连兵三岁，诛羌，灭南越，番禺以西至蜀南者置初郡十七，且以其故俗治，毋赋税。南阳、汉中以往郡，各以地比给初郡吏卒奉食币物，传车马被具。而初郡时时小反，杀吏，汉发南方吏卒往诛之，间岁万余人，费皆仰给大农。大农以均输调盐铁助赋，故能赡之。然兵所过

---

[1] 《史记》，第1435-1436页。

县，为以訾给毋乏而已，不敢言擅赋法矣。"新控制地方"初郡""毋赋税"的经济优遇及行政安定的付出，如调遣军队镇抚、"汉发南方吏卒往诛之"的费用，也都依赖"大农以均输调盐铁助赋，故能赡之"。不过，这些临时性"助赋"的支用方式，只是政策性变通手段，不能成为常制。裴骃《集解》引徐广对"为以訾给毋乏而已，不敢言擅赋法矣"的解释，即："擅，一作'经'。经，常也。惟取用足耳，不暇顾经常法则也。"[①]

"盐铁"官营制度的弊病，在汉武帝时代已经暴露。如："郡国多不便县官作盐铁，铁器苦恶，贾贵，或强令民卖买之。"[②]又有《盐铁论·禁耕》所谓"良家以道次发僦运盐、铁，烦费，百姓病苦之"[③]等现象。这是行政力量直接介入经济生活，强力干预市场规则时常见的情形。

4. 关于"牢盆"

盐业官营的形式，是由在产盐区设置的盐官备置煮盐用的"牢盆"，募人煮盐，产品由政府统一收购发卖。

前引《史记》卷三〇《平准书》说到"牢盆"：

> 愿募民自给费，因官器作煮盐，官与牢盆。

裴骃《集解》：

> 如淳曰："牢，廪食也。古名廪为牢也。盆者，煮盐之盆也。"

司马贞《索隐》的解说不同：

> 予牢盆。按：苏林云"牢，价直也。今代人言'雇手牢盆'"。晋灼云苏说是。乐产云"牢乃盆名"，其说异。[④]

《汉书》卷二四下《食货志下》："因官器作鬻盐，官与牢盆。"颜师古注：

> 苏林曰："牢，价直也。今世人言顾手牢。"如淳曰："牢，廪食也。古者名廪为牢。盆，鬻盐盆也。"师古曰："牢，

---

① 《史记》卷三〇《平准书》，第1438-1441页。

② 《史记》卷三〇《平准书》，第1440页。

③ 王利器：《盐铁论校注》（定本），中华书局1992年版，第68-69页。

④ 《史记》，第1429页。

苏说是也。鬻，古煮字也。"①

"古者名廪为牢"，张元济指出，汪、德、汲本作"为"，北本作"曰"。②

按照如淳的解说，"古名廪为牢也。盆者，鬻盐之盆也"，则"牢盆"为二事，"官与牢盆"应当读作"官与牢、盆"。后来学者仍有这样的理解。如宋人黄震说："牢盆，牢者，与之廪食；盆者，与之煮盐器。故曰'官与牢、盆'。"③明丘濬《大学衍义补》写道："汉武帝时，孔仅、东郭咸阳言：愿募民因官器作鬻盐，官予牢廪食也盆煮盐之器，敢私鬻盐者，釱足钳也左趾。"④"鬻"作"鬻"是因字形相近发生的误读。而清人徐文靖《管城硕记》也认可此说，以为"牢，廪食也"的解释是正确的：

> 《天官书》：赤帝行德，天牢为之空。《正义》曰：天牢六星在北斗魁下，主秉禁暴，亦贵人之牢也。

> 按：《史记·平准书》曰："募民自给费，因官器作煮盐，官与牢盆。"如淳曰："牢，廪食也。古者名廪为牢也。"天牢乃天廪屯积之所。故天牢六星在北斗魁文昌间。文昌第一星曰上将，第二星曰次将。《春秋合诚图》曰："天牢主守将。"《荆州占》曰："客星入天牢，其国得邑土。"则是天牢主守将所以环守其牢廪，同列于上将次将之间。故曰天牢。而《石氏星经》：天牢六星贵人牢，与贯索同占，是以天牢为狴牢之牢，而《史记正义》因之，斯其谬矣。⑤

不过，以《春秋合诚图》《荆州占》否定《石氏星经》，似乎缺乏说服力。现在看来，"牢盆"之"牢""盆"二字并非并列关系，可能是合理的。

陈直比较明确地提出"牢盆"之"牢"是强调其器质量"牢固"的意见："牢盆二字，向无确解，余谓当作牢固之盆解。汉有'真上牢''太牢第一'等陶器（见《关中秦汉陶录》卷一）。东汉乐浪王旴、王光墓中，出

---

① 《汉书》，第1165-1166页。

② 张元济：《百衲本二十四史校勘记·汉书校勘记》，商务印书馆1999年版，第71页。

③ 〔宋〕黄震：《黄氏日抄》卷四六《读史一·史记》，清文渊阁《四库全书》本。

④ 〔明〕丘浚：《大学衍义补》卷二八《治国平天下之要·制国用》"山泽之利上"，清文渊阁《四库全书》本。

⑤ 〔清〕徐文靖著，范祥雍点校：《管城硕记》卷二七《天文考异一》，中华书局1998年版，第500页。

土漆耳杯，有'王氏牢'题字，皆与牢盆同义。"①

陈直又据汉代石刻文字资料，对所谓汉代"烧盐的牢盆"的实例，进行了有意义的考论：

> 《隶续》卷三又《汉巴官铁盆铭》云："巴官三百五十斤，永平七年，第廿七西。"洪氏考云在巫山县。此器是第二十七，可见尚不止此数。又《隶续》卷十四，有《修官二铁盆款识》云："廿五石廿年修官作，廿五石。"洪氏考云："乾道中陆游监汉嘉郡得之，字画无篆体，盖东汉初年所作，修官正与永平巴官相同。"上述两则，皆东汉烧盐的牢盆，为工具留存之仅可考者。至于两汉每一盐官用制盐的工人若干人，则不可考。②

汉代劳动史之"工具留存"，为历史学者瞩目，其实体现出史学研究富有新意的气象。而关注"两汉每一盐官用制盐的工人若干人"，也是非常有意义的学术思路。不过大致可以推知，"每一盐官"因生产规模不同，所"用制盐的工人"的人数一定是并不相同的。

陈直还特别提示关心两汉"制盐业"的学者："汉代制盐手工业，在近出四川画像砖中，可以明了工作的情况。"③

《本草纲目》卷一一《石部·食盐》陈贵廷主编"集释"本可见海盐制取的方式："【集解】〔颂曰〕东海、北海、南海盐者，今沧、密、楚、秀、温、台、明、泉、福、广、琼、化诸州，煮海水为之，谓之泽盐，医方谓之海盐。海边掘坑，上布竹木，覆以蓬茅，积沙于上。每潮汐冲沙，则卤碱淋于坑中，水退则以火炬照之，卤气冲火皆灭。因取海卤贮盘中煎之，顷刻而就。"煎煮海盐的器具，就是"牢盆"。"其煮盐之器，汉谓之牢盆，今或鼓铁为之，南海人编竹为之，上下周以蜃灰，横丈深尺，平底，置于灶背，谓之盐盘。"④所谓"编竹为之"的"盐盘"形制，保留了有特殊意义的盐史信息。

---

①　陈直：《史记新证》，天津人民出版社1979年版，第75-76页。
②　陈直：《两汉经济史料论丛》，第105页。
③　陈直：《两汉经济史料论丛》，第105页。
④　陈贵廷：《本草纲目通释》，学苑出版社1992年版，第413页。

5. "盐官"管理形式

翦伯赞《秦汉史》曾经设想汉武帝时代"盐铁"管理的行政结构，其中涉及"盐官"体制："当时总理全国盐铁事业的机关为大司农，在大司农的隶属之下，于全国各产盐铁之地，置铁官或小铁官和盐官。在盐铁官之下，又于其所辖各场坊置监督员，谓之吏。吏之下，又置工头若干，谓之卒。卒之下为工人，谓之徒。当时矿场、铁场和盐场，大者一家聚众或至千余人，小者亦有工人数百。全国矿工、铁工的人数，已达十万人以上，而煮盐的工人尚不在内。由此又足见当时矿冶事业的管理组织之严密，与其规模之相当的宏大。"关于"当时矿场、铁场和盐场，大者一家聚众或至千余人，小者亦有工人数百"的判断，原注："《汉书·成帝纪》云：成帝阳朔三年（前22）'夏六月，颍川铁官徒申屠圣等百八十人，杀长吏'。又云：永始三年（前14），'山阳铁官徒苏令等二百二十八人，攻杀长吏'。以上铁官徒的数字，当然不是颍川或山阳冶铁工人的总数，但由此亦可以看出使用二百三百人的冶铁工场，在当时是很平常的事情。"在"全国矿工、铁工的人数，已达十万人以上"句下，原注："《汉书·贡禹传》云：'诸铁官皆置吏卒徒，攻山取铜铁，一岁功十万人已上。'"[1]今按："一岁功十万人已上"，是工作日总计，不能得出"人数已达十万人以上"的结论。不过，"煮盐的工人尚不在内"的判断，对于我们了解"盐官"管理的规模和方式，是有意义的。"煮盐"与"攻山取铜铁"的生产形式不同，管理形式应当也有差异。不过，对"盐官"系统劳作与管理方式的推想，现在应当说并没有充备的资料依据。

---

[1] 翦伯赞：《秦汉史》，第192页。

图5-5　汉"琅盐左丞"官印
据罗福颐主编《秦汉南北朝官印征存》，文物出版社1987年版

林剑鸣《秦汉史》认为当时"盐官"的管理方式，即："由官府招募盐户，主要费用由他们自己负担，政府给他们煮盐的器具和一定的生活费用。这样，煮成的盐自然由政府垄断。"①这些"盐户"，当然与翦伯赞所说的"徒"的身份有所不同。杨生民则据《史记》卷三〇《平准书》载东郭咸阳等言"浮食奇民欲擅管山海之货，以致富羡，役利细民。其沮事之议，不可胜听。敢私铸铁器煮盐者，钛左趾，没入其器物"，认为："在汉武帝官营盐铁之前，冶铁、煮盐业中经济关系是一种'浮食奇民''役利细民'的经济关系。"这种"细民"不会是奴隶。据《盐铁论·未通》谴责吏"刻急细民，细民不堪，流亡远去"②语，"说明'细民'是须向政府纳赋的有一定私产和人身较自由的贱民，其主要成分应是农民和小工商业者"。《盐铁论·复古》："往者，豪强大家，得管山海之利，采铁石鼓铸，煮海为盐。一家聚众，或至千余人，大抵尽收放流人民也。远去乡里，弃坟墓，依倚大家，聚深山穷泽之中，成奸伪之业，遂朋党之权，其轻为非亦大矣！"③说到其经营场所与产业规模。杨生民据此以为："被称为'豪强大家'的盐铁业主使用的生产劳动者是'放流人民'。他们只是'依倚大家'的一种封建依附人口，并非把自身卖给'大家'作私产或奴隶。""'亡命'也是西汉时从事铸钱、冶铁、煮盐业生产的一种封建依附人口。《汉书·吴王濞传》载：吴王'招致天下亡命，盗铸钱，东煮海水为盐。'这是把'亡命'用于

---

① 林剑鸣：《秦汉史》，第379页。
② 王利器：《盐铁论校注》（定本），第192页。
③ 王利器：《盐铁论校注》（定本），第78-79页。

铸钱、煮盐业的记载。"①

　　林剑鸣《秦汉史》第十章"西汉社会经济的发展"第三节"手工业的发展"还写道："在官营手工业中，还有一部分是关系国计民生而由政府垄断的部门。主要是冶铁、煮盐、酿酒等。这些部门并非始终为政府垄断，有时也任民间经营。由于这些产品皆是人民生产、生活不可缺少的，所以在汉武帝以后就由国家实行垄断，以解决政府的财政问题，其垄断的程度也有所不同……"②对于所谓"有时也任民间经营""其垄断的程度也有所不同"具体情形的认识，可能还需要日后的新发现，以及对其做出的确定的分析与合理的说明来印证。

　　汉武帝时代的"盐官"制度对后世有显著的影响。"盐官"名号后来又有变化。曹魏时期有"盐督""卤督""卤咸督"职官，有学者认为就是"盐官"。罗福颐主编《秦汉南北朝官印征存》卷七《三国官印·曹魏官印》：

　　　　莲勺卤咸督印　　鼻纽　　凝③

　　　　三国郡县表，魏雍州左冯翊有莲勺县。此卤咸督殆是监盐官

　　之属。

　　　　莲勺卤督印　　鼻纽　　陕④

　　　　释见上

　　　　石耤盐督　　鼻纽　　陕

　　　　通典魏官品第八品有司盐监丞。此殆是郡县盐官用印。⑤

所谓"此殆是郡县盐官用印"的意见可以参考。

---

① 杨生民：《汉代官、私工商业生产关系问题》，《杨生民经济史论集》，首都师范大学出版社2002年版，第107-108页。

② 作者写道："……其垄断的程度也有所不同，详细内容已在本书第六章第二节中叙述，这里从略。"林剑鸣：《秦汉史》，第564页。今按，"详细内容已在本书第六章第二节中叙述"，"第六章第二节"，为"第七章第五节"之误。

③ "凝"即出自罗振玉《凝清室古官印存》二册。

④ "陕"即出自《陕西省博物馆藏印》。

⑤ 罗福颐：《秦汉南北朝官印征存》，文物出版社1987年版，第242页。

图5-6 曹魏"莲勺卤督"官印

据罗福颐主编《秦汉南北朝官印征存》，文物出版社1987年版

6. 徐偃"矫制"与张汤"劾偃"、终军"诘偃"

盐铁官营制度推行之后，朝廷遣派的使者徐偃出行齐地，"矫制"而"使胶东、鲁国鼓铸盐铁"，发生了严重冲击盐铁官营制度的事件。

"齐地"是盐业发展有悠久历史的地方。《汉书》卷六四下《终军传》记载了这一事件的原委：

> 元鼎中，博士徐偃使行风俗。偃矫制，使胶东、鲁国鼓铸盐铁。还，奏事，徙为太常丞。御史大夫张汤劾偃矫制大害，法至死。偃以为《春秋》之义，大夫出疆，有可以安社稷，存万民，颛之可也。汤以致其法，不能诎其义。

张汤以为徐偃"矫制，使胶东、鲁国鼓铸盐铁"是严重犯罪，"大害，法至死"。徐偃则以"《春秋》之义，大夫出疆，有可以安社稷，存万民，颛之可也"辩解。张汤只能以"法""劾"，然而"不能诎其义"，未能折伤徐偃据"《春秋》之义"在理论上占据上风的地位。汉武帝于是诏令终军参与辩论：

> 有诏下军问状，军诘偃曰："古者诸侯国异俗分，百里不通，时有聘会之事，安危之势，呼吸成变，故有不受辞造命颛己之宜；今天下为一，万里同风，故《春秋》'王者无外'。偃巡封域之中，称以出疆何也？且盐铁，郡有余藏，正二国废，国家不足以为利害，而以安社稷存万民为辞，何也？"

终军的诘问，特别指向盐政，说道："偃度四郡口数田地，率其用器食盐，不足以并给二郡邪？"

> 又诘偃："胶东南近琅邪，北接北海，鲁国西枕泰山，东有
> 东海，受其盐铁。偃度四郡口数田地，率其用器食盐，不足以并给
> 二郡邪？将势宜有余，而吏不能也？何以言之？偃矫制而鼓铸者，
> 欲及春耕种赡民器也。今鲁国之鼓，当先具其备，至秋乃能举火。
> 此言与实反者非？偃已前三奏，无诏，不惟所为不许，而直矫作威
> 福，以从民望，干名采誉，此明圣所必加诛也。'枉尺直寻'，孟
> 子称其不可；今所犯罪重，所就者小，偃自予必死而为之邪？将幸
> 诛不加，欲以采名也？"

于是，"偃穷诎，服罪当死。军奏：'偃矫制颛行，非奉使体，请下御史征
偃即罪。'奏可。上善其诘，有诏示御史大夫"[1]。在张汤"劾偃"后又指
示终军"诘偃"，徐偃"矫制"故事中汉武帝的态度，倾向性是明显的。

有学者以为，"徐偃一个小小博士何能矫制，大概是胶东、鲁国仍在
鼓铸盐铁，徐作了替死鬼"[2]。这样的分析大概只是出于猜测。如果确实如
此，则徐偃不可能不据此申诉。

我们以为值得注意的是徐偃所言盐业经营对于"胶东、鲁国""存万
民"的意义。而终军诘徐偃所谓"胶东南近琅邪，北接北海，鲁国西枕泰山，
东有东海，受其盐铁"体现的盐业供求关系和储运路径，以及"偃度四郡口数
田地，率其用器食盐，不足以并给二郡邪"说到的"四郡""食盐"储备，都
是我们在思考汉代盐业史和盐政史相关问题时，应当予以充分重视的。[3]

四、武帝之后的汉代"盐政"

汉武帝时代创制的盐铁官营政策，就盐业管理来说，历史记载已各见利
弊。西汉中期对汉武帝盐政形式有知识界倡起的反思。西汉晚期这一制度有

---

[1]《汉书》，第2817-2818页。
[2] 曾延伟：《两汉社会经济发展史初探》，中国社会科学出版社1989年版，第42页。
[3] 王子今：《东方海王：秦汉时期齐人的海洋开发》，中国社会科学出版社2015年版，第253-254页。

所调整。王莽时代及东汉时期又有新的变化。而对汉武帝任用东郭咸阳执行的政策，在后来的历史上仍然有长期的争议。

1. 昭帝"议罢盐铁之官"

官营盐铁的政策，不可避免地给社会经济和民众生活带来了一些消极的影响。例如官盐价高而味苦，农具粗劣不合用等。如前引《史记》卷三〇《平准书》所谓"郡国多不便县官作盐铁，铁器苦恶，贾贵，或强令民卖买之"及《汉书》卷八《宣帝纪》所谓"盐，民之食，而贾咸贵，众庶重困"。

霍光执政期间，杜延年建议修"宽和"之政，于是有调整"盐铁"政策的动议。《汉书》卷六〇《杜延年传》：

> （杜延年）见国家承武帝奢侈师旅之后，数为大将军光言："年岁比不登，流民未尽还，宜修孝文时政，示以俭约宽和，顺天心，说民意，年岁宜应。"光纳其言，举贤良，议罢酒榷盐铁，皆自延年发之。[①]

"议罢盐铁"即更改盐铁专卖政策的说法，又见于《汉书》卷七《昭帝纪》："（始元六年）二月，诏有司问郡国所举贤良文学民所疾苦。议罢盐铁榷酤。"颜师古注："应劭曰：'武帝时，以国用不足，县官悉自卖盐铁，酤酒。昭帝务本抑末，不与天下争利，故罢之。'"[②]

《汉书》卷六六《车千秋传》也记载："始元六年，诏郡国举贤良文学士，问以民所疾苦，于是盐铁之议起焉。"颜师古注："议罢盐铁之官，令百姓皆得煮盐铸铁，因总论政治得失也。"[③]所谓"盐铁之议起焉"，按照颜师古的理解，即讨论全面放开对民间经营盐铁的禁令，"令百姓皆得煮盐铸铁"，同时对相关政策的"得失"进行全面评判。

---

① 《汉书》卷六〇《杜延年传》，第2664页。
② 《汉书》，第223页。
③ 《汉书》，第2886页。

2. 盐铁会议与《盐铁论》

正式的"盐铁之议",即通常学者称作"盐铁会议"的政策辩论,发生在始元六年(前81)六月。前引《汉书》卷七《昭帝纪》记载:

> (六年)二月,诏有司问郡国所举贤良文学民所疾苦。议罢
> 盐铁榷酤。

"郡国所举贤良文学"与桑弘羊等就"盐铁"制度及"总论政治得失"层次的激烈辩论,由桓宽整理为《盐铁论》,保留了珍贵的议政记录。颜师古注解释"议罢盐铁榷酤":

> 应劭曰:"武帝时,以国用不足,县官悉自卖盐铁,酤酒。
> 昭帝务本抑末,不与天下争利,故罢之。"①

应劭所谓"昭帝务本抑末,不与天下争利,故罢之"的说法并不确实。盐铁会议之后,对于"榷酤"和"关内铁官"的原有制度有所调整,对"盐"的控制,即对盐产和盐运的管理却并没有放松。

图5-7 桑弘羊像

---

① 《汉书》,第223页。

据《盐铁论·取下》记载，在辩论结束，双方终于"罢议止词"之后："奏曰：'贤良、文学不明县官事，猥以盐、铁为不便。请且罢郡国榷沽、关内铁官。'奏曰：'可。'"①

然而《汉书》卷二四下《食货志下》的相关记述并没有说到"关内铁官"，只说"酒酤"。②盐政制度并没有变更。

3. "盐铁官""罢""复"：元帝盐政反复

盐铁会议之后，相关政策变化与人事变化出现了新的情况。就此《汉书》卷二四下《食货志下》有所记述：

> 昭帝即位六年，诏郡国举贤良文学之士，问以民所疾苦，教化之要。皆对愿罢盐铁酒榷均输官，毋与天下争利，视以俭节，然后教化可兴。弘羊难，以为此国家大业，所以制四夷，安边足用之本，不可废也。乃与丞相千秋共奏罢酒酤。弘羊自以为国兴大利，伐其功，欲为子弟得官，怨望大将军霍光，遂与上官桀等谋反，诛灭。

> 宣、元、成、哀、平五世，亡所变改。元帝时尝罢盐铁官，三年而复之。③

桑弘羊"与丞相千秋共奏罢酒酤"，也就是说，不仅"盐官"未罢，《盐铁论·取下》所说"罢""关内铁官"的说法也没有记录在正史中。此后"宣、元、成、哀、平五世，亡所变改"。

汉元帝时代，曾经一度"罢盐铁官"，然而三年之后，就又重新恢复了"盐铁官"设置。

4. 新莽"盐政"

面对西汉末年尖锐的阶级矛盾和深重的社会危机，王莽正式取得帝位之后，即附会古礼，托古改制，期求以社会改革的形式，调整阶级关系，恢复政局的稳定。西汉末年社会问题的症结，是土地问题和奴婢问题。王莽在始建国元年（9）诏令更名天下田为"王田"，奴婢为"私属"，都严禁买

---

① 王利器：《盐铁论校注》（定本），第463-464页。

② 《汉书》，第1176页。

③ 《汉书》，第1176页。

卖。又宣布按照一夫百亩的制度授田，以缓和土地兼并，同时防止农民奴隶化。在经济方面的又一重要政策，就是推行"五均六管"制度。

"五均六管"，即"五均赊贷"和"六管"的制度。王莽曾经试图通过这一形式，改善对工商业和财政的管理。当时实行"五均"的六个城市，称为"五均市"。"五均市"即：长安（今陕西西安西北）、洛阳（今河南洛阳东）、邯郸（今河北邯郸）、临菑（今山东淄博东）、宛（今河南南阳）、成都（今四川成都）。《汉书》卷二四下《食货志下》记载，王莽颁布诏令说：《周礼》有赊贷制度，《乐语》有五均形式，传记等诸种典籍多说到"斡"，其作用在于使众庶得到平均，使兼得到抑止。于是在长安及五都设立"五均官"，更名长安东、西市令及洛阳、邯郸、临菑、宛、成都市长皆为"五均司市师"。东市称"京"，西市称"畿"，洛阳称"中"，其余四都各用"东""西""南""北"为称，分别设置交易丞五人，钱府丞一人。①

"六管"，即对六种经济活动实行管制，包括对盐、铁、酒实行专卖，政府铸钱，名山大泽产品收税以及五均赊贷即政府对城市工商业经营和市场物价进行管制并办理官营贷款业务等。居延汉简中可以看到这样的简文：

> ……枚，缣素，上贾一匹直小泉七百枚，其马牛各且倍，
> 平及诸万物可皆倍。牺和折威侯匡等所为平贾，夫贵者征贱，
> 物皆集聚于常安城中，亦自为极贱矣。县官市买于民，民……
> （E.P.T59:163）②

所谓"牺和折威侯匡"，可能就是《汉书》卷二四下《食货志下》中说到的主持"五均六管"的"羲和鲁匡"。"羲和鲁匡言：'名山大泽，盐铁钱布帛，五均赊贷，斡在县官……'"③这里的"羲和鲁匡"，《汉书》卷九九下《王莽传下》则写作"牺和鲁匡"："牺和鲁匡设六管，以穷工商。"④事实证明王莽时代推行的"五均赊贷"制度不仅限于"盐铁钱布帛"，可能

---

① 《汉书》卷二四下《食货志下》，第1179-1180页。
② 甘肃省文物考古研究所、甘肃省博物馆、文化部古文献研究室、中国社会科学院历史研究所编：《居延新简：甲渠候官与第四燧》，文物出版社1990年版，第370页。
③ 《汉书》，第1182页。
④ 《汉书》，第4170页。

也曾试图涉及"马牛""及诸万物"，而"盐"，是位列第一的。

当时，新朝政府宣称希望通过类似的经济管理方式，限制商人对农民的残酷盘剥，制止高利贷者非法牟取暴利的行为，以完备国家的经济制度，调整社会的经济关系。但是，这些措施也多有不利于实行的成分，遭到了工商业者的联合反对，导致了明显的经济混乱。王莽政权的最高决策集团，在确定改革的方向和步骤时，没有经过成熟的理论思考；在推行改革的法令和措施时，也没有进行必要的理论说明。他们只是简单地以传说中古代圣王的制度作为改革的理论基础。分田授田的规定，是依照孟子所谓"井田制"一夫一妻授田百亩的原则制定的。"五均六管"制度的名号，也是儒者刘歆以古文经《周礼》和《乐经》为依据提出来的。

耐人寻味的是，"五均"政策，本来是以汉武帝"平准法"为基点制定的，而"六管"中，盐、铁专卖和政府铸钱也都是承袭汉武帝旧制，酒的专卖，汉武帝时代也曾经实行，但是新法的宣布，并不对汉武帝时代制度的利弊与成败进行总结和说明，却只是以古制相标榜。

"五均六管"法实行了十数年，并没有取得理想的成效，到王莽地皇二年（21），和他一系列失败的政策一样，也准备被正式废除。然而第二年，王莽的新朝政权就覆亡了。

陈直曾总结"制盐业""武帝专卖以后情况"。他写道："西汉盐的专卖制度自武帝元封元年起至平帝元始五年止（公元五年）历一百一十五年，王莽仍厉行专卖制度。"[1]

5. 东汉盐官征税制度

东汉时期的盐政形势比较复杂。汉章帝建初六年（81）"议复盐铁官"，曾经引发争议。[2]汉章帝元和元年（84）朝廷又有"盐政"之议。《后汉书》卷四三《朱晖传》：

> 是时谷贵，县官经用不足，朝廷忧之。尚书张林上言："谷所以贵，由钱贱故也。可尽封钱，一取布帛为租，以通天下之用。

---

[1] 陈直：《两汉经济史料论丛》，第103页。
[2] 《后汉书》卷三六《郑众传》："建初六年，代邓彪为大司农。是时肃宗议复盐铁官，众谏以为不可。"第1225页。

又盐，食之急者，虽贵，人不得不须，官可自鬻。又宜因交址、益州上计吏往来，市珍宝，收采其利，武帝时所谓均输者也。"于是诏诸尚书通议。晖奏据林言不可施行，事遂寝。后陈事者复重述林前议，以为于国诚便，帝然之，有诏施行。晖复独奏曰："王制，天子不言有无，诸侯不言多少，禄食之家不与百姓争利。今均输之法与贾贩无异，盐利归官，则下人穷怨，布帛为租，则吏多奸盗，诚非明主所当宜行。"帝卒以林等言为然，得晖重议，因发怒，切责诸尚书。晖等皆自系狱。三日，诏敕出之。曰："国家乐闻驳议，黄发无愆，诏书过耳，何故自系？"晖因称病笃，不肯复署议。

"张林上言"所谓"盐，食之急者，虽贵，人不得不须"，强调了"盐"于民生的重要意义。所谓"官可自鬻"李贤注：

《前书》曰："因官器作鬻盐。"《音义》曰："鬻，古'煮'字。"

今按：《史记》卷三〇《平准书》及《汉书》卷二四下《食货志下》均作"因官器作煮盐"。张林所谓"又宜因交址、益州上计吏往来，市珍宝，收采其利，武帝时所谓均输者也"，李贤注："武帝作均输法，谓州郡所出租赋，并雇运之直，官总取之，市其土地所出之物。官自转输于京，谓之均输。"[1]张林所主张的，是部分恢复武帝时期的"盐铁"制度与"均输"制度。朱晖则坚持"不与百姓争利"的"王制"原则。

对于盐业管理，在所谓"官可自鬻"，"于国诚便"与"盐利归官，则下人穷怨"两种政策主张面前，汉章帝的态度是犹疑而不明朗的。于是前有"晖奏据林言不可施行，事遂寝"，随即"后陈事者复重述林前议，以为于国诚便，帝然之，有诏施行"，后有"得晖重议，因发怒，切责诸尚书"，致使"晖等皆自系狱"，而又"诏敕出之"两次态度转换。

在章和年间，其实最高执政集团对于盐政管理基本原则的选择始终处于犹豫不定的法令反复和政策摇摆之中。

汉和帝于章和二年（88）即位之初颁布的第一道诏书，就有关于"盐

---

① 《后汉书》，第1460-1461页。

铁"管理方式之决策的表态：

> （夏四月）戊寅，诏曰："昔孝武皇帝致诛胡、越，故权收盐铁之利，以奉师旅之费。自中兴以来，匈奴未宾，永平末年，复修征伐。先帝即位，务休力役，然犹深思远虑，安不忘危，探观旧典，复收盐铁，欲以防备不虞，宁安边境。而吏多不良，动失其便，以违上意。先帝恨之，故遗戒郡国罢盐铁之禁，纵民煮铸，入税县官如故事。其申敕刺史、二千石，奉顺圣旨，勉弘德化，布告天下，使明知朕意。"

看起来这是登基后宣布基本政策主张的诏令，主题却是"盐铁"。所谓"昔孝武皇帝致诛胡、越，故权收盐铁之利，以奉师旅之费"，强调了一个"权"字。关于汉武帝"权收盐铁之利"，李贤注："武帝使孔仅、东郭咸阳乘传举行天下盐铁，作官府收利，私家更不得铸铁煮盐。"[①]

在"（夏四月）戊寅"汉和帝诏颁布28天之前，"（三月）庚戌，皇太后诏曰：'先帝以明圣，奉承祖宗至德要道，天下清静，庶事咸宁。今皇帝以幼年，茕茕在疚，朕且佐助听政。外有大国贤王并为蕃屏，内有公卿大夫统理本朝，恭己受成，夫何忧哉！然守文之际，必有内辅以参听断。侍中宪，朕之元兄，行能兼备，忠孝尤笃，先帝所器，亲受遗诏，当以旧典辅斯职焉。'"[②]可知时"以幼年，茕茕在疚"的小皇帝的诏书中所谓汉章帝"遗戒郡国罢盐铁之禁"，其实是通过"亲受遗诏"的窦宪传递宣布的。所谓"昔孝武皇帝致诛胡、越，故权收盐铁之利，以奉师旅之费"，而东汉以来，"匈奴未宾，永平末年，复修征伐"，章帝"务休力役，然犹深思远虑，安不忘危，探观旧典，复收盐铁，欲以防备不虞，宁安边境"，指出"复收盐铁"是面对战争形势和军事图谋的决策。[③]而最终"遗戒郡国罢盐铁之禁，纵民煮铸，入税县官如故事"，应当是因为"吏多不良，动失其便，以违上意"的弊病太严重了。半年之后，窦宪就发起了远征北匈奴的军

---

① 《后汉书》，第167-168页。

② 《后汉书》卷四《和帝纪》，第166页。

③ 《后汉书》卷四《和帝纪》载章和二年（88）"（三月）辛酉，有司上奏"，颂扬"孝章皇帝""文加殊俗，武畅方表"，请"共进武德之舞"，也值得在评价汉章帝军事意图时予以注意。第167页。

事行动，"冬十月乙亥，以侍中窦宪为车骑将军，伐北匈奴"[1]，则可以得知当时"盐铁之禁"已经不能解决军备问题，亦不可作为"以奉师旅之费"所依赖的经济条件了。

所谓"罢盐铁之禁，纵民煮铸，入税县官如故事"的政策宣言，告知人们东汉时期"盐铁"管理的主体形式。有学者因此说："东汉时期，废除了盐铁官营专卖政策，实行的是'纵民煮铸，入税县官'的征收盐铁税政策。"[2]前引陈直的分析："西汉盐的专卖制度自武帝元封元年起至平帝元始五年止（公元五年）历一百一十五年，王莽仍厉行专卖制度。"他又指出："东汉初改为由盐官征税制度，章帝建初末年（公元七六至八三年）曾废征税制度，复行专卖，至章和二年（公元八八年）和帝即位，仍行征税事。《后汉书·马稜传》载：'章和元年（公元七年[3]），稜迁广陵太守，请罢盐官以利百姓。'其作用等于后代的包商食岸制。"[4]罗庆康称这一阶段是"民制民销时期"，"即废止官营，采取征税制"。[5]齐涛总结东汉"盐政"，做出这样的评断："随着王莽的覆亡，西汉一朝连同王莽创意的'新'的经济体系土崩瓦解，在东汉光武帝刘秀重新构筑封建经济体系之时，食盐专卖被新的征税制所取代，此后迄东汉末年，只有章帝之世一度重整盐业专营，其余时代一直通行民营民销基础之上的征税制。"[6]

有学者分析："东汉时期盐铁政策的频繁变动，最终稳定在民营征税制上，是地方豪强势力与中央政府长期斗争的结果，是当时经济发展的必然要求。""东汉和帝以后，盐铁专卖政策终于取消了，政府已允许民间经营盐铁。但此时作为经济主体的田庄主对经营盐铁业获利已失去西汉时大商人那样的兴趣了。其主要原因有：东汉自和帝以后，战乱不断，失去了经商的基本条件；当时吏治腐败，巨额的货币财富拥有已成为负担，而投资于土地则可以遗子孙，是一项风险小、回报周期长的投资，是在战乱情况下最为稳妥

---

① 《后汉书》卷四《和帝纪》，第168页。

② 逢振镐：《秦汉经济问题探讨》，第86页。

③ 今按：此"公元七年"应为"公元八七年"误排。

④ 陈直：《两汉经济史料论丛》，第103页。

⑤ 罗庆康：《汉代专卖制度研究》，第87页。

⑥ 齐涛：《汉唐盐政史》，第105页。

的一项投资；东汉后期虽然实行的是征税制，但制度已较为严密，不如西汉初期利润之厚，实际上此时经营盐铁，除上交国家的税收后，私人已没有利润可图了；此时的庄园经济已经较为稳固，豪强地主的经济、政治地位已经得到了加强，而且重农抑商思想已深入人心，他们也不愿在被人们蔑视的目光中从事货殖。"[①]

两汉之际发生了诸多历史变化，盐政形式的转换，就是值得我们重视的表现之一。

五、走马楼简"盐""酒""通合"文书的制度史料意义

长沙走马楼出土简牍可见"盐""酒"同出于一条簿籍记录的简文。其内容或可结合古人有关"盐酒"的经济政策评论，了解三国孙吴政权的"盐""酒"控制管理政策。东汉的相关制度也可以因此有所认识。"盐""酒""通合"简例，可以看作反映"盐""酒"生产、流通与消费之经济管理形式的重要信息。后世所见"盐酒务""盐酒利""盐酒价""盐酒钱""盐酒重额钱"等，都说明历代经济政策中"盐酒"一体之传统的存在。走马楼简所见"盐""酒""通合"文书反映的经济形式，或可看作"盐酒务"一类政策的历史先声。

1. 走马楼简文"盐""酒""通合"例

走马楼简可见同时出现"盐""酒"字样的简文，内容很可能涉及有关"盐""酒"的经济政策：

（1）盐一千四百卅七斛一斗一升收酒七十五斛六斗四升五合通合（8-4102）

又有如下简文，同样可见"收酒"事，虽未见"盐"字，但是对照简（1），可知"盐"的有关记录，在原简残缺的内容中。如：

（2）千四百卅七斛一斗一升收酒七十五斛六斗四升五合通合一千五百一十二斛七斗五升五合（8-4101）

[①] 杨华星、缪坤和：《汉代专卖制度研究》，贵州大学出版社2011年版，第140页，第141页。

（3）七斛一斗一升收酒七│十五│斛六斗四升五│合│通合一千五

│百一十二斛七│（8-4200）①

由简（2）似可补足简（1）"通合"之后的简文。看来，简（1）（2）（3）载录的文字应当都是一致的。就是说，均应为："盐一千四百卅七斛│一│斗一升│收酒│七十五斛六斗四升五合通合│一千五│百一十二斛七斗五升五合。"

（1）（2）（3）简文"盐一千四百卅七斛│一│斗一升│收酒│七十五斛六斗四升五合通合│一千五│百一十二斛七斗五升五合"，似乎均表现盐1437.11斛与酒75.645斛，总和为1512.755斛。

2．"盐"的官营与"酒"的专卖

前引简（1）（2）（3）所见"盐……酒……通合……"简例，体现"盐""酒"的特殊关系，而二者均为社会饮食生活中有着重要作用的消费品，尤其值得社会生活史与社会经济史研究者重视。

蒋福亚注意到走马楼简牍资料中有关政府控制盐、铁、酒等物资的生产与流通、消费的资料，进行了富有新意的分析。

他认为，走马楼简所见"盐米""酱贾米"等，反映了盐官营的情形。"'盐米'又叫'盐贾米'，'贾'和'价'互通，因此盐米就是销售盐所得的米。"他借用"在西汉盐铁会议上，贤良文学们指出，盐铁官营以前，'盐与五谷同价'"的说法，结合走马楼简所见盐价，认为盐官营导致"盐价涨了六倍，可见盐官营为封建政府带来了多少暴利"。他还注意到，"在'盐米'项中，吏十分活跃"，以为"所以如此，当然是建立在封建政府有把握控制吏的基础上的"。而"酱贾米"的出现，使得"封建政府又获得了一笔收入"。据蒋福亚分析，当时，"'酱'的卖买基本上也是为官府垄断的"②。

据胡平生及其他学者根据走马楼简资料的计算，当时当地的盐价与米价，大致的比率为6：1。③陈直较早注重物价研究并且以此作为经济史研究

① 长沙简牍博物馆、中国文化遗产研究院、北京大学历史学系走马楼简牍整理组：《长沙走马楼三国吴简·竹简》〔捌〕，文物出版社2015年版。

② 蒋福亚：《走马楼吴简所见盐铁官营和酒类专卖》，《史学月刊》2011年第12期。

③ 胡平生：《长沙走马楼三国孙吴简牍三文书考证》，《文物》1999年第5期；王子今：《走马楼许迪割米案文牍所见盐米比价及相关问题》，《长沙三国吴简暨百年来简帛发现及研究国际学术研讨会论文集》，中华书局2005年版。

的基础。他的名著《两汉经济史料论丛》中所收论文《汉代米谷价及内郡边郡物价情况》，在讨论"汉代内郡的物价情况"时不涉及盐价。讨论"西汉边郡的物价情况"时有一例说到盐价："盐石百钱（见《御览》八百六十五引《续汉书》）。"①《太平御览》卷八六五原文作："《续汉书》曰：'虞诩为武都太守，始到郡，谷石千五百，盐石八千，视事三岁，谷石八千，盐百。'"其事亦见于《后汉书》卷五八《虞诩传》的记载：虞诩任武都太守，"诩始到郡，户裁盈万。及绥聚荒余，招还流散，二三年间，遂增至四万余户。盐米丰贱，十倍于前"。李贤注引《续汉书》说："诩始到，谷石千，盐石八千，见户万三千。视事三岁，米石八十，盐石四百，流人还归，郡户数万，人足家给，一郡无事。"②说虞诩方任时，"盐"与"谷"的比价是8：1，主持行政三年之后，物价大幅度下降，米价只有原先谷价的8％，盐价也下降了95％。这时"盐"与"谷"的比价成为5：1。这一数据，与《太平御览》卷八六五引《续汉书》的说法有所不同。可能还是《后汉书》卷五八《虞诩传》李贤注引《续汉书》的记载更为接近事实。虞诩主持武都郡行政，在东汉安帝时。《续汉书》的这一记载，可能是距离走马楼简许迪割米案文牍时代最为相近的一条有关盐价的明确的资料了。另一值得研究者注意的事实是，武都非盐产地，在盐的产销系统中，与长沙有一定的可比性。然而武都粮产显然不及长沙，因而就盐米比价来说，武都5：1和长沙6：1，大约都是比较正常的。也许"贤良文学们""在西汉盐铁会议上"所言"盐铁官营以前，'盐与五谷同价'"，作为辩争之辞，或未可确信。

对于"酒类专卖"，蒋福亚也进行了分析。走马楼简可见"酒租""酒租钱""酒租具钱"。蒋福亚对于"酒租具钱"有这样的判断："'酒租具钱'该如何理解呢？'具'无疑是酿酒的器具，难道此时吴国为了增加财政收入，专门准备了一些酿酒器具，凭任民间租用，然后收取'酒租具钱'吗？我们认为这不大可能。"他回顾了汉武帝时曾经推行的"榷酒""榷酤""榷酒酤"措施，又注意到王莽的榷酒措施："私人酿酒作坊还是存在的，不过由官方提供酒材和规格，成品归官方，他可以分得酒糟之类及利润

---

① 陈直：《两汉经济史料论丛》，第281页。

② 《后汉书》，第1869-1870页。

的十分之三。""在王莽榷酒令中提到了'工器'之类，这应是酿酒的器具。这类器具本来是酿酒作坊自有的，所以才会从利润中抽取补偿的费用。若模仿盐户必须租用牢盆制盐的办法，官方逼令酿酒者租赁工具而后酿酒如何呢？这岂非能更有效地推行酒类专卖吗？'酒租具钱'估计就是这样产生的。"①此说或可商榷。解释"酒租具钱"以为"'具'无疑是酿酒的器具"，似不妥。如果"具"是"酿酒的器具"，如若"专门准备了一些酿酒器具，凭任民间租用"，则"收取"的应当是"酒具租钱"而非"酒租具钱"。秦汉魏晋时，是否"酿酒的器具"称"具"，尚需考论。我们看到《三国志》出现"赍酒具"语，"酒具"是指饮酒器具。②而饮酒器具通常称"酒器"。走马楼简（21）（22）（23）所见"出""酒租钱"若干，"为具钱"若干简文③，或许可以说明"酒租具钱"有可能是"酒租钱"和"具钱"的合称。

3. 关于"通合"

汉晋历史文献有使用"通合"语的例证。如《汉书》卷七五《眭两夏侯京翼李传》：

> 赞曰：幽赞神明，通合天人之道者，莫著乎《易》《春秋》。④

此"通合"，有的辞书解释为"贯通融合"。⑤又有"通合"语义存在区别者，《三国志》卷二三《魏书·杨俊传》裴松之注引《魏略》：

---

① 蒋福亚：《走马楼吴简所见盐铁官营和酒类专卖》，《史学月刊》2011年第12期。

② 《三国志》卷六三《吴书·赵达传》："太史丞公孙滕少师事达，勤苦累年，达许教之者有年数矣，临当喻语而辄复止。滕他日赍酒具，候颜色，拜跪而请……"第1424页。这正是三国吴地史料。通常"酒具"连称，"具"取其他意义。如《汉书》卷七六《赵广汉传》"设酒具食"，第3210页；《汉书》卷七六《王尊传》"酌酒具食"，第3230页；《后汉书》卷八一《独行传·李充》"酝酒具会"，第2684页。

③ 如"□□□酒租钱二万二百卅六钱为具钱一万□"（8-218），"出元年酒租钱十五万五千六百卌七钱为具钱三万三千三百遣吏"（8-643），"出元年酒租钱五万一千□百八十三钱为具□（甲）□□钱□九万四千□□（乙）"（8-646）等。

④ 《汉书》，第3194页。

⑤ 汉语大词典编辑委员会、汉语大词典编纂处编纂：《汉语大词典》第10卷，汉语大词典出版社1992年版，第926页。《汉语大词典》对于"通合"，没有其他解释。商务印书馆《辞源》、三民书局《大辞典》"通合"均不列目。

王象字羲伯。既为俊所知拔，果有才志。建安中，与同郡荀
纬等俱为魏太子所礼待。及王粲、陈琳、阮瑀、路粹等亡后，新出
之中，惟象才最高。魏有天下，拜象散骑侍郎，迁为常侍，封列
侯。受诏撰《皇览》，使象领秘书监。象从延康元年始撰集，数岁
成，藏于秘府，合四十余部，部有数十篇，通合八百余万字。[①]

又如《晋书》卷一九《礼志上》：

又以今礼篇卷烦重，宜随类通合。[②]

反映汉晋语言文字习惯的《三国志》裴注引《魏略》及《晋书》卷一九《礼
志上》的说法，看来比较直接地贴近走马楼简（1）（2）（3）"通合"语
义。"通合"词义，似乎就是简单相合，即相加数量的总和。

只是我们对走马楼简（1）（2）（3）这三则简文究竟体现了怎样的制
度，尚未能明确。

4. 与许迪割米案的关联

走马楼有一组简牍内容涉及吏许迪割用仓米一案的调查审理，其中又
有关于当时经济生活与吏治状况以及刑讯方式等诸方面的重要信息，已经
有多位学者予以重视并有所讨论。[③]王素、宋少华根据《长沙走马楼三国吴
简·竹简》〔捌〕中关于此案的新材料，提出了新的释读理解意见。[④]

有学者指出，《长沙走马楼三国吴简·竹简》〔捌〕中关于许迪案的竹
简多达500余枚，推测其中包含多份不同级别的审讯、考实记录，简文中称
为"解书"。论者写道：典盐掾许迪领取官盐后，工作是销售官盐，换取米

---

① 《三国志》，第664页。

② 《晋书》，第581页。

③ 长沙市文物工作队、长沙市文物考古研究所：《长沙走马楼J22发掘简报》，《文物》1999年第5
期；《长沙走马楼二十二号井发掘报告》，《长沙走马楼三国吴简·嘉禾吏民田家莂》，文物出版
社1999年版；胡平生：《长沙走马楼三国孙吴简牍三文书考证》，《文物》1999年第5期；王素：
《长沙走马楼三国孙吴简牍三文书新探》，《文物》1999年第9期；王子今：《走马楼简许迪刚米
事文牍释读商榷》，《郑州大学学报（哲学社会科学版）》2001年第4期；王子今：《走马楼许迪
割米案文牍所见盐米比价及相关问题》，《长沙三国吴简暨百年来简帛发现及研究国际学术研讨会
论文集》，中华书局2005年版。

④ 王素、宋少华：《长沙吴简〈录事掾潘琬白为考实吏许迪割用余米事〉释文补正》，《文史》2015
年1辑。

（称盐贾米）、杂物、钱，然后纳入官仓、库。《竹简》〔捌〕保留了许迪本人及兼金曹史李珠在数次考实中陈述的典卖官盐、割用余米的经过，细节有所不同，统合梳理一下，至少有三个版本。第一种版本：

（4）盐一千四百卅七斛一斗一升收酒七十五斛六斗四升五合
通合一千五百一十二斛七斗五升五合其一千八十六斛五升六勺募▨
卖得钱米杂物料核相应余盐四百廿六斛一斗九升八合四勺合得米
二千五百六十一斛六斗九升迪举簿言郡但列二千四百卅九斛一升出
付仓吏邓隆谢靖等受余米一百一十二斛六斗八升迪先割用饮食不复
列廖咨所觉米不见▨（8-4102+4113+4012+4008+4005+4002）

在另一份辞状中，又有对"盐米量"的详细交代：

（5）千四百卅七斛一斗一升收酒七十五斛六斗四升五合
通合一千五百一十二斛七斗五升五合其一千八十六斛五升六勺
募卖得钱米杂物料核相应余盐四百廿六斛一斗九升八合四勺其
四斛五斗七升为七量四百廿一斛六斗二升八合四勺为六量▨合
为米二千五百六十一斛六斗九升已出二千四百卅九斛一升（8-
4101+4091+4007+4272）

前引简文（1）（2），归入（4）（5）。徐畅说，"许迪在覆审中，又交代了其领受、典卖官盐的另一种版本"：

（6）□卖盐吏典卖官盐以嘉禾元年二年卖所领盐一千七百
廿四斛九斗卖得绢九十四匹二丈三尺绛十四匹二丈九尺缣八十一匹
三丈七尺得行钱六十二万二千六百米九千六百七十斛一斗估钱廿
四万三千□百□六钱□□结钱悉已出付仓吏谢靖张修黄瑛等受米已
出九千五百五十七斛四斗一升余米一百一十二斛六斗八升瑛等已出
迪所□□（8-4094+4135+4134+4133）

（6）不涉及"酒"，却言及"卖得""绢""绛""缣"等织品。"盐"的数量，（4）（5）为1437斛，（6）则说"卖所领盐"1724斛，也有区别。数字的差异，也许并非论者所说"隐匿"导致的"混乱"。[1]

---

[1] 徐畅：《新刊长沙走马楼吴简与许迪割米案司法程序的复原》，《文物》2015年第12期。

我们思考的"盐""酒""通合"文书与许迪割米案的关联得以揭示，然而对简文"盐一千四百卅七斛一斗一升收酒七十五斛六斗四升五合通合一千五百一十二斛七斗五升五合"的理解依然未得深入，"盐""酒""通合"的这种计算方式还难以得到明确说明。"盐""酒"的价格关系，目前还不好臆测。但是一种情形是明朗且特别值得注意的，即"盐""酒"并说，应当体现了重要的政策倾向。

5. 后世"盐酒务"

"盐""酒"并说的情形，多见于历史文献载录的经济史料。

《魏书》卷三五《崔浩传》："太宗大悦，语至中夜，赐浩御缥醪酒十觚，水精戎盐一两。曰：'朕味卿言，若此盐酒，故与卿同其旨也。'"[①]这是"盐""酒"并说的特殊史例。本意在借用"盐"和"酒"的"旨""味"。"若此盐酒"云者，取其象征意义。

《旧唐书》卷四八《食货志上》则明确说到有关"盐酒"的经济政策："元和十五年八月，中书门下奏：'伏准今年闰正月十七日敕，令百僚议钱货轻重者。今据群官杨於陵等议，"伏请天下两税榷盐酒利等，悉以布帛丝绵，任土所产物充税，并不征见钱，则物渐重，钱渐轻，农人见免贱卖匹帛"者'。"[②]《旧唐书》卷一一九《崔植传》："复奏诸州府盐院两税、榷酒、盐利、匹段等加估定数，及近年天下所纳盐酒利抬估者一切征收，诏皆可之。"[③]也将"榷酒、盐利"等合称为"盐酒"。《宋史》卷八《真宗本纪三》："定江、淮盐酒价，有司虑失岁课，帝曰："苟便于民，何顾岁入也。"[④]《宋史》卷一四《神宗本纪一》："侍御史刘琦贬监处州盐酒务。"[⑤]《宋史》卷三一《高宗本纪八》："减四川绢估、税斛、盐酒等钱岁

① 《魏书》，中华书局1974年版，第811页。

② 《旧唐书》，第2093页。《新唐书》卷五二《食货志二》："……由是两税、上供、留州，皆易以布帛、丝纩，租、庸、课、调不计钱而纳布帛，唯盐酒本以榷率计钱，与两税异，不可去钱。"第1358页。也指出"盐酒"政策的特殊性。

③ 《旧唐书》，第3441页。

④ 《宋史》，中华书局1985年版，第150页。

⑤ 《宋史》，第271页。

百六十余万缗，蠲州县积欠二百九十余万缗。"①《宋史》卷三六《光宗本纪》："四川应起经、总制钱存留三年，代输盐酒重额。""岁蠲四川盐酒重额钱九十万缗。"②所谓"盐酒利""盐酒价""盐酒务""盐酒钱""盐酒重额钱"等，都说明历代经济政策中"盐酒"一体之传统的存在。

6. "盐酒"控制的行政史源流

我们还看到有关"盐酒"经济政策的政论。如宋人郑伯谦《太平经国书》卷九《盐酒》专论"盐酒"政策。他写道："或问'盐人'掌盐之政令，'酒正'掌酒之政令。政令之在官者，既掌之矣；其在民者，将如后世之'榷盐''榷酒'乎？抑以'盐酒'与民，而听民之自取其利乎？"提出上古"盐之政令"与"酒之政令"是否与后世"榷盐""榷酒"相关的问题。论者指出，"先王'九赋'"的内容，其实并不涉及"盐酒"："谓'盐酒'有榷，则先王'九赋'之目，未闻有'盐酒'之故，而与斯民争口腹之寻常，亦非先王所以仁天下之心。"论者又否定了在"盐酒"管理方面完全放任，"以'盐酒'与民，而听民之自取其利"的可能："谓听民之自取其利，则'盐人'之外，在《地官》则有'川衡'以诛罚其犯禁；'酒正'之外，在《地官》则有'司虣'以掌市之饮禁，在《秋官》则有'萍氏'以掌几酒、谨酒之禁，又与后世曾不少异焉。"就此应当如何认识呢？论者写道："何也？曰：先王有盐禁也，禁其弃本逐末，与官吏之缘公为私而已。其于酒禁也，禁其群饮以斗争，沉酣以败风俗，与其流生祸糜米粟而已。若夫醯酱之所需，饮食之所用，祭祀之所羞，孝养洗腆之所乐，岁时会合冠婚乡射之所饮，则先王固与民共之。但收贩鬻者之赋，而非复自贪其利，遏其源而不以一孔遗民也。"

《太平经国书》卷九《盐酒》又引录了《左传·昭公二十年》记载"昔者晏子谓齐侯"的一段话，说到对自然资源的行政控制，包括"海之盐蜃，

---

① 《宋史》，第582页。

② 《宋史》，第696页，第702页。

祈望守之"，导致"民人苦病，而夫妇皆诅"。①郑伯谦说："晏子之为是言也，是知山林之利，先王以来固未尝不与民共之也。"我们注意到，晏子所言，只说到"盐"，并没有说到"酒"。论者又引用《左传·成公六年》记载的"晋人谋去故绛"的相关故事，"晋人谋去故绛，诸大夫皆曰：'必居郇瑕氏之地，沃饶而近鹽。'韩献子独不可，曰：'山、泽、林、鹽，国之宝也。国饶则民骄逸，近宝，公室乃贫。'②献子之为是言也，是知山泽之利虽与民共，而犹未尝不虑其舍本逐末，以至于贫匮不给也。"应当看到，这里引录"诸大夫"及韩献子语，也是只说到"鹽"，并没有说到"酒"。论者感慨，"汉兴，犹存此意。盐铁酒榷之利，虽尽捐以与民，而后元之诏，亦拳拳然。忧百姓之从事于末以害农，多为酒醪以糜谷，先王之意，正若是而已矣。春秋、秦汉以来，犹不忘之。况以周公忧民之深乎？"其实，明确的"盐酒"并行的控制政策，大概在汉代开始成熟。

郑伯谦《盐酒》篇写道："大抵劝农而美风俗耳。其禁虽严，初不以自利也。其民安于禁而乐于生，初不以为怨也。若夫后世则不然，自文帝以来，虽不与民争利，然徒善不足以为政。而盐铁在民，酒利在民，其亦太无制矣。徒知其害而不能定其法，岁虽劝民耕殖不知固已导民而趋末也。至于孝武，则又不顾斯民之无以为生，一举而尽夺之。"于是"盐铁、酒榷、均输之议，所以起后日贤良文学之纷纷也"。"自是而后，其禁益严，其犯愈众。吏卒搜索私屠酤，至于坏室庐而毁釜灶，兄弟妻子离散，生业破荡无余。而民之以酒获罪者，方日来而未已，髡黥积于下，私鬻不为衰减，力不足以执之，则浸成顽俗，而流入奸盗。民岂乐为此哉？上之人既不能制民之产，民方惧死于饥寒而冒求升斗以苟活，但莫知性命，纵之则不顾而逐末，

---

① 郑伯谦：《太平经国书》，清文渊阁《四库全书》本。《左传·昭公二十年》："山林之木，衡鹿守之。泽之萑蒲，舟鲛守之。薮之薪蒸，虞候守之。海之盐蜃，祈望守之。县鄙之人，入从其政。偪介之关，暴征其私。……民人苦病，夫妇皆诅。"晏子建议齐侯"修德"。"公说，使有司宽政，毁关，去禁，薄敛，已责。"《春秋左传集解》，第1060页。

② 《左传·成公六年》："晋人谋去故绛。诸大夫皆曰：'必居郇瑕氏之地，沃饶而近鹽，国利君乐，不可失也。'韩献子将新中军，且为仆大夫。公揖而入，献子从公立于寝庭。谓献子曰：'何如？'对曰：'不可。郇瑕氏土薄水浅，其恶易觏。易觏则民愁，民愁则垫隘，于是乎有沉溺重腿之疾。不如新田，土厚水深，居之不疾，有汾、浍以流其恶。且民从教，十世之利也。夫山、泽、林、鹽，国之宝也。国饶则民骄佚，近宝，公室乃贫，不可谓乐。'公说，从之。夏四月丁丑，晋迁于新田。"《春秋左传集解》，第681-682页。

迫之则急而犯法耳，固未易呵禁也。"这里说到的，则是"酒禁"得失，实际上"私酿终不能绝也"。^①论者言"今世盐酒之禁"的政策渊源，回顾了行政史演进的相关动向，其实显示了汉代形成历史转折的明朗性。思考这一问题，走马楼简"盐""酒""通合"文书可以作为重要的信息。

"盐酒"二字并说，在特定的时代，其实也可以看作经济生活情状、经济管理方式的代表性符号。苏轼《上吕仆射论浙西灾伤书》："家家有市易之欠，人人有盐酒之债。"^②苏辙《偶游大愚见余杭明雅照师旧识子瞻能言西湖旧游将行赋诗送之》："五年卖盐酒，胜事不复知。城东古道场，萧瑟寒松姿。"^③又苏辙《次韵子瞻和渊明饮酒二十首》其五："昔在建成市，盐酒昼夜喧。夏潦恐天漏，冬雷知地偏。"^④这些社会文化史迹象，都可以帮助我们理解走马楼简所见"……盐……收酒……通合……"简文。^⑤

---

① 郑伯谦：《太平经国书》，清文渊阁《四库全书》本。
② 〔宋〕苏轼：《东坡全集》卷七六，清文渊阁《四库全书》本。
③ 〔宋〕苏辙：《栾城集》卷十三，清文渊阁《四库全书》本。
④ 〔宋〕邵浩：《坡门酬唱集》卷一五，清文渊阁《四库全书》本。
⑤ 王子今：《关于走马楼简"盐""酒""通合"文书》，《盐业史研究》2016年第4期。

6

第六章　秦汉食盐消费：
生活史视角的考察

关于"盐"对于社会人生的意义，有学者说，盐"参与了生命的创造"，盐"让世界变得有生气而丰富多彩"。[①]在战国秦汉社会饮食生活中，"盐"的地位特别重要。前引"夫盐，食肴之将"，"食肴之将帅"以及"十口之家十人食盐，百口之家百人食盐"，"十口之家十人咶盐，百口之家百人咶盐"，都说明了这一生活史中的常识。

从生活史的视角考察秦汉社会的食盐消费，是盐史研究的重要内容。而日常饮食消费内容中的"盐菜""盐鱼""盐豉"和各种"酱"等，也值得我们重视。

一、"盐，民之食"

汉宣帝地节四年（前66）九月诏，言"盐，民之食"[②]。当时食盐的消费量颇大。彭卫研究秦汉饮食史时曾经指出："洛阳汉墓出土的陶壶上有'盐敛万石''盐百石'的粉书[③]，虽系夸大之辞，但亦可想见汉代人用盐数量

---

① 白九江：《巴盐与盐巴——三峡古代盐业》，重庆出版社2007年版，第2页。
② 《汉书》卷八《宣帝纪》，第252页。
③ 原注："中国科学院考古研究所洛阳发掘队：《洛阳西郊汉墓发掘报告》，《考古学报》1963年第2期。"

之大。"①盐，是社会民众日常饮食生活不可以缺少的

1. 烹饪用盐，"食者之将"

盐通常用于烹调。《太平御览》卷八六五引《吕氏春秋》曰："和之美者，大夏之盐。"②"盐"的作用，是实现滋味之"和"。

有学者考察"盐与文明"的关系，设定"百味之主"的论说主题，列有"文明的调味品"及"烹调用盐的法则"等节。其中写道："五味之中，咸为首，所以盐在调味品中列为第一。"论者引清人袁枚《随园食单》中的"调味须知"等，指出烹饪用盐的法则与艺术。③

烹调水准等级评价的首要要素是滋味，而"盐"在其中最为重要。《北堂书钞》卷一四六、《艺文类聚》卷七二、《太平御览》卷八六五均引录了《风俗通》中的这样一段文字："酱成于盐而咸于盐，夫物之变，有时而重。"④所谓"咸""重"这一标志滋味等级的语汇，现今仍在使用。

盐对于烹饪之重要，汉代人有高度肯定的表述，见于《太平御览》卷八六五引《汉书》："王莽诏曰：盐，食者之将。"⑤

颜师古注《急就篇》形容"酱"的重要，曾经使用这样的语言："酱之为言将也。食之有酱如军之须将，取其率领进导之也。"⑥所谓"王莽诏曰：盐，食者之将"，未见《汉书·王莽传》。其语义则确实强调了"盐"在饮食生活中的"率领进导"的作用，一如"军之须将"。

2. "割鲜染轮"

在秦汉日常饮食生活中，还有一种非烹饪用盐的特殊方式，承饮食史学者介绍，为我们增益了社会生活史的知识。彭卫指出："秦汉人喜好吃鲜食，这里所说的鲜食包括两种含义：其一是指新鲜的肉食。如崔骃所说'选

① 彭卫：《秦汉时期的饮食》，《中国饮食史》第六编，华夏出版社1999年版，卷2，第493页。
② 〔宋〕李昉等：《太平御览》，第3840页。
③ 王仁湘、张征雁：《盐与文明》，第280-281页。
④ 〔唐〕虞世南：《北堂书钞》，第618页；〔唐〕欧阳询撰，汪绍楹校：《艺文类聚》，上海古籍出版社1965年版，第1243页；〔宋〕李昉等：《太平御览》，第3841页。
⑤ 〔宋〕李昉等：《太平御览》，第3838页。
⑥ 管振邦译注，宙浩审校：《颜注急就篇译释》，南京大学出版社2009年版，第115页。

取上鲜，献之庖人'。①其二是指生的肉食。据汉代文人描写，贵族们在狩
猎后常常'割鲜染轮'②、'割鲜野食'③。"论者遂分析"割鲜染轮"：

> 关于"割鲜染轮"向来有两种解释：一云形容猎获众多。如
> 王先谦《汉书补注》引清人郭嵩焘说："'割鲜染轮'与下'获
> 多'句相应，言割鲜多而血浸渍，两轮为之斑也。"一云以新鲜
> 生肉蘸盐而食。《文选》李善注引李奇说："鲜，生也。染，擩
> 也。切生肉擩车轮盐而食之也。"按，"割鲜染轮"紧接"鹜于盐
> 浦"，这是以鲜肉掺盐而食的旁证。

论者接着写道："'割鲜野食'则是生食鲜肉的直接证据。且李奇是汉魏时
人，他的说法应更接近汉代历史实现。"④今按："汉代历史实现"，恐有
笔误。

3. "不咸则烂臭"：防腐的意义

肉类富含蛋白质和脂肪，可以提供优质营养，是饮食中最重要的一类食
品。然而肉类保藏技术要求较高。人们很早就对于腐败肉类食品的健康危害
有所警觉。先秦以来，人们通过日常饮食生活的经验，已经初步具备了预防
和救治食物中毒的知识。汉代医书《金匮要略》中可以看到相关内容。张家
山汉简《二年律令》中有严令销毁食用则导致中毒的有毒肉食，违者予以严
惩的律文。考察其性质，应当看作中国古代最早的食品卫生法。其内容不仅
丰富了我们对于汉代法律的认识，亦值得治中国饮食史、中国卫生史、中国
医学史的学者关注。

张家山汉简《二年律令》被整理小组归入《贼律》的内容中，可以看到
这样的律文：

> 诸食脯＝肉＝毒杀伤病人者亟尽孰燔其余　其县官脯肉也亦燔
之当燔弗燔及吏主者皆坐脯肉臧与盗同法（二〇）

整理小组释文写道：

---

① 原注："《艺文类聚》卷五七引崔骃《七依》。"

② 原注："《汉书·司马相如传上》，中华书局标点本。"

③ 原注："《后汉书·班彪列传上》，中华书局标点本。"

④ 彭卫：《秦汉时期的饮食》，《中国饮食史》第六编，卷2，第448页。

> 诸食脯肉，脯肉毒杀、伤、病人者，亟尽孰（熟）燔其
> 余。其县官脯肉也，亦燔之。当燔弗燔，及吏主者，皆坐脯肉臧
> （赃），与盗同法。（二〇）

整理小组又有两条注释。在"诸食脯肉"后注释："脯肉，干肉。"在"亟尽孰（熟）燔其余"后注释："熟，仔细。"[1]

"孰"，整理小组理解为"仔细"是正确的，然而"孰"本有认真审慎之义，似不必释为"孰（熟）"，"熟，仔细"。《荀子·议兵》："凡虑事欲孰而用财欲泰。"杨倞注："孰，谓精审。"[2]《吕氏春秋·审行》："行不可不孰，不孰如赴深溪，虽悔无及。"杨昭俊《吕氏春秋补注》解释说："'孰'，详也，审也。"陈奇猷据《荀子·议兵》杨注，以为"亦精审之意"，又说："'精审'即今语'仔细'也。此文'行不可不孰'，意谓行不可不仔细。"[3]《荀子》和《吕氏春秋》一谓"虑""孰"，一谓"行""孰"[4]，都是说认真严密。

"燔"，即焚烧。《说文·火部》："爇，烧也。""燔，爇也。""烧，爇也。"段玉裁注："二篆为转注。"[5]

所谓"脯肉毒杀、伤、病人"，可能是指肉类腐败等原因导致的食物中毒。

对于这种生活经验，中国古代文献中其实早有鲜明的记载。《周易·噬嗑》："六三，噬腊肉，遇毒，小吝无咎。"[6]对于所谓"噬腊肉，遇毒"，经学家往往多从政治哲学、历史哲学角度申发其奥义。但是也有一些学者清醒地认识到这实际上反映了属于饮食卫生范畴的一种常见现象。宋代学者冯椅《厚斋易学》卷二《易辑注第二》说："'毒'，肉有毒者也。"[7]元代学者吴澄《易纂言》卷一写道："凡食物臭味之恶者为

① 张家山二四七号汉墓竹简整理小组：《张家山汉墓竹简〔二四七号墓〕》，第8页，第136-137页。

② 〔清〕王先谦撰，沈啸寰、王星贤点校：《荀子集解》，中华书局1988年版，第277页。

③ 陈奇猷：《吕氏春秋校释》，学林出版社1984年版，第4册1484页。

④ 陈奇猷说，《吕氏春秋·应言》"不可不熟论"，"亦精审之义"。则是说"论""孰"。《吕氏春秋校释》，第4册第1484页。

⑤ 〔汉〕许慎撰，〔清〕段玉裁注：《说文解字注》，第480页。

⑥ 〔清〕阮元：《十三经注疏》，第37页。

⑦ 〔宋〕冯椅：《厚斋易学》，清文渊阁《四库全书》本。

'毒'。"①明代学者来知德《周易集注》卷五也写道："'毒'者，腊肉之陈久太肥者也。《说文》云：'毒者，厚也。'《五行志》云：'厚味实腊毒。'师古云：'腊，久也，味厚者为毒久。'《文选》张景阳《七命》云：'甘，腊毒之味是也。'噬腊遇毒者，言噬干肉而遇陈久太肥厚味之肉也。"②明清之际学者钱澄之《田间易学》卷三也写道："《说文》：'毒，厚也。'恶其不早治以至于三，积久而毒生，故难噬也。"③乾隆帝《御纂周易述义》卷二也说："肉久味变，故遇'毒'。"④

《论语·乡党》说："食不厌精，脍不厌细。食饐而餲，鱼馁而肉败，不食。色恶，不食；臭恶，不食。"⑤宋人蔡节编《论语集说》卷五有这样的解说："饐，食之郁积者也。餲，食之郁积而失味者也。鱼肉烂谓之馁。肉外变谓之败。色恶，谓凡物之色变而恶者也。臭恶，谓凡物之气变而恶者也。"⑥可知在孔子的年代，明智之士已经开始奉行重视食品卫生的生活原则，拒绝食用腐败的"鱼肉"。

汉代文献中可见因食用内有毒素的肉食以致中毒的内容，我们可以举出《盐铁论·非鞅》中的一段话以为例证：

> 文学曰："君子进必以道，退不失义，高而勿矜，劳而不伐，位尊而行恭，功大而理顺；故俗不疾其能，而世不妒其业。今商鞅弃道而用权，废德而任力，峭法盛刑，以虐戾为俗，欺旧交以为功，刑公族以立威，无恩于百姓，无信于诸侯，人与之为怨，家与之为雠，虽以获功见封，犹食毒肉愉饱而罹其咎也……"⑦

杨树达指出，"人与之为怨，家与之为雠，虽以获功见封，犹食毒肉愉饱而罹其咎也"一句，"雠、咎，皆古音幽部字，为韵"⑧。可见这句话并非论

① 〔元〕吴澄：《易纂言》，清文渊阁《四库全书》本。

② 〔明〕来知德：《周易集注》，清文渊阁《四库全书》本。清人毛奇龄《仲氏易》卷一〇不同意将《七命》中"甘，腊毒之味是也"一语理解为与中毒有关："或曰腊固有毒。张协《七命》云'甘，腊毒之味'，此即甘脆肥脓所谓腊肠之药者，与遇毒不同。"清文渊阁《四库全书》本。

③ 〔明〕钱澄之：《田间易学》，清文渊阁《四库全书》本。

④ 乾隆：《御纂周易述义》，清文渊阁《四库全书》本。

⑤ 杨树达：《论语疏证》，上海古籍出版社1986年版，第238页。

⑥ 〔宋〕蔡节：《论语集说》，清文渊阁《四库全书》本。

⑦ 王利器：《盐铁论校注》（定本），第96页。

⑧ 杨树达：《盐铁论要释》，上海古籍出版社1985年版，第12页。

辩中随机随意之言语，而是经过深思熟虑的。文学批评商鞅实用主义的行政方针只图眼前实利，却导致了长久的深重的危机，"犹食毒肉愉饱而罹其咎也"，好比食用"毒肉"，得以一时"愉饱"，却不免此后严重的危害。《佩文韵府》卷四八引《盐铁论》此文，又解释说："愉饱，言快意于一饱。"①于是有人解释说："好像吃了有毒的肉，虽得一时欢饱，却要受到毒害。"②或说："吃毒肉时吃得越愉快越饱越是遭殃。"③

《盐铁论》还说到"腐肉"。《盐铁论·园池》："语曰：'厨有腐肉，国有饥民，厩有肥马，路有馁人。'今狗马之养，虫兽之食，岂特腐肉肥马之费哉！"④《荀子·劝学》曾经说："肉腐出虫，鱼枯生蠹。"⑤《论衡·商虫》也说："鱼肉腐臭有虫。"⑥《艺文类聚》卷九七引焦赣《易林》曰："腐肉所在，青蝇集聚。"⑦这都是当时人们生活经验的总结，包括在冷藏方式比较原始的状况下对腐败肉类的认识。

《汉书》卷二七中之上《五行志中之上》："高位实疾颠，厚味实腊毒。"对于这句可以看作政治文化格言的话，颜师古解释说："颠，仆也。腊，久也。言位高者必速颠仆也，味厚者为毒久。"⑧所谓"厚味"，则毒性更为严重，和肉类含脂肪成分较多则更易腐败的情形是一致的。

汉代医书《金匮要略》第二四"禽兽鱼虫禁忌并治"涉及食物中毒的预防和治疗：

> 凡饮食滋味，以养于生，食之有妨，反能为害。自非服药炼液，焉能不饮食乎？切见时人，不闲调摄，疾疢竞起，若不因食而生，苟全其生，须知切忌者矣。所食之味，有与病相宜，有与身为害。若得宜，则益体，害则成疾。以此致危，例皆难疗。凡煮药饮

---

① 〔清〕张玉书等：《佩文韵府》，上海书店据商务印书馆《万有文库》本1983年影印版，第1955-1956页。

② 沈阳第一机床厂、辽宁大学《盐铁论》注释组：《〈盐铁论〉新注》，辽宁人民出版社1975年版，第48页。

③ 马非百：《盐铁论简注》，中华书局1984年版，第60页。

④ 王利器：《盐铁论校注》（定本），第171-172页。

⑤ 〔清〕王先谦撰，沈啸寰、王星贤点校：《荀子集解》，第6页。

⑥ 黄晖：《论衡校释》，中华书局1990年版，第718页。

⑦ 〔唐〕欧阳询撰，汪绍楹校：《艺文类聚》，第1681页。

⑧ 《汉书》，第1377-1378页。

汁以解毒者，虽云救急，不可热饮。诸毒病得热更甚，宜冷饮之。

所谓"害则成疾"，所谓"以此致危，例皆难疗"，说明饮食不宜导致的危害，已经得到医家的重视。《金匮要略》记录的"禽兽鱼虫禁忌"中，可能和防治食物中毒有关的内容，有以下数条：

> 凡肝脏自不可轻啖，自死者弥甚。
>
> 凡心皆为神识所舍，勿食之，使人来生复其报对矣。
>
> 凡肉及肝，落地不着尘土者，不可食之。
>
> 猪肉落水浮者，不可食。
>
> 诸肉及鱼若狗不食，鸟不啄者，不可食。
>
> 诸肉不干，火炙不动，见水自动者，不可食之。
>
> 肉中有如朱点者，不可食之。
>
> 六畜肉，热血不断者，不可食之。
>
> ……
>
> 诸五藏及鱼，投地尘土不污者，不可食之。
>
> 秽饭、馁肉、臭鱼，食之皆伤人。
>
> 自死肉，口闭者，不可食之。
>
> 六畜自死，皆疫死，则有毒，不可食之。
>
> 兽自死，北首及伏地者，食之杀人。
>
> 食生肉，饱饮乳，变成白虫。①
>
> 疫死牛肉，食之令病洞下，亦致坚积，宜利药下之。
>
> 脯藏米瓮中，有毒，及经夏，食之发肾病。

其他有些禁忌，也与食物中毒有关，如"疫死牛，或目赤，或黄，食之大忌""白犬自死，不出舌者，食之害人""凡鸟自死，口不闭，翅不合者，不可食之""诸禽肉，肝青者，食之杀人""鱼目合者，不可食之""蜘蛛落食中，有毒，勿食之""凡蜂、蝇、虫、蚁等多集食上，食之致瘘"等等。关于救治方法，《金匮要略》列有《治自死六畜肉中毒方》《治食郁肉漏脯中毒方》《治黍米中藏干脯食之中毒方》《治食生肉中毒方》《治六畜鸟兽肝中毒方》《治马肝毒中人未死方》《治食马肉中毒欲死方》《治啖蛇

---

① "白虫"，或作"血虫"，或作"血蛊"。

牛肉食之欲死方》《治食牛肉中毒方》《治食犬肉不消心下坚或腹胀口干大渴心急发热妄语如狂或洞下方》等等①。其中对于"食郁肉漏脯中毒""黍米中藏干脯食之中毒"的救治，与我们讨论的张家山汉简《二年律令》"诸食脯肉，脯肉毒杀、伤、病人"律文可能有较为直接的关系，更值得注意。

《金匮要略》第二四《禽兽鱼虫禁忌并治》所论有关食物中毒的知识，其中尽管多有神秘主义成分，但是也有符合现代科学的内容，且已经相当系统。特别是关于腐败食物毒害的认识，如"诸肉及鱼若狗不食、鸟不啄者，不可食""肉中有如朱点者，不可食之""秽饭、馁肉、臭鱼，食之皆伤人""自死肉，口闭者，不可食之""六畜自死，皆疫死，则有毒，不可食之""疫死牛肉，食之令病洞下"等等，都是合于现代卫生常识的说法。而所谓"脯藏米瓮中，有毒，及经夏，食之发肾病"，也直接涉及我们所讨论的张家山汉简《二年律令》"诸食脯肉"简的内容。

《金匮要略》第二四《禽兽鱼虫禁忌并治》中所谓"中毒"，可能是现今所见这一语汇最早使用的实例。②而张家山汉简《二年律令》所列关于防止食物中毒的法令条文，则应当看作现今所见最早的食品卫生法。

后世法律文献遗存中，也可以看到若干属于此一范畴的内容，然而具体规定有所不同。《唐律疏议》中有关食品卫生的内容可见卷一《名例》"十恶"条：

> 六曰大不敬。
>
> ⋯⋯⋯⋯⋯
>
> 注：若造御膳，误犯食禁；
>
> 【疏】议曰：《周礼》："食医掌王之八珍。"所司特宜敬
>
> 慎，营造御膳，须凭《食经》，误不依《经》，即是"不敬"。③

又如卷九《职制》"造御膳有误"条：

---

① 参看〔汉〕张仲景：《新编金匮要略方论》卷下，《四部丛刊》景明刊本。

② 《汉语大辞典》"中毒"条，书证为《三国志·吴书·贺邵传》："饮之醇酒，中毒陨命。"汉语大词典出版社1990年版，第1册第595页。今按：卢弼《三国志集解》："官本《考证》曰：'醇'，疑作'酖'。"陈寿记录贺邵上疏劝谏孙皓时使用"中毒"一语，要晚于张仲景著书60余年。孙皓公元264年即位。有学者论证，《金匮要略》大约成书于公元200年左右。人民卫生出版社：《〈金匮要略方论〉出版说明》（1972年），见《金匮要略方论》，人民卫生出版社1981年版，第2页。参看〔汉〕张仲景，于志贤、张智基点校：《金匮要略》，中医古籍出版社1997年版。

③ 刘俊文：《唐律疏议笺解》，中华书局1996年版，第56—61页。

诸造御膳，误犯食禁者，主食绞。若秽恶之物在食饮中，徒二年；简择不精及进御不时，减二等。不品尝者，杖一百。

【疏】议曰：造御膳者，皆依《食经》，《经》有禁忌，不得辄造，若干脯不得入黍米中，苋菜不得和鳖肉之类。有所犯者，主食合绞。"若秽恶之物"，谓物是不洁之类，在食饮中，徒二年。若简择不精者，谓简米择菜之类有不精好；及进御不时者，依礼，饭齐视春宜温，羹齐视夏宜热之类，或朝夕日中，进奉失度及冷热不时者；减罪二等，谓从徒二年减二。"不品尝者，杖一百"，谓酸咸苦辛之味不品及应尝不尝，俱得杖一百之罪。①

所谓"干脯不得入黍米中"的禁忌，可以与《金匮要略》"脯藏米瓮中，有毒，及经夏，食之发肾病"以及《治黍米中藏干脯食之中毒方》对照读。又"监当主食有犯"条：

诸监当官司及主食之人，误将杂药至御膳所者，绞。所，谓监当之人应到之处。

【疏】议曰：御厨造膳，从造至进，皆有监当官司。依令："主食升阶进食。"但是杂药，误将至御膳所者，绞。"杂药"，谓合和为药，堪服饵者。若有毒性，虽不合和，亦为"杂药"。②

又有"百官外膳犯食禁"条：

诸外膳谓供百官犯食禁者，供膳杖七十。若秽恶之物在食饮中及简择不净者，笞五十。误者，各减二等。【疏】议曰：百官常食以上，皆官厨所营，名为"外膳"，故注云"谓供百官"。"犯食禁者"，食禁已上解讫，若有犯者，所由供膳杖七十。"秽恶之物"，谓不净物之类在食饮中及简择有不净，其所由者，得笞五十。若有误失者，各减二等：误犯食禁者，笞五十；误简不净，笞三十。③

这里关于食品卫生的规定，仅仅限于"御膳"和"百官外膳"，只是对于执政集团上层人员保健的要求。

① 刘俊文：《唐律疏议笺解》，第744-745页。
② 刘俊文：《唐律疏议笺解》，第755页。
③ 刘俊文：《唐律疏议笺解》，第756-757页。

《唐律疏议》卷一八《贼盗》又有与张家山汉简《二年律令》"诸食脯肉"条内容相近的内容，列于"以毒药药人"条下：

> 诸以毒药药人及卖者，绞；谓堪以杀人者。虽毒药，可以疗病，买者将毒人，卖者不知情，不坐。即卖买而未用者，流二千里。

> 【疏】议曰：凡以毒药药人，谓以鸩毒、冶葛、乌头、附子之类堪以杀人者，将用药人，及卖者知情，并合科绞。注云：谓堪以杀人者。虽毒药，可以疗病，买者将以毒人，卖者不知毒人之情，卖者不坐。"即卖买而未用者"，谓买毒药拟将杀人，卖者知其本意，而未用者，流二千里。

> 问曰：毒药药人合绞。其有尊卑、长幼、贵贱，得罪并依律以否？

> 答曰：律条简要，止为凡人生文。其有尊卑、贵贱，例从轻重相举。若犯尊长及贵者，各依谋杀已杀法；如其施于卑贱，亦准谋杀已杀论。如其药而不死者，并同谋杀已伤之法。

> 脯肉有毒，曾经病人，有余者速焚之，违者杖九十；若故与人食并出卖，令人病者，徒一年，以故致死者绞；即人自食致死者，从过失杀人法。盗而食者，不坐。

> 【疏】议曰："脯肉有毒"，谓曾经人食，为脯肉所病者。有余，速即焚之，恐人更食，须绝根本。违者杖九十。其知前人食已得病，故将更与人食或将出卖，以故令人病者，合徒一年；因而致死者，绞。"即人自食致死者"，谓有余，不速焚之，虽不与人，其人自食，因即致死者，从过失杀人法，征铜入死家。注云"盗而食者，不坐"，谓人窃盗而食之，以致死伤者，脯肉主不坐，仍科"不速焚"之罪。其有害心，故与尊长食，欲令死者，亦准谋杀条论；施于卑贱致死，依故杀法。[①]

由此条列于《唐律疏议》卷一八《贼盗》中，可知张家山汉简整理小组将"诸食脯肉"条归入《贼律》是正确的。

《唐律疏议》"脯肉有毒，曾经病人，有余者速焚之"，与张家山汉

---

① 刘俊文：《唐律疏议笺解》，第1304-1305页。

简《二年律令》"诸食脯肉，脯肉毒杀、伤、病人者，亟尽孰燔其余"，应有继承关系。对于立即销毁有毒"脯肉"的要求，汉律的"亟"字和唐律的"速"字，是完全可以对应的。[①]

"盐"具有抗菌特性，能够通过渗透吸水作用使肉类中的细菌失活，并有效抑制微生物活动，是防止腐败变质的最方便的添加剂。

《梁书》卷五六《侯景传》记述了这样的故事："有僧通道人者，意性若狂，饮酒啖肉，不异凡等，世间游行已数十载，姓名乡里，人莫能知。初言隐伏，久乃方验，人并呼为阇梨，景甚信敬之。""景后又宴集其党，又召僧通，僧通取肉揾盐以进景。问曰：'好不？'景答：'所恨太咸。'僧通曰：'不咸则烂臭。'果以盐封其尸。"后来侯景被杀，"传首西台。曝尸于建康市，百姓争取屠脍啖食，焚骨扬灰。曾罹其祸者，乃以灰和酒饮之。及景首至江陵，世祖命枭之于市，然后煮而漆之，付武库"[②]。关于"僧通取肉揾盐以进景"情节，《太平御览》卷八六五引《梁书》作："僧通取肉揾盐以进景。问曰：'好不？'景答：'所恨大咸。'僧通曰：'不咸则烂。'"僧通所谓"不咸则烂臭"或"不咸则烂"，竟成政治预言。关于"以盐封其尸"，《太平御览》卷八六五引《梁书》有更具体的记述："果以盐五斛置腹中，送于建康，暴之于市，百姓争取屠脍羹食皆尽。"[③]大概此后才有"焚骨扬灰……乃以灰和酒饮之"事。

侯景故事中"以盐封其尸""以盐五斛置腹中"情形，就是出于"不咸则烂臭"或"不咸则烂"的考虑。

侯景的遭遇虽然不是秦汉史事，然而秦汉时期确实有类似情形发生。《汉书》卷九九下《王莽传下》记载：

> 下铺时，众兵上台，王揖、赵博、苗䜣、唐尊、王盛、中常侍王参等皆死台上。商人杜吴杀莽，取其绶。校尉东海公宾就，故大行治礼，见吴问绶主所在。曰："室中西北陬间。"就识，斩莽首。军人分裂莽身，支节肌骨脔分，争相杀者数十人。公宾就持莽首诣王

---

① 王子今：《汉代的食品卫生法规——张家山汉简〈二年律令〉研读札记》，《考古与文物》2006年第3期。
② 《梁书》，第863页，第862页。
③ 〔宋〕李昉等：《太平御览》，第3839页．

宪……李松、邓晔入长安，将军赵萌、申屠建亦至，……传莽首诣更

始，县宛市，百姓共提击之，或切食其舌。①

王莽尸身已"分裂"，"支节肌骨脔分"，但"传莽首""县宛市"时，是
应当有某种处置方式的，否则早已腐臭，"百姓"不可能"或切食其舌"。
另一类似情形，见于东汉末年的董卓故事。《三国志》卷六《魏书·董卓
传》：吕布等"杀卓，夷三族"。裴松之注引《英雄记》：

暴卓尸于市。卓素肥，膏流浸地，草为之丹。守尸吏暝以为

大炷，置卓脐中以为灯，光明达旦，如是积日。②

言"如是积日"，推想也应当采取了必要的防腐措施。

对照王莽、董卓故事，侯景死后"以盐封其尸""以盐五斛置腹中"
的方式，保留了比较具体的防腐措施记录。这种方式，应当是继承了前代传
统与早期技术的。上文我们举出的三例，其中两例，王莽和侯景的遭遇，前
者"或切食其舌"，后者"百姓争取屠脍羹食皆尽"，均因仇恨故以其肉体
为食品。可以大致推知，"以盐封其尸"的尸身处理方式，应当是借鉴了通
常食品加工程式中肉食以"盐"防腐的经验的。而"以盐五斛置腹中"，按
照当时容量数据，取北京故宫博物院藏南北朝铜缶实测容395毫升，一升折
合395毫升的数值③，"五斛"相当于19.75升。以现今中国市场常见的中国
盐业总公司监制的精盐实测，1000毫升约重1490克。而笔者2008年8月敦煌
考察期间得到的敦煌池盐标本，即通称"大粒盐"的未经精加工的粗盐，实

---

① 《汉书》，第4191-4192页。

② 《三国志》，第179-180页。

③ 据丘光明的研究，"三国时的容量只能按《晋书·律历志》所记的魏斛来推算，计算一升容为204
毫升。""两晋容量确切数值今已无法考证，仅得太康铜釜刻铭容一斗，实测釜容水2526毫升，折
算一升容约253毫升，似可作为两晋容量参考。""南北朝时期度量衡制度混乱。""《隋书·律
历志》中对北周铜斗有一段记录……无法考证北周是否确以此器为容量标准推广实行。《左传·定
公八年》孔颖达疏曰：'魏、齐斗称于古二而为一，周、隋斗称于古三而为一。'意为：周、隋一
升当合600毫升，与玉斗容积相差甚多，不知孰是。《隋书·律历志》又记：'梁陈依古，齐以古
升一斗五升为一斗。'以上这些记述，都粗略地反映了南北朝度量衡的混乱和北周量值急剧增长的
情况。如按上述所记，推算梁、陈每升仍保持在200毫升左右，齐一升约合300毫升，魏、北齐一升
约合400毫升，北周、隋一升则合600毫升。今测铜缶（量-170）与晋寿铜缶（量-171），也可作这
个时期度量衡制度混乱和单位量值急剧增长的实物佐证。"丘光明：《中国历代度量衡考》，科学
出版社1992年版，第258页。

测1000毫升约重1210克。①则史载侯景事"以盐封其尸"，"以盐五斛置腹中"，其胸腔与腹腔中所置食盐大约相当于29427.5克或23897.5克，即可能多达约29千克或24千克。如果按照度量衡史研究者据《隋书·律历志》等文献提供的信息，"推算梁、陈每升仍保持在200毫升左右"的判断②，则"五斛"两种晶体形式的盐可能约为14.9千克和12.1千克。后一数据，具有一定的合理性和可能性。当然，"以盐五斛置腹中"，可能只是概数。

《本草纲目》卷一二《石部》"食盐"条可见有关"盐"的药用价值的内容：

> 【发明】〔弘景曰〕五味之中，惟此不可缺。西北方人食不耐咸，而多寿少病好颜色；东南方人食绝欲咸，而少寿多病，便是损人伤肺之效。然以浸鱼肉，则能经久不败，以沾布帛，则易致朽烂，所施各有所宜也。〔宗奭曰〕《素问》云：咸走血。故东方食鱼盐之人多黑色，走血之验可知。病喘嗽人及水肿者，宜全禁之。北狄用以淹尸，取其不坏也。……〔时珍曰〕《洪范》：水曰润下作咸。《素问》曰：水生咸。此盐之根源也。夫水周流于天地之间，润下之性无所不在，其味作咸凝结为盐亦无所不在。在人则血脉应之。盐之气味咸腥，人之血亦咸腥。咸走血，血病无多食咸，多食则脉凝泣而变色，从其类也……③

所谓"盐之气味咸腥，人之血亦咸腥"是直接的感性知识。而"咸走血，血病无多食咸，多食则脉凝泣而变色，从其类也"的认识则符合现代医学认识。"以浸鱼肉，则能经久不败"，是久已获知的经验，而"北狄用以淹尸，取其不坏也"的做法与此有关。《本草纲目通释》注释："淹尸：这里指我国北方少数民族为了保存尸体，用盐处理尸体的一种方法。"④侯景人生结局有"以盐封其尸""以盐五斛置腹中"的情节，应体现了对于古老

---

① 王子今：《居延〈盐出入簿〉〈廪盐名籍〉研究：汉塞军人食盐定量问题》，《出土文献》第2辑，中西书局2011年版。

② 丘光明：《中国历代度量衡考》，第258页。

③ 陈贵廷：《本草纲目通释》，学苑出版社1992年版，第414页。

④ 陈贵廷：《本草纲目通释》，第414页，第416页。

"淹尸"方式的继承。其技术背景，则出自用盐"以浸鱼肉，则能经久不败"的经验。

清人许光世、蔡晋成编《西藏新志》中卷《政治部·宗教》记述藏地葬俗："如达赖及尊贵之高僧圆寂，敛尸棺内，塞之以盐。"[①]或可作为理解所谓以盐"淹尸，取其不坏也"的"我国北方少数民族为了保存尸体，用盐处理尸体的一种方法"的例证。

二、"盐菜""酱菜"

"盐菜"即盐渍、盐腌的菜蔬。"酱菜"是以酱腌制的菜蔬，又有称"咸菹"者。《晋书》卷九〇《良吏传·吴隐之》："尝食咸菹，以其味旨，掇而弃之。"[②]以"盐"作为主要原料制作的这些佐食菜品，丰富了当时社会下层民众的饮食生活，也是盐史研究者关注的对象。

1. "布衣""贫者"的"盐菜之用"

《管子·轻重丁》说到"盐菜之用"。所载录故事可见齐桓公清理有关"峥丘之战"债务的策略：

桓公曰："峥丘之战，民多称贷，负子息，以给上之急，度上之求。寡人欲复业产，此何以治？"

管子对曰："惟缪数为可耳。"

桓公曰："诺。"

令左右州曰："表称贷之家，皆垩白其门而高其闾。"州通之师执折箓曰："君且使使者。"桓公使八使者式璧而聘之，以给盐菜之用。称贷之家皆齐首稽颡而问曰："何以得此也？"使者曰："君令曰：寡人闻之，《诗》曰'恺悌君子，民之父母'也。寡人有峥丘之战。吾闻子假贷吾贫萌，使有以给寡人之急，度寡人

---

① 〔清〕许光世、蔡晋成：《西藏新志》中卷《政治部·宗教》"（四）人民之迷信"，张羽新主编：《中国西藏及甘青川滇藏区方志汇编》，学苑出版社2003年版，第三册第295页。

② 《晋书》，第2341页。

之求。使吾萌春有以割粗，夏有以决芸，而给上事，子之力也。是
以式璧而聘子，以给盐菜之用。故子中民之父母也。"称贷之家皆
折其券而削其书，发其积藏，出其财物，以振贫病，分其故赀，故
国中大给。峥丘之谋也。此之谓缪数。①

马非百注："尹注云：'令使者赍石璧而与，仍存问之，谦言盐菜之用。'
元材案：八使者，谓使者共八人也。考汉代自武帝以来直至平帝，历代皆有
派遣使者循行天下之举。计武帝元狩六年有博士大等六人，昭帝始元元年有
故廷尉王平等五人，宣帝元康四年有大中大夫疆等十二人，五凤四年有丞相
御史椽二十四人，元帝初元元年有光禄大夫褒等十二人，建始四年有谏大
夫博士赏等二十一人，成帝河平四年有光禄大夫博士嘉等十一人。其以八人
同时出使者至平帝时始有之。《汉书·平纪》：'元始四年遣大仆王恽等八
人置副假节分行天下览观风俗。'五年，'大仆王恽等八人使行风俗，宣明
德化，万国齐同，皆封为列侯。'此两事又见《王莽传》，其五年之一次叙
述特详。原文云：'风俗使者八人还，言天下风俗齐同。诈为郡国造歌谣颂
功德，凡三万言。莽奏定著令……陈崇等皆封为列侯。'又《外戚恩泽侯
表》，并将八使者姓名及封号户数详为记载。足见八使者同时分行天下，又
同时封侯，在当日政治上确为一最重大之事件，乃王莽篡汉阴谋前奏曲之一
在此以前实无有也。此文言桓公'使八使者'，与汉平帝时事正相符合。此
又本文晚出之一证也。"②马非百认为《管子·轻重》讨论的"许多问题，
是西汉一代和王莽时代所特有的"，认为"本书与《管子》其他各篇不是一
个思想体系"，"是西汉末年王莽时代的人所作"。③如果这一说法成立，
则"盐菜"可以看作汉代人习用语。

　　齐桓公"使者""谦言盐菜"，犹如现今人们通常"谦言"招待对方
简陋之所谓"薄酒""便饭"等，实际上"式璧而聘之"，并非真的"以给

---

① "盐菜之用"，注："令使者赍石璧而与，仍存问之，谦言盐菜之用。"黎翔凤撰，梁运华整理：
　《管子校注》，第1492-1493页。"盐菜之用"，或作"监菜之用""盐菜之用"，校释者以为
　"菜"，"亦当为菜"。颜昌峣：《管子校释》，第625页。
② 马非百：《管子轻重篇新诠》，第661-662页。
③ 马非百：《管子轻重篇新诠》，第3-4页。

盐菜之用"。汉代人使用"薄酒"一语，见于河西汉简。①当今常用语"便饭"则可以根据当时人所谓"粗饭"②，予以参照理解。

《周礼·天官冢宰·亨人》中写道："祭祀，共大羹、铏羹。宾客亦如之。"汉代学者郑玄解释说："郑司农云：'大羹不致五味也，铏羹加盐菜矣。'"孔颖达疏："大古之羹，不调以盐菜及五味。"③《后汉书》卷一〇上《皇后纪上·和熹邓皇后》记载，邓皇后在父丧期间，表现出深切的哀痛：

> 后昼夜号泣，终三年不食盐菜，憔悴毁容，亲人不识之。④

"盐菜"，应是最普通的调味品。《周礼》郑注孔疏均"盐菜"连称，应用于"祭祀"之"羹"，故"盐菜"应是指调味品，并不是简单地指食盐和蔬菜。《史记》卷二三《礼书》言"大羹"，裴骃《集解》："郑玄曰：'大羹，肉湆不调以盐菜也。'"⑤《史记》卷二四《乐书》："大羹不和。"张守节《正义》："大羹，肉汁也。袷祭有肉汁为羹，无盐菜之芼和也。"⑥直接使用"调""和"字样，证实了我们的推断。汉和帝邓皇后事迹同样"盐菜"并说，也应当作同样的理解。⑦

《晋书》卷五一《皇甫谧传》记载，皇甫谧回忆与城阳太守梁柳的交往时曾经说到"盐菜"："谧曰：'柳为布衣时过吾，吾送迎不出门，食不过盐菜，贫者不以酒肉为礼……'"⑧可知"盐菜"与"酒肉"对举，象征对

---

① 居延汉简可见"薄酒少少谒官掾□前溺"（E.P.T57:55B）。据甘肃省文物考古研究所张俊民研究员提示，敦煌悬泉置简亦有简文出现"薄酒"字样的简例，与此简文例有接近处。王子今：《说肩水金关"清酒"简文》，《出土文献》第4辑，中西书局2013年版。

② 《北堂书钞》卷一四四引谢承《后汉书》云："司马苞字仲咸，为太尉，常食粗饭。"〔唐〕虞世南：《北堂书钞》，第601页。

③ 〔清〕阮元：《十三经注疏》，第662页。

④ 《后汉书》，第418页。

⑤ 《史记》，第1158-1159页。

⑥ 《史记》，第1184页，第1186页。

⑦ 《汉语大词典》对"盐菜"的解释是："①盐和蔬菜。""②盐渍的蔬菜。""①盐和蔬菜"，所举书证即："《周礼·天官·亨人》'祭祀，共大羹、铏羹'郑玄注引汉郑司农曰：'大羹不致五味也，铏羹加盐菜矣。'《后汉书·皇后纪上·和熹邓皇后》：'后昼夜号泣，终三年不食盐菜，憔悴毁容，亲人不识之。'"汉语大词典出版社1991年版，第7册第1482页。以"盐和蔬菜"解说"盐菜"，似不符合当时饮食生活的实际。

⑧ 《晋书》，第1411页。

比强烈的饮食生活等级。可见，使用"盐菜"是"布衣""贫者"的一般调味方式。汉代人以食"盐菜"作为最简易佐食形式的例证很多。

《后汉书》卷三四《梁商传》说梁商"谦柔虚己"，"每有饥馑，辄载租谷于城门，赈与贫馁，不宣己惠"[1]。《太平御览》卷四七六引《后汉书》："饥年谷贵民馁，辄遣苍头去帻着巾，车载米盐菜钱于四城门与贫乏，不语主。人知其阴德伏恩，绝不望报。匿名隐誉，皆此类也。"[2]《山堂肆考》卷一○二则写作："年凶谷贵，多有饥者，辄令苍头以牛致米及盐菜钱于四城门外乞贫民，不告以姓名。"[3]此将"米"与"盐菜钱"分说，很可能"盐菜"是其"与贫乏"救济饥民用以延续基本生活的饮食消费品。

崔寔《政论》曾经谈到汉代一般官员每月经济收支的基本状况。其中生活消费内容，包括"盐菜"所占份额：

> 夫百里长吏，荷诸侯之任，而食监门之禄。请举一隅，以率其余：一月之禄，得粟二十斛，钱二千。长吏虽欲崇约，犹当有从者一人。假令无奴，当复取客。客庸一月千刍，膏肉五百，薪炭盐菜又五百，二人食粟六斛，其余财足给马，岂能供冬夏衣被、四时祠祀、宾客斗酒之费乎？况复迎父母致妻子哉？[4]

"薪炭盐菜又五百"，占月现金收入的四分之一。由此可见，在基本消费内容中，所谓"盐菜"，占据着重要的地位。[5]

"盐菜"是以食盐作为主要制作原料的调味品的统称，还是某种具体的用食盐腌制的菜菹，今天依据现有资料似乎已经难以确知。

2. 与"重肴"对应的"酱菜"

汉代人的饮食内容中，还有所谓"酱菜"。《后汉书》卷四四《胡广

---

① 《后汉书》，第1175页。

② 〔宋〕李昉等：《太平御览》，第2184-2185页。

③ 〔明〕彭大翼：《山堂肆考》，清文渊阁《四库全书》本。

④ 董治安主编，刘晓东、王承略副主编，吴庆峰、刘保贞整理：《两汉全书》第二十二册，山东大学出版社2009年版，第12875-12876页。附注：《群书治要》卷四五。

⑤ "盐菜"长期是下层民众的食用品。《魏书》卷四八《高允传》："幸允第，惟草屋数间，布被缊袍，厨中盐菜而已。高宗叹息曰：'古人之清贫，岂有此乎？'"见《魏书》，中华书局1974年版，第1076页。

传》李贤注引谢承《后汉书》：

> （李咸）自在相位，约身率下，常食脱粟饭、酱菜而已。①

这里所说的"酱菜"，可能与"盐菜"相近，也可能是概指"酱"与"菜"。《南齐书》卷三〇《曹虎传》："晚节好货贿，吝啬，在雍州得见钱五千万，伎女食酱菜，无重肴。"②

"酱菜"与"重肴"形成对照，可知"酱菜"是社会下层普遍消费的低等级的佐餐菜肴。"酱菜"被作为极简生活方式的象征。

《北堂书钞》卷一四四引谢承《后汉书》云："司马苞字仲咸，为太尉，常食粗饭。"③言其生活简朴，所谓"常食粗饭"可以与前引《后汉书》卷四四《胡广传》李贤注引谢承《后汉书》"（李咸）自在相位……常食脱粟饭、酱菜而已"中与"酱菜"并列的"脱粟饭"对照理解。

3. "咸菹"："藏菜也，阻于温寒"

《释名·释饮食》："菹，阻也，生酿之，遂使阻于寒温之间，不得烂也。"④《北堂书钞》卷一四六写道："菹，藏菜也，阻于温寒。"又引《释名》云："菹，阻也。生酿之，更阻于温寒之间，不得烂也。"⑤应当是说在菜蔬新鲜时予以腌制，防止腐坏。又列述若干种"菹"：

> 蒲菹。《周官·醢人》云：馈食之豆深蒲菹醓醢。⑥
>
> 蒻菹。任豫《益州记》云：蒻茎以唐丈草下魁大者如数斗，今蜀人于冬月春碎，炙之，水淋一宿为菹也。
>
> 咸菹。范汪《祠制》云：孟冬祭不咸菹。⑦
>
> 鱼菹。司马相如有《鱼菹赋》。

---

① 《后汉书》，第1511页。

② 《南齐书》，中华书局1972年版，第564页。

③ 〔唐〕虞世南：《北堂书钞》，第601页。

④ 任继昉：《释名汇校》，齐鲁书社2006年版，第208页。

⑤ 清文渊阁《四库全书》本《北堂书钞》作："《释名》云：'菹，阻也。生酿之，遂使阻于寒温之间，不得烂也。'"

⑥ 清文渊阁《四库全书》本《北堂书钞》无"蒲菹"条，有："芹菹。《周礼·醢人职》云：'加豆之实，芹菹兔醢，深蒲醓醢……'"

⑦ 清文渊阁《四库全书》本作："《荀氏春秋》云：'孟冬，祭用咸菹。'"

馈食落菹。《周官·醢人》云：馈食之豆，落菹雁醢。司农

注云：落水内鱼衣也。[1]

文王嗜昌菹。《吕氏春秋》：文王嗜昌蒲菹。孔子闻之，蹴頞

而食也。

惠王食寒菹。《贾谊书》云：楚惠王食寒菹，得蛭，遂吞

之。后而蛭出，其久病心腹之积疾皆愈也。[2]

其制作方式之所谓"生酿之，更阻于温寒之间，不得烂也"，应是用盐腌

制，以阻断其氧化过程，以免腐败。

前引《晋书》卷九〇《良吏传·吴隐之》说"尝食咸菹，以其味旨，掇

而弃之"事。《荆楚岁时记》：

仲冬之月，采撷霜芜菁、葵等杂菜干之，家家并为咸菹。有

得其和者，并作金钗色。

又写道："今南人作咸菹，以糯米熬捣为末，并研胡麻汁和酿之，石筶令

熟。菹既甜脆，汁亦酸美。呼其茎为金钗股，醒酒所宜也。"[3]虽言"甜

脆""酸美"，其名"咸菹"，应当也类似于"盐菜""酱菜"。《太平

御览》卷九八〇引《岭南异物志》："南土芥高者五六尺，子如鸡卵。广州

人以巨芥为咸菹，埋地中，有三十年者。贵尚亲宾，以相饷遗。"[4]《尔雅

翼》卷七《释草·芥》："广州人以巨芥为咸菹，埋地中，有三十年者。贵

尚亲宾，以相饷遗。"[5]这是较晚的史例，可以说明"咸菹"作为菜肴的名

称使用年代相当长。"咸菹"最早见于《晋书》，推想东汉晚期应当已经进

入社会饮食生活。

"芜菁"在汉代已经是比较普遍的栽培蔬菜。彭卫指出："最早记录芜

菁的汉代传世文献是成书于汉元帝时期的《急就篇》和稍晚的扬雄《方言》，

---

[1] 清文渊阁《四库全书》本作："馈食葵菹。《周礼·醢人职》云：'馈食之豆，其实葵菹蠃醢。'"

[2] 清文渊阁《四库全书》本作"贾谊《新书》云……"。〔唐〕虞世南：《北堂书钞》，第619页。

[3] 〔梁〕宗懔著，姜彦稚辑校：《荆楚岁时记》，岳麓书社1986年版，第51页。〔宋〕罗愿《尔雅翼》卷六《释草·蓻》："《荆楚岁时记》：'十一月，采经霜芜菁、葵等杂菜，干之，为咸菹。有得其和者，并为金钗色。菹既甜脆，汁亦酸美。呼其茎为金钗股，醒酒所宜也。'"清文渊阁《四库全书》本。

[4] 〔宋〕李昉等：《太平御览》，第4340页。

[5] 〔宋〕罗愿：《尔雅翼》，清文渊阁《四库全书》本。

这两部著作都将芜菁作为常见的菜蔬。《急就篇》中的草类菜蔬都是人工栽培之物，芜菁自不应例外。《居延汉简释文合校》简32.16有'出廿五毋菁十束'文，据此，边地一根芜菁价为2.5钱。[1]又，《居延新简》简E.P.T2:5B：'昨遣使，持门菁子一升诣门下，受教原□，逆使□莫取，白欲归事，岂肯白之乎，为见一。''芜菁'居延简作'毋菁'，'门菁'应是'毋菁'之误写。专门遣人送去菁种，为当地种植芜菁之证。这两通简的时间是西汉后期，正与《急就篇》相合。据此，《方言》记录的不同地区的芜菁，应当也是人工栽培或人工栽培和野生兼而有之的蔬菜。一种蔬菜能够被较为成熟地栽培并成为稳定的食材需要一个过程，芜菁在中国驯化的完成可能不会晚于西汉前期。"彭卫还写道："两汉时期芜菁在黄河流域和长江流域部分地区种植甚广"，据扬雄《方言》卷三收录陈、楚之际，鲁、齐之际，关东、关西之际和赵、魏之际等地对芜菁的不同称谓，"显示了这些地区居民取食芜菁的情状"。在中原地方，"《四民月令》更为明确地将种植和收获芜菁作为农事活动的内容"。他又引《三国志》卷三二《蜀书·先主传》裴松之注引《吴历》"（刘）备时闭门，将人种芜菁"事，以为"据此当时似有专门种植芜菁的菜农"。《文选》卷四〇任昉《到大司马记室笺》李善注引孔融《汝颍优劣论》陈群"颇有芜菁，唐突人参"语及《三国志》卷五八《吴书·陆逊传》"催人种葑、豆"故事也为论者关注，以为可以说明芜菁"得到两汉三国人的重视"。彭卫分析其原因，第一，"芜菁可以在饥荒岁月转为充饥的主食"；第二，"芜菁可以收藏以备冬日食用，即《急就篇》所言'老菁蘘荷冬日藏'。《荆楚岁时记》所言'仲冬之月，采撷霜芜菁、葵等杂菜，干之，并为咸菹'，《齐民要术》卷二《种麻子》所言'六月间，可于麻子地间撒芜菁子而锄之，拟收其根'，正是这一习俗的延续"[2]。

《齐民要术》卷九《作菹、藏生菜法》"葵、菘、芜菁、蜀芥咸菹法"条有关于"咸菹"制作方式的介绍：

> 收菜时，即择取好者，菅、蒲束之。作盐水，令极咸，于盐水中洗菜，即内瓮中。若先用淡水洗者，菹烂。其洗菜盐水，澄取

---

[1] 今按："一根芜菁"似应为"一束芜菁"。

[2] 彭卫：《汉代菜蔬志》，《中国社会科学院历史研究所学刊》第10辑，商务印书馆2017年版，第182-183页。

清者，泻著瓮中，令没菜把即止，不复调和。菹色仍青，以水洗去
咸汁，煮为茹，与生菜不殊。

其芜菁、蜀芥二种，三日抒出之。粉黍米，作粥清；捣麦麬
作末，绢筛。布菜一行，以麬末薄坌之，即下热粥清。重重如此，
以满瓮为限。其布菜法：每行必茎叶颠倒安之。旧盐汁还泻瓮中。
菹色黄而味美。

作淡菹，用黍米粥清，及麦麬末，味亦胜。

作汤菹法：菘菜佳，芜菁亦得。收好菜，择讫，即于热汤中
炸出之。若菜已萎者，水洗，漉出，经宿生之，然后汤炸。炸讫，
冷水中濯之，盐、醋中。熬胡麻油著，香而且脆。多作者，亦得至
春不败。

釀菹法：菹，菜也。一曰：菹不切曰"釀菹"。用干蔓菁，
正月中作。以热汤浸菜冷柔软，解辟，择治，净洗。沸汤炸，即
出，于水中净洗，复作盐水暂度，出著箔上。经宿，菜色生好……

此外，又有"作卒菹法""作葵菹法""作菘咸菹法""作酢菹法"以及制
作"蒲菹""葵菹"的方法等。[1]这些被称作"咸菹"的菜品的制作，明确
可知是要使用"极咸"的"盐水""盐汁"的。

彭卫曾经考论礼制规范中的食物序列中蔬菜的位置，发现"先秦文献所
见礼仪活动中出现的蔬菜"，"葵"列于首位。"葵菜参与了冠、丧礼和馈
食仪式。"据《仪礼》安排，在丧仪祭食、少牢馈食礼、士冠礼、士丧礼、
士虞礼、特牲馈食礼中，均可见"葵菹"与其他食品形成组合。[2]据此可以
对"咸菹"在秦汉社会饮食生活中的地位有所认识。

三、"盐鱼""饐鱼"

虽然"秦汉人喜好吃鲜食"[3]，然而用食盐腌制鱼类以防止腐败便于长

---

[1]　〔后魏〕贾思勰原著，缪启愉校释，缪桂龙参校：《齐民要术校释》，农业出版社1982年版，第531-533页。

[2]　彭卫：《汉代菜蔬志》，《中国社会科学院历史研究所学刊》第10辑，第233页。

[3]　彭卫：《秦汉时期的饮食》，《中国饮食史》第六编，卷2第447页。

期存留这种渊源古老的食品加工方式，秦汉时期为民间普遍采用。通常情况下，鱼肉较畜肉更易腐坏，于是对于鱼的防腐处置更为重要。为了延缓腐败速度，人们往往使用盐。秦汉时期这种用盐加工的鱼，又称"盐鱼""馈鱼""鲍鱼""裹鱼"。我们注意到，秦始皇人生悲剧最后一幕的演出，"鲍鱼"曾经作为重要道具，为社会大众所熟知。居延汉简中发现了有"鲍鱼"文字的简例，颇为引人注目。考察"鲍鱼"的名与义，可以推知其大致是指经过腌制处理的渔产收获。

1. 巫山大溪沟的"鱼骨"

在对巴盐开发长久历史的讨论中，任乃强《说盐》一文写道："在巫山县大溪沟考古发掘中，发现旧、新石器时代的墓葬里，每有大量的鱼骨。我想：鱼是易腐之物，鲜鱼死去两三天便会发臭腐烂，非用盐腌制，不可用于殉葬。大量鱼骨，等于葬时大量使用了食盐。""此地是与巫溪盐泉区同在一个峡江内的自然区。正是巫载文化的核心区域。他们是食盐有余的。所以稍有地位的人，都能用大量的盐腌鱼殉葬。"①以墓葬出土"大量的鱼骨"，推定用食盐腌制过的咸鱼随葬，分析盐产形势，是很有意思的思考。不过关于旧石器时代"墓葬"的说法恐是疏误。

王仁湘等《盐与文明》一书讨论了"腌制：古代流行的食品收藏法则"，又有"咸鱼的故事"一节。其中写道："古代埃及人很早便用盐来腌制肉和鱼，他们通过蒸发尼罗河水来制盐。考古学家在古埃及的一些墓穴中找到了腌制的禽类和鱼类，那些随葬品的年代大约在公元前3000年。有关中国腌制鱼的证据可追溯到距今4000多年前。在黑龙江密山和山东胶县的新石器时代遗址里都发现过鱼窖，前者大约是冰鱼窖，后者则可能是咸鱼窖。"②

《盐与文明》没有说到"巫山县大溪沟考古发掘"所得到的"大量的鱼骨"与"腌制鱼""盐腌鱼"的关系，但是山东胶县"可能是咸鱼窖"的发现也展示了远古"咸鱼"制作与消费的历史。

---

① 〔晋〕常璩撰，任乃强校注：《华阳国志校补图注》，第55页。
② 王仁湘、张征雁：《盐与文明》，第286-287页。

2. 《韩非子》"枯鱼之膳"

战国秦汉时期，腌制鱼类已经成为通常食品。王仁湘等《盐与文明》举《韩非子·外储说左下》"孙叔敖相楚"故事为例：

> 孙叔敖相楚，栈车牝马，粝饼菜羹，枯鱼之膳，冬羔裘，夏葛衣，面有饥色，则良大夫也，其俭偪下。[①]

注家对"枯鱼之膳"多未作解说[②]。王仁湘等以之为"咸鱼"史例："古代将咸鱼风干，称之为枯鱼。享用这样的鱼品，称为'枯鱼之膳'。""孙叔敖三次出任楚国的相（令尹），是个贤相，他自奉俭节，乘坐的是极简陋的车子，驾车的也是并不高大雄健的母马；饮食不过是粗粮烙的饼，菜叶煮的羹，还有干鱼之膳。干鱼自然没有鲜鱼味美，价钱也会低得多。孙叔敖正因为严于克己，所以能有效地施教导民，使楚国吏无奸邪、盗贼不起。"[③]

《庄子·外物》关于人生世事，多有生动深刻的论说。其中可见言及"枯鱼之肆"的寓言：

> 庄周家贫，故往贷粟于监河侯。监河侯曰："诺。我将得邑金，将贷子三百金，可乎？"庄周忿然作色曰："周昨来，有中道而呼者。周顾视车辙中，有鲋鱼焉。周问之曰：'鲋鱼来！子何为者耶？'对曰：'我，东海之波臣也。君岂有斗升之水而活我哉？'周曰：'诺。我且南游吴越之王，激西江之水而迎子，可乎？'鲋鱼忿然作色曰：'吾失我常与，我无所处。吾得斗升之水然活耳。君乃言此，曾不如早索我于枯鱼之肆！'"

"枯鱼"，注家解释为"犹干鱼也"。"枯鱼之肆"即"干鱼之肆"[④]。或说"卖鱼干的市场"。[⑤]"枯鱼"的制作方式，似乎并不涉及所谓"咸鱼风

① 陈奇猷：《韩非子集释》，上海人民出版社1974年版，第703页。
② 如陈奇猷：《韩非子集释》，上海人民出版社1974年版；梁启雄：《韩子浅解》，中华书局1960年版；〔日〕太田方：《韩非子翼毳》，中西书局2014年版。
③ 王仁湘、张征雁：《盐与文明》，第287页。
④ 郭庆藩辑，王孝鱼整理：《庄子集释》，中华书局1961年版，第924-925页。
⑤ 曹础基：《庄子浅注》，中华书局1982年版，第408-409页。

干"，即先用食盐腌制的程序。然而"将咸鱼风干，称之为枯鱼"的解说，应当符合咸干鱼或称咸鱼干的制作方式，即先将鲜鱼类腌咸，然后进行干燥脱水的加工程序。

3. 居延出土"鲍鱼"简文

居延汉简中可以看到出现"鲍鱼"字样的简文。

汉简文字"鲍鱼"的发现，提示我们关注水产品在河西社会饮食生活中的意义。"鲍鱼"简文可见：

（1）鲍鱼百头（263.3）[①]

又居延新简亦有：

（2）不能得但以鲍鱼☐（EPF22:480）[②]

肩水金关简也有出现"鲍鱼"字样的简例：

（3）负鲍鱼十斤见五十头囊败少三斤给过客（73EJT33:88）[③]

所谓"给过客"，说明"鲍鱼"是接待类饮食服务的常规菜品。

由简（1）可知，"鲍鱼"的计量单位是"头"，简（3）则"斤"与"头"并用。由简文"见五十头囊败"，似可有"鲍鱼"的包装方式用"囊"的联想。当然也可以作别的解说。

4. 秦始皇辒车载"鲍鱼"

《史记》卷六《秦始皇本纪》记述秦始皇三十七年（前210）去世于出巡途中，行返咸阳的情形：

> 七月丙寅，始皇崩于沙丘平台。丞相斯为上崩在外，恐诸公

[①] 谢桂华、李均明、朱国炤：《居延汉简释文合校》，文物出版社1987年版，第437页。谢桂华等按："头"，《居延汉简甲乙编》作"☐"（中华书局1980年版），《居延汉简考释·释文之部》作"愿"（台北1960年重订本）。简牍整理小组编《居延汉简（叁）》亦作"鲍鱼百头"。"中央研究院"历史语言研究所专刊之一〇九，"中央研究院"历史语言研究所2016年版，第153页。

[②] 甘肃省文物考古研究所、甘肃省博物馆、文化部古文献研究室、中国社会科学院历史研究所：《居延新简：甲渠候官》，中华书局1994年版，上册第225页；张德芳：《居延新简集释（七）》，甘肃文化出版社2016年版，第536页。甘肃省文物考古研究所、甘肃省博物馆、文化部古文献研究室、中国社会科学院历史研究所《居延新简：甲渠候官与第四燧》释文作"不能得但以鲍鱼☐"，文物出版社1990年版，第509页。

[③] 甘肃简牍博物馆、甘肃省文物考古研究所、甘肃省博物馆、中国文化遗产研究院、中国社会科学院简帛研究中心编：《肩水金关汉简（肆）》，中西书局2015年版，下册第7页。

子及天下有变，乃秘之，不发丧。棺载辒凉车中，故幸宦者参乘，所至上食。百官奏事如故，宦者辄从辒凉车中可其奏事。独子胡亥、赵高及所幸宦者五六人知上死。赵高故尝教胡亥书及狱律令法事，胡亥私幸之。高乃与公子胡亥、丞相斯阴谋破去始皇所封书赐公子扶苏者，而更诈为丞相斯受始皇遗诏沙丘，立子胡亥为太子。更为书赐公子扶苏、蒙恬，数以罪，赐死。语具在《李斯传》中。行，遂从井陉抵九原。会暑，上辒车臭，乃诏从官令车载一石鲍鱼，以乱其臭。

关于"一石鲍鱼"，张守节《正义》："鲍，白卯反。"[①]《史记会注考证》："百二十斤曰石。"[②]

"鲍鱼"因此成为标志秦末历史记忆的特殊文化符号。唐人陈陶《续古二十八首》之十一："秦国饶罗网，中原绝麟凤。万乘巡海回，鲍鱼空相送。"[③]韦楚老《祖龙行》诗："黑云兵气射天裂，壮士朝眠梦冤结。祖龙一夜死沙丘，胡亥空随鲍鱼辙。"[④]宋人刘克庄《读秦纪七绝》之二："匈奴驱向长城外，当日蒙恬计未非。欲被筑城夫冷笑，辒凉车载鲍鱼归。"[⑤]汪元量《阿房宫故基》诗："欲为不死人，万代秦宫主。风吹鲍鱼腥，兹事竟虚语。"[⑥]王十朋《望天台赤城山感而有作》诗："仙山不容肉眼见，天为设险藏神灵。山中采药使未返，鲍鱼向已沙丘腥。"[⑦]元人胡助《始皇》诗："可怜万世帝王业，只换一坑儒士灰。环柱中车几不免，沙丘同载鲍鱼回。"[⑧]郭钰《读史四首》之一："六国中深机，三山使未归。辒辌车上梦，受用鲍鱼肥。"[⑨]明人齐之鸾《始皇墓》诗："金泉已锢鲍鱼枯，四海

① 《史记》，第264-265页。
② 〔汉〕司马迁撰，〔日〕泷川资言考证，〔日〕水泽利忠校补：《史记会注考证附校补》，上海古籍出版社1986年版，第171页。
③ 〔宋〕洪迈编：《万首唐人绝句诗》卷一一，明嘉靖刻本。
④ 〔宋〕计有功：《唐诗纪事》卷五六，《四部丛刊》景明嘉靖本。
⑤ 〔宋〕刘克庄：《后村集》卷三九，《四部丛刊》景旧钞本。
⑥ 〔宋〕汪元量：《湖山类稿》卷三，清文渊阁《四库全书》本。
⑦ 〔宋〕王十朋：《梅溪集》卷四，《四部丛刊》景明正统刻本。
⑧ 〔元〕胡助：《纯白斋类稿》卷一七，清文渊阁《四库全书》补配文津阁《四库全书》本。
⑨ 〔元〕郭钰：《静思集》卷一〇，清文渊阁《四库全书》本。

骊山夜送徒。牧火燎原机械尽，祖龙空作万年图。"①杨慎《拟过秦》写道："方架鼋鼍以为梁，巡海右以送日。俄而祖龙魂断于沙丘，鲍鱼腥闻乎四极矣。"②清人吴雯《祖龙行》诗也说："昨日徐郎有报书，帆樯将近羽人都。何事君王不相待，辒辌东来杂鲍鱼。"③又樊增祥《午公属题琅琊碑拓本敬赋长句奉呈》："辒辌已载鲍鱼去，篝火遂假妖狐言。泗亭白蛇肇大业，上蔡黄犬徒悲辛。"④冯云鹏《饮马长城窟行》也写道："赗璧滴池君，今年祖龙死。可怜辒凉车，遗臭同鲍鱼。"⑤

"鲍鱼"作为具有历史意义的文化标记，为历代学人所关注，也因此成为饮食史、日常生活史、资源开发史研究者瞩目的历史存在。

5. "嗜鲍鱼"故事与"鲍鱼之肆"

《太平御览》卷九三五引《国语》说到周武王早年曾经有特殊的嗜好："周文太子发耆鲍鱼，太公为其傅，曰：'鲍鱼不登俎豆，岂有非礼而可养太子？'"⑥贾谊《新书》卷六《礼》："昔周文王使太公望傅太子发，太子嗜鲍鱼⑦，而太公弗与，太公曰：'礼：鲍鱼不登于俎。岂有非礼而可以养太子哉？'"⑧这些都可以看作上层社会食用"鲍鱼"的例证。

马王堆一号汉墓出土记载随葬器物名称与数量的"遣策"中，也可见"鲍鱼"。如：

（4）鹿肉鲍鱼笋白羹一鼎（1109）

（5）鲜鳠禺鲍白羹一鼎（1114）⑨

---

① 〔清〕陈田：《明诗纪事》戊签卷六，清陈氏听诗斋刻本。

② 〔明〕杨慎：《升庵集》卷七〇，清文渊阁《四库全书》补配文津阁《四库全书》本。

③ 〔清〕吴雯：《莲洋诗钞》卷二，清文渊阁《四库全书》本。

④ 〔清〕樊增祥：《樊山续集》卷七《柳下集》，清光绪二十八年西安臬署刻本。

⑤ 〔清〕冯云鹏：《扫红亭吟稿》卷一，清道光十年写刻本。

⑥ 〔宋〕李昉等：《太平御览》，第4154页。清文渊阁《四库全书》本"耆"作"嗜"。

⑦ 宋人王观国《学林》卷五《好癖》将"周太子嗜鲍鱼"列为"凡人有所好癖者，鲜有不为物所役"一例。〔宋〕王观国撰，田瑞娟点校：《学林》，中华书局1988年版，第179页。

⑧ 〔汉〕贾谊撰，阎振益、钟夏校注：《新书校注》，中华书局2000年版，第214页。《艺文类聚》卷四六引《贾谊书》曰："昔文王使太公望傅太子，发嗜鲍鱼而公不与。文王曰：'发嗜鲍鱼，何为不与？'太公曰：'礼：鲍鱼不登乎俎。岂有非礼而可以养太子哉？'"〔唐〕欧阳询撰，汪绍楹校：《艺文类聚》，第823页。

⑨ 李均明、何双全：《散见简牍合辑》，文物出版社1990年版，第109页。

这当然也是说明汉初上层社会喜爱"鲍鱼"之风习的文物实例。简（5）"鲍白羹"，就是"鲍鱼白羹"。《汉书》卷二八下《地理志下》："寿春、合肥受南北湖皮革、鲍、木之输，亦一都会也。"颜师古注："鲍，鲍鱼也。"①可知"鲍鱼"可以简称"鲍"。

《吴越春秋》卷三《王僚使公子光传》有渔父"持麦饭、鲍鱼羹、盎浆"饷伍子胥故事②，说到民间饮食生活中的"鲍鱼"。渔父所持"鲍鱼羹"可以与马王堆汉墓"鲍鱼笋白羹""鲍白羹"对照理解。看来以"鲍鱼"加工制作的"羹"，是上至"侯"者下至"渔父"们共同习惯享用的食品。

"鲍鱼"在礼制传统中虽"不登俎豆""不登于俎"，却为不同社会等级的人们所"嗜"。《论衡·四讳》言及民间"食腐鱼之肉""鲍鱼之肉"事。③在当时的社会生活中，"鲍鱼"作为消费面颇为广大的食品，其地位之重要，是不可以被忽视的。

《孔子家语·六本》："子曰：……与不善人居，如入鲍鱼之肆，久而不闻其臭，亦与之化矣。"④《太平御览》卷四〇六引《大戴礼》："与小人游，如入鲍鱼之肆，久而不闻其臭，则与之俱化矣。"⑤所谓"鲍鱼之肆"的说法，出于鲁地儒者言。宋人王楙《野客丛书》卷一五"曾子之书"条说"与小人游，如入鲍鱼之肆，久而不闻，则与之化矣"，"见曾子之书，诸书所引，盖本于此"⑥。据《史记》卷六七《仲尼弟子列传》："曾参，南武城人。"司马贞《索隐》："按：武城属鲁。当时鲁更有北武城，故言南也。"张守节《正义》："《括地志》云：'南武城在兖州……'"⑦如果确实"诸书所引，盖本于此"，即本于"曾子之书"，那么因曾子出身齐鲁地方近海，有关"鲍鱼之肆"的说法由这里传布到其他地方，也是符合文化区域传播的逻辑的。《日知录》卷三一"曾子南武城人"条就此有所讨论，

---

① 《汉书》，第1668页。

② 周生春：《吴越春秋辑校汇考》，上海古籍出版社1997年版，第29页

③ 黄晖：《论衡校释》，第976页。

④ 廖名春、邹新明：《孔子家语》，辽宁教育出版社1997年版，第43页。

⑤ 〔宋〕李昉等：《太平御览》，第1877页。

⑥ 〔宋〕王楙撰，王文锦点校：《野客丛书》，中华书局1987年版，第170页。

⑦ 《史记》，第2205页。

其中写道："《春秋》襄公十九年'城武城'，杜氏注云：'泰山南武城县。'然《汉书》泰山郡无南武城，而有南成县，属东海郡。《续汉志》作'南城'，属泰山郡。至晋始为南武城。此后人之所以疑也。"顾氏论证了"武城之即为南武城也"，"曾子所居之武城，费邑也"，"南成之即南城而在费"①。春秋时期的"费"，一在今山东费县北，一在今山东金乡东南。"武城"在今山东费县西南。②西汉时，这一地方属东海郡。③而"鲁"与"东海"有密切关系，被看作儒学文化基地之一。④

《说苑·杂言》也说到"鲍鱼之肆"⑤。可知此时已有服务于"嗜鲍鱼"风习，专门从事这种食品之购销以满足相关需求的商业经营。

河西汉简所见"鲍鱼"简文，增益了我们有关汉代"鲍鱼"加工、流通与消费的知识。然而，河西汉简似乎也同时使"鲍鱼"之名与义的判定更增加了复杂性。

6. "鲍鱼"名义

《释名·释饮食》："鲍鱼，鲍，腐也。埋藏奄，使腐臭也。"⑥"奄"应即"腌"。"埋藏"，应指制作程序中的密封形式。"腐臭"，指由腌制导致产生的特殊气味。

《说苑·指武》："颜渊曰：'回闻鲍鱼、兰芷不同箧而藏；尧、舜、桀、纣，不同国而治……'"《说苑·杂言》载孔子曰："与善人居，如入兰芷之室，久而不闻其香，则与之化矣；与恶人居，如入鲍鱼之肆，久而不闻其臭，亦与之化矣。"⑦"鲍鱼"有通常人们难以习惯的特殊气味。《论衡·四讳》："凡人所恶，莫有腐臭。⑧腐臭之气，败伤人心，故鼻闻臭，

① 〔清〕顾炎武著，黄汝成集释，栾保群、吕宗力校点：《日知录集释》全校本，上海古籍出版社2006年版，第1735-1736页。
② 谭其骧：《中国历史地图集》，第1册第26-27页。
③ 谭其骧：《中国历史地图集》，第2册19-20页。
④ 《汉书》卷二八下《地理志下》："汉兴以来，鲁东海多至卿相。"第1663页。
⑤ 〔汉〕刘向撰，赵善诒疏证：《说苑疏证》，华东师范大学出版社1985年版，第514页。
⑥ 任继昉：《释名汇校》，齐鲁书社2006年版，第223页。
⑦ 〔汉〕刘向撰，赵善诒疏证：《说苑疏证》，第413页，第514页。
⑧ 刘盼遂说："'有'当为'若'，形近之误也。"黄晖：《论衡校释》，第976页。今按：清文渊阁《四库全书》本作"莫如腐臭"。

口食腐，心损口恶，霍乱呕吐。夫更衣之室，可谓亵矣；鲍鱼之肉，可谓腐矣。然而有甘之更衣之室，不以为忌；肴食腐鱼之肉，不以为讳。意不存以为恶，故不计其可与不也。"①所谓"鲍鱼之肉"的"腐亵之气"相当强烈，所以秦始皇人生的最后一幕，才会有"会暑，上辒车臭，乃诏从官令车载一石鲍鱼，以乱其臭"的情节。

《史记》卷一二九《货殖列传》说，拥有"鲐鲞千斤，鲰千石，鲍千钧"者，其资产可"比千乘之家"。注家对"鲰""鲍"有所解说。裴骃《集解》："徐广曰：'鲰音辄，腒鱼也。'"司马贞《索隐》："鲰音辄，一音昨苟反。鲰，小鱼也。鲍音抱，步饱反，今之鲰鱼也。腒音铺博反。案：破鲍不相离谓之腒，鱼渍云鲍。《声类》及《韵集》虽为此解，而'鲰生'之字见与此同。案：鲰者，小杂鱼也。"张守节《正义》："鲰音族苟反，谓杂小鱼也。鲍，白也。然鲐鲞以斤论，鲍鲰以千钧论，乃其九倍多，故知鲐是大好者，鲰鲍是杂者也。徐云鲰，腒鱼也。腒，并各反。谓破开中头尾不相离为鲍，谓之腒关者也，此亦大鱼为之也。"②《汉书》卷九一《货殖传》言拥有"鲐鲞千斤，鲰鲍千钧"者，"亦比千乘之家"。颜师古注："鲰，腒鱼也，即今不著盐而干者也。鲍，今之鲹鱼也。鲰音辄。腒音普各反。鲹音于业反。而说者乃读鲍为鲍鱼之鲍，音五回反，失义远矣。郑康成以为鲹于煏室干之，亦非也。煏室干之，即鲰耳。盖今巴荆人所呼鳠鱼者是也。音居偃反。秦始皇载鲍乱臭，则是鲹鱼耳。而煏室干者，本不臭也。煏音蒲北反。"③《资治通鉴》卷七"秦始皇三十七年"："会暑，辒车臭，乃诏从官令车载一石鲍鱼以乱之。"胡三省注引孟康曰："百二十斤曰石。"又引《汉书》卷九一《货殖传》颜师古注言及"鲍""鲰""鲹""鲍"之说。④

清代学者王士禛《香祖笔记》卷一〇写道："鳆鱼产青莱海上，珍异为海族之冠。《南史》有饷三十枚者，一枚直千钱。今京师以此物馈遗，率作

---

① 黄晖：《论衡校释》，第976页。

② 《史记》，第3274页，第3276页。

③ 《汉书》，第3687页，第3689页。

④ 〔宋〕司马光编著，〔元〕胡三省音注，"标点资治通鉴小组校点"：《资治通鉴》，第250页。

鲍鱼，则讹作秦始辒辌中物，可笑。"①可能"秦始辒辌中物"之"鲍鱼"与后来"京师"相互"馈遗"之所谓"珍异为海族之冠"者，名同而其实有异。后者王士禛指为"鳆鱼"。"鳆鱼"与"脯鱼"音近。

其实，对"会暑，上辒车臭，乃诏从官令车载一石鲍鱼，以乱其臭"的"鲍鱼"进行明确的海洋生物学定义，似乎不是简单的事。《史记》卷一二九《货殖列传》司马贞《索隐》"鱼渍云鲍"的说法，《史记》卷九一《货殖传》颜师古注"鲍，今之鲐鱼也"的说法，都值得注意。

《说文·鱼部》："鲍，饐鱼也。"段玉裁注："饐，饭伤湿也。故盐鱼湿者为饐鱼。"《说文·食部》："饐，饭伤湿也。"段玉裁注："《鱼部》曰：'鲍，饐鱼也。'是引伸之凡淹渍皆曰饐也。《字林》云：'饐，饭伤热湿也。'混饐于饐。葛洪云：'饐，饭馊臭也。'本《论语》孔注而非许说。"②有学者据"鲍，饐鱼也"之说分析："即是说鲍鱼就是经盐腌的湿咸鱼。"③就前引简（1）"鲍鱼百头"（263.3），有学者判断，"鲍鱼是用盐腌的咸鱼。"④"鲍""鲍鱼"即"盐渍"的"鱼"，简（1）"鲍鱼百头"（263.3）的"鲍鱼"与《秦始皇本纪》"车载一石鲍鱼，以乱其臭"的"鲍鱼"都是一种物品。⑤这样的认识可能相当接近汉代饮食史的实际，然而目前尚未有确切的论证。

《风俗通义》卷九《怪神》"鲍君神"条讲述了一个关于"鲍鱼"的故事："谨按：汝南鲖阳有于田得麇者，其主未往取也，商车十余乘经泽中行，望见此麇著绳，因持去，念其不事⑥，持一鲍鱼置其处。有顷，其主往，不见所得麇，反见鲍君⑦，泽中非人道路，怪其如是，大以为神，转相

---

① 〔清〕王士禛撰，湛之点校：《香祖笔记》，上海古籍出版社1982年版，第199页。

② 〔汉〕许慎撰，〔清〕段玉裁注：《说文解字注》，第580页，第222页。

③ 丁邦友、魏晓明：《汉代鱼价考》，《农业考古》2008年4期。

④ 魏晓明：《汉代河西地区的饮食消费初探》，《农业考古》2010年4期。简号误作"（263.4页）"。

⑤ 京都大学人文科学研究所简牍研究班编：《汉简语汇·中国古代木简辞典》，岩波书店2015年版，第519页。

⑥ 清文渊阁《四库全书》本作"念其幸获"。

⑦ 王利器注："朱藏元本、仿宋本、《两京》本、胡本、郎本、程本、钟本、《辩惑编》《广博物志》十四，'君'作'鱼'。"〔汉〕应劭撰，王利器校注：《风俗通义校注》，中华书局1981年版，第404页。

告语，治病求福，多有效验。因为起祀舍，众巫数十，帷帐钟鼓，方数百里皆来祷祀，号鲍君神。其后数年，鲍鱼主来历祠下，寻问其故，曰：'此我鱼也，当有何神。'上堂取之，遂从此坏。《传》曰：'物之所聚斯有神。'言人共奖成之耳。"①其中"反见鲍君"，吴树平作"反见鲍鱼"。所谓"鲍鱼"，吴树平注："'鲍鱼'，盐渍的鱼。"②

7. 《齐民要术》"裛鲊""渍鲊"

前引《说文·鱼部》："鲍，饐鱼也。"段玉裁注："饐，饭伤湿也。故盐鱼湿者为饐鱼。"此说"盐鱼"，指出了以盐腌制的加工方式。然而段玉裁还有更具体的考论："《周礼·笾人》有'鲍'。注云：'鲍者，于煏室中煏干之。出于江淮。'师古注《汉书》曰：'鲍，今之鮧鱼也。郑以为于煏室干之，非也。秦始皇载鲍乱臭，则是鮧鱼耳。而煏室干者，本不臭也。'鮧于业反。按《玉篇》作裛鱼。皆当作渍耳。渍，湿也。《释名》曰：'鲍，腐也。'埋藏淹使腐臭也。"③段玉裁似赞同颜师古"鲍，今之鮧鱼也"，"秦始皇载鲍乱臭，则是鮧鱼耳"的说法，又指出"鮧鱼"就是"裛鱼"，"鮧""裛""皆当作渍耳"。而前引《说文·鱼部》"鲍，饐鱼也"及《说文·食部》"饐，饭伤湿也"，又"……从食，壹声"。④"饐"与"鮧""裛"字音亦应相近。王利器《风俗通义校注》在"鲍鱼神"条的注文中即指出："饐即鮧之变文。"⑤

《齐民要术》卷八《作鱼鲊》开篇写道："凡作鲊，春秋为时，冬夏不佳。"其注曰："寒时难熟。热则非咸不成，咸复无味，兼生蛆；宜作裛鲊也。"缪启愉校释："'裛'，院刻、明抄、湖湘本同，金抄不清楚，像'裹'。黄麓森校记：'乃裹之讹。'日译本改为'裹'字。按：《要术》中并无裛鲊法，下条就是'作裹鲊法'，此字可能是'裹'字之误。不过考虑到下篇有：'作渍鱼法'，注明可以'作鲊'，'渍'同'裛'，则亦不

---

① 〔汉〕应劭撰，王利器校注：《风俗通义校注》，第403页。

② 〔汉〕应劭撰，吴树平校释：《风俗通义校释》，天津人民出版社1980年版，第341-342页。

③ 〔汉〕许慎撰，〔清〕段玉裁注：《说文解字注》，第580页。

④ 〔汉〕许慎撰，〔清〕段玉裁注：《说文解字注》，第222页。

⑤ 〔汉〕应劭撰，王利器校注：《风俗通义校注》，第404页。

排斥以浥鱼作的鲊称为'裹鲊',故仍院刻之旧。"可见"作裹鲊法"。所谓"裹鲊"可能应为"裹鲊"。

有关"作裹鲊法"的内容也可以参考《齐民要术》另一条:"作裹鲊法:脔鱼,洗讫,则盐和糁。十脔为裹,以荷叶裹之,唯厚为佳,穿破则虫入。不复须水浸、镇迮之事。只三二日便熟,名曰'暴鲊'。荷叶别有一种香,奇相发起香气,又胜凡鲊。有茱萸、橘皮则用,无亦无嫌也。""裹鲊法"所以称"裹鲊",或与"十脔为裹,以荷叶裹之"的制作方式有关。然而据缪启愉校记,"十脔为裹"的"裹",也有作"浆""里""穰"者。① 《齐民要术》卷八《脯腊》有"作浥鱼法"②,缪启愉以为与"作裹鲊"有关,是有道理的。

前引颜师古注"鲍,今之鲲鱼也","裹鲊""浥鱼"之称,不排除与"鲲鱼"有关的可能。

四、"酱"的消费兼及"作酱""卖酱"

"酱"是东周秦汉饮食生活中非常普及的主要调味品。《急就篇》言"芜荑盐豉醯酢酱",颜师古注:"酱,以豆合面而为之也。""酱之为言将也。食之有酱如军之须将,取其率领进导之也。"③彭卫指出:"汉代人进食每以酱佐食,因此唐人颜师古形容酱在汉代饮食中如领军之将的解释生动而贴切。"④

民间行旅携带"酱"的情形,说明当时"酱"在饮食消费中具有必备性的意义。从事"酱"的销售,可以取得商业成功。《汉武内传》中所记载西王母对汉武帝所说:"神药三酱上有'连珠之酱''玉津金酱',中有'元

---

① 〔后魏〕贾思勰原著,缪启愉校释:《齐民要术校释》,第573-575页。
② 《齐民要术》卷八《脯腊》"作浥鱼法":"作浥鱼法:凡生鱼悉中用,唯除鲇、鳠鲍耳。去直鳃,破腹作鲅,净疏洗,不须鳞。夏月特须多着盐;春秋及冬,调适而已,亦须倚咸;两两相合。冬直积置,以席覆之;夏须瓮盛泥封,勿令蝇蛆。瓮须钻底数孔,拔引去腥汁,汁尽还塞。肉红赤色便熟。食时洗去盐,煮、蒸、炮任意,美于常鱼。作鲊、酱、爊、煎悉得。"〔后魏〕贾思勰原著,缪启愉校释:《齐民要术校释》,第580页。
③ 管振邦译注,宙浩审校:《颜注急就篇译释》,第115页。
④ 彭卫:《秦汉时期的饮食》,《中国饮食史》第六编,卷2第495页。

灵之酱'。"[①]所涉及的酱的名称可能并无其实，但是我们仍然可以通过书中对神界生活的想象，认识到当时民间食用的"酱"的名类相当繁多。孔子说："不得其酱，不食。"杨树达疏证引《礼记·内则》"芥酱""醯酱"等[②]，似乎"酱"与食品的配用，有颇为讲究的规范。

《风俗通义》说："酱成于盐"。[③]"作酱"使用大量的"盐"。因而"酱"的消费，是盐史研究者应当重视的物质生活现象。

1. 动物蛋白与盐的结合：肉酱·鱼酱·蟹酱

先秦及秦汉的"酱"，多指用食盐腌制的肉酱。《周礼·天官冢宰·膳夫》写道，"凡王之馈"，"酱用百有二十瓮"。郑玄注："酱，谓醯醢也。"[④]《说文·酉部》也说："酱，醢也，从肉酉。酒以和酱也。"段玉裁注："此说从酉之故。"[⑤]《太平御览》卷九三六引魏武《四时食制》："郫县子鱼，黄鳞赤尾，出稻田，可以为酱。"[⑥]说的也是这种以"肉"为主要成分的酱。

---

① 〔清〕官梦仁《读书纪数略》卷四三《人部·道家类》"神药三酱"条："《汉武内传》王母谓帝云：上有连珠之酱、玉津金酱，中有元灵之酱。"《北堂书钞》卷一四六引《汉武内传》："西王母谓帝曰：神药有元灵之酱。"清文渊阁《四库全书》本。

② 杨树达：《论语疏证》，上海古籍出版社1986年版，第239页。

③ 〔东汉〕应劭撰，吴树平校释：《风俗通义校释》，第398页。

④ 〔清〕阮元：《十三经注疏》，第659页。

⑤ 〔汉〕许慎撰，〔清〕段玉裁注：《说文解字注》，第751页。

⑥ 〔宋〕李昉等：《太平御览》，第4160页。

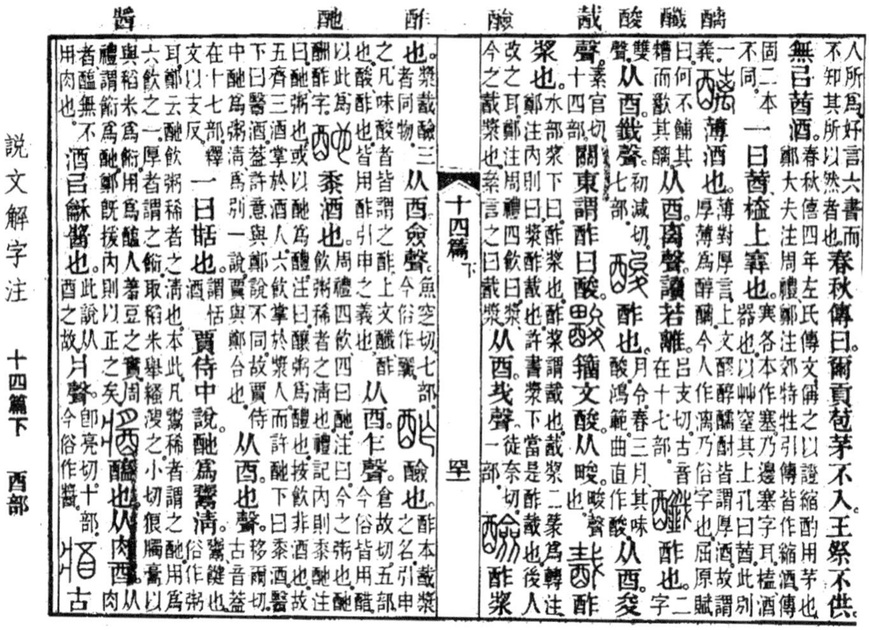

图6-1　《说文·酉部》所见"酱"
据〔汉〕许慎撰，〔清〕段玉裁注：《说文解字注》，
上海古籍出版社据经韵楼藏版1981年影印版

我们看到，"肉酱""鱼酱""蟹酱"的制作，实现了动物蛋白与盐的合理结合，生成了社会饮食生活中的美味境界。

《太平御览》卷四九二引桓谭《新论》："鄙人有得腥酱而美之。"原注："生肉酱也。"①而《太平御览》卷八六五引桓谭《新论》作："鄙人得鲢酱而美。"②这里所谓"腥酱""鲢酱"，由"鲢"从"鱼"判断，很可能也是一种鱼酱。③又《北堂书钞》卷一四六《酒食部·醢》有"鳆鲻之酱"条："《周书》云：'伊尹受命于汤，赐鳆鲻之酱。'《方言》曰：'鱼皮鳆鲻之酱为贵。'注曰：'鳆鲻，鱼名也。'"孙星衍、孔广陶等

---

① 〔宋〕李昉等：《太平御览》，第2251页。
② 〔宋〕李昉等：《太平御览》，第3841页。
③ 原注："鲢，音膧。"《玉篇·鱼部》："鲢，鱼酱。"

校本："今案：陈俞本同，《周书·王会解》'鲗'作'乌'。"[1]而《说文·鱼部》："鲗，乌鲗，鱼也。"段玉裁注："四字句。'乌'，俗本作'鳥'，今正。陶贞白云：是鸊鸟所化，其口腹犹相似。腹中有墨，能吸波噀墨，令水溷黑自卫。刘渊林云：腹中有药，谓其背骨。今名海鳔鲛是也。"[2]"鲗鲗"应当就是通常所说的乌贼、墨鱼。

《北堂书钞》卷一四六又说到"蟹胥之酱"："张敞《答朱登书》云：'朱登为东海相，遗敞蟹酱。敞报曰：谨分其贶于三老尊行者，曷敢独享也。'"[3]而《太平御览》卷四七八亦引《张敞集·敞答朱登书》："登为东海相，遗敞蟹酱，敞答曰：'蘧伯玉受孔子之赐，必以及其乡人。敞谨分斯贶于三老尊行者，曷敢独享之。'"[4]对于所谓"蟹胥之酱"，《释名·释饮食》有这样的解释："蟹胥，取蟹藏之，使骨肉解之，胥胥然也。"[5]《说文·肉部》说："'胥'，蟹醢也。"[6]《周礼·天官冢宰·庖人》："共祭祀之好羞。"郑玄解释说："谓四时所为膳食，若荆州之䱹鱼，青州之蟹胥，虽非常物，进之孝也。"[7]所谓"蟹胥之酱"，并非饮食常物，而作为珍稀的"青州""东海"地方特产，在当时是著名的"好羞"。

《礼记·内则》说道："濡鱼，卵酱实蓼。"郑玄注："'卵'，读为'鲲'。'鲲鱼子'或作'㰥'也。""卵酱"，应当是一种鱼子酱。孔颖达就解释说："'卵'谓鱼子，以鱼子为酱。"[8]

2. 植物蛋白与盐的结合：芥酱·芍药之酱·榆荚酱

尽管肉酱、鱼酱在当时富足阶层的生活中已经相当普遍，然而，民间一般食用的酱则是用豆麦等谷物发酵制成的调味品。《周礼·天官冢宰·内

---

① 〔唐〕虞世南：《北堂书钞》，第618页。
② 〔汉〕许慎撰，〔清〕段玉裁注：《说文解字注》，第579-580页。
③ 〔唐〕虞世南：《北堂书钞》，第618页。
④ 〔宋〕李昉等：《太平御览》，第2192页。
⑤ 任继昉：《释名汇校》，第223页。
⑥ 〔汉〕许慎撰，〔清〕段玉裁注：《说文解字注》，第175页。
⑦ 〔清〕阮元：《十三经注疏》，第661页。
⑧ 〔清〕阮元：《十三经注疏》，第1464页。

饔》曾经说到"选百羞酱物珍物以俟馈"①。可见当时的"酱",已经有许多品种。多种植物蛋白与盐的结合,使人们实现了滋味享受水准的提升。

《礼记·内则》可见"芥酱、鱼脍"②。《论语·乡党》:"不得其酱,不食。"汉儒马融解释说:"鱼脍非芥酱不食。"③所谓"芥酱",又见于《礼记·曲礼上》:"献孰食者操酱齐。"根据陆德明《释文》:"'齐'本又作'齑'。"孔颖达疏:"酱齐为食之主,执主来则食可知。若见芥酱,必知献鱼脍之属也。"④"芥酱",可能是在制作时使用芥子作为原料。

枚乘《七发》中说到"熊蹯之臑,勺药之酱"。"勺药之酱",又写作"芍药之酱"⑤,可能是采用芍药作为制作酱的原料。

《太平御览》卷九七一引《风俗通义》写道:"橙皮可为酱齑。"⑥又《白虎通义》谈到"榆荚酱"⑦。据《四民月令》,这种酱,汉代普通农户都可以自己制作。在二月榆荚"色变白,将落"时,"可收为鲞酱、酳酱"。注家以为所谓鲞酱、酳酱,"当为一种酱看待"⑧,"皆榆酱者"⑨。《说文·酉部》也有涉及"榆酱"的如下内容:

> 鲞,鲞酳,榆酱也。从酉,秩声。⑩

> 酳,鲞酳也。从酉,俞声。

① 〔清〕阮元:《十三经注疏》,第662页。

② 〔清〕阮元:《十三经注疏》,第1463页。

③ 〔清〕阮元:《十三经注疏》,第2495页。

④ 〔清〕阮元:《十三经注疏》,第1244页。

⑤ 原注:"'勺',六臣本作'芍'。"费振刚、胡双宝、宗明华辑校:《全汉赋》,北京大学出版社1993年版,第17页,第24页。

⑥ 〔宋〕李昉等:《太平御览》,第4303页。

⑦ 据《山堂肆考》卷一九四,清文渊阁《四库全书》本。〔清〕徐文靖著,范祥雍点校:《管城硕记》卷一七《楚辞集注四》:"《白虎通》:'榆荚酱曰醿。'醿,音末。"中华书局1998年版,第308页。

⑧ 石声汉:《四民月令校注》,中华书局1965年版,第21-22页。

⑨ 缪启愉:《四民月令辑释》,农业出版社1981年版,第26页。今按:《艺文类聚》卷八八引崔寔《四民月令》曰:"榆荚成者,收干以为旨蓄。色变白,将落,收为酱。随节早晚,勿失其适。"〔唐〕欧阳询撰,汪绍楹校:《艺文类聚》,第1525页。

⑩ 段玉裁注:"《齐民要术》曰:作榆子酱法:治榆子人一升,捣末筛之,清酒一升,酱五升,合和一月可食之。景差《大招》:吴酸蒿蒌。王逸注曰:或云鲞酳,鲞酳即榆酱也。"〔汉〕许慎撰,〔清〕段玉裁注:《说文解字注》,第751页。

醢，捣榆酱也。从酉，毕声。①

《齐民要术》卷八《作酱等法》列有"作榆子酱法"：

治榆子人一升，捣末，筛之。清酒一升，酱五升，合和。一月可食之。

据缪启愉校释，此法"引自《食经》文"，"种仁的'仁'，宋元以前多作'人'。'榆子人'即榆荚仁"②。所谓"榆子酱"即"榆荚酱"在社会饮食生活中的普及，体现不同层次生活史的文献《白虎通义》《四民月令》《说文》等均可以提供证明。

3. "枸酱"与牂柯江交通线路

汉代又有著名的"枸酱"。"枸酱"的故事与交通史重要事迹牂柯江通道的开发有关。司马迁在《史记》卷一一六《西南夷列传》中记载：

建元六年，大行王恢击东越，东越杀王郢以报。恢因兵威使番阳令唐蒙风指晓南越。南越食蒙蜀枸酱，蒙问所从来，曰"道西北牂柯，牂柯江广数里，出番禺城下"。蒙归至长安，问蜀贾人，贾人曰："独蜀出枸酱，多持窃出市夜郎。夜郎者，临牂柯江，江广百余步，足以行船。南越以财物役属夜郎，西至同师，然亦不能臣使也。"

唐蒙于是上书汉武帝，建议通西南夷道，以巴蜀之饶，进而占有夜郎之地，打通进攻南越的捷径。牂柯江即西江的上游北盘江。珠江的径流主要来自西江，且其占77％左右。西江支流多，集水面积较大，总的水情变化比较稳定，具有便利的航运条件。唐蒙敏锐地发现连通夜郎与南越的牂柯江航道"足以行船"，汉武帝则高度重视这一发现，置犍为郡，"发巴蜀卒治道，自僰道指牂柯江"。后来又有驰义侯行牂柯江击南越之举。③唐蒙的发现，

---

① 段玉裁注："捣，筑也。捣而为之谓之醢。"〔汉〕许慎撰，〔清〕段玉裁注：《说文解字注》，第751页。

② 〔后魏〕贾思勰著，缪启愉校释，缪桂龙参校：《齐民要术校释》，第421页，第424页，第428页。

③ 《史记》，第2993-2994页，第2996页。

史家以为可与张骞的发现相并列①，而这一发现，竟是通过"枸酱"的食用得到重要线索的。

关于所谓"枸酱"，裴骃《集解》曾经引述徐广的解释："'枸'，一作'蒟'。"裴骃又引《汉书音义》中的说法："枸木"，"其叶如桑叶，用其叶作酱酢，美，蜀人以为珍味。"司马贞《索隐》则说："蒟。案：晋灼音矩。刘德云'蒟树如桑，其椹长二三寸，味酢；取其实以为酱，美'。又云'蒟缘树而生，非木也。今蜀土家出蒟，实似桑椹，味辛似姜，不酢'。"②

4. "豆酱""菽酱""辦酱"

汉代人饮食生活中消费最为大量的，可能还是用豆类为原料制作的酱。如《论衡·四讳》：

> 世讳作豆酱恶闻雷，一人不食，欲使人急作，不欲积家逾至春也。③

《北堂书钞》卷一四六"雷不作酱"条引《风俗通》说到同一风俗：

> 俗说"雷不作酱"，"雷声发不作酱"，何也？令人腹内雷鸣。④

前者说"作豆酱"，后者说"作酱"，此或许有助于理解当时"酱"中，"豆酱"占有相当大比例的事实。这一情形延续时间相当长久。

马王堆1号汉墓出土帛书《五十二病方》中可见"菽酱之宰"，整理者以为即"豆酱的渣滓"⑤。江陵凤凰山8号汉墓出土竹简文字与"肉酱一伤"（767）并列有"骗酱一伤"（766），江陵凤凰山167号汉墓出土竹简文字与"肉酱一器"（975）并列有"辦酱一器"（978）⑥，江陵凤凰山169号汉墓出土竹简文字有"□般二枚盛肉酱豆酱"（45），也都是当时"豆酱"消

---

① 《史记》卷一一六《西南夷列传》："然南夷之端，见枸酱番禺，大夏杖竹。"第2997-2998页。《汉书》卷九六下《西域传下》："睹犀布、玳瑁则建珠崖七郡，感枸酱、竹杖则开牂柯、越巂，闻天马、蒲陶则通大宛、安息。"第3928页。晋人左思《蜀都赋》也写道："邛杖传节于大夏之邑，蒟酱流味于番禺之乡。"〔梁〕萧统编，〔唐〕李善注：《文选》，第79页。

② 《史记》，第2994页。

③ 黄晖：《论衡校释》，第979页。

④ 〔唐〕虞世南：《北堂书钞》，第619页。

⑤ 马王堆汉墓帛书整理小组：《五十二病方》，文物出版社1979年版，第86-87页。

⑥ 李均明、何双全：《散见简牍合辑》，第62页，第80页。"辦"，很可能就是"豆瓣"的"瓣"。

费十分普遍的证明。

"辨酱"，使人联想到在后世社会饮食消费内容中占有相当大比例的"豆瓣酱"这一调味品。

5. "酱瓵""酱栖"等：生产与消费环节"酱"的盛装器

《战国策·东周策》记载，"齐将求九鼎，周君又患之"，颜率对齐王说："夫鼎者，非效醯壶酱瓵耳，可怀挟提挈以至齐者。"①所谓"酱瓵"，是盛装酱的瓦器，在当时可以"怀挟提挈"远行，说明"酱"的食用，已经是饮食生活所必需。

"酱瓵"，又写作"酱甄"。又有人说："瓵，瓺也。"②《方言》卷五："瓺，陈魏宋楚之间谓之题，自关而西谓之瓺，其大者谓之瓯。"③这种器物，或许是有提系的扁形盛装器。

另一则关于盛装"酱"的器物的记载，见于《汉书》卷八七下《扬雄传下》。学者扬雄家贫而嗜酒，"时有好事者载酒肴从游学，而钜鹿侯芭常从雄居，受其《太玄》《法言》焉。刘歆亦尝观之，谓雄曰：'空自苦！今学者有禄利，然尚不能明《易》，又如《玄》何？吾恐后人用覆酱瓿也。'雄笑而不应"④。

对于盛装酱的"瓿"，裴骃《集解》引徐广曰："长颈罂。"颜师古《汉书》卷九一《货殖传》注则更具体地说："瓿，长颈罂也，受十升。"⑤陈直则指出："'瓿'即后来之'缸'字，为大水罂。徐广谨解为

---

① 〔汉〕刘向：《战国策》，上册第2-3页。

② 〔汉〕刘向：《战国策》，上册第3页。

③ 华学诚汇证，王智群、谢荣娥、王彩琴协编：《扬雄方言校释汇证》，中华书局2006年9月版，第362页。

④ 《汉书》，第3585页。类似的说法，见于有关左思作《三都赋》的故事。《晋书》卷九二《文苑传·左思》："初，陆机入洛，欲为此赋，闻思作之，抚掌而笑，与弟云书曰：'此间有伧父，欲作《三都赋》，须其成，当以覆酒瓮耳。'"第2377页。所谓"覆酒瓮"，与"覆酱瓿"同义。可见，"酱瓿"和"酒瓮"同样，都在人们日常生活中有重要的作用。

⑤ 《汉书》，第3688页。

'长颈罂'，则不便贮酱矣。"①这可能是酱的生产与销售程序中通常使用的器物。据北魏贾思勰《齐民要术》卷八"作酱等法"的记述，制作酱时最后的也是最紧要的工序，正是置于"瓮"中进行的。②

长沙马王堆1号汉墓出土遣册载录了饮食史信息，可见"肉酱一资"（93）、"爵酱一资"（94）③、"马酱一坿"（98）、"酱一资"（106）。④这些资料，都反映当时"酱"进入消费程序中的具体盛装形式。孙机已经指出，所谓"资"，并不能与瓷器的发明直线地联系起来，就"资"的器形和用途而论，它可以被看作瓮之属。而"坿"，则或许即《史记》卷一二九《货殖列传》中所谓"醯酱千瓨"的"瓨"。⑤

除了生产和储存"酱"使用的容积较大的"器"而外，在饮食消费环节，"酱"的盛装器有其他的形制。

湖北云梦大坟头1号汉墓出土木牍有"酱栖十"（605）字样。江陵凤凰山167号汉墓出土木简写有"酱栖卅枚"（947）、"酱杞一枚"（958）、"肉酱一器"（975）、"瓣酱一器"（978）。江陵凤凰山8号汉墓出土竹简则可见"酱栀一"（710）、"酱杯廿"（715）、"鳊酱一伤"（766）、"肉酱一伤"（767）。⑥

"酱栖"应即"酱杯"。"酱杞"很可能就是"酱栀"。盛装"酱"使用的"伤"，或许与"觞"有关。

"酱栖卅枚"与"酱杯廿"显示件数之多，说明"酱栖"或"酱杯"应为宴饮场合中为每一位客人配备的餐具。

① 陈直：《史记新证》，天津人民出版社1979年版，第201页。
② 〔后魏〕贾思勰原著，缪启愉校释，缪桂龙参校：《齐民要术校释》，第419页。
③ 发掘报告执笔者认为，"爵酱"就是"雀酱"。又说明："陶器竹牌有'爵酱'。"湖南省博物馆、中国科学院考古研究所：《长沙马王堆一号汉墓》，文物出版社1973年版，上册第138页。
④ 湖南省博物馆、中国科学院考古研究所：《长沙马王堆一号汉墓》，上册第138-139页。
⑤ 孙机：《汉代物质文化资料图说》，文物出版社1991年版，第328页，第318页。
⑥ 李均明、何双全：《散见简牍合辑》，第54页，第64页，第79-80页，第60页，第62页。

6. 民间"作酱"方式

《北堂书钞》卷一四六引《范子计然》有关于"酱"的内容："酱出东海，上价斤二百，中百，下三十也。"①所谓"酱出东海"，使人联想到《古艳歌》所谓"白盐海东来，美豉出鲁门"②的词句。"东海"地区出产的酱在消费市场享有盛名，当然与当地盐产集中有关。

因储运条件的限定，"酱"作为商品进入流通渠道，在汉代应当是并不普遍的。当时民间大多是以自产自给的方式进行"酱"的生产和供应的。

我们从反映东汉晚期洛阳地区社会经济生活的《四民月令》一书中，可以看到有关"酱"的内容：

> （正月）可作诸酱。上旬炒豆，中旬煮之。以碎豆作"末都"。至六、七月之交，分以藏瓜。可以作鱼酱、肉酱、清酱。

原注："'末都'者，酱属也。"又：

> （二月）是月也。榆荚成，及青收，干以为旨蓄；色变白，将落，可收为酱齵。随节早晏，勿失其适。
>
> （四月）取鲖子作酱……是月四日，可作醢酱。
>
> （五月）是月也，可作酱酱及醢酱。③

可见，当时一般民户，也能够制作许多种"酱"。《四民月令》中频繁交代制作"酱"的要领，说明当时"酱"的消费数量是不宜低估的。

《北堂书钞》卷一四六、《艺文类聚》卷七二、《太平御览》卷八六五均引录了《风俗通》中的这样一段文字：

> 酱成于盐而咸于盐，夫物之变，有时而重。④

"酱"，是大量使用盐制作的。彭卫指出："由于酱经过了一段发酵期，故滋味较之单纯的盐更为厚重。"⑤《齐民要术》卷八"作酱等法"说

---

① 〔唐〕虞世南：《北堂书钞》，第618页。

② 〔唐〕虞世南：《北堂书钞》，第618页。

③ 石声汉：《四民月令校注》，第16页，第21页，第31-33页，第46页。

④ 〔唐〕虞世南：《北堂书钞》，第618页；〔唐〕欧阳询撰，汪绍楹校：《艺文类聚》，第1243页；〔宋〕李昉等：《太平御览》，第3841页。

⑤ 彭卫：《秦汉时期的饮食》，《中国饮食史》第六编，卷2，第495页。

到制作豆酱的方法，应"预前日曝白盐"，"令极干燥"，用盐比率"大率豆黄三斗"，"白盐五升"，并专门注明："盐少令酱酢，后虽加盐，无复美味。"密封重开之后，仍要"于盆中以燥盐和之，率一石水，用盐三斗"，"又取黄蒸于小盆内减盐汁浸之"，再"合盐汁泻著瓮中"。又作肉酱法，"大率肉一斗，曲末五升，白盐两升半"。作鱼酱法，"大率成鱼一斗，用黄衣三升，白盐二升"。①汉代制酱用盐，大略亦应与此相当。因而当时民间"酱"的消费，显然是盐史考察中不宜忽视的社会生活现象。②

7. 廪食体制中"酱"的配给

敦煌汉简中有反映河西边塞军人日常饮食生活中消费"米""肉""酒""醯""酱"的资料，例如：

> 酒三斛　　　□□□
> 黍米二斛　　酱二斗
> 白粺米二斛　醯三斗　敦德尹遣史氾迁奉到
> 牛肉百斤　　　　　　　　　　　　　（246）③

从与"酱二斗"一同记录在这枚简上的其他饮品、食品的数量看，"酱"在当时当地饮食消费内容中所占比例是颇为可观的。

我们从云梦睡虎地秦简《日书》所谓"是祷鬼伪为鼠，入人醯、酱、滫、将（浆）中"（25背贰、26背贰），可知秦时民间消费"酱"的情形已经并不罕见。④然而睡虎地秦简《秦律十八种》中《传食律》规定：

> 御史卒人使者，食粺米半斗，酱驷（四）分升一，采（菜）
> 羹，给之韭葱……（179）

> 不更以下到谋人，粺米一斗，酱半升，采（菜）羹，刍稿各
> 半石……（181）⑤

则说明"酱"在军事化体制下，是受到严格控制的配给物资。然而按照身份

---

① 〔后魏〕贾思勰著，缪启愉校释，缪桂龙参校：《齐民要术校释》，第418-420页。
② 王子今：《汉代人饮食生活中的"盐菜""酱""豉"消费》，《盐业史研究》1996年第1期。
③ 吴礽骧、李永良、马建华释校：《敦煌汉简释文》，第24页。
④ 参看王子今：《睡虎地秦简〈日书〉甲种疏证》，湖北人民出版社2003年版，第394-395页。
⑤ 睡虎地秦墓竹简整理小组：《睡虎地秦墓竹简》，释文注释第60页。

等级保障基本供给，也是"驿传"服务的原则。①

8. "以卖酱而逾侈"的经营者

司马迁在《史记》卷一二九《货殖列传》中曾经写道，通邑大都中，拥有年生产能力达"醯酱千瓨"的产业的，其经济地位可以"比千乘之家"。汉代制作酱的工商业者可以取得惊人的经济利润的史实，又见于司马迁《史记》卷一二九《货殖列传》所说：

> 卖浆，小业也，而张氏千万。②

而《汉书》卷九一《货殖传》则写道：

> 张氏以卖酱而逾侈。③

《史记》"卖浆"，而《汉书》"卖酱"，二者似乎有所不同。然而泷川资言《史记会注考证》："枫三本'浆'作'酱'，与《汉书》合。"④也就是说，其字原本应为"卖酱"，张氏等正是因"卖酱"而取得富至"千万"、奢靡"逾侈"的经济实力和社会地位的。⑤

他们致富的原因，是"酱"在当时日常饮食生活中具有非常重要的意义。这里我们不妨参看《新唐书》卷一六三《柳玭传》中的一段记载。柳玭以"直清"著名，曾经述家训以教戒子孙，强调"孝慈、友悌、忠信、笃行，乃食之醯酱，可一日无哉？"⑥汉代的情形，应当也是大致相近的，即"食之醯酱"，是不可以"一日无"的。⑦

---

① 整理小组注释："传食律，关于驿传供给饭食的法律规定。"睡虎地秦墓竹简整理小组：《睡虎地秦墓竹简》，释文注释第60页。

② 《史记》，第3282页。

③ 《汉书》，第3694页。

④ 〔汉〕司马迁撰，〔日〕泷川资言证，〔日〕水泽利忠校补：《史记会注考证附校补》，第2051页。

⑤ 《宋史》卷四五九《隐逸传下·谯定》："已而见卖酱薛翁于眉、邛间，与语，大有所得，不知所得何语也。"第13461页。可见"卖酱"职业有广泛的社会需求与长久的经营传统。

⑥ 《新唐书》，第5028-5029页。

⑦ 参看王子今：《秦汉名物丛考》，东方出版社2016年版，第1-10页。

五、"豉"与"盐豉"

"豉"，即用煮熟的大豆发酵制成的豆豉，也是汉代人饮食生活中最普遍的消费品之一。彭卫指出，"豉""是秦汉时期人们重要的调味品""当时豉产量很大"。"在地区分布上，豉在北方地区居民的饮食生活中更为常见。《急就篇》颜师古注：'豉者，幽豆而为之也。''幽豆'指出产于幽州地区的大豆。汉诗'美豉出鲁门'的诗句，是对鲁地所产优质豆豉的描写。"①

史籍中多见"盐豉"并称的情形。洛阳金谷园汉墓就曾出土书写有"盐豉万石"的陶仓。②"盐豉"这一名号的使用为社会所普遍接受，很可能与"豉"的制作中须使用大量的"盐"有关。

1. "漉豉以为汁"

《释名·释饮食》说："'豉'，嗜也。五味调和，须之而成，乃可甘嗜也。故齐人谓'豉'，声如'嗜'也。"③《楚辞·招魂》中可见所谓"大苦醎酸"。汉代人王逸解释说："'大苦'，豉也。醎，一作咸。五臣云：咸，盐也。酸，酢也。大苦咸酸辛甘，皆和之，使其味行。"④

曹植著名的《七步诗》写道："煮豆然豆萁，漉豉以为汁。"⑤或许可以曲折反映当时制作"豉"的技术。《齐民要术》卷八《作豉法》中确实有所谓"煮豆""漉出"的工序，又引《食经》作豉法，也说："煮豆，取浓汁，并秫米女曲五升，盐五升，合此豉中。以豆汁洒溲之，令调，以手挼，令汁出指间，以此为度。"⑥由此我们可以知道"煮豆""漉豉"的具体情形，也可以知道"率一石豆"大约用"盐五升"。这是制作咸豆豉的情形，

---

① 彭卫：《秦汉时期的饮食》，《中国饮食史》第六编，卷2第495页。

② 黄士斌：《洛阳金谷园村汉墓中出土有文字的陶器》，《考古通讯》1958年第1期。

③ 任继昉：《释名汇校》，第209页。

④ 洪兴祖以为"逸说非也"，"古人未有豉也"，"盖秦、汉以来始为之耳"。"此所谓大苦，盖苦味之甚者尔。"〔宋〕洪兴祖撰，白化文、许德楠、李如鸾、方进点校：《楚辞补注》，中华书局1983年版，第207页。洪兴祖断定秦汉以前"古人未有豉也"的意见，或许过于简单绝对。但是豉的流行，确实是秦汉社会饮食风尚的鲜明表现。

⑤ 〔魏〕曹植著，赵幼文校注：《曹植集校注》，人民文学出版社1984年版，第278-279页。

⑥ 〔后魏〕贾思勰著，缪启愉校释，缪桂龙参校：《齐民要术校释》，第442-444页。

制作淡豆豉则不用盐。但是汉代民间普遍食用的，可能主要是咸豆豉。

《齐民要术》另有"作麦豉法"，则是将豆蒸熟后，"以盐汤周遍洒润之"。然后"更蒸，气馏极熟，乃下，掸去热气，及暖内瓮中，盆盖，于襄粪中煨之。二七日，色黑，气香，味美，便熟。抟作小饼，如神曲形，绳穿为贯，屋里悬之。纸袋盛笼，以防青蝇、尘垢之污。用时，全饼著汤中煮之，色足漉出。削去皮粕，还举。一饼得数遍煮用。热、香、美，乃胜豆豉。打破，汤浸研用亦得；然汁浊，不如全煮汁清也"①。这里用"麦豉""小饼""著汤中煮之，色足漉出"，可以"胜豆豉"，以及"汁浊""汁清"的情形，或许可以作为理解曹植诗句"漉豉以为汁"语义的另一参考。

2.　"盐豉"名义

史游《急就篇》中，有"芜夷盐豉醯酱浆"的文句。"芜夷"，又写作"芜荑"。"酱浆"，又写作"酢酱"。关于"盐豉"，颜师古分注："盐，生于咸水者也。古者夙沙氏初煮海为盐，其后又出河东大卤，临邛火井焉，今则处处有之矣。豉者，幽豆而为之也。"或以为"盐豉""即豆豉"，制作方式即"将黄豆拌面粉蒸熟，霉制后加盐而成"②。

《史记》卷一一八《淮南衡山列传》记载，淮南王刘长因罪而废，丞相张仓等上书建议迁其居于蜀地："臣请处蜀郡严道邛邮，遣其子母从居，县为筑盖家室，皆廪食给薪菜盐豉炊食器席蓐。"③很显然，"盐豉"，与"薪菜""炊食器席蓐"等同样，都是最基本的生活必需品。

之所以"盐豉"二物并说，直接看来，或许是因为"盐"和"豉"都是当时人最常用的饮食调味品。或许"盐豉"当时即为一物，其名号之生成，可能是因为"豉"的制作，是以"盐"作为主要原料的。《说文·尗部》写道：

　　　　　尗，配盐幽尗也。从尗，支声。

　　　　　豉，俗尗，从豆。

段玉裁注："《招魂》曰：'大苦咸酸，辛甘行些。'王云：'大苦，豉

---

① 〔后魏〕贾思勰著，缪启愉校释，缪桂龙参校：《齐民要术校释》，第444页。

② 管振邦译注，宙浩审校：《颜注急就篇释译》，第115页。

③ 《史记》，第3079页。

也。辛谓椒姜也。甘谓饴蜜也。言取豉汁调和以椒姜咸酢，和以饴蜜，则辛甘之味皆发而行也。'《释名》曰：'豉，嗜也，五味调和，须之而成，乃可甘嗜，故齐人谓豉，声同嗜也。'[①]按《齐民要术》说作豉必室中温暖，所谓'幽丬'也。云《食经》作豉法，用盐五升，所谓'配盐'也。"[②]《齐民要术》卷八《作豉法》引"《食经》作豉法"："煮豆，取浓汁，并秫米女曲五升，盐五升，合此豉中。"又引"作麦豉法"说到"以盐汤周遍洒润之"。几种作法都说到"配盐"的工序。"《食经》作豉法"原料"率一石豆"，再加"秫米女曲五升，盐五升"[③]，"配盐"的比例是相当可观的。

所谓"豉，嗜也"，说明"盐豉"是极其普及的常用佐食品。《金匮要略》卷上《百合洗方》可以作为说明这一情形的实例："右以百合一升，以水一斗，渍之一宿，以洗身，洗已，食煮饼，勿以盐豉也。"[④]大概通常"食煮饼"，一般都是要以"盐豉"佐食的。

3. "盐豉"盛装形式：答·台·瓵·盖·合

司马迁在《史记》卷一二九《货殖列传》中说，都市中经营规模达"蘖曲盐豉千答"的工商业主，其经济地位可以与所谓"千乘之家"相当。"蘖曲盐豉千答"，或作"蘖曲盐豉千台""蘖曲盐豉千瓵""蘖曲盐豉千盖"[⑤]，《汉书》卷九一《货殖传》作"蘖曲盐豉千合"。颜师古解释说："曲蘖以斤石称之，轻重齐则为'合'。盐豉则斗斛量之，多少等亦为'合'。'合'者，相配偶之言耳。今西楚荆沔之俗卖盐豉者，盐豉各一升则各为裹而相随焉，此则'合'也。"[⑥]然而更多的学者对于《史记》所谓"答"，或解释为"合"，或解释为"盖"，或解释为"台"即"瓵"，都以为"答"是盛装"豉"的陶制容器。不过，颜师古"今西楚荆沔之俗卖盐豉者，盐豉各一升则各为裹而相随焉"的说法，仍然值得重视。"豉"有

---

① 今按：《释名·释饮食》："豉，嗜也，五味调和，须之而成，乃可甘嗜也，故齐人谓'豉'，声同'嗜'也。"任继昉：《释名汇校》，第209页。

② 〔汉〕许慎撰，〔清〕段玉裁注：《说文解字注》，第336页。

③ 〔后魏〕贾思勰原著，缪启愉校释：《齐民要术校释》，第444页。

④ 〔汉〕张仲景撰，于志贤、张智基点校：《金匮要略》，中医古籍出版社1997年版，第8页。

⑤ 以上《史记》卷一二九《货殖列传》裴骃《集解》、司马贞《索隐》，第3274页。

⑥ 《汉书》，第3687页，第3689页。

咸、淡两种，颜师古之说，暗示淡豆豉的食用，也与盐的消费直接有关。

《北堂书钞》卷一四六《酒食部·豉》引谢承《后汉书》："韩崇为汝南太守，遣妻子粗饭，唯菜茹盐豉而已。""羊续为南阳太守，盐豉共一角，三辅之最。"①所谓"盐豉共一角"，《太平御览》卷八五五引谢承《后汉书》作"盐豉共壶"②。《事物纪原》卷九又引作"盐豉共器"③。又《北堂书钞》卷一四四《酒食部·羹》引谢承《后汉书》："河南陶硕啖芜菁羹，无盐豉。"④也说"盐豉"是最基本的调味品。《北堂书钞》卷三八《政术部·廉洁》引谢承《后汉书·羊茂传》又说："（羊茂）为东郡太守……常食干饭，出界买盐豉。"⑤上海涵芬楼影印宋本《太平御览》卷二六〇引《续汉书》作"（羊茂）出界买盐致妻子不历官舍"⑥，"致"或为"豉"之误，也可能此处"盐豉"省称为"盐"。同书卷四二五引谢承《后汉书》作"（羊茂）为东郡太守……常食干饭，出界买盐豉"⑦，卷七〇六引范晔《后汉书》："（羊茂）为东郡太守……蔬食，出界买盐豉食之。"⑧清文渊阁《四库全书》本《太平御览》作"出郡买盐豉"。

4. 河西汉简所见"豉"的消费

居延汉简中，可以看到汉代河西边塞军民生活饮食消费中有关"豉"的资料。例如：

□杜狂受钱六百	出钱百一十五糴曲五斗斗廿三
出钱二百廿糴梁粟二石石百一十	出钱六买燔石十分
出钱二百一十糴黍粟二石石百五	出钱廿五糴豉一斗
出钱百一十糴大麦一石石百一十	●凡出六百八十六　　　（214.4）⑨

① 〔唐〕虞世南：《北堂书钞》，第618页。

② 〔宋〕李昉等：《太平御览》，第3808页。

③ 〔宋〕高承：《事物纪原》，清文渊阁《四库全书》本。

④ 〔唐〕虞世南：《北堂书钞》，第603页。

⑤ 〔唐〕虞世南：《北堂书钞》，第101页。

⑥ 〔宋〕李昉等：《太平御览》，第1222页。

⑦ 〔宋〕李昉等：《太平御览》，第1959页。

⑧ 〔宋〕李昉等：《太平御览》，第3144页。

⑨ 谢桂华、李均明、朱国炤：《居延汉简释文合校》，第334页。

通过"出钱廿五糴豉一斗"简文，我们可以得知当时河西地方"豉"的价格。又如简文：

度用豉半斗（E.P.T4:106）

□二□

豉一斗☐（E.P.T59:405）

豉五☐（E.P.W1:76）

诩豉汁取诩二月食不取☐（E.P.W1:78）①

此外，在王莽地皇三年《劳边使者过界中费》简册中，也有体现"豉"这样的内容：

盐豉各一斗　　直卅（74E.J.T21:7）②

简文"盐豉各一斗，直卅"与前引"出钱廿五糴豉一斗"比较，可知"豉"的价格有所波动。

"盐豉各一斗，直卅"这枚简，《肩水金关汉简》编号为73EJT21:7。③肩水金关汉简出现"豉"的简文还有：

☐用君钱廿五豉脯☐（削衣）（73EJT10:407）④

简文"豉脯"连写，文意不好理解。

居延汉简中的资料，可以说明在边地戍卫的普通军人的饮食生活也不能离开"豉"。敦煌悬泉置遗址出土有关外交使节往来接待费用的文书遗存中，有《过长罗侯费用簿》⑤，其中也有涉及"豉"的消费的内容。如：

入豉一石五斗受县（66）

今豉三斗（67）

---

① 甘肃省文物考古研究所、甘肃省博物馆、文化部古文献研究室、中国社会科学院历史研究所：《居延新简：甲渠候官与第四燧》，第15页，第386页，第541页。

② 甘肃居延考古队：《居延汉代遗址的发掘和新出土的简册文物》，《文物》1978年第1期；甘肃省文物考古研究所编：《居延新简释粹》，兰州大学出版社1988年版，第129页。

③ 甘肃简牍保护研究中心、甘肃省文物考古研究所、甘肃省博物馆、中国文化遗产研究院古文献研究室、中国社会科学院简帛研究中心：《肩水金关汉简》（贰），中西书局2012年版。下册第10页。

④ 甘肃简牍保护研究中心、甘肃省文物考古研究所、甘肃省博物馆、中国文化遗产研究院古文献研究室、中国社会科学院简帛研究中心：《肩水金关汉简》（壹），中西书局2011年版。下册第156页。

⑤ 参看王子今：《〈长罗侯费用簿〉应为〈过长罗侯费用簿〉》，《文物》2001年第6期。

> 出豉一石二斗以和酱食施刑士（72）①

最后一例用"豉""以和酱"，是值得注意的"豉"的食用形式。②

其他文物资料中也可以看到"豉"作为饮食消费品的存在。如长沙马王堆1号汉墓竹简记录随葬器物的清单中有"救一坿"（101），应即"豉一坿"。发掘者认为："301号硬陶罐内盛豆豉，当即简文所记。"③这一判断应当是准确的。

5. 汉代医方载录药用的"豉"

汉代医方中可见药用的"豉"。如长沙马王堆1号汉墓出土帛书《五十二病方》中写道：

> 以□汁粲叔若苦已（74）

"叔"即"菽"，"苦"，整理者解释说："苦，疑指大苦，即'豉'。"④

武威汉代医简中所见《治金创肠出方》，也有可以体现"豉"的药用价值的内容，如：

> ……治金创肠出方冶龙骨（14）
>
> 三指撮和以鼓汁饮之□□禁□□□□……（15）
>
> 治金肠出方冶龙骨三指撮以鼓汁饮之日再三饮肠自为入大良
>
> 勿传也（54）

简54整理者注："右简标题'金'下脱'创'字。此方与简14—15的方剂同。"又写道："简文中'鼓'字应是'豉'之讹。"⑤其中"'鼓'字，应是'豉'字之讹"这一意见，得到医史学者认同。张延昌等《武威汉代医简研究》也写道："鼓汁，当为豉汁。"⑥

---

① 胡平生、张德芳：《敦煌悬泉置汉简释粹》，上海古籍出版社2001年版，第148页。

② 王子今：《汉代河西军民饮食生活中的"酱"与"豉"》，《重庆师范大学学报（哲学社会科学版）》2012年第3期。

③ 湖南省博物馆、中国科学院考古研究所：《长沙马王堆一号汉墓》，第138页。

④ 马王堆汉墓帛书整理小组：《五十二病方》，第48页。

⑤ 甘肃省博物馆、武威县文化馆：《武威汉代医简》，文物出版社1975年版，"武威汉代医简摹本、释文、注释"第3页，第8-9页。

⑥ 张延昌、朱建平：《武威汉代医简研究》，原子能出版社1996年版，第20页。

6. 卖豉"为天下高訾"

"豉",当以鲁地出产最为著名,即所闻"美豉出鲁门"。在《汉书》卷九一《货殖传》中,我们还可以看到当时长安地区以制作和销售"豉"而致富的实例:

> (长安)豉樊少翁、王孙大卿,为天下高訾。

颜师古就此作了这样的解释:"樊少翁及王孙大卿卖豉,亦致高訾。'訾'读与'资'同。'高訾'谓多资财。"[1]

《汉书》卷九一《货殖传》还说,其资产达到"巨万",而"王孙卿以财养士,与雄桀交",甚至以雄厚的经济实力直接介入政治生活。班固以为,他们都是工商业者中"其章章尤著者也"[2]。

所谓"卖豉"亦致"天下高訾",说明其经营内容与民众消费生活需求有着重要的关系。[3]

六、居延《盐出入簿》《廪盐名籍》研究

盐,作为最基本的生活必需品之一,在秦汉经济生活中受到特殊的重视。盐对于国计民生有至关重要的意义,即前引所谓"夫盐,食肴之将"[4],"盐,食之急者,虽贵,人不得不须"[5],"夫盐,国之大宝也"[6]。不仅如此,盐还因其作为必要军需品对于兵战国防的作用而成为战略物资。所以当时有远见的行政决策者在进行政治设计与经济规划时,都不能不重视控制盐业的战略意义。《汉书》卷二四下《食货志下》所谓"以为此国家大业,所以制四夷,安边足用之本,不可废也"[7],就体现了对盐业经营和盐业管制对于"制四夷"和"安边"的意义的认识及重视。

① 《汉书》,第3694页。
② 《汉书》,第3694页。
③ 参看王子今:《汉代名物丛考》,第11-16页。
④ 《汉书》卷二四下《食货志下》引王莽下诏曰。颜师古注:"将,大也,一说为食肴之将帅。"第1183-1184页。
⑤ 《后汉书》卷四三《朱晖传》,第1460页。
⑥ 《三国志》卷二一《魏书·卫觊传》,第610页。
⑦ 《汉书》,第1176页。

居延汉简中可见《盐出入簿》和《廪盐名籍》，前者应当是边塞盐仓出
纳管理的记录，后者则是戍边士卒领取定额食盐的登记册。对于这种文书进
行考察，有助于认识当时居延边塞系统的物资供应状况，也可以了解普通军
人的日常生活。而分析与今天营养学知识差别甚大的当时戍卒食盐消费量超
高的现象，对于饮食史研究也有重要意义。相关讨论，也可以增进对于汉塞
军人生活情状以及西北边地社会风貌的理解。与今天营养学知识差别甚大的
当时戍卒食盐消费量超高的现象，与河西地方盐产资源的充备有关，也与普
通士兵劳作的工作量有关。

1. 居延用盐记录：《盐出入簿》与《廪盐名籍》

以简牍为主的河西地方出土文献可见以"出入簿"为名的物资管理文
书。如居延汉简中以交通工具为对象的《朓出入簿》（E.P.F25:1）、《折伤
牛车出入簿》[①]，以兵器为对象的《完兵出入簿》（E.P.F22:460A）、《折
伤兵出入簿》（E.P.F25:2），以重要战略物资铁器为对象的《铁器出入集
簿》（310.19），以及《钱出入簿》及《财物出入簿》等，也有《钱财物出
入簿》。[②]又有《☐茹出入簿》（49.35）、《茭出入簿》（E.P.T56:254）、
《余茭出入簿》（142.8）、《官茭出入簿》（4.10）、《物故衣出入簿》
（56.40A）、《廪亭别名籍出入簿》（67.41）、《士奉出入簿》（284.3）、
《所受枲蒲及适楘诸物出入簿》（E.P.T59:229）等。有的简例"出入"对象
不明。[③]居延汉简中较多见粮食管理记录《谷出入簿》。[④]《甲渠候官五凤二
年谷二月出入簿》（E.P.T52:473）与《谷出入四时簿》（E.P.F22:398），应
是同样文书的异写。《当食案☐谷出入簿》（136.48）似是内容有特别限定

---

① 《戍卒折伤牛车出入簿》（E.P.T52:394）、《☐伤牛车出入簿》（E.P.T56:315）。

② 如《钱出入簿》（28.4，28.11）；《☐钱出入簿》（214.40，E.P.T65:501），《见钱出入簿》
（269.3），《赋钱出入簿》（35.8A，E.P.T4:79）；《☐☐稍入钱出入簿》（E.P.T5:124B，这枚
简的A面题《稍入簿》）、《财物出入簿》（37.18，169.18，479.16）、《戍卒籍所受钱财物出入
簿》（E.P.T50:35）、《受库钱财物出入簿》（286.28）、《☐物出入簿》（E.P.T10:27）、《钱财
物直钱出入簿》（E.P.T51:88）。

③ 如《☐卒☐☐出入簿》（141.1）、《☐出入簿》（175.4，511.8，511.21，甲附9B，
E.P.T51:157A，E.P.T59:828）、《☐出入簿》（199.1A，303.44）。

④ 如11.27A，33.9，82.6，101.1，103.45，113.16A，135.7，136.16，303.38，E.P.T43:63，
E.P.T52:203，E.P.T53:8，E.P.T53:222，E.P.T59:319，E.P.T65:138，E.P.F22:453。

的"谷出入簿"。敦煌汉简则有《米出入簿》（1707，1746）。敦煌悬泉置简记录特殊招待用食品的《鸡出入簿》[①]，也值得注意。

与多种"出入簿"性质类同[②]，居延汉简又可见标题为《盐出入簿》的文书，反映了当时军人食盐供应制度的严密：

图6-2　居延汉简"盐出入簿"

据张德芳主编：《居延新简集释》，甘肃文化出版社2016年版

（1）☑言之☐移三月尽六月盐出入簿☑（E.P.T7:13）

以下简例，可能属于《盐出入簿》一类文书：

（2）出盐二石一斗三升　　给食戍卒七十一人二月戊午

☐☐☐☑（139.31）

（3）出盐三升（268.9）

---

① I 90DXT0112③:126，I 90DXT0112③:130，I 90DXT0112③:131。参看王子今：《敦煌悬泉置遗址出土〈鸡出入簿〉小议——兼说汉代量词"只""枚"的用法》，《考古》2003年第12期。

② 沈刚《居延汉简语词汇释》解释"出入簿"："1. 出纳账，记物资、人员等支出和收入情况。（《集成》五，P10）2.汉简记录物品收付的账册称'出入簿'。（《集成》五，P99）"科学出版社2008年版，第62页。"出入簿"的定义还可以商榷。

（4）出盐二升九龠（268.12）

（5）三年调盐九十石☐（E.P.T31:9）

（6）永始三年计余盐五千四百一石四斗三龠（E.P.T50:29）

其中简（2）"盐二石一斗三升给食戍卒七十一人……"，说明戍卒食盐的月定量为三升。李天虹又分别指出有"入""出"两例：

（7）入盐八斗七升　给铪庭部卒卅人　　　　阳朔五年正月辛亥第
闰月食
卅三卒夏奇第卅四卒范客子受守阁卒音　　　（28.13）

（8）出盐六升☐☐☐☐（E.S.C:52）①

李均明指出："盐出入簿为食盐出纳账。"举简例二，简（7）"为食盐收入账"，简（2）"为食盐支出账"。②李天虹说："食盐应该也是由大司农统一调拨到烽燧的。"从简（7）的内容看，"食盐平时贮存于候官的阁里，每月廪食时，以部为单位，派人到阁领取"③。

这种"廪食"制度面对军人个体的文书记录，我们可在居延汉简《廪盐名籍》中看到，如：

（9）建始二年八月丙辰朔☐北部候长光敢言之☐
廪盐名籍一编敢言之（141.2）

李天虹注意到居延汉简中"有单独的'廪盐名籍'"，指出："似乎说明多数情况下食盐和粮食是分别发放的。但目前已知属于廪盐名籍的简相当少，或许是资料局限所致。"④以下简例，从内容看，很可能应当属于《廪盐名籍》：

（10）鄣卒☐☐　盐三升　十一月庚申自取（286.12）

（11）●凡吏卒十七人　凡用盐五斗九升　用粟五十六石六
斗六升　大（254.25）⑤

---

① 谢桂华：《汉简与汉代西北屯戍盐政考述》，《盐业史研究》1994年第1期，《秦汉史论丛》第6辑，江西教育出版社1994年版。李天虹：《居延汉简簿籍分类研究》，科学出版社2003年版，第70页。

② 李均明：《秦汉简牍文书分类辑解》，文物出版社2009年版，第300页。

③ 李天虹：《居延汉简簿籍分类研究》，第70页。

④ 李天虹：《居延汉简簿籍分类研究》，第65页。

⑤ 《居延汉简释文合校》作"凡用盐五斗九升"。见其书第422页。"五"，《居延汉简甲编》《居延汉简乙编》《居延汉简考释》释文之部1960年台北重订本均作"三"，今据谢桂华《汉简与汉代西北屯戍盐政考述》，《盐业史研究》1994年1期，《秦汉史论丛》第6辑，江西教育出版社1994年版，第76页。

（12）五升　　官卒十一人盐三斗三升　　武成卒

□　　　　　　　　　　　　　　　　　　□

十二　　十六卒侯禹二　　　　　　　廿四卒王实　　八卒马

（E.P.T53:136）

又有食盐与食粮同时发放的记录，如：

（13）鄣卒张竟　　盐三升　　十二月食三石三斗三升少　　十一月庚申自取（203.14）

（14）鄣卒李就　　盐三升　　十二月食三石三斗三升少　　十一月庚申自取（254.24）

（15）鄣卒史赐　　盐三升　　十二月食三石三斗三升少　　十一月□（292.1）

（16）第九鄣卒九人　　用盐二斗七升　　用粟卅石（286.9）

（17）□　七月食三石三斗三升少　　盐三升　　六月癸巳高霸取（257.26）

（18）●右省卒四人　　盐一斗二升　　用粟□三石三斗三升少（176.18，176.45）

简（18）由文意可补缺字，简文为"●右省卒四人　　盐一斗二升　　用粟卅三石三斗三升少"。又如：

（19）辟非隧长知弘　　□一□　　十一月食三石三斗三升少十一月丙□（305.14A）[1]

其中"□一□"，原文很可能也是"盐三升"。释文可写作"盐三升"。谢桂华指出，有以下三枚简"盐三升"漏释，应当补正：

（20）执胡隧卒张平　　盐三升　　十二月食□（55.8）

（21）□〔盐〕三升　　十二月食三石三斗三升少　　十一月庚申自取（27.10）

（22）□〔盐三升〕　　十二月食三石三斗三升少　　十一月庚申自取（137.22）[2]

---

[1] 简（19）另一面文字为"□　诚南候长□丰"（305.14B）。

[2] 谢桂华：《汉简与汉代西北屯戍盐政考述》，《盐业史研究》1994年1期，《秦汉史论丛》第6辑。

李天虹认为体现"食粮和盐是一起发放"的简例"仅一见"，即简（18）。[1]其实简（13）（14）（15）（16）（17）（19）（20）（21）（22）可以引为同例。

其中简（13）（14）（15）（16）与简（21）（22），出土地点一致，均为"A8破城子"[2]，不排除属于一册《廪盐名籍》的可能。而简（10）除没有廪食粟米记录外，文例完全相同，也值得注意。

李天虹认为："廪盐名籍和盐出入簿均由部编制并上报候官。其中盐出入簿是四时簿，廪盐名籍未明，推测应为月报文书。"[3]不过，分析简（7）文句，似未必可以得出"四时簿"的判断。

2. 居延军人"廪盐"定量

居延军人"廪盐"即食盐配给定量，值得汉代社会生活史研究者关注。

汉代军队屯戍出征，盐是必备的士卒给养。《汉书》卷六九《赵充国传》记载赵充国上屯田奏，说道："臣所将吏士马牛食，月用粮谷十九万九千六百三十斛，盐千六百九十三斛，茭稿二十五万二百八十六石。"[4]可知当时军事行动的基本预算中盐的供应定额，自有确定的制度。据《赵充国传》提供的信息，军人食用"粮谷"和"盐"的比例为117.9:1。

居延汉简《盐出入簿》与《廪盐名籍》提供了比较具体的有关军人食盐定量的资料。

居延戍卒食盐定量通常为"月三升"，按照计量史研究者测定汉代量器容量的单位量值，合今600.72毫升。[5]

古代文献对于结晶体大小不同的盐，原本曾有不同表述。《周礼·天

---

① 李天虹：《居延汉简簿籍分类研究》，第65页。

② 据谢桂华、李均明、朱国炤：《居延汉简释文合校》附《原简简号、出土地点、图版页码一览表》（此为目录标题，文题为《居延汉简简号、出土地点、图版页码对照一览表》），第679页。

③ 李天虹：《居延汉简簿籍分类研究》，第70页。

④ 《汉书》，第2985页。

⑤ 据丘光明《中国历代度量衡考》，研究者测定汉代容量的单位量值："选择13件保存完好、有标称值刻铭、单位量值又不明显偏离标准值的量器，作为计算汉代单位量值的标准量器，最后得到每升的平均值为200.24毫升，这个数值与商鞅铜方尚属接近。汉代沿用秦制，故把汉代每升单位量值也定为200毫升是可信的。"第244-245页。

官冢宰·盐人》说到"散盐"。①《隋书》卷二四《食货志》称"煮海以成之"者为"散盐"。②《史记》卷一二九《货殖列传》司马贞《索隐》也持此说，与此对应的则是"河东大盐"。③"散盐"和"大盐"的对照，体现了结晶状态的不同。《旧唐书》卷四八《食货志上》则分说"末盐"和"颗盐"。④《宋史》卷一八一《食货志下三·盐上》写道："盐之类有二：引池而成者曰'颗盐'。《周官》所谓'盬盐'也。鬻海鬻井鬻碱而成者曰'末盐'，《周官》所谓'散盐'也。"⑤虽然有"颗、末盐皆以五斤为斗"的说法，⑥但所谓"颗盐""大盐"以同样容器计量时因间隙较多重量会稍少，是必然的。

以现今中国普通消费者通常食用的中国盐业总公司监制的精盐实测，汉量"三升"即600毫升重894克。居延士卒如果食用这样的精盐，则平均每天食盐29.8克。推想古说"末盐"未必经过如此研细加工。实测笔者2008年8月敦煌考察期间得到的敦煌池盐标本，即通称"大粒盐"的未经精加工的粗盐，600毫升实重726克。如果汉代居延士卒食用的是这样的盐，平均每天食用量也达到24.2克。

与现今人们的一般食盐消费量比较，这一数额可以说是超高的。有些学者低估这一数字的判断，应当说是不准确的。如罗庆康写道："戍卒食盐的平均用量是三升左右。为什么会少于内地大男呢？可能是因为运输不便之

---

① 〔清〕阮元：《十三经注疏》，第675页。

② 《隋书》，第679页。

③ 《史记》，第3259页。

④ 《旧唐书》，第2107页。《晋书》卷九六《列女传·王凝之妻谢氏》："雪骤下，（谢）安曰：'何所似也？'安兄子朗曰：'散盐空中差可拟。'道韫曰：'未若柳絮因风起。'安大悦。"第2516页。谢朗所谓"散盐"的"盐"，应是"末盐"。

⑤ 《宋史》，中华书局1977年版，第4413页。又《宋史》卷一八二《食货志下四·盐中》可见"……专以兴复盐额、收买散盐为务"。第4456页。《梦溪笔谈》卷一一《官政一》："盐之品至多，前史所载，夷狄间自有十余种；中国所出，亦不减数十种。今公私通行者四种：一者'末盐'，海盐也。河北、京东、淮南、两浙、江南东西、荆湖南北、福建、广南东西十一路食之。其次'颗盐'，解州盐泽及晋、绛、潞、泽所出，京畿、南京、京西、陕西、河东、襄、剑等处食之。又次'井盐'，凿井取之。益、梓、利、夔四路食之。又次'崖盐'，生于土崖之间，阶、成、凤等州食之。"〔宋〕沈括撰，刘尚荣校点：《梦溪笔谈》，辽宁教育出版社1997年版，第68页。"井盐""崖盐"以出产方式命名。"末盐""颗盐"以其结晶形态命名。

⑥ 《宋史》，第4414页。

故。"①论者没有考察"三升"的实际数量，所对比的"内地大男"的食盐平均量，应据《管子·海王》"大男食盐五升少半"，也没有注意到河西盐产充备的事实，因有"运输不便"的议论。

中国北方民间食盐消费量较大。有学者调查现今辽宁城乡居民平均每天食盐摄入量，沈阳（20.81±7.89）克，新民县镇（19.84±8.06）克，新民农村（19.98±8.00）克，辽中农村（21.70±7.70）克。②据北京市的调查，"城区居民每日摄盐量达13.4克，农村地区高于16克"③。

比照现今人们有关合理食盐摄入量的营养学知识，可知反映汉代居延边塞军人食盐消费的资料超逾甚多，可以理解为日均食盐量比较惊人的记录。

3. "廪盐"包括非食用盐的可能性

居延军人得到的"廪盐"，有没有包括非食用盐的可能性呢？

居延用盐首先以食用为主。但是我们也确实可以看到体现其他用盐方式的信息。例如：

（23）治马欬涕出方取戎盐三指撮三□☑（155.8）

"戎盐"已见于马王堆汉墓出土帛书《五十二病方》：

一，赣戎盐若美盐，盈隋（脽），有（又）以涂（涂）隋（脽）□下及其上，而暴（曝）若☑（169）

整理小组注释："赣，疑读为匷，小杯。戎盐，又名胡盐，见《神农本草经》，主要产于西北。"④然而我们看到文献中有"戎盐"和"胡盐"并说的情形。例如《魏书》卷五三《李孝伯传》：

世祖又遣赐义恭、骏等毡各一领，盐各九种，并胡豉。孝伯曰："有后诏：'凡此诸盐，各有所宜。白盐食盐，主上自食；黑盐治腹胀气满，末之六铢，以酒而服；胡盐治目痛；戎盐治诸疮；

① 罗庆康：《汉代专卖制度研究》，第91页。

② 杜国华、连俐、舒延清等：《城乡居民一日食盐摄入量的调查》，《中国地方病防治杂志》第7卷5期（1992年）。

③ 雷波：《少吃盐不会体力不济》，《北京日报》2011年1月14日第17版。

④ 马王堆汉墓帛书整理小组：《五十二病方》，第69页。

赤盐、驳盐、臭盐、马齿盐四种，并非食盐。'"①

"主上自食"语值得深思。由"马建叩头言·使使再拜白顷有善盐五升可食□……"（E.P.T2:5A）简文可以得知，在河西地方，即使食盐也有不同的品级。彭卫据此简文曾经指出："可知汉代的盐在质量上有品级之分。"②推想戍卒所食用的应非"善盐"，很可能是其中比较粗劣者。③所谓"盐各九种"之下，包括"胡盐治目痛；戎盐治诸疮"。"凡此诸盐"，除"白盐食盐"外，其他盐的主要作用都"并非食盐"。关于盐的药用，类同"黑盐治腹胀气满""胡盐治目痛""戎盐治诸疮"等，在《五十二病方》中，还可以在"伤痓""婴儿索痓""【癃（癗）】""白处方""冥（螟）病方""【人】病马不间（瘑）者"题下，看到"爛（熬）盐以熨""□□二，盐一，合挠而烝（蒸），以扁（遍）熨""以盐傅之""□甘盐□□……""以盐财和之以傅""☑盐隋（脽）炙尻"等例证④。张显成总结简帛所见药名，"盐"归于矿物类金石部中。除《五十二病方》外，又有《万物》W009、W072例证。⑤所谓"胡盐治母痛"，又有武威医简之例：

> 治目愿方以春三月上旬治药曾青四两戋盐三两皆冶合以乳汁和
>
> 盛以铜器以傅目良（16）

整理者注："右简为医治目疾方。"又说："简文中'戋盐'即'戎盐'。《神农本草经》称戎盐：'主明目，目痛，益气，坚肌骨，去毒蛊。'一谓戎盐即青盐。苏颂《图经本草》称：'医家治眼及补下药多用青盐，疑此即戎盐。''铜器'，指盛药的器皿。一九六八年在河北满城西汉刘胜墓中曾出土一件铭有'医工'字样的铜器，说明汉代制药、盛药多用铜质器皿。'傅'即敷之意。"⑥张延昌等《武威汉代医简研究》也说："戋盐，即戎

---

① 《魏书》，第1170页。

② 彭卫：《秦汉时期的饮食》，《中国饮食史》第六编，卷2第493页。

③ 根据《周礼·天官冢宰·盐人》记录的制度，"祭祀共其苦盐、散盐。宾客共其形盐、散盐。王之膳羞共饴盐，后及世子亦如之"。郑玄注："饴盐，盐之恬者，今戎盐有焉。"〔清〕阮元：《十三经注疏》，第675页。人的等级和食盐的等级是对应的。

④ 马王堆汉墓帛书整理小组：《五十二病方》，第36页，第40页，第49页，第59页，第63页，第64-65页。

⑤ 张显成：《简帛药名研究》，西南师范大学出版社1997年版，第16页，第440页，第442页。

⑥ 甘肃省博物馆、武威县文化馆：《武威汉代医简》，"武威汉代医简摹本、释文、注释"第3页。

盐。味咸，寒。"①应当注意到，药用盐用以外敷者，用量很有限，而且有的是可以反复使用的。即使实际生活中确实存在施用医疗手段时使用食用盐的情形，也不会显著影响基本消费量。

我们通过对居延军人生活其他方面信息的了解，特别是由"廪盐"均发放至军士个人的情形，可以得知其使用应当并不包括此类用项。

我们又看到，居延盐用有"禄用"形式。有可能属于《盐出入簿》文书内容的简例，有"禄用盐"名号：

（24）☐三月禄用盐十九斛五斗（154.10）②

汉末有以盐作为一般等价物的情形。如《三国志》卷五六《吴书·朱桓传》："家无余财，（孙）权赐盐五千斛以周丧事。"③史籍言及"禄盐"有例，如《新唐书》卷二二二下《南蛮传下·两爨蛮》："三王皆入朝，宴麟德殿，赏赉加等，岁给其部禄盐衣彩，黎、巂二州吏就赐之。"④《旧五代史》卷一一一《周书二·太祖郭威纪》："今定诸防御使料钱二百贯，禄粟一百石，食盐五石，马十匹草粟，元随三十人衣粮；团练使一百五十贯，禄粟七十石，盐五石，马十匹，元随三十人；刺史一百

16

图6-3 武威医简"戎盐"简文据甘肃省博物馆、武威县文化馆合编：《武威汉代医简》，文物出版社1975年版

---

① 张延昌、朱建平：《武威汉代医简研究》，原子能出版社1996年版，第20页。

② 谢桂华、李均明、朱国炤：《居延汉简释文合校》，第252页。

③ 《三国志》，第1315页。"赐盐"史例，又有《宋史》卷四九三《蛮夷列传一·西南溪峒诸蛮上》："加赐盐三百斤、彩三十四。"第14178页。此则是针对食盐资源极度匮乏的西南少数民族地区。

④ 《新唐书》，第6318页。

贯，禄粟五十石，盐五石，马五匹，元随二十人云。"①《宋史》卷一六二《职官志二·三司使》有关"户部使"的内容中写道："掌勾校百官诸军诸司奉料、春冬衣、禄粟、茶、盐、鞋、酱、傔粮等。"②其所说"盐"，也可以读作"禄盐"。不过，这些史例，都体现了针对特殊地方和特殊等级给予特殊待遇的政策。居延"禀盐"按照现今通常食盐情形看来过量的现象，在产盐区，作为反映一般士卒生活的史料，似不可以作同类现象理解。

居延汉简有言及"食盐皆毕已"的文书。例如：

（25）☑十二月食盐皆毕已敢言之（E.P.T52:254）③

图6-4　居延汉简"食盐皆毕已"简文
据张德芳主编：《居延新简集释》，甘肃文化出版社2016年版

---

① 《旧五代史》，第1472页。
② 《宋史》，第3809页。
③ 甘肃省文物考古研究所、甘肃省博物馆、文化部古文献研究室、中国社会科学院历史研究所：《居延新简：甲渠候官与第四燧》，第246页。

　　简文似可以有两种理解，一是说至某一时限（"□十二月"）"食盐"
的发放已经结束；一则使人联想到食用盐的储备已经告罄的可能。现有汉代
简牍资料中罕见"食盐"一语，简（25）或为仅见一例。《汉书》卷六四
下《终军传》载终军诘主父偃事，有"率其用器食盐，不足以并给二郡邪"
语，[①]其中"食盐"，应当是说食用盐。《太平御览》卷九八八引《本草
经》："散盐一名食盐"[②]是"食盐"已经成为盐业专有名词的实例。简
（25）"食盐"两字可能不宜分读，即并非谷食和调味用盐的合称，而是指
食用盐。"毕已"用语，体现出每一个军人得到的都是基本一致的定量。如
果第二种理解成立，所谓"☑十二月食盐皆毕已"告知我们，盐的定量是基
本合理的，是符合当时消费生活的常态的。[③]而又一例简文反映居延戍守士
卒盐的供应确实出现了问题：

　　　　（26）卒胡朝等廿一人自言不得盐言府●一事集封　　八月庚

　　申尉史常封（136.44）

有学者指出，"食盐并不总是能够正常地发到戍卒手中的"，简（26）说
明，"胡朝等21名戍卒就因为没有得到食盐而上书至都尉府"[④]。此外，如
额济纳简所见：

　　　　（27）☑毋盐可☑（2000ES7SE2:14B）[⑤]

如释文不误，也应当与食盐供应不足的情形有关。食盐供应的断绝，可以导
致极端窘迫的情形发生。《史记》卷九九《刘敬叔孙通列传》："叔孙通
谏上曰：'……今太子仁孝，天下皆闻之。吕后与陛下攻苦食啖，其可背
哉！'"裴骃《集解》："徐广曰：'啖，一作淡。'骃案：如淳曰：食无
菜茹为啖。"司马贞《索隐》："案：孔文祥云：与帝共攻冒苦，难俱食淡

①　《汉书》，第2818页。

②　〔宋〕李昉等：《太平御览》，清文渊阁《四库全书》本。

③　徐扬杰讨论居延汉简反映的口粮配给制度，以为"汉简廪名籍所记口粮，并不是按照人们可以吃饱
　　的食量发给的，它的性质是廪给边塞士卒和家属的勉强维持劳动和生命的基本口粮"。《居延汉简
　　廪名籍所记口粮的标准和性质》，《江汉论坛》1993年第2期。本文不讨论"口粮"问题，就盐的
　　"廪给"而言，似并非"勉强维持劳动和生命的"基本定量的"性质"。

④　李天虹：《居延汉简簿籍分类研究》，第70页。

⑤　《额济纳汉简》，广西师范大学出版社2005年版，第183页。

也。案《说文》云'淡，薄味也'。"①《汉书》卷四三《叔孙通传》亦作"攻苦食唉"。颜师古注："唉当作淡。淡谓无味之食也。言共攻击勤苦之事，而食无味之食也。"②《艺文类聚》卷二四引《史记》，"攻苦食唉"作"攻苦食淡"。③"食淡"，也就是"食无味之食"。所谓"食淡"，即以极少食用盐的情形表现其生活极其艰难。

4. 居延盐产资源：食盐消费量充备的条件

居延边塞军人食粮定量和廪盐定量的比例为100:1，与《汉书》卷六九《赵充国传》中"臣所将吏士马牛食，月用粮谷十九万九千六百三十斛，盐千六百九十三斛"④说到的"粮谷"与"盐"117.9:1的情形略有不同。虽《赵充国传》中"月用粮谷"包括"马牛食"，其实际差别亦颇悬殊。睡虎地秦墓竹简《秦律十八种》中的《传食律》，整理小组以为"关于驿传供给饭食的法律规定"，其中可见米与盐配给定量的比例：

> 上造以下到官佐、史毋（无）爵者，及卜、史、司御、寺、府，糒（粝）米一斗，有采（菜）羹，盐廿二分升二。传食律
> （182）⑤

"糒（粝）米"与"盐"的比例，大约110:1。这样看来，居延戍守军人粮食和盐的供应，盐的供应较粮食的供应更为充足。

这一情形是否可能与居延军人用盐包括其他方式以及居延地方盐产资源相对优越等因素有关呢？赵充国部队活动区域虽然也距池盐生产基地不远，但是由于野战的性质，食盐供应条件与居延边塞确实存在差异。

居延及其邻近地区有盐产优势。敦煌汉简可见反映盐业生产和储备的资料。例如：

（28）□盐临泉二千五百积稚卿（1125）

"积"应是盐通常的储备形式。前引简（7）最后数字"受守阁卒音"，

---

① 《史记》，第2725页。

② 《汉书》，第2129页。

③ 〔唐〕欧阳询撰，汪绍楹校：《艺文类聚》，第435页。

④ 《汉书》，第2985页。

⑤ 睡虎地秦墓竹简整理小组：《睡虎地秦墓竹简》，《释文注释》第60页。

《居延汉简甲乙编》释文作"受官署积"，"积"较符合文意。由简（28）"盐临泉二千五百积"可知"积"应有确定的数量规格，如睡虎地秦简《仓律》所谓"万石一积"（21），"栎阳二万石一积，咸阳十万一积"（26）[①]，只是我们现在还不能确知河西盐场中"积"的规格。

前引简（6）"永始三年计余盐五千四百一石四斗三龠"（E.P.T50:29），有学者分析说："存盐量几可高达整个河西地区总人口一月所需，即可知此地食盐的供需不虞匮乏的。"[②]额济纳汉简可见"居延盐"简文：

　　（29）隧给□塈廿石致官载居延盐廿石致吞远隧仓☒

（2000ES9SF4:21）

据简文记录，由某隧"给□塈廿石致官"，又"载居延盐廿石致吞远隧仓"，应是使用同一辆运车。为避免空驶以提高运输效率，于是有"载居延盐"事。前引简（7），则可能采取人力背负的盐运形式。

所谓"居延盐"，可以看作体现居延地方盐产资源的信息。[③]这一情形，正与《太平御览》卷八二引《尸子》所谓"北海之盐"[④]，以及《史记》卷一二九《货殖列传》所谓"沙北固往往出盐"[⑤]相互对照理解。

有学者还注意到，"见诸史籍的盐价是非常昂贵，见之于简牍的却是非常便宜"，"盐在此区不但比粟便宜，而且非常廉价"[⑥]。这一认识也许有必要澄清。岳麓书院藏秦简《数》："衰分之述（术）。秅有五人，比共买盐一石，一〔人出十〕钱，一〔人〕廿〔钱〕，〔一〕人出卅钱，一人出卌钱，一人出五十钱，今且相分也，〔欲〕以钱少〔多〕（0772）分盐。……（0858）"盐价为每石150钱。江陵张家山简《算数书》："贾盐　今有盐一石四斗五升少半升，贾取钱百五十欲石衡（率）之，为钱几何？曰：

---

① 睡虎地秦墓竹简整理小组：《睡虎地秦墓竹简》，《释文注释》第25页。

② 卢瑞琴：《汉代河西地区的食盐问题——居延汉简读后记》，《简牍学报》第14期"中国简牍学国际学术研讨会议"专号，兰台出版社1992年版；《简牍学研究》第2辑，甘肃人民出版社1998年版。

③ 王子今：《"居延盐"的发现——兼说内蒙古盐湖的演化与气候环境史考察》，《盐业史研究》2006年2期；《关于额济纳汉简所见"居延盐"》，《出土文献研究》第8辑，上海古籍出版社2007年版。

④ 〔宋〕李昉等：《太平御览》，第386页。

⑤ 《史记》，第3269页。

⑥ 卢瑞琴：《汉代河西地区的食盐问题——居延汉简读后记》，《简牍学报》第14期"中国简牍学国际学术研讨会议"专号。

百三钱四百卅分钱九十五。术（76）曰：三盐之数以为法，亦三一石之升数，以钱乘之为实。（77）"盐价为每石"百三钱四百卅分钱九十五"，即103.2209钱。可知未必"见之于简牍的却是非常便宜"。讨论相关现象，应当注意河西盐产丰富的区域资源背景。论者所引据"见诸史籍的盐价"，应即《后汉书》卷五八《虞诩传》："诩始到郡，户裁盈万。及绥聚荒余，招还流散，二三年间，遂增至四万余户。盐米丰贱，十倍于前。"李贤注引《续汉书》："诩始到，谷石千，盐石八千，见户万三千。视事三岁，米石八十，盐石四百，流人还归，郡户数万，人足家给，一郡无事。"[1]论者以为"河西地区的盐价""若与《虞翊传》比较，似乎可以看出专卖与由商贾操纵，所导致的不同结果"[2]。此说亦缺乏说服力。河西盐价低廉，应主要还是因出产的优势。

或许正是河西地方盐业产量的丰盛使得汉代边塞戍守人员的食盐供应似乎享受了某种优遇。[3]然而，我们通过"☑月甲寅大司农守属闳别案校钱谷盐铁☑"（455.11）、"其市买五均之物及盐而无二品☑"（E.P.T6:88）等简例，可以知道这里依然严格执行着确定的盐业管理政策。其实定量供应本身，就体现了一定的限制。例如：比照以下简例透露的食盐消费额，戍卒"廪盐"额度就显得并不十分充裕：

（30）☑鸡一枚

☑盐少半升（E.P.T2:31）

从诸多简例看，"鸡一枚"是"一食"的定量。[4]则一位官吏招待用餐"一食"的用盐量就为"少半升"，达到了普通戍卒"廪盐"定量3天的消费额。当然，由"☑坐劳边使者过郡饮适盐卅石输官"（E.P.T51:323）简

① 《后汉书》，第1869页。王先谦《后汉书集解》引惠栋曰："《续汉书》'始到郡谷千五百'脱'五百'字，《续汉书》引见《御览》八百六十五卷。"王先谦：《后汉书集解》，中华书局据1915年虚受堂刊本1984年影印版，第654页。

② 卢瑞琴：《汉代河西地区的食盐问题——居延汉简读后记》。卢文误作"虞翊"，又以李贤注引《续汉书》为《后汉书》正文，出处则注作"王先谦《后汉书集解·虞翊传》"。

③ 许多历史资料告诉我们，在盐产资源贫乏的地区，居民往往不得不"淡食"。参看郑维宽：《汉至清代广西食盐运销与少数民族淡食问题研究》，《盐业史研究》2011年第1期。

④ 参看王子今：《敦煌悬泉置遗址出土〈鸡出入簿〉小议——兼说汉代量词"只""枚"的用法》，《考古》2003年第12期。

例①，可以了解这种接待用盐特别供应的性质。又如：

	鸡一	酒二斗
（31）对祠具	黍米一斗	盐少半升
	稷米一斗	

（10.39）

"黍米"和"稷米"合计二斗，与"盐少半升"的比例达到60:1。这是以"祠"为主题的特殊供食，其"盐"的消费量超过戍卒一般"廪盐"定额的情形，也是可以理解的。

5. 居延戍卒食盐定量的饮食史、营养史和医疗卫生史分析

《管子·海王》写道："十口之家，十人食盐。百口之家，百人食盐。终月大男食盐五升少半，大女食盐三升少半，吾子食盐二升少半。此其大历也。"《管子·地数》也说："十口之家，十人咶盐。百口之家，百人咶盐。凡食盐之数，一月丈夫五升少半，妇人三升少半，婴儿二升少半。"其中"终月大男食盐五升少半"和"一月丈夫五升少半"的食盐消耗量，是超过居延汉简戍卒"廪盐"定量的。又《管子·国蓄》："中岁之谷，粜石十钱。大男食四石，月有四十之籍。"②谷与盐的比例为75.47:1，可见用盐量甚高。不过，宋代学者叶适《习学记言序目》卷四五《管子》"轻重"条对《管子》书中食盐消费的计算方式提出怀疑："按其书，记食盐之人，月为钱三十，中岁之谷，粜不十钱，而月食谷四石；是粜谷市盐与食谷之费略不甚远。虽今之贵盐不至若是，而管仲何以行之？""若管仲果行之而乃以此霸，又可信乎？"于是断言："故《管子》之尤谬妄者，无甚于《轻重》

---

① 卢瑞琴据此简例，以为"除了一般食用之外"，"盐还可作为劳边之用"，"盐也是劳边的实物之一"（《汉代河西地区的食盐问题——居延汉简读后记》）。今按：按照卢文理解的"劳边"，也依然基本是"食用"。且据卢文所说"西北的盐产是丰富的、多产的"，"河西地区食盐方便"，"河西自前汉以来食盐的取得是非常方便的"，"此地食盐的供需不虞匮乏的"，则"劳边使者"似不大可能从内地携来边地出产数量颇多"不虞匮乏"的"盐"作为劳边之用。简文说到"输官"的"盐"，不能排除用于"劳边使者"及其随行及陪同人员自身消费的可能。

② 黎翔凤撰，梁运华整理：《管子校注》，第1246页，第1364页，第1272页。

诸篇。"①顾炎武《日知录》卷一一《权量》就此则发表了这样的意见："《管子》：'凡食盐之数，一月丈夫五升少半，妇人三升少半，婴儿二升少半。'""……是知古之权量比之于今，大抵皆三而当一也。"②战国时期至汉代的"权量"有所变化，但是"五升少半"和"三升"的食盐消费量的显著差异，可能并不仅仅由于量具的不同。

居延汉简所见河西汉塞戍卒"廪盐"定量"月三升"，上文所说日食盐消费相当于"颗盐"的24.2克和可能近似于"末盐"的29.8克，已经反映了相当高的食盐摄入量。

根据现代医学学者宣传的生理卫生知识："人体每日对钠离子的生理需求量仅为0.5克，约为1.3克的食盐。世界卫生组织推荐日摄盐量5克的标准，足以满足正常的人体所需，不会影响体力。"③各国平均食盐摄入量，日本、芬兰及东欧各国超过15克，德国、奥地利、意大利10～15克，美国、新西兰、比利时低于10克。有医学家提示："世界卫生组织建议，一般人群平均每天摄盐量应当控制在6～8克以下。美国关于人类和人类需要委员会建议，轻度高血压者每日的摄盐量应在4～5克。"④"调查表明，法国人每天食盐的平均量为8克，其中某些地区20%以上的人每天摄入量超过12克。鉴于此，法国国家食品卫生安全局认为有必要在法国公众中开展一系列的健康知识普及活动，提醒人们注意控制日常食盐的摄入量。"⑤近期关于合理的食盐摄入量又有新的标准和新的建议。据报道："美国心脏学会（AHA）公布了新的食盐摄入量标准，要求美国人减少食盐摄入量，以降低患心血管等疾病的危险。该学会建议，美国人每日平均摄入的盐不应超过1500毫克。这

① 〔宋〕叶适：《习学记言序目》，第673-674页。

② 〔清〕顾炎武著，黄汝成集释，栾保群、吕宗力校点：《日知录集释》（全校本），上海古籍出版社2006年版，第626-627页。

③ 雷波：《少吃盐不会体力不济》，《北京日报》2011年1月14日第17版。

④ 彭霞、杨明：《饮食中食盐摄入量对健康的影响》，《辽宁中医学院学报》第1卷第2期（1999年6月）。

⑤ 《法国重视控制食盐摄入量》（国内外简讯），《海湖盐与化工》第30卷第6期。

一新标准远远低于目前'美国食品指南'所建议的2300毫克。"①

比照这些数据，则居延边塞军人"廪盐"定量24.2克甚至29.8克的数额，显然过高。

6. "廪盐"定量与汉塞军人的劳作强度

分析汉代河西戍防军人食盐摄入量过大这一现象发生的原因时，我们应当注意普通军人日常生活中副食品的有限和河西盐产资源提供的方便。此外，超常的劳动强度也是一个非常重要的因素。

现代医学和生理学知识告诉我们，人体在长时间大量流失水分的同时，也会流失维持人体机能所需的主要为钠离子的电解质。这种情形特别容易发生在长时间高强度劳作的人们身上。而血液中电解质一旦低于平常值，如果仅仅补充水分，将使得浓度已经很低的电解质进一步被稀释，于是导致临床称之为"低血钠"的症状，也就是所谓"水中毒"。

居延戍卒往往承担着非常繁重的体力劳动。我们可试以"治墼"劳作分析，居延汉简可见关于"墼"的简文："墼广八寸厚六寸长尺八寸一枚用土八斗水二斗二升"（187.6，187.25）。通常的定额，是"治墼八十"（27.8，27.12，61.7—286.29，89.22，188.28）。只计其"用土八斗"，"治墼八十""用土"也超过1.28立方米。敦煌汉简则有"人作百五十"（2157、2158、2159、2166）、"人作百五墼"（2160）、"人作百五十墼"（2164）的记录，则直接土方量达到2.40立方米。②这一数据远远超过了有的学者的估算。这些学者基于生产工具之简陋落后，推定秦汉时期劳动效

① 《AHA建议美国人：盐摄入量不应超过1500mg／d》，《医药经济报》2011年1月31日B03版。其实，减少食盐摄入量有益健康的认识在中国古医书中已经可以看到。〔唐〕孙思邈《备急千金要方》卷八一《道林养性》："盖饱则伤肺，饥则伤气，咸则伤筋，酸则伤骨。故每学淡食，食当熟嚼，使米脂入腹，勿使酒脂入肠。"文渊阁《四库全书》本。其中"咸则伤筋"以及提倡"淡食"，都是十分清醒的见解。〔宋〕张杲《医说》卷七《食忌》"淡食"条："盐伤筋，醋伤骨，淡饭吃了肥木脂。"上海科学技术出版社1984年版，下册第67页。〔宋〕刘攽《中山诗话》："劝人饮食不用盐醋，煮饼淡食，更自有天然味。"〔清〕何文焕《历代诗话》，中华书局1981年版，第299页。〔宋〕陈直原著，〔元〕邹铉增续，张成博、杨海燕、李文华点校：《寿亲养老新书》卷二："若淡食，则本自甘美。初不假外味也。"天津科学技术出版社2003年版，第156页。

② 对于"治墼八十"和"人作百五十墼"的差异，李天虹根据后者出自"骑士作簿"，以为"这可能因为骑士是精锐特种兵，体力明显胜过一般戍卒"。《居延汉简簿籍分类研究》，第135页。吴昌廉则说"可见墼大小不同"。《墼——居延汉简撷考之一》，《简牍学报》第14期"中国简牍学国际学术研讨会议"专号，兰台出版社1992年版，第19页。

率低下，甚至以"当前农村基建工程的劳动工率"作出每日夯筑0.5～1方土的估算结果。^①

还可以以简文所见"除沙"劳作为例：

（32）三月甲辰卒十四人（以上为第一栏）

其一人养

定作十三人除沙三千七百七十石率人除二百九十石（以

上为第二栏）

与此七万六千五百六十石（以上为第三栏）（E.P.T51:117）^②

关于"除沙"劳作，或说"可能是为铺设天田准备原料"^③，或说"清除淤沙"^④，看来应以后说为是。然而无论怎样理解，都是以"沙"为对象的劳作。以第一栏和第二栏的内容分析，简文说"三月甲辰"日"卒十四人"其中一人负责炊事，实际参与"除沙"劳作的有13人，工作量为3770石，平均每人290石。如果以一石120斤（据西汉铜权实物测算一斤相当于今248克）^⑤计，日"除沙"工作量超过8.6吨。^⑥这是相当繁重的劳动。

---

① 杭德洲估算秦始皇陵兵马俑坑施工"每人每日工作量"挖土圹1立方米，夯筑0.5立方米，《修建始皇陵徭役负担》，《秦俑馆开馆三年文集》（1982年10月），收入《秦俑学研究》，陕西人民教育出版社1996年版，第1194-1200页。袁仲一以"当前农村基建工程的劳动工率"每日夯筑0.5至1立方土，估算秦时土方工程的工率。《从秦始皇陵的考古资料看秦王朝的徭役》，《中国农民战争史研究集刊》第三辑，上海人民出版社1983年版，第43-55页。杭德洲在分析秦始皇陵工程时又写道："当时劳动工具比较落后，运土主要靠肩挑人抬，一个强劳力，三天要挖、装、运一立方土，是很困难的。"《修建秦始皇陵徭役负担》，《秦俑学研究》，第1198页。这样的估算，都失之于偏低。但是相关数据也可以作为讨论汉代劳动生产率的参考。又敦煌汉简"二人积墼五千五百六十率人积二千七百八十墼"（1627），有学者理解为"当时率人日积二千七百八十墼，此或为砌筑墼之工作数量言"。吴昌廉：《墼——居延汉简撢考之一》，《简牍学报》第14期，第19页。此说似未可从。因为以土方量计，"二千七百八十墼"达到29.61立方米。这样的日劳动定额在一般情况下是不大可能完成的。估计简文所说，应当不是一天的工作量。

② 甘肃省文物考古研究所、甘肃省博物馆、文化部古文献研究室、中国社会科学院历史研究所：《居延新简：甲渠候官与第四燧》，第180页。

③ 李天虹说："作簿经常将除土与治墼、案墼并提，推测除土即挖土或取土，是为治墼准备土料。"对"除沙"的理解，也与这一认识有关。《居延汉简簿籍分类研究》，第135页。今按："除土"有与"椎土"并说（220.8），或与"病""治簿""垄""累""案墼"并说者（203.8），看来未必是"为治墼准备土料"。

④ 沈刚引"《集成》八，P70"。沈刚以为："除沙应该是由都尉府组织的到候官进行的一种规模很大的劳作活动，而不可能是一般的清除淤沙的劳作。但是否是为铺设天田准备原料则不得而知了。"《居延汉简语词汇释》，第193-194页。

⑤ 丘光明：《中国历代度量衡考》，第428页。

⑥ 简文第三栏文意不明朗，我们只知道76560石相当于264个工作日的劳动定额。

如果计以土方量，以汉代一升相当于200.24毫升计^①，290石则达到5806.96升，即约5.81立方米。

这一工作量远远超过了《九章算术·商功》谓"穿渠"挖土劳作"秋程人功三百尺"约合3.69立方米的土方工程劳动生产定额。^②考虑到"穿渠"挖土有由下而上的劳作难度，与"除沙"可能主要是平面作业有所不同，也许居延汉简"除沙"人均定额体现的工作量大体与《九章算术》"穿渠"相当。分析当地环境，"除沙"应是为了"清除沙害"，即后世有关边塞防务的文献所说，是因"风沙壅积，几与城埒，万一猾虏突至因沙乘城"的考虑而"消除沙害"。^③这样说来，必然要将"壅积"的"沙"移除至"城"一定距离之外。移除积沙时，要注意保证"城"的绝对的制高地位，又要防止在强风的作用下"沙"迅速重新"壅积"的可能，这一距离必定不会距"城"很近。于是又会大大增加劳作量。还有另外的情形，即在"壕堑淤塞"的情况下"消除沙患"^④，则工作方式与"穿渠"几无差别。这样说来，居延"除沙"劳作定额与《九章算术》"穿渠"劳作定额相较，其工作量差异更是悬殊。这一情形的出现，除了戍边军人体质可能优于一般劳役人员之外，最主要的因素或许是军事工程时限要求的紧迫。

居延汉简说到劳作形式时，可见所谓"剧作"。如"剧作"（513.50），"卒剧作"（19.38，E.P.T51:262），"田卒剧作"（303.24，303.28）。对"剧作"的解释，有人认为："1.强度较重的劳动，非戍卒日常候望之工作。如伐茭、制土坯、运茭等事。（《集成》五，P55）2.劳动较重者，繁重体力劳动。（《集成》十一，P163）"^⑤其实我们现在还不能判断何种劳作属于"剧作"以及上文讨论的"治堑"和"除沙"是否为"剧作"。李天虹注意到简303.24"出麦五百八十石八斗八升，以食田卒剧

① 丘光明：《中国历代度量衡考》，第245页。
② 参看王子今：《秦始皇陵复土工程用工人数论证》，《文博》1987年1期，收入《秦俑学研究》，陕西人民教育出版社1996年版。
③ 乾隆《甘肃通志》卷二三《古迹·凉州府·镇蕃县》，清文渊阁《四库全书》本。
④ 〔明〕杨博：《修筑紧要城堡以弭外患疏》，乾隆《甘肃通志》卷四五《艺文·奏疏》。〔明〕杨一清《为分布边兵预防敌患事》关于长城防务，也说到"壕堑淤塞"情形。《关中奏议》卷八，清文渊阁《四库全书》本。
⑤ 沈刚：《居延汉简语词汇释》，第221页。

作六十六人五月尽八月"简文，以为"记载'田卒剧作'的廪食量，约合每人每月二石二斗"，"是以大石来计量的"。这与同样"以大石为计量单位"，"个人月食量'二石'"的情况不同。"从字面看，'剧作'也许如前人所言，是剧烈劳作的意思，正因如此，剧作者的廪食量高于一般人。"[①]如果"卒剧作"时食盐消费与食粮同比例增加，则可能达到26.62克甚至32.78克的惊人数量。

辛苦劳作时，流失的汗水中有盐的成分。这是劳动者的实践体验。汉代文献已经记录了这样的知识。如《淮南子·精神》写道："今夫繇者，揭锸臿，负笼土，盐汗交流，喘息薄喉。当此之时，得茠越下则脱然而喜矣。"高诱注："繇，役也。揭，举也。锸，斫也。臿，铧也。笼，受土笼也。"又解释说："白汗咸如盐，故曰'盐汗'。薄，迫也，气冲喉也。""茠，荫也。脱，舒也。言繇人之得小休息则气得舒，故喜也。"[②]汉代学者"盐汗交流""白汗咸如盐"的说法，正是对服役者艰苦劳动真切感受的记录。又《淮南子·修务》："挈一石之尊则白汗交流。"[③]以"白汗交流"言承受重负的情形，也可以参考。《论衡·言毒》："辩口之毒，为害尤酷。何以明之？孔子见阳虎，却行，白汗交流。"这则是另一种出汗的情形。[④]《战国策·楚策四》："夫骥之齿至矣，服盐车而上太行，蹄申膝折，尾湛胕溃，漉汁洒地，白汗交流，中阪迁延，负辕不能上。"则以"白汗交流"形容骥"负辕""服盐车而上太行"的艰难。宋人鲍彪《鲍氏战国策注》说："白汗，不缘暑而汗也。"其说不确切。元代学者吴师道写道："正曰：'白'言其色。"[⑤]此应是比较准确的补正。这里所说的"其

---

① 李天虹：《居延汉简簿籍分类研究》，第80页。

② 刘文典撰，冯逸、齐华点校：《淮南鸿烈集解》卷七，中华书局1989年版，第239页。《太平御览》卷三八七引《淮南子》曰："今夫徭者揭锸锸，负笼土，盐汗交流，喘息薄喉。"注："徭，役也。笼，受土笼也。白汗咸如盐，故曰'盐'。"〔宋〕李昉等：《太平御览》，第1788页。

③ 高诱注："言其重也。"张双棣：《淮南子校释》，第1940页，第1947页。《艺文类聚》卷七三引《淮南子》作"挈万石樽，则曰汗交"。〔唐〕欧阳询撰，汪绍楹校：《艺文类聚》，第1258页。清文渊阁《四库全书》本《艺文类聚》作"挈万石樽，则白汗交流"。

④ 黄晖：《论衡校释》，第959页。又《论衡·物势》："孔子畏阳虎，却行流汗。"《论衡校释》，第153页。

⑤ 〔宋〕鲍彪原注，〔元〕吴师道补正：《战国策校注》卷五，《丛书集成初编》本，中华书局1991年版，第207页。

色""白"，是因大量出汗形成的盐结晶。

将军人劳作强度作为理解和说明居延"廪盐"数额反映的河西成人食盐摄入量超高的一个视角，也许是适宜的。

7. 驳食盐定量"月三升""夫妻两人合计"说

有人认为，居延"廪盐"数额偏大，"可能是一个普通吏卒家庭的月配给量"。"作为生活必需品的食盐，每月三升的配给量是供应一个家庭日常饮食的定额。""吏卒之妻应该也获得同样的食盐配给，则夫妻两人合计正好为西北汉简所见每月'盐三升'之定量。""（二年律令）《赐律》已经说明，汉初从有爵的吏民到无爵的刑徒都按照爵位等级享受廪食待遇，每人最低廪盐定量是每月一升半。"论者并没有注意河西地方特殊的资源条件与河西戍卒特殊的工作强度。

食盐摄入量与生活条件及劳动方式有关，现今情形依然如此。有学者"使用2002年中国居民营养与健康状况调查中'一年食物频率调查'数据，对45 349名15岁及以上居民食盐的消费情况进行分析。结果我国居民每人每日食盐摄入量平均为10.7克，农村居民为11.1克，高于城市居民的9.7克"。"有81.6%的居民食盐的消费量超过建议的摄入量（6克），其中83.8%的农村居民食盐摄入量超过建议量，高于城市居民的76.8%。"从"2010年我国家庭人均每日食盐消费情况"的分析中，也可以看出城乡差异。而地域区别也在调查中得以显现。"共有92 814户家庭纳入分析。结果2010年我国家庭人均食盐摄入10.6克/日，城市（9.1克/日）低于农村（11.5克/日），东、中、西部地区盐摄入量依次增加，西部农村地区盐摄入量最高（12.5克/日），东部城市地区最低（8.6克/日）。家庭人均每日食盐摄入量超过膳食指南盐摄入建议量（6克/日）的比例为72.6%，农村（78.3%）高于城市（63.5%）。家庭人均每日食盐摄入量超过我国慢性病防治规划2015年减盐目标（9克/日）的比例为38.1%，农村（44.0%）高于城市（28.8%），西部

---

① 马冠生、周琴、李艳平等：《中国居民食盐消费情况分析》，《中国慢性病预防与控制》2008年第4期。

地区高于中部和东部。"①

"东、中、西部地区盐摄入量依次增加"的情形也值得注意。有学者曾经"对新疆维吾尔、哈萨克、蒙古、柯尔克孜、锡伯、汉等6个民族20 204名中小学生的膳食特点、营养水平以及其与身体健康的关系进行了初步探讨",分析他们的食盐摄入量,发现竟然有超过汉代居延戍卒食盐配给额度的情形:"食盐人均摄入量高于全国各地(14.7～32.6克／日)。"②

居延戍卒"廪盐"定额"可能是一个普通吏卒家庭的月配给量"的说法,只是凭借想象,推定"每月三升的配给量是供应""夫妻两人合计"数额。此说全无实据。

论者说,"其家属也由官府廪食,这有大量出土的'卒家属廪名籍'为证"③。但是应当知道,如果是家属的"食盐配给",那应与口粮同时领取,不大可能口粮单独领取,而食盐另外分配在丈夫名下。这样的例证可能很难找到。况且如果要提出这样的意见,应当先论证居延防地军人均为"夫妻两人"共同生活,而不可以只说"边地常见以夫妻两人为主的家庭结构"。事实上,并非每位戍边军人都"带有家属",论者也只是说,"当时吏卒多带有家属",即亦承认并非均"带有家属"。不"带有家属"的军人何以也可以领取"夫妻两人合计"的食盐定额呢?

其实,"边地常见以夫妻两人为主的家庭结构"的说法也并不准确。在体现戍卒家庭构成的简例中,只有"夫妻两人"的情形并不多。"施伟青先生通过对居延简中载有吏卒家庭人口情况的58条资料的整理和分析,计算出2人户的比例为27.59%",也就是说,所谓"边地常见以夫妻两人为主的家庭结构"其实是少数。那么,其他家庭成员为什么不能得到"食盐配给"呢?按照《管子》提供的食盐消费史信息,子女用盐数额也是应当考虑到的。前引《管子·海王》:"十口之家,十人食盐。百口之家,百人食盐。

---

① 颜流霞、徐建伟、张梅等:《2010年我国家庭人均自报食盐消费情况分析》,《中国健康教育》2014年5期。

② 王浩怡、贺仔英、林羽、何育方:《新疆不同民族学生营养状况与健康关系的初步分析》,《中国学校卫生》1994年6期。

③ 原注:"〔日〕永田英正著,张学锋译:《居延汉简研究》(上),桂林:广西师范大学出版社,2007,134-139页。李天虹:《居延汉简簿籍分类研究》,66-70页。"

终月大男食盐五升少半，大女食盐三升少半，吾子食盐二升少半。此其大历也。"《管子·地数》也说："十口之家，十人咶盐。百口之家，百人咶盐。凡食盐之数，一月丈夫五升少半，妇人三升少半，婴儿二升少半。"未成年人食盐消费数量"吾子食盐二升少半"，"婴儿二升少半"，颇接近居延成卒廪盐数量，自然是不可以忽视的。

所谓"以夫妻两人为主"，亦似是而非。其论者认为，《二年律令·置后律》曰："女子比其夫爵"，可见"汉初妇女还可以享受其丈夫所得爵位的待遇"[①]，故吏卒之妻应该也获得同样的食盐配给，则夫妻两人合计正好为西北汉简所见每月"盐三升"之定量。"吏卒之妻应该也获得同样的食盐配给"，与《管子》提供的信息不相符合。且现今男性与女性食盐消费量也是存在差别的。

虽然有学者说，"不同性别居民之间食盐的消费量差别无统计学意义"[②]。或以为："男性膳食钠（盐）摄入量高于女性，差异无统计学意义。"[③]但是对两性食盐摄入量分别调查是常见的工作方式。[④]这样的工作程式应当是有合理性的。也有学者就性别差异进行了认真分析。如以某大学专科一年级至三年级学生为对象的调查发现，"男生盐的摄入量高于女生"[⑤]。苏州大学的调查资料也显示，"其中男生为（7.66±2.20）克／日，女生为（5.94±1.85）克／日"。调查者明确表示："男、女生食盐摄入量差异有统计学意义（t=8.28，P0.05）。"[⑥]

持"每月三升的配给量是供应夫妻两人合计"意见的讨论者又写道："根据邢义田先生的研究，普通吏卒在执行任务后的十天或十五天可以回家

---

① 原注："朱绍侯：《军功爵制考论》，北京：商务印书馆，2008，262页。"

② 马冠生、周琴、李艳平、胡小琪、刘爱玲、翟凤英、杨晓光、孔灵芝：《中国居民食盐消费情况分析》，《中国慢性病预防与控制》2008年第4期。

③ 王勤富、邵华：《莱芜市莱城区居民膳食钠摄入和排除调查分析》，《社区医学杂志》2014年第9期。

④ 参看李巧先、姜化安、李冰等：《食盐摄入量对体质指数及血压的影响》，《中国慢性病预防与控制》2013年第2期。

⑤ 于西增：《大学生食盐摄入量调查》，《现代预防医学》2011年第13期。

⑥ 邹志薇、朱圣陶：《苏州大学397名大学生食盐摄入量调查》，《中国学校卫生》2010年第8期。

一次①，大概他们就是趁这个机会把领取的食盐带回家中，再交给妻子来掌控和支配，这可能就是为什么食盐要提前一月发放的主要原因。"此说全然不合逻辑。"领取的食盐""交给妻子来掌控和支配"，难道吏卒在9天至14天不回家期间可以完全不消费食盐吗？

主张"每月三升的配给量是供应夫妻两人合计"的讨论者在陈述以上观点时，忘记了自己文中说过的一段话："《汉书·赵充国传》：'愿罢骑兵，留弛刑应募，及淮阳、汝南步兵与吏私从者，合凡万二百八十一人，用谷月二万七千三百六十三斛，盐三百八斛，分屯要害处。'若以此推算，则每月人均用盐亦为三升左右。"要知道，赵充国的部队中，"吏卒"是不可能"带有家属"的，难以设想远征击羌的军人领取并消费"夫妻两人合计"的食盐定额。他们也绝无可能"把领取的食盐带回家中，再交给妻子来掌控和支配"。

我们还看到戍卒食盐定量"月三升"是"夫妻两人合计"说的提出者发表了有关食盐消费与劳动强度之关系的如下认识："吏卒所领取的食盐份额总是固定不变的。这意味着当时边地吏卒较之今人明显偏高的食盐配给量可能与剧烈的劳作无关，因为据前引'廪盐'诸简，从事不同劳作的吏卒所获得的食盐都是一样的。这样偏高的食盐配给量，其用意并不是为了补充因所谓'剧作'而大量流失的体内盐分……"②论者显然缺乏基本的体力劳动经历和社会生活体验，无从理解"盐汗交流"的情形，也不了解在一定历史条件和一定社会背景下生活消费资料严格配给的实况，生活消费资料的严格配给当然有相对固定的制度化表现，不会随时据劳作者的工作形式频繁变更。在资源相对充备的情况下，按照最高需求数额发放，应当是可能的。

---

① 原注："邢义田：《汉代边塞军队的给假、休沐与功劳制》，原刊《简帛研究》，北京：法律出版社，1994，192-205页；后收入《治国安邦——法制、行政与军事》，北京：中华书局，2011，568-584页。"

② 李斯：《西北汉简所见廪盐制度蠡测》，《简帛研究二〇一一》，广西师范大学出版社2013年版，第134-145页。作者认同薛宗正"政府对包括屯田军家属的口粮、器用、衣服等生活消费实行全面供给制，称为'廪食'制"说（原注："薛宗正：《丝绸之路北庭研究》，乌鲁木齐：新疆人民出版社，2009，90页"），以为"由官府提供各种生活必需品的配给制度"，"还是应该称之为'廪食制度'更加恰当"，忽视文中说到的"《秦律十八种·金布律》关于'廪衣'的规定"，也是逻辑概念混乱的一例。

现在有关食盐消费的调查研究成果显示，区域差别和劳动方式差别均显著影响人均食盐摄入量。我们看到有资料提示，沿海地方如连云港在春节期间"人均每日食盐摄入量为18.7克"，"超标三倍多"。①山东寿光的调查分析资料告知我们："寿光市每日人均食盐摄入量为19.4克，城区每日人均食盐摄入量为14.3克，北部沿海乡镇人均食盐摄入量为24.2克，南部内地乡镇为人均18.8克；在被调查人群中，从事重体力劳动的人群的人均食盐摄入量29.5克，高于中等体力劳动人群的20.1克，及中等以下人群的12.6克。"②

根据现今食盐摄入情况调查工作所获寿光"北部沿海乡镇人均食盐摄入量为24.2克"和"从事重体力劳动的人群的人均食盐摄入量29.5克"的数据体现的盐产资源条件和劳作强度因素对于食盐消费量的作用，上文所说汉代居延戍卒"日食盐消费相当于'颗盐'的24.2克和可能近似于'末盐'的29.8克"，应当是不难理解的社会生活史的真实情况。③

---

① 徐银华、李新娥、李伟伟、王长荣：《连云港地区居民春节期间油、盐摄入情况调研报告》，《中国保健营养：临床医学学刊》2010年第6期。

② 田秀成、李君、吴兴刚：《寿光市城乡居民食盐摄入量调查分析》，《中外健康文摘》2013年第31期。

③ 王子今：《汉代边塞军人食盐定量问题再议》，《江苏师范大学学报（哲学社会科学版）》2015年第5期。

7

第七章　盐与秦汉环境：
生态史视角的考察

　　研究汉代气候环境史，应当综合分析多方面的资料。内蒙古盐湖的演化，可以提供若干有意义的信息。《额济纳汉简》中有关于"居延盐"的简文。对相关资料的研究，不仅可以推进盐业史研究的学术进步，也有助于深化对当时西北边地历史面貌的认识，同时还可以为了解当时的气候环境创造有益的学术条件。

一、"居延盐"的发现

　　在讨论前引《额济纳汉简》所见出现"居延盐"简文的简例时，我们主要关注的是食盐消费与食盐配给诸问题。其实，有关"居延盐"的学术信息，还可以帮助我们认识、理解并说明河西地方的生态环境变迁问题。

1. 《额济纳汉简》所见"居延盐"

　　《额济纳汉简》编号为2000ES9SF4:21的一枚简，记录了有关"墆"与"盐"的运输过程。据《额济纳汉简》释文：

　　　　隧给□墆廿石致官载居延盐廿石致吞远隧仓☒[①]
如果"墆"字释读不误，则"□墆"很可能是指边塞戍卒基

------

① 《额济纳汉简》，广西师范大学出版社2005年版，第251页。

本劳作内容中"涂"所使用的一种原料。据简文记录，由某隧"给□墼廿石致官"，又"载居延盐廿石致吞远隧仓"，应是使用同一辆运车。为避免空驶以提高运输效率，于是有"载居延盐"事。这一运送"居延盐"的记载，值得研究者重视。

已发表居延汉简有"廪吞远"（E.P.T6:85）、"吞远廪"（E.P.T6:31）、"吞远队廪"（E.P.T43:44）简文，又明确可现"吞远仓"的简例，如：133.13，136.48，176.34，198.3，E.P.T26:8，E.P.T43:30A，E.P.T43:30B，E.P.T51:157A，E.P.T51:157B，E.P.T58:14，E.P.T58:81，E.P.T65:135等。E.P.T65:412作"吞远队仓"。又如："甲渠吞远隧当受谷五千石"（E.P.T52:390），"☑言之官移居延讼沓尉卿□主吞远谷二千三百五十石"（E.P.T54:8），看来，"吞远仓"或"吞远队仓"的规模相当可观。又如："出转钱万五千　给吞远仓　十月丙戌吞远候史彭受令史"（133.13），仅就这笔"转钱"的数额看，如果按照通常价格"与傭一里一钱"的标准[①]，又参考简文："吞远隧去居延百卅里檄当行十三时"（E.P.F22:147），则如若从居延转运吞远隧，可以支付运载量超过115车的运费。以汉代通常的车辆运输规格"一车二十五斛"计[②]，运粮可达2 875斛。不过，这里仅见粮食储运的记录，没有看到反映盐运的资料。

居延汉简中有关盐的配给与消费的简文，如：10.39，28.13，139.31，141.2，154.10，155.8，176.18—176.45，203.14，254.24，254.25，257.26，268.9，268.12，286.9，286.12，292.1，455.11，E.P.T2:5A，E.P.T2:31，E.P.T6:88，E.P.T7:13，E.P.T31:9，E.P.T51:323，E.P.T52:254，E.P.T52:672，E.P.T53:136等。又如：

永始三年计余盐五千四百一石四斗三龠（E.P.T50:29）

"余盐"竟然以"千石"计，可知储量相当充备。而计量到"龠"，又反

---

① 《九章算术·均输》："与傭一里一钱。"郭书春汇校：《汇校九章算术》，辽宁教育出版社、台湾九章出版社2004年版，第238页。裘锡圭指出，"大湾所出简记每车傭费为1347钱，这样不整齐的数字，也只有用'与傭一里一钱'这种以里计费的办法，才能算出来。"《汉简零拾》，《文史》第12辑，中华书局1981年版。

② 《九章算术·均输》："一车载二十五斛。""车载二十五斛。"郭书春：《汇校九章算术》，第238页，第241页。裘锡圭指出："居延简里有很多关于用车运粮的数据，每车所载粮食一般为二十五石。""雇佣的傭人和服役的将车者输送粮食的时候，大概一般比较严格地遵守二十五石一车的常规。"《汉简零拾》，《文史》第12辑，中华书局1981年版。

映了管理的精确度。"龠"的实测容量，相当于10毫升。①在内地距离盐产地较远的地方，"盐出入"的计量，甚至精确到"撮"。②"撮"的实测容量，仅相当于2毫升。③

上引居延汉简中涉及"盐"的诸多简例，没有一例如简2000ES9SF4:21"居延盐"这样明确标示"盐"与具体地方关系的。

2. "居延盐"是否居延出产

所谓"居延盐"，是否可以理解为居延地方出产的盐呢？

《太平御览》卷八二引《尸子》说到"昔者桀纣纵欲长乐以苦百姓，珍怪远味，必南海之荤，北海之盐"④，可知中原居民很早就已经有了关于"北海之盐"的生产知识与消费经验。

司马迁《史记》卷一二九《货殖列传》："夫天下物所鲜所多，人民谣俗，山东食海盐，山西食盐卤，领南、沙北固往往出盐，大体如此矣。"关于"沙北""出盐"，张守节《正义》："谓西方咸地也。坚且咸，即出石盐及池盐。"⑤

所谓"居延盐"，很可能是出产于居延地方的盐。但是也不排除河西军人得到的是居延集散的食盐的可能。

3. 戎盐·胡盐

北地之盐似有多种。《魏书》卷五三《李孝伯传》："世祖又遣赐义恭、骏等毡各一领，盐各九种，并胡豉。孝伯曰：'有后诏：凡此诸盐，各有所宜。白盐食盐，主上自食；黑盐治腹胀气满，末之六铢，以酒而服；胡盐治目痛；戎盐治诸疮；赤盐、驳盐、臭盐、马齿盐四种，并非食

---

① 丘光明：《中国历代度量衡考》，第244页。

② 参看王子今：《走马楼许迪割米案文牍所见盐米比价及相关问题》，长沙吴简暨百年来简帛发现与研究国际学术研讨会，长沙，2001年8月。

③ 丘光明：《中国历代度量衡考》，第244页。

④ 〔宋〕李昉等：《太平御览》，第386页。

⑤ 《史记》，第3269页。

盐。'"①"戎盐"名号已见于马王堆帛书《五十二病方》中②，"戎盐"用以"涂"，是外用药。③《魏书》卷五三《李孝伯传》所谓"戎盐治诸疮"，也是外用药。《魏书》"戎盐"，《宋书》卷四六《张邵传》及卷五九《张畅传》作"柔盐"④，也作为外用药。《宋书·张邵传》写道："魏主又遣送毡及九种盐并胡豉，云：'此诸盐，各有宜。白盐是魏主所食。黑者疗腹胀气满，刮取六铢，以酒服之。胡盐疗目痛。柔盐不用食，疗马脊创。赤盐、驳盐、臭盐、马齿盐四种，并不中食。'"中华书局标点本校勘记："白盐是魏主所食，《魏书·李孝伯传》于'白盐'下尚有'食盐'二字，正合九种盐之数，此处'白盐'下似脱'食盐'二字。又下'柔盐'，《魏书·李孝伯传》作'戎盐'。"⑤

然而《魏书》卷三五《崔浩传》："太宗大悦，语至中夜，赐浩御缥醪酒十觚，水精戎盐一两。曰：'朕味卿言，故与卿同其旨也。'"⑥以"戎盐"言"味"，可知这种盐其实也是可以食用的。

有研究者指出："戎盐，又名胡盐，见《神农本草经》，主要产于西北。"⑦据《新唐书》卷四〇《地理志四》"陇右道"，"土贡""戎盐"的"廓州宁塞郡"⑧，距离居延明显较西汉陇西、安定、北地、上郡、朔方、五原诸郡盐官为近。其地在今青海化隆西，当在西汉金城郡安夷南。⑨

其实，距离居延更近的地方也未必没有"沙北""北海之盐"出产。有研究者指出，内蒙古地区的盐湖早在汉武帝元狩四年即公元前119年前已被开采利用。内蒙古地区湖盐的矿床形态不同于其他盐矿（如海盐、井盐等），其卤水多已饱和，多数盐湖中盐已结晶析出，所以开采方式较为简单。牧寒编著的《内蒙古盐业史》中有《阿拉善盟盐湖分布图》，在"额吉

① 《魏书》，第1170页。

② 马王堆汉墓帛书整理小组：《五十二病方》，第69页。

③ 张显成将马王堆汉墓帛书所见"戎盐"列入"矿物类金石部"，《简帛药名研究》，第16页。

④ 《宋书》，第1398页，第1603页。

⑤ 《宋书》，第1402页。

⑥ 《魏书》，第811页。

⑦ 马王堆汉墓帛书整理小组：《五十二病方》，第69页。

⑧ 《新唐书》，第1043页。

⑨ 参看谭其骧：《中国历史地图集》，第2册第33-34页，第5册第61-62页。

纳旗"北标示"嘎顺诺尔"和"苏古诺尔"两处盐湖[①]。

4. 居延附近盐产资源

《中国自然地理图集》中的《中国外生矿藏和变质矿藏》图以沉积盐外生矿床标注的内蒙古阿拉善右旗的雅布赖盐湖，可能是距居延相对较近的产量较高的盐产地。[②]雅布赖盐场的石盐储量据说达5100万吨。

其实，还有更临近居延的盐湖。有的研究者指出："阿拉善地区盐湖很多，盐产丰富，从古至今开发运销，为人们所用。""居延海在额济纳旗，旧土尔扈特北境。'居延泽《禹贡》导弱水至合黎，余波入于流沙。'[③]弱水自张掖北流至下游分为东河西河汇潴于居延海。汉称'居延泽'，魏、晋称'西海'，唐后通称居延海。原本为一湖，位于汉居延城东北，狭长弯曲，形如初月。后世湖面随着额济纳河下游的改道而时有移动，且逐步淤塞分为二海，东海称为苏古诺尔，西海称为嘎顺诺尔。两海相距七十华里，西池周九十里，东池周六十里。《盐务地理》云：'居延海旁有池产白盐，采之不竭。'"[④]

关于《盐务地理》所谓"居延海旁有池产白盐，采之不竭"，《内蒙古盐业史》的作者写道："对这个盐湖未进行考证，在史册上也未见有产销事记。"[⑤]嘎顺诺尔，又名"西海""西居延海"。据考察："西居延海盐湖面积260km^2，湖盆呈东西向延伸。""湖中出现石盐、芒硝等盐类沉积，石盐厚度0.15～0.2m，芒硝沉积厚度0.3m，这是该区未来很有开发利用远景的盐湖矿床。"[⑥]

也许《额济纳汉简》所见"居延盐"就是这个盐湖出产的。那么，虽然"在史册上""未见有产销事记"，但额济纳出土汉简的简文，却以汉代居延地区盐产和盐运的重要信息，补充了我们对汉代盐业史的相关认识。

---

① 牧寒：《内蒙古盐业史》，内蒙古人民出版社1987年版，第36页。

② 西北师范学院地理系、地图出版社：《中国自然地理图集》，地图出版社1984年版，第38页。

③ 原注："《盐务地理》第三节河流。"

④ 牧寒：《内蒙古盐业史》，第37-38页。

⑤ 牧寒：《内蒙古盐业史》，第38页。

⑥ 郑喜玉等：《内蒙古盐湖》，科学出版社1992年版，第285页。

二、内蒙古盐湖的演化与气候环境史考察

关于中国古代生态环境的历史变迁，历代若干学者曾有所注意。20世纪以来，多有专门论著发表。蒙文通的论文《中国古代北方气候考略》[①]、文焕然的专著《秦汉时代黄河中下游气候研究》[②]、竺可桢的论文《中国近五千年来气候变迁的初步研究》[③]、牟重行的专著《中国五千年气候变迁的再考证》[④]等，都涉及秦汉生态环境。近年来，学界对这一学术方向，有更多的关注，也有更新的成果。

对于汉代"北边"盐湖的分布和演化，研究有所深入。新获得的学术认识，可以丰富我们对汉代气候变迁与环境演进的认识。

1. 竺可桢的研究与后来学者的验证

关于秦汉时期的气候变迁，竺可桢指出，"在战国时期，气候比现在温暖得多"。"到了秦朝和前汉（前221—23）气候继续温和。""司马迁时亚热带植物的北界比现时推向北方。""到东汉时代即公元之初，我国天气有趋于寒冷的趋势，有几次冬天严寒，晚春国都洛阳还降霜降雪，冻死不少穷苦人民。"曹丕黄初六年（225），"行幸广陵故城，临江观兵，戎卒十余万，旌旗数百里。是岁大寒，水道冰，舟不得入江，乃引还。"[⑤]"这是我们所知道的第一次有记载的淮河结冰。那时气候已比现在寒冷了。"[⑥]

竺可桢的论文自题为"初步研究"，他自谦地说，"本文的研究，仅仅是一个小学生的试探"，"误解和矛盾是难免的"，这种初步探讨，"对于古气候说明的问题无几，而所引起的问题却不少"[⑦]。有学者认为，此文虽

---

① 《史学杂志》2卷3期，1920年。

② 文焕然：《秦汉时代黄河中下游气候研究》，商务印书馆1959年版。

③ 《考古学报》1972年1期，《中国科学》1973年2期。

④ 牟重行：《中国五千年气候变迁的再考证》，气象出版社1996年版。

⑤ 《三国志》卷二《魏书·文帝纪》，第85页。

⑥ 对于相关史料的理解存在认识分歧，参看王子今：《关于秦汉时期淮河冬季封冻问题》，《中国历史地理论丛》1995年第4期。

⑦ 《竺可桢文集》，科学出版社1979年版，第495页，第497页。

"为竺氏大半生研究心得具体表现之一"，然而"要进一步加以验证，须有人更下苦功"[1]。

现在看来，历史事实确如竺可桢所说，在公元前50年至公元70年这120年之间，有关气候异常寒冷所致灾异的历史记录多达20余起。元成统治期间较为集中的23年中计6起。王莽专政时最为集中的10年中，大约7年都曾发生严寒导致的灾害。除王莽末年至建武四年（28）间所谓"天下旱霜连年"外，东汉光武帝及明帝在位时关于异常寒冷的明确记载亦可见6起。此后，汉章帝建初八年（83）至元和元年（84）前后，又有"盛夏多寒"，"当暑而寒"的记载[2]。东汉中晚期，更多见"季夏大暑而消息不协，寒气错时"[3]，"立春之后"，"寒过其节"，"当温而寒"[4]等以严寒为特征的异常气象记录。汉武帝太初前后"惊蛰""雨水"次序的变换，刘歆作《三统历》前后"谷雨""清明"次序的变换，也可以说明当时气候与现今不同。我们有根据说，秦与西汉气候较现今温暖湿润，两汉之际，气候发生由暖而寒的变化。[5]尽管学界尚有不同的意见[6]，但是并没有能够从根本上否定两汉时期气候发生变迁的认识。迄今获得的相关资料，依然支持竺可桢说。

2. "盐的蒸发生产"对于环境史研究的意义

自然科学考察的若干成果，也可以证实秦汉时期气候变迁的历史现象。根据我国东部平原及海区构造沉降量的估算并参考有关历史考古资料所绘制的中国东部的海面升降曲线表示，距今2000年前后，海面较今高2米左右。海面升降是气候变迁的直接结果。植被、物候和考古资料试拟的华北平原古气温曲线显示，当时气温高于现今1℃左右。根据植被、物候和考古资料试

---

[1] 徐近之：《我国历史气候学概述》，《中国历史地理论丛》第1辑，陕西人民出版社1981年版，第180页。

[2] 《后汉书》卷二六《韦彪传》，第918页。

[3] 《后汉书》卷四六《陈忠传》记汉安帝永初年间事，第1559页。

[4] 《后汉书》卷三〇下《郎𫖮传》记汉顺帝阳嘉二年事，第1055页。《续汉书·五行志三》刘昭注补引养奋《对策》："当温而寒，刑罚惨也。"《后汉书》，第3313页。

[5] 王子今：《秦汉时期气候变迁的历史学考察》，《历史研究》1995年第2期。

[6] 如陈业新：《两汉时期气候状况的历史学再考察》，《历史研究》2002年第4期；《灾害与两汉社会研究》，上海人民出版社2004年版，第79-121页。

拟的上海、浙北古气温曲线，则可以看出当时气温高于现今2℃左右。在一个地区，寒冷气候与温暖气候的交替变化，迫使生物群的结构和面貌随之发生变化。根据海生生物群试拟的东海与黄海古水温曲线，可知当时东海、黄海水温高于现今3℃左右。[①]以孢粉资料分析北京地区植物群的发展，可以看到，距今5000至3000年前，北京曾进入与欧洲大西洋期可以比较的气候温暖适宜期，当时组成温带落叶阔叶和针叶混交林的主要树种有栎、椴、桦、榆、桑、榛等，水生植物也非常繁盛，在温湿的气候条件下，沼泽发育，从而有利于泥炭的累积。距今2000至1000年前，则进入一个气候干温时期，湖沼又有消退，出现了以松为代表的森林草原。[②]

可以反映历史时期气候环境变化的信息来源是多方面的。正如《简明不列颠百科全书》"全新世"（Holocene Epoch）条所说，"最主要的是太阳辐射记录。还有许多记载的迹象也是有用的，如日本京都的樱花花期节日的时间、湖泊的封冻、洪水事件、暴风雪或旱灾、收成、盐的蒸发生产等"[③]。

"盐的蒸发生产"对于说明环境变迁的意义，值得我们注意。

3. 内蒙古盐湖的变化与古气候的信息

有学者总结内蒙古盐湖的历史，指出："全新世时期，尤其是全新世后期（距今5000—6000年）以来，干旱气候遍布全区。这时气温升高，蒸发量明显地增加，同时降水减少，出现广泛的干旱地区，使许多湖盆水位下降，大幅度提高湖水的浓度，盐类沉积（包括碳酸盐、硫酸盐和食盐等）遍布全区，成为内蒙古高原最广泛最重要的成盐期。"论者还认为，在盐湖沉积物中，可以读出古气候的记录。"不同的沉积产物，分别代表不同的沉积环境和气候条件，特别是对气候十分敏感的盐类沉积物，更能反映气候的变化。除了盐类的成分之外，沉积物中有机质和微量元素的含量、孢粉和微体古生物的组成，也可用以指示气候的冷、暖、干、湿变化。综合这些环境指标因

---

① 王靖泰等：《中国东部晚更新世以来海面升降与气候变化的关系》，《地理学报》35卷第4期，1980年4月。

② 孔昭宸等：《北京地区距今30000—10000年的植物群发展和气候变迁》，《植物学报》22卷第4期，1980年4月。

③ 《简明不列颠百科全书》，中国大百科全书出版社1986年版，第6卷第719页。

子，乃能解读出当地最近2.3万年来详细的气候变化。"①

有的研究者已经通过对盐湖的考察，得到了对于古气候的新认识。论者认为："通过对位于干旱—半干旱区的内蒙古盐湖中沉积物提供的环境和气候条件之相关讯息，能解读出最近23 kaB.P.以来详细的气候变化：据今20～23 kaB.P.期间，气候呈温干特征；之后，气候变冷进入末次冰期的极盛期。在14.5～20 kaB.P.期间，降水量大幅度减小，夏季风萎缩，而冬季风更加强劲。自14.5 kaB.P开始，全球进入冰消期。约在11 kaB.P.左右，出现异常降温的新仙女木（Younger Dryas）突变事件。"②

有的学者在讨论内蒙古盐湖的演化时，主张应根据盐湖的形成及其成盐作用程度，划分为两个阶段——成盐前的预备盆地阶段和成盐盆地阶段，并且指出，"这些都同各时期的气候环境相适应"。也就是说，"这种演化阶段的形成，同全新世早—中期的较为温湿气候环境和全新世中—晚期的干冷气候环境相适应。在成盐盆地阶段，两种水体形成了明显的沉积分异作用，碳酸盐型盐湖出现了以天然碱为主要特征的盐类沉积；而硫酸盐型盐湖，则出现了以芒硝和石盐为主要特征的盐类沉积"。硫酸盐型盐湖的演化过程，在预备盆地阶段，"气候较为温湿，湖水分布广泛。无论是硫酸钠亚型盐湖，还是硫酸镁亚型盐湖，湖相沉积都是以灰色砂和泥质砂为主。其淤泥沉积，主要由伊利石、蒙脱石等粘土矿物组成，此外还含有方解石、白云石和菱镁矿等。在靠近上部的淤泥层中，还出现了石膏，表明当时的水体是向咸化方向逐步发展的"。在成盐盆地阶段，"基本上属于干燥气候环境，早期芒硝沉积广泛；晚期在硫酸镁亚型盐湖中，沉积了大量的石盐。而在硫酸钠亚型盐湖中，则出现了大量的泥砂沉积"。这一情形，是硫酸盐型盐湖水体演化程度不一致所造成的。这一历史阶段的水文特征，还表现在"盐湖水体逐渐缩小，而盐类沉积则以'牛眼式'的蒸发岩模式出现"③。

研究者指出，"全新世中—晚期，大致相当于距今5000年以来"，从查

① 罗建育、陈镇东：《从盐湖谈到古气候》，《科学月刊》1997年第1期。
② 罗建育、陈镇东、陈延成：《内蒙古盐湖与台湾湖泊沉积物之古气候记录》，《化工矿产地质》1997年第2期。
③ 郑喜玉等：《内蒙古盐湖》，第196-202页。

干诺尔碱湖83-CK1孔岩芯孢粉分析结果来看，晚更新世晚期以来的气候环境变化，也同样可以划分为这样三个阶段：干冷气候阶段、温润气候阶段和干冷气候阶段。"晚更新世晚期以来的气候环境，基本上是由温暖向干冷气候环境演化。"而据研究者绘出的《查干诺尔83-CK1孔钻井剖面孢粉分析结果与气候环境变化》图，在全新世中晚期"气候环境冷暖"的变迁，又出现过一次"由温暖向干冷"的演化。冷暖的中线值在全新统底层井深4～5米处。而从《吉兰泰盐湖83-CK1孔钻井剖面孢粉分析结果与气候环境变化》图上看，也发生过同样的"由温暖向干冷"的演化。只不过发生的年代要稍早一些。[1]

这些资料以及研究者发表的意见，可以与通过历史文献得到的气候变迁史的认识对照理解。

4．"居延盐"与"居延海"

关于很可能与"居延盐"有关的"居延海"或称"居延泽"的地质面貌，前引《内蒙古盐业史》说，"原本为一湖"，"后世湖面随着额济纳河下游的改道而时有移动，且逐步淤塞分为二海，东海称为苏古诺尔，西海称为嘎顺诺尔"，书中《阿拉善盟盐湖分布图》中，嘎顺诺尔和苏古诺尔均标示为盐湖。[2]而《内蒙古盐湖》一书中《内蒙古自治区水系分布图》，苏古诺尔的图标为"湖泊"，与"盐湖"有别。但是同书《内蒙古自治区地貌区划及主要盐湖分布示意图》中，该湖却又被标示为"盐湖"。[3]董正钧《居延海》一书也说，今日之居延海有东海、西海之分，蒙古语分称索果诺尔、戛顺淖尔，其水质一咸一淡。[4]据实地考察，这一又被译作"索果诺尔"的湖为"盐碱水质"[5]，"距离湖岸边尚远"的地面，"有白色的盐碱遗

---

① 郑喜玉等：《内蒙古盐湖》，第196页，第195页。

② 牧寒：《内蒙古盐业史》，第38-36页。

③ 郑喜玉等：《内蒙古盐湖》，第12页，第4页。

④ 董正钧：《居延海》，1951年影印手抄本。转见马先醒：《汉居延志长编》，鼎文书局2001年版，第36页。

⑤ 斯文赫定：《亚洲腹地探险八年1927-1935》，徐十周等译，新疆人民出版社1992年版，第130-131页。

迹"，"由此可知索果诺尔已较以往缩小"①。而有的学者认为汉代的"居延泽""因弱水改道，早已干枯"，"汉之弱水今已干枯，驯致汉居延海亦干枯消失"②。

从居延汉简提供的资料看，此地虽为荒远的边地，渔业产品也已成为吏卒及平民的生活消费品。如："鲍鱼百头"（263.3），"出鱼卅枚直百☒"（274.26A），"出鱼卅枚直☒"（274.26B）③，"……鱼百廿头……寄书庞子阳鱼数也……"（E.P.T44:8 A）④等。甚至还有得鱼之多数以千计的情形：

> ☒余五千头宫得鱼千头在吴夫子舍☒☒复之海上不能备☒
>
> ☒头鱼☒请令官收具鱼毕凡☒☒☒☒
>
> ☒☒卤备几千头鱼千☒食相☒☒（220.9）⑤

居延出土的《建武三年候粟君所责寇恩事》简册记载，寇恩"为候粟君载鱼之鱳得卖"事，一次即"载鱼五千头"（E.P.F22:6）。

简文所见"海上"，应当就是居延海。在当时的环境条件下，可能确实曾经"由于气候局部变暖和补给水源的增加，湖盆水体有所扩大，并普遍出现一次湖水淡化"⑥。而当时的这一湖泊，据有的学者分析，"与今之居延东、西海异处，在其东方百余里处，随弱水改道西流早已干枯"⑦。然而据谭其骧主编的《中国历史地图集》标示，西汉时期在包括今"嘎顺诺尔"和"索果诺尔"所在地方即"今之居延东、西海"处，有一广阔水面，而与其异处，"在其东方百余里处"又有一面积稍小的水面，两处统称"居延泽"。⑧

根据历史水文资料，研究者认为秦及西汉时期的气候条件，是致使长江

---

① 罗仕杰：《1996年台北简牍学会汉代居延遗址考察日志》，《汉代居延遗址调查与卫星遥测研究》，台湾古籍出版有限公司2003年版，第8-9页。

② 马先醒：《汉居延志长编》，第36-37页。

③ 谢桂华、李均明、朱国炤：《居延汉简释文合校》，第437页，第462页。

④ 甘肃省文物考古研究所、甘肃省博物馆、文化部古文献研究室、中国社会科学院历史研究所：《居延新简：甲渠候官与第四燧》，第125页。

⑤ 谢桂华、李均明、朱国炤：《居延汉简释文合校》，第357-358页。

⑥ 郑喜玉等：《内蒙古盐湖》，第197-198页。

⑦ 马先醒：《汉居延志长编》，第37页。

⑧ 谭其骧：《中国历史地图集》，第2册第33-34页。

水位上升的因素之一，当时长江以南的洞庭湖、鄱阳湖、太湖等，水面都在不断扩大。①当时黄河流域湖泊的数量及其水面，也都曾经达到历史时期的高峰。汉代学者关于当时关中湖泊"清渊洋洋"，"洪涛""潖沆"，"似云汉之无涯"，"揽沧海之汤汤"等记述，不应当被看作不合实际的夸诞之辞。②据海洋地质学者提供的资料，"在距今2500—1500年的波峰时期，古海面较现今海面高1—3米"，其引以为据的古贝壳堤、上升海滩沉积与海滩岩、海相淤泥与贝壳层以及珊瑚礁坪、隆起珊瑚礁及海口等勘察资料说明，"它们的海拔高度大都在1—5米间"③。事实上，当时黄河流域的大泽，现今都已经难寻旧迹。《国语·周语下》有所谓"九泽""九薮"④，都是说九州的九大湖泊。一般以为九大湖泊中，七处均在北方。汉代人甚至有说"九泽"就是特指北方湖泊的。《淮南子·时则》也有"北方""九泽"的说法⑤。然而后来这些大泽大都在北方土地上消失了。《汉书》卷二八上《地理志上》河南郡荥阳条下写道："卞水、冯池皆在西南。"⑥谭其骧说："古代中原湖泊，大多数久已淤涸成为平地。冯池在《水经注》中叫做李泽，此后即不再见于记载。"⑦居延盐湖的变化，也是值得注意的。

今后社会科学工作者和自然科学工作者对"居延盐"等课题的合力研究是必要的。这样的跨学科合作，不仅可以推进盐业史的研究，也有助于深化对当时西北边地历史面貌的认识，同时也可以为了解当时的气候环境，提供更有价值的学术信息。⑧

---

① 中国科学地理研究所等：《长江中下游河道特性及其演变》，科学出版社1985年版，第64页。

② 参看王子今：《秦汉时期关中的湖泊》，《周秦汉唐文化研究》第2辑，三秦出版社2003年版。

③ 赵有涛：《中国海岸演变研究》，福建科学技术出版社1984年版，第185页。

④ 上海师范学院古籍整理组校点：《国语》，上海古籍出版社1978年版，第104页。

⑤ 张双棣：《淮南子校释》，第615页。

⑥ 《汉书》，第1555页。

⑦ 谭其骧：《〈汉书·地理志〉选释》，《长水集》下册，人民出版社1987年版，第367页。

⑧ 王子今：《"居延盐"的发现——兼说内蒙古盐湖的演化与气候环境史考察》，《盐业史研究》2006年2期；《关于额济纳汉简所见"居延盐"》，《出土文献研究》第8辑，上海古籍出版社2007年版。

第八章 盐与秦汉艺文：文化史视角的考察

8

秦汉时期是文化史上的丰收季节。诸多杰出历史人物以及广大普通民众的活动使得我们民族文明的宝库在这一时期得到了显著的充实。汉文化的主体格局在这一时期得以基本形成。秦汉人精神生活的丰富多样以及其中富有创造意义的内容，对后世有很大的影响。与其他历史时期比较，秦汉时期的精神文化表现出若干富有时代特色的面貌。秦汉社会独有的精神现象，是我们在回顾自身民族文化演进的漫长的轨迹时不可以忽视的历史存在。而后人以"艺文"概括的文字论著，是这一历史阶段文化成就的结晶。

从文化史的视角回顾秦汉盐史，可以发现若干资源开发、劳动创造和智慧表现的历史记录被保留在秦汉"艺文"的丰厚内容之中。

一、汉赋的盐文化品读

汉赋是汉代文学最富有时代特征的创作成就。或说"赋是两汉四百年间最流行的文体"，汉赋是"两汉文坛的主要文学形式"，被看作"两汉时期文学的代表"[①]。在公元前2世纪至公元3世纪初的400余年间，那些被归入"汉赋"的

[①] 费振刚：《〈全汉赋校注〉前言》，费振刚、仇仲谦、刘南平：《全汉赋校注》，广东教育出版社2005年版，第1页，第12页。

作品曾经是文学的主流，是体现出当时文化之时代精神的最显著的遗存。《汉书》卷三〇《艺文志》著录文学成就"诗赋百六家，千三百一十八篇"中，有"屈原赋二十五篇"等"赋二十家，三百六十一篇"，"陆贾赋三篇"等"赋二十一家，二百七十四篇"，"孙卿赋十篇"等"赋二十五家，百三十六篇"，"《客主赋》十八篇"等"杂赋十二家，二百三十三篇"。总共78家，占诗赋总和的73.58%。篇数合计1004篇，占诗赋总和的76.18%。其中包括战国和"秦时"作品。①而据费振刚等辑《全汉赋》所收，东汉作品篇数又远远超过西汉。汉赋为重要文化遗存，在盐史考察时，自然应当注意发掘其中的相关信息。

1. 汉赋"咸滋味"

汉人的赋作，对汉代文化宏大华美气象的形成有显著的影响，同时其中也有涉及微观社会文化现象的杰作。汉赋的文化品质，历来褒贬各异。其实对其中的文化信息，可以作多层面的分析。

考古学者王仁湘的学术领域相当宽广。他在使考古学学术水准得到提升的同时，尤其重视考古的普及即所谓大众考古、公众考古，善于将自己的研究成果推向大众视野。他的盐史论著也有文风清新、平易近人的特点。我们读王仁湘、张征雁著《盐与文明》就会对此点有深刻体会。《盐与文明》有一部分题名"盐之歌"。开篇就写道："文学的触角无处不在。文学很早就发现了盐的世界，于是在文学里就有了咸雪的滋味，有了咸雪炫目的光芒。在历代的咸雪之歌中，我们读到盐官的思乡曲，读到盐商的侈靡，读到盐场的劳作，更多读到的是盐工的悲惨。"②

《盐与文明》书中"盐之歌"的第一节为"汉晋词赋中的咸滋味"。

作者列述晋代郭璞曾作《盐池赋》、南朝齐张融《海赋》、唐代阎伯的《盐池赋》等，又写道："盐就是这样，在文人眼里它美到了极致，它是大地的宝物，它是上天的馈赠。"③只是，其论述"汉晋词赋中的咸滋味"时没有提到汉赋作品。而南朝齐张融《海赋》和唐代阎伯的《盐池赋》又超越

---

① 《汉书》，第1747-1756页。

② 王仁湘、张征雁：《盐与文明》，第196页。

③ 王仁湘、张征雁：《盐与文明》，第198页。

了"汉晋词赋"的时代段限。

汉赋作品中，其实是可以看到关于当时社会经济重要产业之一——盐业的内容的。品鉴其中与"盐"有关的文化"滋味"和艺术"滋味"，同时发现相关历史信息，是有意义的事。

《盐与文明》中说到的"南朝齐张融《海赋》"，《南齐书》卷四一《张融传》有所载录。其中写道："（张融）浮海至交州，于海中作《海赋》"，赋文中有关于海盐生产的文句："若乃漉沙构白，熬波出素。积雪中春，飞霜暑路。"《海赋》全文近2000字。据《张融传》记载："融文辞诡激，独与众异"，然而也有批评意见，如"后还京师，以示镇军将军顾觊之，觊之曰：'卿此赋实超玄虚，但恨不道盐耳。'"张融接受了这样的批评，随即作了补写："融即求笔注之曰：'漉沙构白，熬波出素。积雪中春，飞霜暑路。'此四句，后所足也。"①对于海盐生产的情境"漉沙构白，熬波出素。积雪中春，飞霜暑路"的描写，是后来补足的。顾觊之所谓"但恨不道盐耳"的委婉批评，说明当时人对于《海赋》，通常有关于"道盐"的期盼。

2. 扬雄《河东赋》"览盐池"

扬雄是赋作大家。桓谭称其作品"丽文""尽思虑"②。刘勰《文心雕龙》也赞美其赋作"构深玮之风"③。又有"子云沉寂，故志隐而味深"④，"子云属意，辞人最深"⑤等评价。徐复观曾经比较司马相如和扬雄的赋作："相如的创作，是以天才地想像为主；而子云的创作，则是以学力地思索为主。""想像多半是由感情或兴会的鼓荡；而思索则常是探奇搜密的钻研。浪漫主义是想像多于思索，而自然主义则常是思索多于想像。""前

---

① 《南齐书》，第721-726页。

② 《意林》卷六引《新论》："余少时见扬子云之丽文，欲继之，尝作小赋，用思太剧，立致疾病。子云亦言：'成帝诏作《甘泉赋》，卒暴，遂倦卧，梦五藏出地，以手收内之。及觉，气病一年。'由此言之，尽思虑伤精神也。"王天海、王韧：《意林校释》，中华书局2014年版，第327-328页。

③ 赵仲邑：《文心雕龙译注》，漓江出版社1982年版，第73页。

④ 赵仲邑：《文心雕龙译注》，第255页。

⑤ 《文心雕龙·才略》："子云属意，辞人最深；观其涯度幽远，搜选诡丽，而竭才以钻思，故能理赡而辞坚矣。"赵仲邑译注：《文心雕龙译注》，第383页。

者的文字疏朗跌岩①；而后者的文字紧密坚实。盖天才地想像，在空间中拓展，有如天马行空；而学力地思索，在事物上揣摸，有如玉人琢玉。所以一个是壮阔，一个是精深。"此所谓"精深"，与刘勰"深玮""味深""属意，辞人最深"的"深"意思颇为接近。他说，"扬雄是以覃思极思的态度作赋"，也强调了这一点。②扬雄赋作中的"自然主义"风格，我们曾经有所领略。③

扬雄有《河东赋》，有学者评述"有帝王出行的场面"，"运用神话传说加以渲染"。④据《汉书》卷八七上《扬雄传上》：

> 其三月，将祭后土，上乃帅群臣横大河，凑汾阴。既祭，行游介山，回安邑，顾龙门，览盐池，登历观，陟西岳以望八荒，迹殷周之虚，眇然以思唐虞之风。雄以为临川羡鱼不如归而结网，还，上《河东赋》以劝，其辞曰：……

"览盐池"，颜师古注："龙门山在今蒲州龙门县北。盐池在今虞州安邑县南。"⑤这段文字，费振刚等辑校及注《全汉赋》时均以为《河东赋》序。⑥几种《扬雄集》也都以《河东赋并序》的方式标示此段文字于赋文之前，以为其"序"。⑦其实，从《扬雄传上》引文看，这段文字似未必可以作为《河东赋》序。《全汉赋》及《全汉赋校注》都说《河东赋》"以《汉书·扬雄传》所录为底本，以日钞《汉书·扬雄传》残本、《艺文类聚》卷三九所录为校本"⑧，《艺文类聚》所引可能是这一处理方式的依据。《艺文类聚》卷三九引作："又《幸河东赋》曰：'其三月，将祭后土，上乃帅群臣，横大

---

① 今按："跌岩"应为"跌宕"误排。

② 徐复观：《两汉思想史》卷二，台湾学生书局1976年版，第472-473页。

③ 王子今：《汉赋的绿色意境》，《西北大学学报（哲学社会科学版）》2006年5期。

④ 王青：《扬雄评传》，南京大学出版社2000年版，第263页。

⑤ 《汉书》，第3535页。

⑥ 费振刚、胡双宝、宗明华：《全汉赋》，北京大学出版社1993年版，第183页；费振刚、仇仲谦、刘南平：《全汉赋校注》，第247页。

⑦ 如〔汉〕扬雄著，张震泽校注：《扬雄集校注》，中华书局1993年版，第71页；郑文：《扬雄文集笺注》，巴蜀书社2000年版，第50页；林贞爱：《扬雄集校注》，四川大学出版社2001年版，第62页。

⑧ 费振刚、胡双宝、宗明华：《全汉赋》，第184页；费振刚、仇仲谦、刘南平：《全汉赋校注》，第248页。

河，凑汾阴，既祭毕，登历观，陟西岳，以望八荒，迹殷周之墟，眇然以思唐虞之风。雄以为临川羡鱼，不如归而结网。还，上《河东赋》以劝，其辞曰：……'"①篇题有《幸河东赋》和《河东赋》两种形式。

我们现在看到的扬雄《河东赋》是关于因"祭后土"而有"河东"之行的文字存留，行历大河高山，观光名城古迹，特别是"览盐池"事，特别值得关注。如果《河东赋》文字能够保留关于"盐池"的"自然主义"的描写，无疑会丰富我们对秦汉盐史的具体的了解和真切的认识。

可惜的是，《河东赋》正文中有关"览盐池"的内容竟全无存留。这确实是非常遗憾的事。

很可能与汉代盐史有密切关系的司马相如《鱼菹赋》，《全汉赋》只有存目②。班固《览海赋》只有残句，仅存8字："运之修短，不豫期也。"③曹操《沧海赋》则只能看到6字："览岛屿之所有。"④

又班彪《览海赋》言"览沧海之茫茫"，《冀州赋》言"观沧海以周流"，王粲《游海赋》言"览沧海之体势"⑤，曹丕《沧海赋》言"壮沧海之威神"⑥，虽然都说到"沧海"，却因为均为残篇的缘故，可能体现海盐生产情状的字句我们现在也都看不到了。稍晚晋潘岳《沧海赋》则有"煮水而盐成，剖蚌而珠出"⑦句，说到"煮盐"事。遗憾的是汉赋相关信息已大多缺失。上文说到南朝齐张融《海赋》，《南齐书》卷四一《张融传》："（张融）浮海至交州，于海中作《海赋》曰：……"据说"融文辞诡激，独与众异"，"后还京师，以示镇军将军顾觊之，觊之曰：'卿此赋实超玄虚，但恨不道盐耳。'""融即求笔注之曰：'漉沙构白，熬波出素。积雪中春，飞霜暑路。'此四句，后所足也。"⑧所谓"独与众异"，表扬其文

---

① 〔唐〕欧阳询撰，汪绍楹校：《艺文类聚》，第700页。

② 费振刚、胡双宝、宗明华：《全汉赋》，第104页.

③ 录自《文选》潘岳《西征赋》李善注。费振刚、胡双宝、宗明华：《全汉赋》，第355页。

④ 录自《文选》左思《吴都赋》刘逵注。《曹操集》，中华书局1959年7月版，第29页。

⑤ 费振刚、胡双宝、宗明华：《全汉赋》，第252-253页，第657页。

⑥ 其中说到"钓大贝、采明珠"等水产收获，却没有看到关于海盐生产的文字。魏宏灿：《曹丕集校注》，安徽大学出版社2009年版，第91页。

⑦ 《艺文类聚》卷八引晋潘岳《沧海赋》，〔唐〕欧阳询撰，汪绍楹校：《艺文类聚》，第154页。

⑧ 《南齐书》，第721-726页。

采卓然，但也可能是说张融之《海赋》对海盐生产有所忽略，即顾觊之所谓"但恨不道盐耳"，说明当时《海赋》创作，大概通常是有关于"道盐"的内容的。

3. 徐幹《齐都赋》"海滨""溲盐""大利"

在春秋时代，"齐国的海盐煮造业"已经走向"兴盛"。至战国时代，齐国的"海盐煮造业更加发达"。《管子·地数》所谓"齐有渠展之盐"，即反映了这一经济形势。正如杨宽所指出的，"海盐的产量比较多，流通范围比较广，所以《禹贡》说青州'贡盐'"①。

《北堂书钞》卷一四六"皓皓乎若白雪之积，鄂鄂乎若景阿之崇"条引徐幹《齐都赋》生动地形容了齐地盐业生产的繁荣景象：

> 若其大利，则海滨博者，溲盐是钟，皓皓乎云云。②

有注家以为："溲：淘洗。此指海滨晒盐。"③这样的理解与有的学者提出的"宋代以前的海盐制造，全出于煎炼"，"从北宋开始，海盐出现晒法，由于技术的原因，效果并不太好，所以煎盐仍多于晒盐"的对于采盐技术的认识似乎存在矛盾。论者指出："到了清末，海盐各产区大都改用晒制之法，技术逐渐完善起来。"就山东地方而言，"崂山青盐迟到清光绪二十七年（1901），盐民才用沟滩之法，改煎为晒，从而结束了煎盐的历史"，"那些沿海岸线架设的燃烧了几千年的烧锅煎盐设备，自然成了历史的陈迹"④。如果此说确实，则以为"溲"即"指海滨晒盐"的解说可以商榷。

又《北堂书钞》卷一四六"金赖是肤"条引徐幹《齐都赋》，出现记述"海滨"盐产"大利"的文字：

> 若其大利，则海滨博诸，溲盐是钟。

---

① 杨宽：《战国史》（增订本），上海人民出版社1998年版，第102页。关于"渠展"，杨宽注："前人对渠展，有不同的解释，尹知章注认为是'沛水（即济水）所流入海之处'。张佩纶认为'勃'有'展'义，渠展是勃海的别名（见《管子集校》引）。钱文霈认为'展'是'养'字之误，渠展即《汉书·地理志》琅邪郡长广县西的奚养泽（见《钱苏斋述学》所收《管子地数篇释》引）。"

② 〔唐〕虞世南：《北堂书钞》，第617页。

③ 费振刚、仇仲谦、刘南平：《全汉赋校注》，第993页。

④ 王仁湘、张征雁：《盐与文明》，第9页。

光绪十四年南海孔氏刊本校注："今案：陈本脱。俞本删'若其'以下。严辑《徐干集》据旧钞引同，惟无'金赖'四字。"①这段文字，费振刚、胡双宝、宗明华辑校《全汉赋》引作：

> 若其大利，则海滨博者溲盐是钟，皓皓乎若白雪之积，鄂鄂乎若景阿之崇。②

而费振刚、仇仲谦、刘南平校注《全汉赋校注》时则引作：

> 若其大利，则海滨博诸，溲盐是钟，金赖是肤。皓皓乎若白雪之积，鄂鄂乎若景阿之崇。③

均言"本段录自《书钞》卷一四六"④，"此段录自《书钞》卷一四六"⑤，而文句有所不同。大致理解其文意，已经可以体会临淄海滨盐业生产的繁荣。《全汉赋校注》解释"金赖是肤"："肤，人体之表层，这里指盐滩"⑥，也坚持了海盐生产方式为"海滨晒盐"之说。

4. 刘桢《鲁都赋》"盐生水内，暮取朝复生"

我们还看到，《北堂书钞》卷一四六又引"刘公幹《鲁都赋》"，其中有直接涉及盐产的文字：

> 又有咸池潗汸，煎炙赐春。燋暴溃沫，疏盐自殷。把之不损，取之不动。

> 其盐则高盆连冉，波酌海臻。素醝凝结，皓若雪氛。

> 汤盐池东西长七十里，南北七里，盐生水内，暮取朝复生。⑦

这些文句，都可以说明齐鲁海盐生产的盛况。有注家解释说："汤盐池：犹今言晒盐场。高盆：此指巨大的浸盐场。高，巨大。盆，盛物之器，这里

---

① 〔唐〕虞世南：《北堂书钞》，第616页。今按：清文渊阁《四库全书》本明陈禹谟补注《北堂书钞》无"金赖是肤"条。

② 费振刚、胡双宝、宗明华：《全汉赋》，第623页。

③ 费振刚、仇仲谦、刘南平：《全汉赋校注》，第990页。

④ 费振刚、胡双宝、宗明华：《全汉赋》，第624页。

⑤ 费振刚、仇仲谦、刘南平：《全汉赋校注》，第993页。

⑥ 费振刚、仇仲谦、刘南平：《全汉赋校注》，第993页。

⑦ 〔唐〕虞世南：《北堂书钞》，第616-617页。

指盐场聚海水的低洼处。连冉：此指浸盐场与大海紧紧相连。"①有关"晒盐"的分析，涉及制盐技术史的知识，似乎需要论证。所谓"挹之不损，取之不动""暮取朝复生"，都体现运输实际上是海盐由生产走向流通与消费的重要转化形式，又是其生产过程本身最关键的环节。

《北堂书钞》引刘桢《鲁都赋》，言"盐生水内，暮取朝复生"，置于"暮取朝复"题下，"朝"字是明确的。而费振刚等辑校《全汉赋》刘桢《鲁都赋》则作"暮取复生"②，缺写"朝"字，这不能不说是一个疏误。《全汉赋校注》更正为"暮取朝复生"③。

鲁国的空间位置，与"海"其实存在相当遥远的距离。《汉书》卷二八下《地理志下》：

> 鲁国，故秦薛郡，高后元年为鲁国。属豫州。户十一万八千四十五，口六十万七千三百八十一。县六：鲁，伯禽所封。户五万二千。有铁官。卞，泗水西南至方与入沛，过郡三，行五百里，青州川。汶阳，莽曰汶亭。蕃，南梁水西至胡陵入沛渠。驺，故邾国，曹姓，二十九世为楚所灭。峄山在北。莽曰驺亭。薛，夏车正奚仲所国，后迁于邳，汤相仲虺居之。④

《续汉书·郡国志二》记述东汉"鲁国"疆域及行政设置：

> **鲁国**秦薛郡，高后改。本属徐州，光武改属豫州。六城，户七万八千四百四十七，口四十一万一千五百九十。

> **鲁国**，古奄国。有大庭氏库。有铁。有阙里，孔子所居。有牛首亭。有五父衢。　**驺**本邾国。　**蕃**有南梁水。　**薛**本国，六国时曰徐州。　**卞**有盗泉。有鄪乡城。　**汶阳**⑤

西汉"鲁国"所辖"县六"，东汉"鲁国"所辖"六城"，均不临海。⑥"鲁都"亦不可能看到"其盐则高盆连冉，波酌海臻"以及"素蹉凝结，皓若雪氛"的海盐生产场景。然而《鲁都赋》出现集中描述海盐生产

---

① 费振刚、仇仲谦、刘南平：《全汉赋校注》，第1127页。

② 费振刚、胡双宝、宗明华：《全汉赋》，第712页。

③ 费振刚、仇仲谦、刘南平：《全汉赋校注》，第1122页。

④ 《汉书》，第1637页。

⑤ 《后汉书》，第3429-3430页。

⑥ 谭其骧：《中国历史地图集》，第2册第19-20页，第44-45页。

的文字，或许与其地"六国时曰徐州"有关。"鲁"地曾经包括更广阔的区域。《汉书》卷二八下《地理志下》写道：

> 鲁地，奎、娄之分野也。东至东海，南有泗水，至淮，得临
> 淮之下相、睢陵、僮、取虑，皆鲁分也。
>
> ……
>
> 汉兴以来，鲁东海多至卿相。东平、须昌、寿良，皆在济
> 东，属鲁，非宋地也，当考。[①]

《汉书》"鲁东海"连说，或许体现了当时有关行政地理与文化地理的语言习惯。"鲁地"的范围"东至东海"，自然关于"鲁都"的文字，应当说到海盐生产。

二、《焦氏易林》的盐史信息

《焦氏易林》作为汉代典籍，其作者及具体成书年代尚存在争议，但是并不妨碍我们强调这部书的内容反映汉代时代精神的意义。《焦氏易林》更值得重视的，是其中体现的汉代这一特殊历史时期经典文化与民俗文化相交接的特质。《焦氏易林》一书可以看作经学中最为精深的《易》学与广泛流行于民间的数术信仰的结合。适合其应用的文化空间，是日常普通的民俗生活。《焦氏易林》作为体现较广阔层面上社会思想与社会生产、社会生活的史料宝库的意义，也应当肯定。其中透露的与盐史有关的、看起来片断零散的文化信息，有值得我们重视的价值。

1. "骥疲盐车""骥穷盐车"

上古文献常见"骥"与"盐车"的组合，形容其艰苦窘迫，多比喻士之不遇。《焦氏易林》之《夬·井》：

> 廖除善疑，难为攻医，骥疲盐车，困于衔棰。

丁晏《易林释文》写道："骥服盐车而上太行，见《战国策》。"又如《焦氏易林》之《艮·夬》：

---

① 《汉书》，第1662-1663页。

虑除善疑，难为攻医。骥穷盐车，困于衔棰。

这两则文字，一说"骥疲盐车"，一说"骥穷盐车"。据《易林汇校集注》，"【集注】夬之井、艮之夬同。《四部》注：骥，良马。服盐车而上太行之阪，遇伯乐辄长鸣。出《战国策》。"①

除了"骥服盐车而上太行，见《战国策》"，即"骥""服盐车而上太行之阪……出《战国策》"之外，贾谊《吊屈原赋》也写道："骥垂两耳分服盐车。"②《盐铁论·讼贤》："骐骥之挽盐车，垂头于太行之坂。"《盐铁论·利议》："是犹扼骥盐车而责之使疾。"③都说的是同样情形。《盐铁论·讼贤》随后有："大夫曰：'今之学者，无太公之能，骐骥之才，有以蜂虿介毒而自害也。'"也借用"骐骥"之喻。王利器注意到这一比喻方式的历史影响："唐储光羲诗：'峻阪悲骐骥。'李白诗：'盐车上峻阪。'并用此语。"④又《韩诗外传》卷七"骥罢盐车"⑤，《说苑·杂言》"夫骥厄罢盐车……"⑥，其实就是"骥疲盐车"。《孔子集语》卷下作"骥陁盐车"⑦。《论衡·状留》写道："骥曾以引盐车矣，垂头落汗，行不能进。"⑧所谓"垂头落汗，行不能进"，正是"骥疲盐车""骥穷盐车"的具体情状。对于两汉文化有所分析和批评的《抱朴子外篇》卷四《崇教》，称此情形为"所谓千里之足，困于盐车之下"⑨。

《焦氏易林》所见"骥疲盐车""骥穷盐车"的"骥"，即《燕丹子》

---

① 〔旧题汉〕焦延寿撰，徐传武、胡真校点集注：《易林汇校集注》，上海古籍出版社2012年版，第1609-1610页，第1931-1932页。清文渊阁《四库全书》本《焦氏易林》卷四《艮·夬》作"困于衔御"。

② 《史记》卷八四《屈原贾生列传》，司马贞《索隐》："《战国策》曰：'夫骥服盐车上太山，中坂迁延，负辕不能上。伯乐下车哭之也。'"第2493-2494页。《汉书》卷四八《贾谊传》："腾驾罢牛，骖蹇驴兮；骥垂两耳，服盐车兮。"颜师古注："罢读曰疲。蹇，跛也。""服盐车"，"师古曰：驾盐车也"。第2223-2224页。

③ 王利器：《盐铁论校注》（定本），第284页，第324页。两说皆见"文学曰"。

④ 王利器：《盐铁论校注》（定本），第284页，第287页。

⑤ 屈守元：《韩诗外传笺疏》，巴蜀书社1996年版，第600页。

⑥ 程翔：《说苑》，商务印书馆2018年版，第788页。

⑦ 清文渊阁《四库全书》本。

⑧ 黄晖：《论衡校释》，第620页。

⑨ 杨明照：《抱朴子外篇校笺》，中华书局1991年版，第146页。

卷下所说的"骐骥之在盐车，驽之下也"①。而《太平御览》卷六三二引荀爽《与郭叔都书》则直接称之为"盐车之骥"②。

2. "载土贩盐，难为功巧"

《焦氏易林》中，还有其他涉及"盐"的文句。如《无妄·解》有关于"贩盐"的内容：

> 鹤鸣九皋，处子失时，载土贩盐，难为功巧。

这是明确地说到"贩盐"的文字。据《易林汇校集注》："【异文】子，为'土'之讹。巧，《道藏》本、汲古本、《学津》本、《子书》本作'力'。今按：'子为土之讹乃尚秉和注语，未详其意。'"③说"载土贩盐，难为功巧"或"难为功力"，语意有别。

"功巧"之文，《焦氏易林》不见他例。《荆楚岁时记》关于"立春"礼俗说到"功巧"："立春之日，悉剪彩为燕以戴之。亲朋会宴，嚼春饼、生菜，帖'宜春'二字。或错缉为幡胜，谓之春幡。按'宜春'二字，傅咸《燕赋》有其言矣。赋曰：'四时代至，敬逆其始。彼应运于东方，乃设燕以迎至。羿轻翼之歧歧，若将飞而未起。何夫人之功巧，式仪形之有似。御青书以赞时，著宜春之嘉祉。'"④此"功巧"说"剪彩"工艺的精致，"式仪形之有似"，与"载土贩盐"不易产生关联。《南史》卷四二《齐高帝诸子列传上·豫章文献王嶷》："但顷小大士庶，每以小利奉公，不顾所损者大。摘籍检功巧，督恤简小塘，藏丁匿口，凡诸条制，实长怨府。"⑤《新唐书》卷二二四下《叛臣传下·高骈》："始骈自乾符以来，贡献不入天子，赀货山积，私置郊祀、元会供帐什器，殚极功巧，至是为乱兵所剽略尽。"⑥也用"功巧"之说，但是叙说主题也与"载土贩盐"存在距离。与《焦氏易林》年代临近的相关文例，有《汉书》卷二四上《食货志

① 无名氏撰，程毅中点校：《燕丹子》，中华书局1985年版，第11页。

② 〔宋〕李昉等：《太平御览》，第2834页。

③ 〔旧题汉〕焦延寿撰，徐传武、胡真校点集注：《易林汇校集注》，第960页。

④ 〔梁〕宗懔著，姜彦雅辑校：《荆楚岁时记》，第12页。

⑤ 《南史》，第1063页。

⑥ 《新唐书》，第6401页。

上》："大奴置工巧奴与从事，为作田器。"①《齐民要术》卷一《种谷》引此文，校释者指出："金抄作'工'，同《汉书》，他本作'功'。"②《孔子家语》卷二《三恕》："孔子曰：'太庙之堂，官致良工之匠，匠致良材，尽其功巧，盖贵文矣，尚有说也。'"③还有《水经注》卷二九《比水》所记述东汉初年权贵樊重家族庄园景象："司马彪曰：仲山甫封于樊，因氏国焉。爰自宅阳徙居湖阳，能治田殖，至三百顷，广起庐舍，高楼连阁，波陂灌注，竹木成林，六畜放牧，鱼羸梨果，檀棘桑麻，闭门成市。兵弩器械，赀至百万。其兴工造作，为无穷之功，巧不可言，富拟封君。"④其中所谓"其兴工造作，为无穷之功，巧不可言"，语义颇近"功巧"。又《后汉书》卷八四《列女传·曹世叔妻》引录班昭《女诫》七篇，第四篇为《妇行》："女有四行，一曰妇德，二曰妇言，三曰妇容，四曰妇功。"什么是"妇功"呢？班昭说："专心纺绩，不好戏笑，絜齐酒食，以奉宾客，是谓妇功。"又说："妇功，不必工巧过人也。"⑤此"工巧过人"，或作"功巧过人"⑥。以上数例言"功巧"者，或言作器，或言营造，或言家政，均与"载土贩盐"不同。

　　我们推想，《焦氏易林》中《无安·解》"载土贩盐，难为功巧"正字为"难为功力"的可能性是很大的。因为《焦氏易林》数见"功力"字样。如《贲·观》："顺风吹火，牵骑骥尾，易为功力，因惧受福。"《解·大有》："覆手举胾，易为功力，正月元日，平饮致福。"《井·临》："顺风吹火，牵骑骥尾，易为功力，因权受福。"其中两例出现"骥"。《井·临》"牵骑骥尾"之"牵骑"，据《易林汇校集注》："【异文】……翟校本作'牵骐'。"⑦

　　正史中关于"贩盐"的记载，最早见于《旧唐书》卷一七九《张浚

---

① 《汉书》，第1139页。

② 〔后魏〕贾思勰原著，缪启愉校释：《齐民要术校释》，第53页，第66页。

③ 陈士珂：《孔子家语疏证》，上海书店1987年据商务印书馆1940年版复印版，第57页。

④ 〔北魏〕郦道元著，陈桥驿校证：《水经注校证》，中华书局2007年版，第693页。

⑤ 《后汉书》，第2789页。

⑥ 〔明〕梅鼎祚：《东汉文纪》卷二七曹大家班昭《女诫七篇》，清文渊阁《四库全书》本。

⑦ 〔旧题汉〕焦延寿撰，徐传武、胡真校点集注：《易林汇校集注》，第843页，第1493页，第1775页。

传》："既宣诏，军士按兵默然，浚并召将佐集于鞠场面谕之曰："人生效忠仗义，所冀粗分逆顺，悬知利害。黄巢前日贩盐虏耳，公等舍累叶天子而臣贩盐白丁，何利害之可论耶。"《旧唐书》卷二〇〇下《黄巢》："黄巢，曹州冤句人，本以贩盐为事。"①所谓"载土"，则见于汉代史籍。《后汉书》卷一七《冯异传》：

> 三年春，遣使者即拜异为征西大将军。会邓禹率车骑将军邓弘等引归，与异相遇，禹、弘要异共攻赤眉。异曰："异与贼相拒且数十日，虽屡获雄将，余众尚多，可稍以恩信倾诱，难卒用兵破也。上今使诸将屯黾池要其东，而异击其西，一举取之，此万成计也。"禹、弘不从。弘遂大战移日，赤眉阳败，弃辎重走。车皆载土，以豆覆其上，兵士饥，争取之。赤眉引还击弘，弘军溃乱。异与禹合兵救之，赤眉小却。②

此"车皆载土"是使用特殊策略，以伪造类似辎重车队的假象。而一般情况下的"载土"情形，见于《九章算术·商功》的算题：

> 今有冥谷，上广二丈，袤七丈；下广八尺，袤四丈；深六丈五尺。问：积几何？
>
> 答曰：五万二千尺。
>
> 载土往来二百步，载输之间一里，程行五十八里；六人共车，车载三十四尺七寸。问：人到积尺及用徒各几何？
>
> 答曰：人到二百一尺五十分尺之十三。用徒二百五十八人、一万六十三分人之三千七百四十六。
>
> 术曰：以一车积尺乘程行步数，为实。置今往来步数，加载输之间一里，以车六人乘之，为法。除之，所得即一人所到尺。以所到约积尺，即用徒人数。③

"载土往来"，是常见的土木工程中的运输作业方式。《焦氏易林》之《无妄·解》"载土贩盐"连说，似体现"贩盐"劳作的艰苦，与"载土"竟然大致相当。

---

① 《旧唐书》，第4656页，第5391页。

② 《后汉书》，第646页。

③ 郭书春：《汇校九章算术》，第188页。

3. "贩盐不利，买牛折角"

"贩盐"是经济生活中常见的行为。体现汉代"贩盐"经营的史料却比较少见。《焦氏易林》之《咸·蛊》可见另一例有关"贩盐"的内容：

> 登高伤轴，上阪弃粟，贩盐不利，买牛折角。

据《易林汇校集注》，"【异文】买牛折角，《道藏》本、汲古本、《子书》本作'市贾折阅'。《汉魏》本作'市贾折角'。""【集注】翟云：《荀子·修身》'良贾不为折阅不市'注：'折，损也；阅，卖也。谓损所阅卖之物价也。'"①

"登高伤轴"，说山地运行容易导致车轴毁伤的情形。汉代车辆，"轴"是最重要的部件之一。居延汉简中多见关于车辆"折伤"的记载。如："轮一具□□视□，枓轴完"（72.53），"☑其六十五两折伤，卅二两完"（582.16），"掖甲渠正月尽三月四时出折伤牛车二两吏失亡以□□□"（甲附30），"☑其七两折伤□□可缮，六两完☑"（E.P.T56:135），"一两其一轮载之空偏尽一轮一枊折，一两贝丘第五车一，一两贝丘第九车三，一两贝丘第十一车，一两宅庙第廿车卩"（24.6）。从简582.16的内容看，"其六十五两折伤，卅二两完"，"折伤"率超过67%。简文往往注明"折伤"部件的名称。通过许多迹象，可以推知当地必当有修复破损车辆的专门机构。居延汉简有"甘露元年十一月所假都尉库折伤承车轴刺"（E.P.T65:459），"☑户关破坏治车辐☑"（E.P.F25:34）等，可知车具"折伤"最多的是轴和轮。也可以看到明确说明"折轴"的简例。如："☑□□贾不四百车辆折轴一"（136.26），"闰月余□轴十一折☑"（52.30）等。居延出土"建武三年候粟君所责寇恩事"简册中，寇恩被迫"以大车半穅轴一直万钱"（E.P.F22:24）交粟君抵押，用至"币（敝）败今欲归恩不肯受"（E.P.F22:32），可知当时如大车轴这样的车辆部件可以通用。②所谓"登高伤轴，上阪弃粟"，可能体现了运输过程中车辆已经损坏，不得不抛弃车载物资的情形。

---

① 〔旧题汉〕焦延寿撰，徐传武、胡真校点集注：《易林汇校集注》，第1164页。
② 王子今：《秦汉交通史稿》（增订本），中国人民大学出版社2013年版，第112-113页。

所谓"贩盐不利，买牛折角"，或者"市贾折阅""市贾折角"，似乎都说"贩盐"因市场形势或者经营手段方面的问题导致亏损。不过，也有可能"买牛折角"另有其他涵义。《南史》卷六《武帝纪上》写道："齐明性猜忌，帝避时嫌，解遣部曲，常乘折角小牛车。"①

所谓"折角小牛车"，应当是显示低调的下层等级的乘车。"折角小牛车"和《焦氏易林》所谓"买牛折角""市贾折角"有没有什么关系，在资料不多的情况下，不能妄自猜测。另有汉代"折角"故事，或许可以参考。《汉书》卷六七《朱云传》记载，汉元帝时，少府五鹿充宗以治梁丘《易》且贵幸善辩闻名一时，诸儒莫敢与抗论。而朱云昂首论难，五鹿充宗无言以对。"故诸儒为之语曰：'五鹿岳岳，朱云折其角。'"②而《焦氏易林》所谓"折角"，或比喻自身受挫。

关于汉代"贩盐"的具体情形少有资料反映。《太平广记》卷四三三据《玉堂闲话》载录"王行言"故事虽年代偏晚，在反映"贩盐"行途之艰险方面，或许也可以提供参考："秦民有王行言以商贾为业，常贩盐鬻于巴渠之境。路由兴元之南，曰大巴路，曰小巴路。危峰峻壑，猿径鸟道。路眠野宿，杜绝人烟。鸷兽成群，食啖行旅。行言结十余辈少壮同行，人持一拄杖长丈余，铦钢铁以刃之，即其短枪也。才登细径，为猛虎逐之。及露宿于道左，虎忽自人众中攫行言而去。同行持刃杖，逐而救之。呼喊连山，于数十步外夺下。身上拿攫之踪已有伤损。平旦前行，虎又逐至。其野宿，众持枪围，使行言处于当心。至深夜，虎又跃入众中，攫行言而去。众人又逐而夺下，则伤愈多。行旅复卫而前进，白昼逐人，略不暂舍，或跳于前，或跃于后。时自于道左而出，于稠人丛中捉行言而去，竟救不获。终不伤其同侣，须得此人充其腹。不知是何怨报，逃之不获。"③对于"贩盐鬻于巴渠之境"所谓"路由兴元之南"，翻越巴山险阻的"大巴路""小巴路"，我们

---

① 《南史》，第170页。
② 《汉书》，第2913-2914页。
③ 〔宋〕李昉等：《太平广记》，第3515-3516页。

曾经进行过考察。可知在汉代这条古道已经发挥了重要作用。[①]关注其生态条件，可以明确看到宋明直至民国时期虎患的严重。[②]

　　汉代虎患影响交通的史例颇多。[③]当时"大巴路""小巴路"通道，也很有可能发生如王行言"贩盐鬻于巴渠之境"险恶遭遇的情形。而《焦氏易林》有关商旅遭逢虎患的文字，如《比·困》："虎狼结谋，相聚为保，伺啮牛羊，道绝不通，伤我商人。"[④]《大畜·复》："虎狼结集，相聚为保，伺啮牛羊，道绝不通，病我商人。"[⑤]《既济·艮》："虎狼结集，相聚为保，伺候牛羊，病我商人。"[⑥]《节·坎》："群队虎狼，啮彼牛羊，道路不通，妨农害商。"[⑦]都体现了"虎狼"阻断商路的情形。此外，如《小畜·乾》"东遇虎蛇，牛马惊奔，道绝不通，商困无功"[⑧]，也有助于说明汉代"贩盐"商运的艰险。而所谓"商困无功"，或许可以帮助我们思考前说"难为功力"的语义。又《涣·剥》"为虎所啮，太山之阳，众所从者，莫敢救藏"[⑨]，又《需·中孚》："龙化为虎，泰山之阳，众多从者，

---

① 王子今、王遂川：《米仓道"韩溪"考论》，《四川文物》2013年第2期；《建安二十年米仓道战事》，《南都学坛》2013年第2期；王子今：《汉末米仓道与"米贼""巴汉"割据》，《陕西理工学院学报（社会科学版）》2013年第2期；《唐人米仓道巴江行旅咏唱》，《重庆师范大学学报（哲学社会科学版）》2013年第3期；《"米仓道""米仓关"考》，《宝鸡文理学院学报（社会科学版）》2018年第5期。

② 王子今：《生态史视野中的米仓道交通》，《陕西理工学院学报》（社会科学版）2014年第2期。

③ 王子今：《秦汉虎患考》，《华学》第1辑，中山大学出版社1995年版；《汉代驿道虎灾——兼质疑几种旧题"田猎"图像的命名》，《中国历史文物》2004年第6期；《秦汉时期的"虎患""虎灾"》，《中国社会科学报》2009年7月16日。

④ "【象解】通贲。艮为虎狼，坎为谋，为聚，艮止为伺，兑为羊，为啮，离为牛，故曰伺啮牛羊。艮为道，坎陷，故不通。兑为伤，震为商人。"〔旧题汉〕焦延寿撰，徐传武、胡真校点集注：《易林汇校集注》，第337页。

⑤ "【象解】此用大畜象。艮为虎狼，正反艮，艮止，故曰虎狼结集，相聚为保。伏坤为牛，兑为羊，为口，艮止，故曰伺啮牛羊。艮为道，震为商人，艮止，故道不通而商旅困也。"〔旧题汉〕焦延寿撰，徐传武、胡真校点集注：《易林汇校集注》，第987页。

⑥ 〔旧题汉〕焦延寿撰，徐传武、胡真校点集注：《易林汇校集注》，第2286页。

⑦ "【象解】互艮为虎狼，正反艮，故曰群队。伏兑为啮，离为牛，兑为羊。震为道路，坎塞，故不通。震为商旅，坎为害。"〔旧题汉〕焦延寿撰，徐传武、胡真校点集注：《易林汇校集注》，第2184页。

⑧ 〔旧题汉〕焦延寿撰，徐传武、胡真校点集注：《易林汇校集注》，第351页。

⑨ 〔旧题汉〕焦延寿撰，徐传武、胡真校点集注：《易林汇校集注》，第2150-2151页。

莫敢枚藏。""【异文】龙化为虎,翟校本作'为虎所啮'。枚,依《四部》本,他皆作'救'。"①其文字内容与后世王行言故事情节之相近,是显而易见的。

三、《战国策》《淮南子》"白汗""盐汗"说

先秦两汉文献已经出现关于人和其他动物皮肤汗腺分泌液体"汗"的知识的记载。"汗"之成分有"盐"则通过《战国策》《淮南子》所谓"白汗""盐汗"有所表现。"白汗""盐汗",体现了人们对"盐"与劳动史之关系的早期认识。劳作者的辛苦通过"盐汗"的表现在文献中得到记载,可以看作"盐"涉及人体生理相关知识的历史的宝贵遗存。分析"白汗""盐汗"及相关历史文化现象,可以增进并深化对战国秦汉时期思想意识与知识结构的认识。而对辛苦劳作的细致观察中体现的知识人的情感倾向,也值得敬重。

有的盐史论著中注意到制盐运盐劳作的辛苦"汗水",如王仁湘、张征雁《盐与文明》专列"卤水与汗水"一节,记述了"盐工""盐匠""井户""灶户""担卤工""以井为业"者、"业盐劳动者"们"皆极贫苦,利亦微薄","岁不停日,盖天下之至劳苦者也"的生活。②这是极有意义的史学分析。我们讨论上古文献有关"白汗""盐汗",从另一视角认识"盐"与"汗"的关系,可以在知识史的不同层次获得新的学术理解。

1. 《战国策》:"骥""服盐车","白汗交流"

《战国策·楚策四》"汗明见春申君"一节记载的汗明与春申君的对话中,说到盐运程序中"骥""服盐车","白汗交流"的情形:

汗明曰:"君亦闻骥乎?夫骥之齿至矣,服盐车而上太行。蹄申膝折,尾湛胕溃,漉汁洒地,白汗交流,中阪迁延,负辕不能

---

① 〔旧题汉〕焦延寿撰,徐传武、胡真校点集注:《易林汇校集注》,第222页。
② 王仁湘、张征雁:《盐与文明》,第83-84页。

上。伯乐遭之，下车攀而哭之，解纻衣以幂之。骥于是俯而喷，仰
而鸣，声达于天，若出金石声者，何也？彼见伯乐之知己也。今仆
之不肖，厄于州部，堀穴穷巷，沉洿鄙俗之日久矣，君独无意湔拔
仆也，使得为君高鸣屈于梁乎？"

所谓"白汗"，鲍彪注："白汗，不缘暑而汗也。"吴师道注："正曰：
白，言其色。"①《艺文类聚》卷九三引《战国策》曰："汗明见春申君
曰：'夫骥之齿至矣，服盐车而上太行。漉汗洒地，白汗交流，中坂迁延，
负辕不能上。伯乐遭之，下车攀而哭之，解纻衣之募之。骥于是俯而喷，仰
而鸣，声造于天，仰见伯乐之知己也。'"②

所谓"骥""服盐车"，显然是盐业史研究者关注的情景。挽"盐
车"，应是比较沉重的运输任务。除了"漉汗洒地，白汗交流，中坂迁延，
负辕不能上"所表现的艰难而外，《太平御览》卷九○二引《尸子》又有
"羊不任驾盐车，橡不可为楣栋"语③，强调"驾盐车"正常运行需要比较
强劲的牵引力量。

如《战国策》借"骥""服盐车"比喻"士不遇"④，发表"俯而喷，
仰而鸣，声达于天，若出金石声者"的怨愤，发抒对"伯乐"的深心期盼，
似乎是常见的寓言形式。《艺文类聚》卷九三引应玚《愍骥赋》曰："愍
良骥之不遇兮，何屯否之弘多？"⑤直接说"良骥之不遇"。又如《韩诗

---

① 〔西汉〕刘向：《战国策》，上海古籍出版社1985年版，第573-574页。

② 〔唐〕欧阳询撰，汪绍楹校：《艺文类聚》，第1614页。《太平御览》卷八九六引《战国策》：
"汗明见春申君曰：夫骥之齿至矣，服盐车而上太行，漉汁洒地，白汗交流，中坂迁延，负辕不能
上。伯乐遭之，下车攀而哭之，解纻衣而幕之。骥于是俯而喷，仰而鸣，声造于天，欣见伯乐之知
己也。"〔宋〕李昉等：《太平御览》，第3976页。

③ 〔宋〕李昉等：《太平御览》，第4002页。

④ 〔宋〕王应麟《汉艺文志考证》卷八："司马迁赋八篇。《艺文类聚》有《悲士不遇赋》。"〔
宋〕王应麟著，张三夕、杨毅点校：《汉艺文志考证》，中华书局2011年版，第254页。《艺文类
聚》卷三○有"汉董仲舒《士不遇赋》"及"汉司马迁《悲士不遇赋》"。〔唐〕欧阳询撰，汪绍
楹校：《艺文类聚》，第541页。后来陶渊明《感士不遇赋并序》开篇写道："昔董仲舒作《士不
遇赋》，司马子长又为之。余尝以三余之日，讲习之暇，慨然惆怅。"袁行霈：《陶渊明集笺注》
卷六，中华书局2018年版，第423页。《艺文类聚》卷二一引南朝梁刘孝标《辨命论》称之为"史
公、董相《不遇》之文。"第387页。

⑤ 〔唐〕欧阳询撰，汪绍楹校：《艺文类聚》，第1621页。

外传》卷七"骥罢盐车"①，贾谊《吊屈原赋》："腾驾罢牛兮骖蹇驴，骥垂两耳兮服盐车。"②《盐铁论·讼贤》："骐骥之挽盐车，垂头于太行之坂，屠者持刀而睨之。"《盐铁论·利议》："今举异才而使臧驺御之，是犹扼骥盐车而责之使疾。"③《说苑·杂言》："夫骥厄罢盐车，非无骥状也，夫世莫能知也；使骥得王良、造父，骥无千里之足乎？"④《焦氏易林》之《夬·井》："骥疲盐车，困于衔棰。"又《艮·夬》："骥穷盐车，困于衔棰。"⑤《论衡·状留》："骥一日行千里者，无所服也，使服任车舆，驽马同音。骥曾以引盐车矣，垂头落汗，行不能进。伯乐顾之，王良御之，空身轻驰，故有千里之名。今贤儒怀古今之学，负荷礼义之重，内累于胸中之知，外劬于礼义之操，不敢妄进苟取，故有稽留之难。无伯乐之友，不遭王良之将，安得驰于清明之朝，立千里之迹乎？"⑥

其实，"骥""良骥""骐骥"与"罢牛""蹇驴""驽马"的对比，不宜忽略劳作形式不同的因素。正如王充所说，"骥一日行千里者，无所服也"，"空身轻驰，故有千里之名"。我们还注意到，人们在感叹"不遇"悲剧时大都习惯描述"骥""服盐车""挽盐车""引盐车""罢盐车""疲盐车""穷盐车"这一场景，或许说明对这种以盐运为主题的交通行为的熟悉。而作为"盐车"运行动力之牲畜"白汗交流"的情形，人们应

---

① 屈守元：《韩诗外传笺疏》，巴蜀书社1996年版，第600页。

② 《史记》卷八四《屈原贾生列传》，司马贞《索隐》："《战国策》曰：'夫骥服盐车上太山中坂，迁延负辕不能上，伯乐下车哭之也。'"第2493-2494页。《汉书》卷四八《贾谊传》："腾驾罢牛，骖蹇驴兮；骥垂两耳，服盐车兮。"颜师古注："罢读曰疲。蹇，跛也。""服盐车"，"师古曰：驾盐车也。"第2223-2224页。

③ 王利器：《盐铁论校注》（定本），第284页，第324页。两说皆见"文学曰"。《盐铁论·讼贤》随后有："大夫曰：'今之学者，无太公之能，骐骥之才，有以蜂虿介毒而自害也。'"也借用"骐骥"之喻。王利器注意到这一比喻方式的历史影响："唐储光羲诗：'峻阪悲骐骥。'李白诗：'盐车上峻阪。'并用此语。"第284页，第287页。

④ 程翔：《说苑》，第788页。

⑤ 《焦氏易林》之《夬·井》："瘝除善疑，难为攻医。骥疲盐车，困于衔棰。"丁晏《易林释文》："骥服盐车而上太行，见《战国策》。"《焦氏易林》之《艮·夬》："瘝除善疑，难为攻医。骥穷盐车，困于衔棰。"【集注】"夬之井、艮之夬同。《四部》注：骥，良马。服盐车而上太行之阪，遇伯乐辄长鸣。出《战国策》。"〔旧题汉〕焦延寿撰，徐传武、胡真校点集注：《易林汇校集注》，第1609-1610页，第1931-1932页。清文渊阁《四库全书》本《焦氏易林》卷四《艮·夬》作"困于衔御"。

⑥ 黄晖：《论衡校释》，第620页。

当都有深刻的印象。

《史记》可见堪可与"白汗"对应的"赤汗"，言来自西北的汗血马。《史记》卷二四《乐书》："……又尝得神马渥洼水中，复次以为《太一之歌》。歌曲曰：'太一贡兮天马下，沾赤汗兮沫流赭。'"裴骃《集解》："应劭曰：'大宛马汗血沾濡也，流沫如赭。'"关于"后伐大宛得千里马，马名蒲梢"，裴骃《集解》："应劭曰：'大宛旧有天马种，蹋石汗血，汗从前肩膊出如血，号一日千里。'"①这涉及有关马种辨察的动物学的专业问题。

2. "汗马""马汗"与"牛汗"

注意到马挽车负辕艰难行进时"白汗交流"一类情形，于是人们形容辛勤劳苦时，有"汗马之劳""马汗之力"等俗说语词。

《史记》卷三九《晋世家》："从亡贱臣壶叔曰；'君三行赏，赏不及臣，敢请罪。'文公报曰：'夫导我以仁义，防我以德惠，此受上赏。辅我以行，卒以成立，此受次赏。矢石之难，汗马之劳，此复受次赏。若以力事我而无补吾缺者，此复受次赏。三赏之后，故且及子。'晋人闻之，皆说。"②《史记》卷五三《萧相国世家》："汉五年，既杀项羽，定天下，论功行封。群臣争功，岁余功不决。高祖以萧何功最盛，封为酂侯，所食邑多。功臣皆曰：'臣等身被坚执锐，多者百余战，少者数十合，攻城略地，大小各有差。今萧何未尝有汗马之劳，徒持文墨议论，不战，顾反居臣等上，何也？'"③《史记》卷一一二《平津侯主父列传》载公孙弘语："天下未有不能自治而能治人者也，此百世不易之道也。今陛下躬行大孝，鉴三王，建周道，兼文武，厉贤予禄，量能授官。今臣弘罢驽之质，无汗马之劳，陛下过意擢臣弘卒伍之中，封为列侯，致位三公。臣弘行能不足以称，素有负薪之病，恐先狗马填沟壑，终无以报德塞责。愿归侯印，乞骸骨，避贤者路。"④《汉书》卷六四上《严助传》载淮南王安上书："陛下垂德

---

① 《史记》，第1178页。
② 《史记》，第1663页。
③ 《史记》，第2015页。
④ 《史记》，第2952页。

惠以覆露之，使元元之民安生乐业，则泽被万世，传之子孙，施之无穷。天下之安犹泰山而四维之也，夷狄之地何足以为一日之间，而烦汗马之劳乎！"①《后汉书》卷二八上《冯衍传》李贤注："时衍又与就书曰：'奏曹掾冯衍叩头死罪：衍材素愚驽，行义污秽，外无乡里之誉，内无汗马之劳，猥蒙明府天覆之德，华宠重迭。'"②《汉书》卷六四下《王褒传》："庸人之御驽马，亦伤吻敝策而不进于行，匈喘肤汗，人极马倦。"③这里所说的"匈喘肤汗"，应当是说所御马的极度疲惫。

"汗马"又作"马汗"。《史记》卷四一《越王勾践世家》："齐威王使人说越王曰：'……二晋之事越也，不至于覆军杀将，马汗之力不效。所重于得晋者何也？'""齐使者曰：'……王所待于晋者，非有马汗之力也，又非可与合军连和也，将待之以分楚众也。'"④

相关语言形式又可见"牛汗"。《后汉书》卷八二上《方术传上·王乔》："其夕，县中牛皆流汗喘乏，而人无知者。"⑤《史记》卷二九《河渠书》说蜀守李冰开发水利，张守节《正义》引《括地志》说到《风俗通》有关"江神"传说的记录，也有"苍牛""流汗"的情节⑥。

"汗马""马汗"以及"牛""流汗"的记录，都源自对实际生活尤其是劳动生活的观察体验。

3. 《淮南子》言"白汗""盐汗"

《淮南子·修务》追述神农、尧、舜、禹、汤业绩，称颂其成功："此五圣者，天下之盛主，劳形尽虑，为民兴利除害而不懈。"又写道：

> 奉一爵酒不知于色，挈一石之尊则白汗交流，又况赢天下之

---

① 《汉书》，第2785页。

② 《后汉书》，第978页。

③ 《汉书》，第2823页。

④ 《史记》，第1748页。

⑤ 《后汉书》，第2712页。

⑥ 《史记》卷二九《河渠书》张守节《正义》引《括地志》载《风俗通》云："秦昭王使李冰为蜀守，开成都县两江，溉田万顷。神须取女二人以为妇，冰自以女与神为婚，径至祠劝神酒，酒杯澹澹，因厉声责之，因忽不见。良久，有两苍牛斗于江岸，有间，辄还，流汗谓官属曰：'吾斗疲极，不当相助耶？南向腰中正白者，我绶也。'主簿刺杀北面者，江神遂死。"第1408页。

忧而任海内之事者乎？其重于尊亦远也！

"奉一爵酒不知于色"，高诱注："言其轻也。""挈一石之尊则白汗交流"，高诱注："言其重也。"①形容劳任之"重"，言"白汗交流"。

《淮南子》又有一处说到"汗"的文字值得我们注意。《淮南子·精神》讨论"养生之和"，其中记述"繇者"辛苦劳作时流汗的情景，称之为"盐汗"：

> 今夫繇者，揭钁臿，负笼土，盐汗交流，喘息薄喉。当此之
>
> 时，得荫越下则脱然而喜矣。岩穴之间，非直越下之休也。

高诱注："繇，役也。今河东谓治道为繇道。揭，举也。钁，斫也。臿，锸也。青州谓之锸，有刃也。三辅谓之钨也。笼，受土笼也。"对于"盐汗"，则有这样的解释：

> 白汗咸如盐，故曰盐汗也。②

对于所谓"盐汗"，解释为"白汗咸如盐"。

所谓"今夫繇者，揭钁臿，负笼土"的劳作情形，可以参考《史记》卷六《秦始皇本纪》言"臣虏之劳"之"身自持筑臿"③，《汉书》卷九九上《王莽传上》"负笼荷锸"④。《汉书》卷五九《张汤传》："调茂陵尉，治方中。"颜师古注："孟康曰：'方中，陵上土作方也，汤主治之。'苏林曰：'天子即位，豫作陵，讳之，故言方中，或言斥土。'如淳曰：'《汉注》陵方中用地一顷，深十二丈。'师古曰：'苏说非也。古谓掘地为坑曰方，今荆楚俗土功筑作算程课者，犹以方计之，非谓避讳也。'"⑤《九章算术·商功》就有"土功筑作算程课"的内容，其中可见关于"土功"⑥的算题：

---

① 张双棣：《淮南子校释》，第1939-1940页，第1947页。

② 张双棣：《淮南子校释》，第783页，第785-786页。

③ 张守节《正义》："筑，墙杵也。臿，锹也。《尔雅》云：'锹谓之臿。'"《史记》，第271-272页。

④ 《汉书》，第4085页。

⑤ 《汉书》，第2637-2638页。

⑥ "土功"见《史记》卷二七《天官书》，第1316页，第1335页，第1337页。《史记》卷三九《晋世家》："梁伯好土功，治城沟，民力罢，怨。"裴骃《集解》："贾逵曰：'沟，堑也。'"第1655页。"治城沟"，"沟，堑也"，说明了"土功"的工程性质。

今有壍，上广一丈六尺三寸，下广一丈，深六尺三寸，袤
一十三丈二尺一寸。问：积几何？

答曰：一万九百四十三尺八寸。

夏程人功八百七十一尺，并出土功五分之一，砂砾水石之功
作太半，定功二百三十二尺一十五分尺之四。问：用徒几何？

答曰：四十七人三千四百八十四分人之四百九。

此前一题言"沟"的挖掘，上文又有筑"城""垣""堤"的工程量测计的
算题。这些工程形式，都是要"揭镢臿"的。《说文·手部》："揭，高举
也。"[1]而所谓"出土功"，是必须"高举""镢臿"的。"程"是劳动定
额。又有关于"盘池"施工的算题：

今有盘池，上广六丈，袤八丈；下广四丈，袤六丈；深二
丈。问：积几何？

答曰：七万七百六十六尺太半尺。

负土往来七十步；其二十步上下棚除，棚除二当平道五；踟
蹰之间十加一；载输之间三十步，定一返一百四十步。土笼积一尺
六寸；秋程人功行五十九里半。问：人到积〔尺〕及用徒各几何？

答曰：人到二百四尺。用徒三百四十六人一百五十三分人之
六十二。[2]

所谓"用徒"，正符合《淮南子》所谓"繇"的劳作组织形式。"秋程"与
"夏程"不同，又有"冬程"，是根据日出日落季节变化分别规定了劳动定
额。这一算题说到的"负土往来"及"土笼积一尺六寸"情形，正是《淮南
子》所谓"负笼土"的劳作形式。

《淮南子》言"白汗""盐汗"，是对重体力劳动者艰苦作业时身体情
态的具体描述。这是比较早的对劳动史的真切记录，有非常重要的意义。而
所谓"盐汗"，涉及皮肤排出液体含有盐分的知识，尤其值得注意。

关于农人耕作生活中流汗的情形，也为执政阶层所关注。汉哀帝初即
位，李寻待诏黄门，为他讲述"治国"与"时禁"的关系，说道："设上农

---

① 〔汉〕许慎撰，〔清〕段玉裁注：《说文解字注》，第603页。
② 郭书春：《汇校九章算术》，第177页，第186-187页。

夫而欲冬田，肉袒深耕，汗出种之，然犹不生者，非人心不至，天时不得也。"①农耕实践中常见的"农夫""肉袒""汗出"情景，出现在朝廷最高层议政言辞之中。

4. 上古文献对于"汗"的关注

对于"汗"这种人和若干高等动物皮肤排出液体的认识，很早就已经见诸上古文献。《易·涣》："九五，涣汗其大号。"王弼注："处尊履正，居巽之中，散汗大号，以荡险厄者也。"孔颖达疏："《正义》曰：涣汗其大号者，人遇险厄，惊怖而劳，则汗从体出。故以汗喻险厄也。九五处尊履正，在号令之中，能行号令，以散险厄者也。故曰涣汗其大号也。"②《汉书》卷九《元帝纪》记载："（永光四年夏六月）日有蚀之"，于是颁布诏书，检讨"朕晻于王道……政令多还，民心未得"。颜师古注："李奇曰：'还，反也。《易》曰'涣汗其大号'，言王者发号施令如汗出，不可复反。'"③《汉书》卷三六《刘向传》说，"元帝初即位"，刘向"上变事"，写道："治乱荣辱之端，在所信任；信任既贤，在于坚固而不移。《诗》云'我心匪石，不可转也'。言守善笃也。《易》曰'涣汗其大号'④。言号令如汗，汗出而不反者也。今出善令，未能逾时而反，是反汗也；用贤未能三旬而退，是转石也。《论语》曰：'见不善如探汤。'今二府奏佞谄不当在位，历年而不去。故出令则如反汗，用贤则如转石，去佞则如拔山，如此望阴阳之调，不亦难乎！"⑤《后汉书》卷四四《胡广传》："政令犹汗，往而不反。"李贤注："《易》曰：'涣汗其大号，王居无咎。'刘向曰'汗出而不反'者也。"⑥对于《易》"涣汗其大号"或说"言号令如汗，汗出而不反者也"，或说"散汗大号，以荡险厄者也"，"人遇险厄，惊怖而劳，则汗从体出"，"以汗喻险厄也"，理解有所不

① 《汉书》卷七五《李寻传》，第3188页。
② 〔清〕阮元：《十三经注疏》，第70页。
③ 《汉书》，第291-292页。
④ 颜师古注："此《易·涣卦》九五爻辞也。言王者涣然大发号令，如汗之出也。"
⑤ 《汉书》，第1943-1945页。
⑥ 《后汉书》，第1505-1506页。

同。然而《易》"涣汗其大号"文字都说"汗出","汗从体出",认识是一致的。

与执政者和政论家关心的政治比喻不同,早期说到"汗"的文献记录,还有对于一般社会生活的表述。《战国策·齐策一》记载"苏秦为赵合从,说齐宣王",夸赞齐国富强,涉及临淄形势:"齐地方二千里,带甲数十万,粟如丘山。齐车之良,五家之兵,疾如锥矢,战如雷电,解如风雨,即有军役,未尝倍太山、绝清河、涉渤海也。临淄之中七万户,臣窃度之,下户三男子,三七二十一万,不待发于远县,而临淄之卒,固以二十一万矣。临淄甚富而实,其民无不吹竽、鼓瑟、击筑、弹琴、斗鸡、走犬、六博、踏踘者;临淄之途,车毂击,人肩摩,连衽成帷,举袂成幕,挥汗成雨;家敦而富,志高而扬。"①《史记》卷六九《苏秦列传》写道:"临菑之涂,车毂击,人肩摩,连衽成帷,举袂成幕,挥汗成雨,家殷人足,志高气扬。"②

汉代人笔下说到下层社会生活有关"汗"的文字,有司马相如说军士表现:"夫边郡之士,闻烽举燧燔,皆摄弓而驰,荷兵而走,流汗相属,唯恐居后,触白刃,冒流矢,义不反顾,计不旋踵……"③又有《汉书》卷八七下《扬雄传下》所见"鞮鍪生虮虱,介胄被沾汗"④。

由于精神紧张、情绪失常以致出汗的情形,有《史记》卷五六《陈丞相世家》记述周勃故事:"孝文皇帝既益明习国家事,朝而问右丞相勃曰:'天下一岁决狱几何?'勃谢曰:'不知。'问:'天下一岁钱谷出入几何?'勃又谢不知,汗出沾背,愧不能对。"⑤此所谓"汗出沾背",《汉书》卷四○《王陵传》写作"汗出洽背"。颜师古注:"洽,沾也。"⑥另一例"汗出洽背"情形,则是丞相杨敞在霍光、张安世欲废刘贺时的表现:"议既定,使大司农田延年报敞。敞惊惧,不知所言,汗出洽背,徒唯

---

① 〔西汉〕刘向:《战国策》,第337页。

② 《史记》,第2257页。

③ 《史记》,第3045页。

④ 《汉书》,第3560页。

⑤ 《史记》,第2061页。

⑥ 《汉书》,第2049页。

唯而已。"①《后汉书》卷一一一《刘玄传》："更始即帝位，南面立，朝群臣。素懦弱，羞愧流汗，举手不能言。"②据《三国志》卷一四《魏书·刘放传》裴松之注引《世语》，在司马懿威胁之下，"帝问（刘）放、（孙）资：'谁可与太尉对者？'放曰：'曹爽。'帝曰：'堪其事不？'爽在左右，流汗不能对。"③《三国志》卷五二《吴书·张昭传》裴松之注引《江表传》说，孙权即尊位，"昭举笏欲褒赞功德，未及言，权曰：'如张公之计，今已乞食矣。'昭大惭，伏地流汗"④。

又如《汉书》卷九九上《王莽传上》王莽自称："臣见诸侯面言事于前者，未尝不流汗而惭愧也。"⑤这或许可以看作王莽伪装的恭逊。而《文选》卷四二吴季重《答东阿王书》写道："质小人也，无以承命，又所答觊，辞丑义陋，申之再三，赧然汗下。"⑥此"赧然汗下"，则完全是自谦之辞。

5. "汗"的生理学史病理学史知识

《黄帝内经·素问》卷七《经脉别论篇第二十一》对异常"汗出"情形进行了病理分析："饮食饱甚，汗出于胃；惊而夺精，汗出于心；持重远行，汗出于肾；疾走恐惧，汗出于肝；摇体劳苦，汗出于脾。故春秋冬夏，四时阴阳，生病起于过用，此为常也。"⑦所谓"汗出"，被解释为"生病起于过用"。前说"鬻者""盐汗交流"，"农夫""肉袒深耕，汗出种之"，"边郡之士""流汗相属""介胄被沾汗"情形，或许相当于"摇体劳苦""持重远行""疾走恐惧"等不寻常的"过用"情形，然而在社会生活中都可以说是"此为常也"。周勃、杨敞、曹爽、张昭故事，应即所谓"惊而夺精，汗出于心"。《黄帝内经·素问》卷七《经脉别论篇

---

① 《汉书》，第2889页。

② 《后汉书》，第469页。

③ 《三国志》，第460页。

④ 《三国志》，第1222页。

⑤ 《汉书》，第4071页。

⑥ 〔梁〕萧统编，〔唐〕李善注：《文选》，第596页。

⑦ 程士德主编，王洪图、鲁兆麟副主编：《素问注释汇粹》，人民卫生出版社1982年版，第331页。

第二十一》又说到"真虚痻心，厥气留薄，发为白汗……"使用了与《淮南子》同样的"白汗"语汇。程士德主编《素问注释汇粹》："白汗，即魄汗。魄、白古通用。"又引张介宾注："表为白汗"，张孝聪注："发为白汗"。[①]而"真虚痻心"的"痻"，有乏力的意思。《说文·疒部》："痻，疲也。"段玉裁注："《篇》《韵》皆云：痻，骨节疼也。今俗谓痻酸。"[②]《黄帝内经·素问》卷二《阴阳别论篇第七》注："痻，……酸痛之意。"[③]都是说体力"过用"导致的极度疲劳。

《史记》卷一〇五《扁鹊仓公列传》记载的病例中，有"齐中御府长信病，臣意入诊其脉"，病状有"暑汗，脉少衰"等。治疗方式也可见有关"汗"的表现："为之液汤火齐逐热，一饮汗尽，再饮热去，三饮病已。"又"齐王太后病"，"病得之流汗出潘。潘者，去衣而汗晞也"。又"济北王病"，"汗出伏地者，切其脉，气阴"。又"济北王召臣意诊脉诸女子侍者，至女子竖，竖无病。臣意告永巷长曰：'竖伤脾，不可劳，法当春呕血死。'……王曰：'得毋有病乎？'臣意对曰：'竖病重，在死法中。'王召视之，其颜色不变，以为不然，不卖诸侯所。至春，竖奉剑从王之厕，王去，竖后，王令人召之，即仆于厕，呕血死。病得之流汗。流汗者，法病内重，毛发而色泽，脉不衰……"又有"齐丞相舍人奴从朝入宫，臣意见之食闺门外，望其色有病气"，"至春果病，至四月，泄血死"，"奴之病得之流汗数出……"关于"安陵阪里公乘项处病"，则有"蹴踘，要蹶寒，汗出多，即呕血"，后来"即死"的记录。[④]

《金匮要略》亦体现汉代医学对人体生理现象"汗"的关注。其中"有水气""汗自出""汗出""发汗""汗大出""黄汗出""汗大泄""盗汗""当汗出而不汗出""热汗""微汗出""火劫其汗""发热身汗""多出汗"等记述均值得注意。[⑤]

---

① 程士德主编，王洪图、鲁兆麟副主编：《素问注释汇粹》，第337页，第339页。

② 〔汉〕许慎撰，〔清〕段玉裁注：《说文解字注》，第352页。

③ 程士德主编，王洪图、鲁兆麟副主编：《素问注释汇粹》，第120页，第122页。

④ 《史记》，第2800页，第2801页，第2804页，第2805页，第2806-2807页，第2812页。

⑤ 〔汉〕张仲景撰，于志贤、张智基点校：《金匮要略》，中医古籍出版社1997年6月版，第2-3页，第5页，第8-10页，第13-14页，第16页，第18页，第29-31页，第36-43页，第46页，第49-52页，第57-59页。

中国早期医家对"汗"的特别关注，将"汗"看作身体状况的生理指标和主要症候，视之为"病气"的表现和"死法"的预兆。这是值得注意的医学史现象。

6. "盐汗"："汗"的化学构成认识

"白汗"之说，后世文献可以看到其依然被使用的情形。《晋书》卷九四《夏统传》："闻君之谈，不觉寒毛尽戴，白汗四匝，颜如渥丹，心热如炭，舌缩口张，两耳壁塞也。"①所谓"白汗四匝"，是论者自述其自身表现。唐岑参《卫节度赤骠马歌》："扬鞭骤急白汗流，弄影行骄碧蹄碎。"②注家认定"白汗，指马汗"，并联系《战国策》"骥""服盐车""白汗交流"以为解说。唐释齐己《移居西湖作二首》其一："火云阳焰欲烧空，小槛幽窗想旧峰。白汗此时流枕簟，清风何处动杉松。"③此"白汗"则说作者自己暑日感受。

又如宋李流谦《舟中》："一舸乘凉载夕晖，晚来白汗稍停挥。"④宋廖刚《冒暑借璧间韵》："白汗交肤不可衫，濯缨空羡水如蓝。"⑤吕祖谦《清晓出郊》："车尘驾暑气，白汗如翻瓶。"⑥陆游《大风》："今年毒热不可支，白汗如雨愁纤绤。"⑦

对于"白汗"的理解，商务印书馆《辞源》第三版以为"冷汗"，"因劳顿、怖惧等而流的汗。"书证为前引《战国策·楚策四》："夫骥齿至矣，服盐车而上太行，蹄申膝折，尾湛胕溃，漉汁洒地，盐汗交流。"宋鲍彪注："白汗，不缘暑而汗也。"又前引《晋书·夏统传》："闻君之谈，不觉寒毛尽戴，白汗四匝，颜如渥丹，心热如炭，舌缩口张，两耳壁塞

---

① 《晋书》，第2428页。

② 〔唐〕岑参著，陈铁民、侯忠义校注：《岑参集校注》，上海古籍出版社1981年版，第249-250页。

③ 〔唐〕释齐己：《白莲集》卷九，《四部丛刊》景明钞本。

④ 〔宋〕李流谦：《澹斋集》卷六，清文渊阁《四库全书》本。

⑤ 〔宋〕廖刚：《高峰文集》卷一〇，清文渊阁《四库全书》本。

⑥ 〔宋〕吕祖谦：《东莱集》卷一，民国《续金华丛书》本。

⑦ 钱仲联、马亚中：《剑南诗稿校注》卷一三，《陆游全集校注》第二册，浙江教育出版社2011年版，第391页。

也。"①三民书局《大辞典》也解释为："冷汗。因害怕而流出的汗。"②书证同样采用《战国策·楚策四》及《晋书·隐逸传·夏统》文字。《辞源》比较《大辞典》，以首先强调"劳顿"见长。

《淮南子》最先使用"盐汗"一语，用以表现下层劳动者的艰苦生活。"盐汗"这一语汇，在相当晚近的文献中依然常见。如明文德翼《〈耐轩集〉序》："韩忠献官开封时，暑月理事，盐汗浃背。王文博见之，曰：此人要路在前而治民如此，真仆射才也。"③袁中道《游居杮录》："天潦暑，系舟于赛公桥下，风入石圈内，阴阴肃肃，水作湛碧色。先时盐汗交流，顷之想衣裘矣。"④郑明选《蚊赋》："尔乃大火昏正，祝融司职，曜灵艳炽以赫曦，骄阳蕴隆而郁勃。盐汗挥以成雨，体解若其无骨。睨余光于虞渊，聊燕居而袒裼。"⑤清人揆叙《松棚歌》"盐汗交流逢盛夏"⑥，《咏宣川林畔馆松棚》"赤熛鼓烈焰，盐汗沾衣裳"⑦，也都以"盐汗"形容"暑月""盛夏"季节的人体通常感觉。

清黄钺《戊辰夏四月既望自绛至解道经运城刘观察大观招观盐池憩于野狐泉听许山人弹琴钺为写图并纪以诗》则有特别的意境。其诗曰："我来绛守居园池，直抵凤皇城下住。故人邀我观盐池，百里皓然如积素。振衣独上歌熏楼，扁舟忽落江南路。严飙一夕冻长河，雪屋涛山不能渡。冷光晃眼眩生花，寒气侵肌衣欲絮。那知触热治畦夫，盐汗交流湿衣裤。"⑧在体验"冷光""寒气"时，竟然产生跨阶层的心理穿越，想到"那知触热治畦夫，盐汗交流湿衣裤"，将"盐汗"这一人体生理表现与艰辛劳作者的体验联系在一起，完全继承了《淮南子》用语初衷。而诗作环境背景恰在"盐池"，于所谓"百里皓然如积素"的场景之中。我们在思考"盐汗"文意时

---

① 何九盈、王宁、董琨主编，商务印书馆编辑部编：《辞源》（第三版），商务印书馆2015年版，第2856页。

② 三民书局大辞典编纂委员会：《大辞典》，三民书局1985年版，第3188页。

③ 〔明〕文德翼：《求是堂文集》卷三，明末刻本。

④ 〔明〕袁中道：《珂雪斋集》外集卷二，明万历四十六年刻本。

⑤ 〔明〕郑明选：《郑侯升集》卷一，明万历三十一年郑文震刻本。

⑥ 〔清〕揆叙：《益戒堂诗集》卷七，清雍正刻本。

⑦ 〔清〕揆叙：《益戒堂诗集》卷八。

⑧ 〔清〕黄钺：《壹斋集》卷二一，清咸丰九年许文深刻本。

与盐史考察相联系，读此诗句，自然感到意味深沉。

前引高诱注对于《淮南子·精神》"盐汗交流"是这样解释的："白汗咸如盐，故曰盐汗也。"《辞源》"盐汗"条即言："盐汗，汗水。"书证举《淮南子·精神》"盐汗交流"句及高诱注："白汗咸如盐，故曰盐汗也。"[①]这样的解释与前引"白汗，冷汗"之说并不相合。以"冷汗"定义"白汗"显然是不妥当的。《汉语大词典》释"白汗"："因劳累、惶恐、紧张而流的汗；虚汗。"书证有《战国策·楚策四》《淮南子·修务》及《晋书·夏统传》三例。又引《战国策·楚策四》鲍彪注："白汗，不缘暑而汗也。"[②]指出"白汗"首先是因"劳累"而流的汗，显然接近古代文献所见"白汗"原义。"白汗咸如盐"中所谓"咸如盐"的说法，大概记录了简单直接的味觉体验，且保留了较早的关于"汗"的化学成分的知识，其意义是非常重要的。

7. "白汗"的盐史解说

"白汗"和"盐汗"的关系，可以因高诱所谓"白汗咸如盐，故曰盐汗也"得到理解，即"盐汗"因"咸如盐"得名。然而为什么"盐汗"又称作"白汗"呢？我们或许可以通过盐结晶体的本色为白色来进行理解。《续汉书·郡国志五》刘昭注补引《华阳国志》："（定莋）县在郡西。度泸水，宾冈徼白摩沙夷有盐坑，积薪，以齐水灌而后焚之，成白盐，汉末夷等皆锢之。"[③]可知当时已经有"白盐"的说法。《汉语大词典》："白盐，即食盐。"书证为"《南史·周颙传》"所谓"赤米白盐"。作为地名的"白盐崖"，则书证见"北魏郦道元《水经注·江水一》"[④]，惜失之于年代稍晚。其实，早于《周颙传》"赤米白盐"的例证还有《宋书》卷四六《张畅传》："魏主又遣送毡及九种盐并胡豉，云：'此诸盐，各有宜。白盐是魏主所食。黑者疗腹胀气满，刮取六铢，以酒服之。胡盐疗目痛。柔盐不用食，疗马脊创。赤盐、驳盐、臭盐、马齿盐四种，并不中食。胡豉亦中

---

① 何九盈、王宁、董琨主编，商务印书馆编辑部编：《辞源》（第三版），第4681页。
② 汉语大词典编辑委员会、汉语大词典编纂处：《汉语大词典》，第8卷第174-175页。
③ 《后汉书》，第3512页。
④ 汉语大词典编辑委员会、汉语大词典编纂处：《汉语大词典》，第8卷第218页。

唉。'"①其中可见"白盐"。

思考"盐汗"之所以又称作"白汗"的因由，还应当注意另一种情形，即流汗之量大且集中，会使得水分挥发后保留盐的白色细微结晶。现代汉语仍有称此为"盐花""盐霜"者。《现代汉语词典》："【盐花】yán huā……②〈方〉盐霜。""【盐霜】yán shuāng 名 含盐分的东西干燥后表面呈现的白色细盐粒。"又有："【汗碱】hàn jiǎn 名 汗干后留在衣帽等上面的白色痕迹。"②《汉语大词典》有大略同样的内容："【盐花】①盐霜；细盐粒。唐章孝标《归海上旧居》诗：'人衣披蜃气，马迹印盐花。'""【盐霜】含盐分的东西干燥后表面上呈现的白色细盐粒。"③所谓"马迹印盐花"诗句，有助于我们理解前引《战国策·楚策四》所见"骥""服盐车"，"白汗交流"的情形。

有关"汗"与"白汗""盐汗"的讨论，史家以往关注有限，然而此类主题直接涉及社会劳动生活，或许有积极的学术意义。相关考察与人体生理及盐史的关联，这里进行的探索尚在初步尝试的层次，也期望得到方家教正。

四、"盐神"记忆

秦汉文献始见体现社会上"盐神"崇拜的信息。当时信仰世界中的"盐神"及相关社会意识的反映，可以看作关于盐业史进程的特殊的文化遗存。

所谓"盐水""神女"即"盐神"传说发生于"盐阳""盐水""巴氏"所在地方，正与我们有关盐业区域开发史的知识大体一致。可以说，"盐神"这一在当时信仰世界中的特殊形象的出现，与盐产与盐运的进步相关。"盐神"崇拜后世的发展呈现纷杂多样的形态，其源头可以追溯至《后汉书》有关"盐水""神女"的记载。

---

① 《宋书》，第1398页。

② 中国社会科学院语言研究所词典编辑室：《现代汉语词典》第7版，商务印书馆2016年版，第1507-1508页，第514页。

③ 汉语大词典编辑委员会、汉语大词典编纂处：《汉语大词典》，第7卷第1480页，第1485页。

1. 盐水神女

正史有关"盐神"记录，可见《后汉书》卷八六《南蛮传·巴郡南郡蛮》所记载有关"盐水""神女"的情节生动的神异传说：

> 巴郡南郡蛮，本有五姓：巴氏，樊氏，曋氏，相氏，郑氏。皆出于武落钟离山。其山有赤黑二穴，巴氏之子生于赤穴，四姓之子皆生黑穴。未有君长，俱事鬼神，乃共掷剑于石穴，约能中者，奉以为君。巴氏子务相乃独中之，众皆叹。又令各乘土船，约能浮者，当以为君。余姓悉沈，唯务相独浮。因共立之，是为廪君。乃乘土船，从夷水至盐阳。盐水有神女，谓廪君曰："此地广大，鱼盐所出，愿留共居。"廪君不许。盐神暮辄来取宿，旦即化为虫，与诸虫群飞，掩蔽日光，天地晦冥。积十余日，廪君伺其便，因射杀之，天乃开明。廪君于是君乎夷城，四姓皆臣之。廪君死，魂魄世为白虎。巴氏以虎饮人血，遂以人祠焉。

所谓"盐水""盐神"故事发生在"盐阳"。李贤注引《荆州图副》、盛弘之《荆州记》《水经》及《水经注》，对相关背景与情节有所补说：

> 《荆州图副》曰："夷陵县西有温泉。古老相传，此泉元出盐，于今水有盐气。县西一独山有石穴，有二大石并立穴中，相去可一丈，俗名为阴阳石。阴石常湿，阳石常燥。"盛弘之《荆州记》曰："昔廪君浮夷水，射盐神于阳石之上。案今施州清江县水一名盐水，源出清江县西都亭山。"《水经》云："夷水别出巴郡鱼复县。"注云："水色清，照十丈，分沙石。蜀人见澄清，因名清江也。"①

《后汉书》前称"盐水有神女"，后称"盐神"。李贤注引盛弘之《荆州记》则直称"盐神"。《后汉书》"廪君"故事，应是较早的关于"盐神"的文献记录。

所谓"即化为虫，与诸虫群飞，掩蔽日光，天地晦冥"，或许是对"盐水""温泉""水有盐气"导致"阴石常湿"情形的近水雾气的神话描

---

① 《后汉书》，第2840页。

述。当然，有其他解说的可能性也是存在的。《太平御览》卷九四四引《世本》："廪君乘土船至盐场。盐水神女子止廪君。廪君不听。盐神为飞虫，诸神从而飞，蔽日为之晦。廪君不知东西，所当七日七夜。使人以青缕遗盐神，曰：缨此，与尔俱生。盐神受缕而缨之。廪君应青缕所射，盐神死，天则大开。"[1]其"盐神为飞虫，诸神从而飞，蔽日为之晦"等文字，记录了"诸神"起飞"蔽日"的异常景象。"群神"模糊表现了神异群体的出现。而所谓"至盐场"及"诸神从而飞"等情节，也都是前引《后汉书》所没有展现的。

2. "巫盐""神女"说

有学者认为，巫山神女传说，与"巫盐"有关。

任乃强《说盐》写道："川鄂接界的巫溪河流域，是与湖北神农架极其相似的一个山险水恶，农牧都有困难的贫瘠地区。只缘大宁的宝源山，有两眼盐泉涌出咸水来，经原始社会的猎人发见了。（相传是追神鹿至此。鹿舐土不去，被杀。因而发觉其水能晒盐。）进入煮盐运销之后，这个偏僻荒凉的山区，曾经发展成为长江中上游的文化中心（巴楚文化的核心）。即《山海经》说的'载民之国'，又叫'巫载'，又叫'巫山'。（今人称巴峡南北岸山为'巫山十二峰'，以北岸神女峰为主峰。乃是唐宋人因宋玉《高唐》《神女》两赋傅会成的。其实宋玉所赋的'神女'是指的巫盐。巫溪沿岸诸山，才是巫山。）《大荒南经》说：'有载民之国，为人黄色。帝舜生无淫，降载处。是谓巫载。巫载民盼姓，食谷。不绩不经，服也。不稼不穑，食也。（郭璞注：'谓自然有布帛、谷物。'）爰有歌舞之鸟。鸾鸟自歌，凤鸟自舞。爰有百兽，相群爰处。百谷所聚。'此书描写极乐世界，都用鸾凤自歌舞来形容，如'丹穴之山''轩辕之国'与'嬴民封豕'皆然。此言载民不耕不织，衣食之资自然丰足，岂非因为他拥有食盐，各地农牧人，都应其所需求，运其土产前来兑盐，遂成'百谷所聚'之富国乎？"[2]

其实，萧兵在其楚辞研究的论著中已经说到"盐水女神"与"巫山神

---

[1] 〔宋〕李昉等：《太平御览》，第4192页。

[2] 〔晋〕常璩撰，任乃强校注：《华阳国志校补图注》，第53页。

女"的神秘一致性。论者指出，"自荐"体现的"人神婚姻故事里包含着性的献祭和牺牲"，"在最初的传说里，这种神女的社会原型却是献身的圣处女无疑"。"巫山神女的'云雨高唐'实际上以'遗迹'的形态反映了妇女从群婚到对偶婚时代的'赎身'行为（应该注意到，传说反映的史实比传说风行的时代，尤其比传说的记载和描述古老得多）。"萧兵对相类同的传说的评论中说到了"盐水神女"："《九歌·河伯》并非表现河伯娶妇，而是描述河伯跟他的'妻子'洛嫔从'河源'昆仑直奔东海的嬉游。'子交手兮东行，送美人兮南浦。'这美人就是洛水女神宓妃。她应与巫山神女、涂山氏、盐水女神、湘江女神、汉水女神等等一样以山川之神兼着高禖女神。"[①]我们看到，"盐水女神""愿留共居"，"暮辄来取宿"的表现，确实与"巫山神女""愿荐枕席"，"王因幸之"[②]，即萧兵所谓"巫山神女的主动献身"[③]，颇为相近。

任乃强在关于"巴盐"的论说中，甚至判定了与"盐"有关的宋玉《高唐》《神女》两赋创作的具体年代。他认为，秦楚战争所激烈争夺的战略目标，包括巴盐产地："秦灭巴蜀时，楚国亦已夺取巴国东部地盘至枳（今涪陵县）。几于完全占领了巴东南骈褶地区的所有盐泉。在秦楚对立之下，楚人扼制向秦地行盐。仅才这样对立了八年〔公元前三一六至三〇八，秦国的巴、蜀、汉中三郡人民克服不了缺乏食盐的痛苦，迫使秦不得不大举十万远征军浮船伐楚。直到夺得安宁盐泉与郁山盐泉，建立黔中郡（《六国表》与《楚世家》有明文）〕后，初步解决了盐荒问题，才得安静二十余年。但在二十余年中，楚国又因大江水运之便从枳夺去了郁山盐泉，使秦人再感盐荒的压力、于是秦国开展了再一次争夺巴东盐泉的大举。从公元前二七九年（秦昭王三十六年，楚顷襄王二十年），一面命白起绕由东方的韩国地界，突袭楚的国都，拔鄢郢，烧夷陵，截断楚国援救巫黔中的道路。一面助蜀守张若再次大发兵，浮江取楚巫黔中。这次两路大举相配合，克以全部占有巴

---

① 萧兵：《楚辞的文化破译——一个微宏观互渗的研究》，湖北人民出版社1991年版，第329-330页。

② 〔梁〕萧统编，〔唐〕李善注：《文选》卷一九《高唐赋》，第265页。

③ 萧兵：《楚辞的文化破译——一个微宏观互渗的研究》第330页。原注："参见拙作《夔枭阳·野人·巫山神女——楚辞·九歌·山鬼新解》。"

东盐泉地区（《楚世家》与《六国表》亦有明文）。反使楚国断了食盐来源。于是顷襄王率其众奔陈，去仰给淮海食盐。是故苏代说，'楚得枳而国亡'（在《燕策》），谓枳为巴东盐泉枢纽之地，当秦人所必争，争之不得，则不能不出于灭楚也。"任乃强又写道："秦国这次先灭楚社稷，以其地为南郡。大概因为巫黔中的楚人拼死抵抗，第二年（楚顷襄王二十二年）张若才取得了枳与巫山，再一次复立黔中郡。但是，楚人不能甘心丧失了巫黔盐源，促成了上下一心的新团结，如大盗庄蹻，也率其众拥楚仇秦。只不过一年时间，顷襄王二十三年，因'秦江旁人民反秦'（《六国表》），'乃收东地兵，得十余万，复取秦所拔我江旁十五邑以为郡，距秦。'（《楚世家》）这说明，顷襄王亡失鄢、郢、巫、黔只一年，又复国于郢，仍自据有巴东盐泉。起码也复占有巫山盐泉，建立巫郡，楚人不再闹盐荒了。宋玉的《高唐》《神女》两赋，便作于此时。那是歌颂巫盐入楚的诗赋。把食盐比为神女，犹廪君故事（在《后汉书》）说的'盐水女神'是一样，并非真有一个神女来自荐枕席（另有分析文字从略）。大约在考烈王之世，楚仍失去了巫黔中，迫于东徙巨阳（考烈王十二年），秦乃第三次占有巫黔中，仍为黔中郡，并为秦始皇三十六郡之一。"[1]秦对于"巫盐"生产资源所在地的控制，有的学者有这样的表述："秦灭巴后，与楚人展开了对盐的争夺，并很快控制了三峡地区的盐，三峡之盐便成为秦统一六国的重要资源。"[2]

所谓"盐水女神"与《高唐》《神女》一样是"把食盐比为神女"的说法，对于认识盐史及与盐相关的社会文化，是有积极意义的。

3. "巴盐"神话

任乃强曾经在回顾夏商史的时候说到"盐"的作用，特别关注"巴盐"。他说到《山海经》所见盐史信息，又写道："其《大荒西经》还说：成汤伐夏桀，斩其卫士耕。'耕既立，无首。走厥咎，乃降于巫山。'文把他叫作'夏耕之尸'。分析这章神话所表达的史事。应是夏桀这个大奴隶

---

① 〔晋〕常璩撰，任乃强校注：《华阳国志校补图注》卷一附，第54页。
② 白九江：《巴盐与盐巴——三峡古代盐业》，第4页。

主，纠集为他耕种的奴隶群，抵抗成汤。这批奴隶的首领，被成汤杀了。奴隶们逃到巫山，投效于载国。所以说他无首，而称为'夏耕之尸'。等于说：夏桀的耕种奴隶们早已知道巫载这个地方也产盐，不只解池才有。还可能他们原是耕的三苗地区的土地。每当解盐接济不到，也兑过巫载的盐。所以当夏桀命令他们抵御成汤，兵败国亡之后，他们便直跑来投附巫载了。"

任乃强接着写道："同篇还说：'大荒之中，有山名曰丰沮玉门。日月所入。有灵山，巫咸、巫即、巫朌、巫彭、巫姑、巫真、巫礼、巫抵、巫谢、巫罗，十巫从此升降。百药咸在。'丰沮，显然指的盐泉。玉巫两字，篆书常易相混。玉门有可能原是指的巫山河峡。灵山，也可能就是巫山字变。由于盐泉之利，聚人既多，农牧发展不利，猎业大兴，山中百药也被发见了。所以方士（巫）来采药者亦多。巫咸之名，见于《尚书》，为殷商宰相。巫彭即世传为殷太史的彭祖。'咸彭'联称，又屡见于《楚辞》，都可证是实有其人。这可说明：整个殷代，这里仍是一个独立而文化很高的小国。巫朌的朌，郭璞注：'音颁。'颁与巴音近，可能就是巴族的一个祖先。巴族，原是定居于洞庭彭蠡间，巴丘、巴水部位的渔业民，称为'巴诞'（《后汉书》注）。大概是因为有穷后羿所灭。一部分诞民东流，而为今世的蜑族。一部分人西流，依附巫载，为他行盐经商，从而被称为巫诞了。这与巫颁游巫或许有些关系。巴人善于架独木舟[①]，溯水而上，销盐至溪河上游部分。整个四川盆地，都有他行盐的脚迹。后遂建成了巴国。其盐循江下行，供给荆楚人民，又促进了楚国的文化发展。近世考古学家就地下发掘材料证明，巴楚两国文化有其共同特点。这恰是先有巫载文化，再衍为巴楚文化这一历史发展过程的明证。"[②]

任乃强说："巴东这个地层骈褶带，还有颇多的盐泉涌出。例如奉节南岸的盐碛坝，云阳西北的万军坝，开县东的温汤井，万县东南的长汤井，忠县的汧溪和涂溪二井，彭水的郁山盐泉，与长宁县的安宁盐井。除郁山盐泉与大宁盐泉同样是从山地涌出，能很早就被原始人类发见利用，克以形成一个原始文化区外，其他七处盐泉都是从河水底下涌出的，不易为原始人类发

---

① 今按："架"应为"驾"。
② 〔晋〕常璩撰，任乃强校注：《华阳国志校补图注》卷一附，第53-54页。

见和利用。唯独习于行水的巴人能首先发见它，并在巫载文化的基础上设法圈隔咸淡水，汲以煮盐，从而扩大了行盐的效果，建成了巴国。并且至于强大到合并巫载，压倒楚、蜀的大国。只因巴族成为富强的大奴隶主后，偷惰腐化，习气衰老，才被新兴的秦楚所分割了。"①

"瞿唐峡直长三十里，在巫载上游。巫峡直长百余里，在巫载下游。两座绝峡封锁着巫载地区。其北是大巴山，其南七岳，帮助了封锁。只缘下水行盐较易，故两湖盆地自夏代的巴族，到周代的荆楚，都只能吃巫盐。行船，非巫载人的长技，故他必须使用善于行水的巴族为之行盐。巴族亦藉行盐行之便，笼络得四川盆地的农牧民族，从而建成巴国。巴国日强，逐步吞并了巫载，专有巴东盐泉之利，在春秋初年楚国也是听命于巴的。但其时沿海盐业渐兴，东楚的人不吃巫盐。所以楚襄王与考烈王在丧失巫黔中后，都向东楚奔迁。但巴、蜀、汉中与南郡的人却不能不食巴盐。所以秦楚都拼命争夺这一产盐地区。这是巴东泉盐的壮盛时代。它与河东解池是一样，从发生到壮盛，大约经过了一万年的时间。由于四周多种新兴产盐区的发展竞争，使盛极一时的解池和巴东盐利，显得日就衰老了。解池受到了海盐，内陆池盐如河套的花马池，宁夏的吉兰泰盐池，西海的茶卡盐池和冀北的多伦等池盐的竞争，丧失了统治地位。巴东泉盐，则大大受到了蜀地井盐的影响，退到从属地位来。但他们还不至于消灭。因为至少还有一部分人需要他。"②

虽然有"'巴盐'与'盐巴'"即"古代三峡的经济命脉"的说法，又谓"三峡地区的盐哺育了巴国先民，孕育了巴国文化"，"先秦时期从巴地出产的盐，远销四方，以致当时的人们都知道巴的特产就是盐，且巴地的盐质量上乘，成为市场上的一种品牌"，于是"盐巴"成为"产自巴国的食盐在流通中"的名号。"巴盐""盐巴"成为其经济"地位"的象征③，但是事实上，虽然秦汉时期有些商品的地方品牌已经相当响亮④，但据古代文献

---

① 〔晋〕常璩撰，任乃强校注：《华阳国志校补图注》卷一附，第53-54页。

② 〔晋〕常璩撰，任乃强校注：《华阳国志校补图注》卷一附，第55-56页。

③ 白九江：《巴盐与盐巴——三峡古代盐业》，第4页，第14页。

④ 就纺织品的流通来说，地域标识较模糊者有《盐铁论·本议》所谓"齐、陶之缣，蜀、汉之布"，更为响亮的地方名牌有"阿缟""齐纨""鲁缟""蜀锦"种种。河西汉简资料所见"任城国尢父缣""河内廿两帛""广汉八稷布"等，特别值得注意。地湾简"淮布"或许也是类似织品名号。显示地方品牌效应的商品名号，居延汉简又可见"济南剑""河内苇笥"等。王子今：《河西简文所见汉代纺织品的地方品牌》，《简帛》第17辑，上海古籍出版社2018年版。

中提供的信息，当时似乎还并没有出现"巴盐""盐巴"之说。

后世诗文可见"巴盐"名号。如明杨士奇《赠梁本之二首》之二："蜀山消尽雪皑皑，江水初平滟滪堆。问路遥穿三峡过，之官惟带一经来。林间女负巴盐出，烟际人乘㹀骑回。莫叹遐方异风俗，此州元有穆清台。"[①]这显然已经是相当晚出的资料了。

4. "盐神"崇拜的滥觞

"盐神"在中国民间信仰系统中的最初出现，即前说巴地的"盐水神女"或"盐水神女子"。袁珂编著《中国神话传说词典》有关"盐"的词条有：

> 盐水　即"夷水"。《世本·氏姓篇》（清秦嘉谟辑补本）："廪君乃乘土船从夷水至盐阳，盐水有神女谓廪君曰：'此地广大，鱼盐所出，愿留共居。'廪君不许。"《水经注·夷水》云："盐水，即夷水也。"参见"廪君"。
>
> 盐神　谓盐水神女。见"廪君"。
>
> 盐长国　《山海经·海内经》："有盐长之国。有人焉鸟首，名曰鸟氏。"
>
> 盐宗庙　见"宿沙"。

"廪君"条写道：

> 廪君，伏羲裔。《山海经·海内经》："西南有巴国。大皞生咸鸟，咸鸟生乘厘，乘厘生后照，后照是始为巴人。"《世本·氏姓篇》（清秦嘉谟辑补本）："廪君之先，故出巫诞。巴郡南郡蛮，本有五姓：巴氏、樊氏、瞫氏、相氏、郑氏，皆出于五落钟离山。其山有赤黑二穴，巴氏之子生于赤穴，四姓之子皆生黑穴。未有君长，俱事鬼神。廪君名曰务相，姓巴氏，与樊氏、瞫氏、相氏、郑氏凡五姓，俱出皆争神。乃共掷剑于石，约能中者，奉以为君。巴氏子务相，乃独中之，众皆叹。又各令乘土船，雕文画之，而浮水中，约能浮者，当以为君。余姓悉沉，唯务相独浮，因共立之，是为廪君。乃乘土船从夷水至盐阳。盐水有神女谓廪君

---

① 〔明〕杨士奇：《东里诗集》卷二，清文渊阁《四库全书》本。

曰：'此地广大，鱼盐所出，愿留共居。'廪君不许。盐神暮辄来
取宿，旦即化为飞虫，与诸虫群飞，掩蔽日光。天地晦冥。积十余
日，廪君不知东西所向，七日七夜。使人操青缕以遗盐神，曰：
'缨此即相宜，云与女俱生，宜将去。'盐神受而缨之。廪君即立
阳石上，应青缕而射之，中盐神。盐神死，天乃大开。"

又引《晋书·李特载记》："廪君复乘土船，下及夷城"，"阶陛相乘，廪
君登之"。继而休憩于岸上平石之上，"投策计筭，皆着石焉。因立城其
旁而居之，其后种类遂繁"[1]。然而恰巧并没有引录出现"盐神"字样的段
落。《晋书》卷一二〇《李特载记》明确说到"盐神"：

> 盐神夜从廪君宿，旦辄去为飞虫，诸神皆从其飞，蔽日昼
> 昏……如此者十日，廪君乃以青缕遗盐神曰："缨此，即宜之，与
> 汝俱生。弗宜，将去汝。"盐神受而缨之。廪君立砀石之上，望膺
> 有青缕者，跪而射之，中盐神。盐神死，群神与俱飞者皆去，天乃
> 开朗。

言巴郡经济形势，称"土有盐铁丹漆之饶"[2]。"盐"位列最先，显然有
特殊的地位。这段文字中"盐神"名号5次出现。可以看作正史记录中"盐
神"频繁出现的典型文例。

二十四史中，只有《后汉书》和《晋书》出现"盐神"。然而"盐神"
崇拜在民间是长期存在的。

袁珂编著《中国神话传说词典》所收"盐宗庙"条说："见'宿
沙'。""宿沙"条又写道：

> 宿沙　神农臣。宿一作夙。《世本·作篇》（清张澍稡集补
> 注本）："宿沙作煮盐。"《淮南子·道应训》："昔宿沙之民，
> 皆自攻其君而归神农。"《艺文类聚》卷十一引《帝王世纪》云：
> "炎帝神农氏。诸侯夙沙氏叛不用命，箕文谏而杀之，炎帝退而修
> 德，夙沙之民自攻其君归炎帝。"即其事。宋罗泌《路史·后纪
> 四》注云："今安邑东南十里有盐宗庙，吕忱云，宿沙氏煮盐之

---

① 袁珂：《中国神话传说词典》，上海辞书出版社1985年版，第314页，第440页。
② 《晋书》，第3021-3022页。

神，谓之盐宗，尊之也。"明彭大翼《山堂肆考》羽集二卷"煮
海"条云："宿沙氏始以海水煮乳煎成盐，其色有青、红、白、
黑、紫五样。"亦为异闻。[1]

"盐宗庙"应是对"宿沙"纪念的遗存。《太平寰宇记》卷四六《河东道
七·解州·安邑》："盐宗庙，在县东南十里。按吕忱云'宿沙氏煮海谓之
盐'，宗，尊之也，以其滋润生人，可得置祠。"[2]

《山堂肆考》羽集二卷"煮海"条说宿沙氏"煮海"盐色"五样"[3]，
学者以为"异闻"。而山西解州盐池出盐确有赤色者。宋沈括《梦溪笔谈》
卷三《辨证一》有关于解州盐池的记述："解州盐泽，方百二十里。久雨，
四山之水悉注其中，未尝溢；大旱未尝涸。卤色正赤，在版泉之下，俚俗谓
之'蚩尤血'。"[4]《新唐书》卷三九《地理志三》：解州"有紫泉监"[5]。
《太平寰宇记》卷四六《河东道七·解州·安邑》记述解州盐池："今池水
紫色，湛然不流，造盐贮水深三寸，经三日则结盐。"[6]所谓"赤色""紫
色"都会使人产生血色联想。

有学者认为，"黄帝与蚩尤之战"即发生在河东，"极可能是为了争
夺盐这一特殊稀少的自然资源，有可能是为了得到和控制河东盐池"[7]。所
谓"蚩尤血"的传说或许与李时珍所述"盐之气味咸腥，人之血亦咸腥"
的知识有关，而所谓"咸走血，血病无多食咸，多食则脉凝泣而变色，从其
类也"[8]，亦与现代医学认识有所符合。据栾保群编著《中国神怪大辞典》
"盐池神"条，"明·于慎行《穀山笔麈》卷一七：河东盐池，唐时曾有封
号，谓之宝应、灵应二池。明初赐额'灵惠'。按：《元史·成宗纪三》：
大德三年，加解州盐池神惠康王曰广济。《泰定帝纪一》：泰定元年，敕封

---

① 袁珂：《中国神话传说词典》，第360页。
② 〔宋〕乐史撰，王文楚等点校：《太平寰宇记》，中华书局2007年版，第966页。
③ 清文渊阁《四库全书》本。
④ 〔宋〕沈括撰，刘尚荣校点：《梦溪笔谈》，辽宁教育出版社1997年版，第12页。
⑤ 《新唐书》，第1000页。
⑥ 〔宋〕乐史撰，王文楚等点校：《太平寰宇记》，第968页。
⑦ 王仁湘、张征雁：《盐与文明》，第218页。
⑧ 陈贵廷：《本草纲目通释》，第414页。

解州盐池神曰灵富公。"①今按：《元史》卷二〇《成宗纪三》："壬申，加解州盐池神惠康王曰广济，资宝王曰永泽。"《元史》卷二九《泰定帝纪一》："敕封解州盐池神曰灵富公。"《元史》卷三〇《泰定帝纪二》："戊戌，遣使祀解州盐池神。""甲寅，改封……盐池神曰灵富公……"②又《中国神怪大辞典》"盐神"条："清·梁章钜《退庵随笔》卷一〇：古夙沙氏初煮海为盐，遂为盐之神。安邑县（今山西运城东）旧有盐宗庙，即祀此神。夙，又作宿，又作质，神农时诸侯，大庭氏之末世也。见《吕氏春秋》《淮南子》《说苑》《水经注》《说文》。乃今之业盐者不闻祀盐神，何耶？吾乡（福州）业盐之家必祀天后，而夙沙氏更在其先。按：盐神除'盐池神''盐井神'外，尚有'盐水神女'者，见'廪君'条。"所谓"盐井神"，见《太平广记》卷三九九"盐井"条、《太平寰宇记》卷八五。③

据《嘉庆重修一统志》卷四七五《云南府·祠庙》，云南府有"盐泉神祠"，"在安宁州善政坊"④。

而小说家言，如宋何薳《春渚纪闻》卷四《杂记》"盐龙"条："萧注从狄殿前之破蛮洞也，收其宝物珍异，得一龙长尺余，云是盐龙，蛮人所絷也。藉以银盘，中置玉盂，以玉箸撮海盐饮之，每鳞甲中出盐如雪则收取，用酒送一钱匕，专主兴阳，而前此无说者何也。后因蔡元度就其体舐盐而龙死，其家以盐封其遗体三数日，用亦大有力。后闻此龙归蔡元长家云。"⑤清袁枚《子不语》卷一"蒲州盐枭"条："岳水轩过山西蒲州盐池，见关神祠内塑张桓侯像，与关面南坐，旁有周将军像，怒目狰狞，手拖铁链，锁朽木一枝，不解何故。土人指而言曰：'此盐枭也。'问其故，曰：'宋元祐间，取盐池之水熬煎，数日而盐不成。商民惶惑，祷于庙，梦关神召众人，谓曰："汝盐池为蚩尤所据，故烧不成盐。我享血食，自宜料理。但蚩尤之

① 栾保群：《中国神怪大辞典》，人民出版社2009年版，第610页。
② 《元史》，第426页，第643页，第670页，第686页。
③ 栾保群：《中国神怪大辞典》，第610页。
④ 《嘉庆重修一统志》，中华书局1986年版，第24345页。
⑤ 〔宋〕何薳撰，张明华点校：《春渚纪闻》，中华书局1983年版，第57页。栾保群：《中国神怪大辞典》据明徐应秋《玉芝堂谈荟》卷三三，第610页。

魂，吾能制之，其妻名枭者，悍恶尤甚，我不能制。须吾弟张翼德来，始能擒服。吾已遣人自益州召之矣。"众人惊寤，且即在庙中添塑桓侯像。其夕风雷大作，朽木一根已在铁索之上。次日取水煮盐，成者十倍。'始悟今所称盐枭，实始于此。"①这些传说，也都是值得重视的民间信仰史资料。

其他社会意识史、社会思想史信息所见现象，如清许光世《西藏新志》所见"盐水佛"②，佛教语言所谓"盐心"③等，或许也都体现出对"盐"的神秘主义认识。

各地类似的与"盐"有关的"神祠"，与"盐"有关的神话，可能还有很多。而追溯这一信仰史的初源时，我们应当重视"盐水神女"故事的意义。

五、丝绸之路文化交流史与远方盐色

《北堂书钞》卷一四六引徐幹《齐都赋》，关于齐地盐产有"皓皓乎若白雪之积"句，又引刘桢《鲁都赋》"其盐则……素礒凝结，皓若雪氛"④，或作"素礒凝结，皓若雪华"⑤。所引王廙《洛都赋》"其河东盐池，玉洁冰鲜"⑥，则形容内地池盐。又有传蔡邕言"江南有胜雪白盐"⑦。汉代历史文化记忆中亦可见中原人对远方奇异盐产的印象。盐的色彩，与内地以往经济生产与饮食生活中的观察体会及消费经验有所不同。《山堂肆考》羽集二卷"煮海"条说宿沙氏"煮海"盐色"五样"，学者以为"异闻"⑧。许多文献资料可见所谓"紫盐""青盐""黄盐""赤盐""黑

---

① 〔清〕袁枚编撰，申孟、甘林点校：《子不语》，上海古籍出版社1998年版，第18-19页。栾保群：《中国神怪大辞典》，第610页。

② 〔清〕许光世、蔡晋成：《西藏新志》中卷《政治部·宗教》"（四）人民之迷信"："如达赖及尊贵之高僧圆寂，敛尸棺内，塞之以盐。盐水漏于棺底，则以黄土和之，作小佛像。名'盐水佛'，最为贵重，得之甚艰。若得之者，异常宝重，永传于家。"张羽新主编：《中国西藏及甘青川滇藏区方志汇编》，学苑出版社2003年版，第三册第296页。

③ 〔唐〕善无畏、一行译：《大毘卢遮那成佛神变加持经》卷一《入真言门住心品第一》，《大正藏》第18册。

④ 〔唐〕虞世南：《北堂书钞》，第617页。

⑤ 〔唐〕虞世南：《北堂书钞》，清文渊阁《四库全书》本。

⑥ 〔唐〕虞世南：《北堂书钞》，第617页。

⑦ 〔明〕严从简撰，余思黎点校：《殊域周咨录》卷一四，中华书局2000年版，第482页。

⑧ 〔明〕彭大翼：《山堂肆考》，清文渊阁《四库全书》本。

盐"等。这些对于远方盐产色样的体会，是以长途交通实践为发现条件的。而早期丝绸之路史的回忆，与相关盐史迹象存在某种关联，无疑是值得交通史、文化史研究者关注的。"诸盐""不用食""并不中食"，即于食用之外多种用途的开发，有可能受到远方异族的启示。

1. "西方""殊域""五色盐"

《北堂书钞》卷一四六"青盐"条引《广志》云："盐体同于水，故多产于海滨。海东有印成盐，西方有石子盐，皆生于水。"又说："北胡有青盐，五原有紫盐，波斯国有白盐，如石子。"①《白孔六帖》卷一六《盐》"青紫"引《西域记》曰："西海南有青盐、紫盐，池盐方寸半，食味甚美。"②唐段公路《北户录》卷二"红盐"条："按盐有赤盐、紫盐、黑盐、青盐、黄盐。"③明严从简《殊域周咨录》卷一四《西戎·火州》写道："盐有五色。""按郭璞《盐赋》曰，'烂然若霞，红盐也'，非赤如珠者乎？蔡邕又曰，'江南有胜雪白盐，今德中白盐也'，非白如玉者乎？李白、东坡之诗称水晶盐，今环庆之墟，盐池所产如骰子块，莹然明彻如水晶者，亦白盐也。药中取用有青盐，《续汉书》云，'天竺国产黑盐、黄盐'，道书又有紫盐，谓我盐也。今甘肃、宁夏有青、黄、红三种，生池中，可见书不诬也。"④清王士禛《香祖笔记》卷七："盐煮于海，惟河东、宁夏有盐池、红盐池，滇、蜀有黑、白盐井。"⑤

清褚人获《坚瓠广集》卷二有"五色盐"条，其中写道："郭璞《盐赋》曰：'烂然若霞。''红盐'也。蔡邕曰：'江南有胜雪白盐。'淮浙食盐是也。太白、少陵诗称'水晶盐'，今环、庆之间盐池所产，如骰

---

① 〔唐〕虞世南：《北堂书钞》，清文渊阁《四库全书》本。

② 〔唐〕白居易原本，〔宋〕孔传续撰：《白孔六帖》，《四库类书丛刊》，上海古籍出版社据清文渊阁《四库全书》本1992年影印版，第264页。

③ 〔唐〕段公路纂，崔龟图注：《北户录》，《丛书集成初编》第603册，中华书局据《十万卷楼丛书》依宋本校刊本1985年排印本，第26页。

④ 〔明〕严从简撰，余思黎点校：《殊域周咨录》，第482页。今按，郭璞《盐赋》及蔡邕之说，标点应作："按郭璞《盐赋》曰：'烂然若霞。'红盐也。非赤如珠者乎？蔡邕又曰：'江南有胜雪白盐。'今德中白盐也。非白于玉者乎？""我盐"应是"戎盐"。

⑤ 〔清〕王士禛撰，湛之点校：《香祖笔记》，上海古籍出版社1982年版，第126页。

子块，莹然明澈，盖'水晶盐'也。药中所用'青盐'。《续汉书》云：
'天竺国产黄盐、黑盐。'道书又有'紫盐'，谓'戎盐'也。甘肃、宁夏
有青、黄、红三种，生池中。高昌有'赤盐'。安息国出'五色盐'。"①
文字略异于《殊域周咨录》。所谓"道书又有'紫盐'，谓'戎盐'也"，
"戎盐"是正字。

关于西方殊域盐产异色的文字记录，体现了中原人对于较宽广空间的经
济地理认知，也体现了交通理念与世界意识。这些知识的获得，与丝绸之路
文化交流有直接的关系。其早期记录，往往可以追溯到汉代甚至汉代以前。

2. "朔方""紫盐"

汉晋文献已经体现北边地区出产"紫盐"。唐段公路《北户录》卷二
"红盐"条注引虞世南书：

> 蔡邕《从朔方报羊月书》云：幸得无恙，遂至徙所，自城以
> 西，唯有紫盐也。②

严可均辑《全上古三代秦汉三国六朝文·全后汉文》卷七三据段公路《北户
录》题《徙朔方报羊陟书》③。如果此说可靠，则是关于"紫盐"最早的记
载，即东汉时中原人已经有了关于"紫盐"的直接体验。

《北堂书钞》卷一四六"紫盐"条引《博物志》也说到"朔方""五
原"的"紫盐"：

> 《博物志》云：五原有紫盐也。④

此句当为《博物志》佚文。⑤"紫盐"，也是北边或说"北胡"地方特殊的
盐产。

山西解池据说也有"池水紫色"的盐产基地。《新唐书》卷三九《地

---

① 〔清〕褚人获：《坚瓠集》《笔记小说大观》，江苏广陵古籍刻印社用上海进步书局版1984年影印
版，第15册，第391页。

② 〔唐〕段公路纂，崔龟图注：《北户录》，第26页。

③ 〔清〕严可均：《全上古三代秦汉三国六朝文》，中华书局1958年版，第872页。

④ 〔唐〕虞世南：《北堂书钞》，第616页。

⑤ 〔晋〕张华撰，范宁校证：《博物志校证》，中华书局1980年版，第126页。

理志三》：解州"有紫泉监"①。《太平寰宇记》卷四六《河东道七·解州·安邑》记述解州盐池："今池水紫色，湛然不流，造盐贮水深三寸，经三日则结盐。"②

关中地方也有"紫泉"。司马相如《上林赋》说上林苑水资源的优越，《史记》卷一一七《司马相如列传》："左苍梧，右西极，丹水更其南，紫渊径其北；终始霸浐，出入泾渭；酆鄗潦潏，纡余委蛇，经营乎其内。荡荡兮八川分流，相背而异态。"裴骃《集解》："郭璞曰：'紫渊所未详。'"张守节《正义》："《山海经》云：'紫渊水出根耆之山，西流注河。'文颖云：'西河谷罗县有紫泽（其水紫色，注亦紫），在县北，于长安为北。'"③《汉书》卷五七上《司马相如传上》："左苍梧，右西极，丹水更其南，紫渊径其北。终始霸产，出入泾渭，酆镐潦潏，纡余委蛇，经营其内。"颜师古注："上言左苍梧，右西极，丹水更其南，紫泉径其北。皆谓苑外耳。丹水、紫泉非八川数也。"④司马相如赋及注中出现"紫渊""紫泽""紫泉"，但是我们没有看到与此"紫泉"与"紫盐"相关的信息。

3. "北胡有青盐"

《汉书》卷二八下《地理志下》记载北边盐产，说到朔方郡朔方的两处"盐泽"，即"池盐"资源：

> 金连盐泽、青盐泽皆在南。⑤

其中"青盐泽"之"青"，很可能是说"盐泽"所产盐的结晶色彩。《博物志》佚文："北胡有青松盐。"⑥《水经注》卷三《河水三》写道：

> 按《魏土地记》曰：县有大盐池，其盐大而青白，名曰青盐，又名戎盐，入药分，汉置典盐官。⑦

---

① 《新唐书》，第1000页。

② 〔宋〕乐史撰，王文楚等点校：《太平寰宇记》，第968页。

③ 《史记》，第3017页。

④ 《汉书》，第2547-2549页。

⑤ 《汉书》，第1619页。

⑥ 〔晋〕张华撰，范宁校证：《博物志校证》，第126页。

⑦ 〔北魏〕郦道元著，陈桥驿校证：《水经注校证》，第76页。

所谓"汉置典盐官"者，明确说在汉代此盐池已经得到开发利用。所谓"其盐大而青白"，指所产盐结晶体的形状及颜色。其色"青白"者，显然与通常"白盐"不同。"又名戎盐"的说法，指述"盐池"方位，也说明了早期开发者的族属。

前引唐段公路《北户录》卷二"红盐"条注引虞世南书："蔡邕《从朔方报羊月书》云：幸得无恙，遂至徙所，自城以西，唯有紫盐也。"蔡邕此文严可均所辑《全上古三代秦汉三国六朝文·全后汉文》卷七三据段公路《北户录》题作《徙朔方报羊陟书》，其中"紫盐"作"青紫盐"。[1]《两汉全书·蔡中郎外集卷弟二》题《徙朔方报羊月书》，亦作"青紫盐"。[2]

前引清文渊阁《四库全书》本《北堂书钞》卷一四六"青盐"条引《广志》云："北胡有青盐。"光绪十四年南海孔氏刊本《北堂书钞》作："《博志》云：'北胡有青盐。'"孙星衍、孔广陶等据宋本校："今案陈俞本'博'作'广'，本钞此条，'博'下无'物'字，是《广志》无疑。'广'改'博'，乃永兴避隋炀帝讳也。"[3]所谓"戎盐"名号，与"北胡"方位是一致的。

此所谓"北胡有青盐"，可能表明了"青盐泽"产品特色的影响。很可能在"北胡"方向还有其他生产"青盐"的"池""泽"。也就是说，"青盐"可能是中原人所设定的"北胡"地方盐产特征的区域性符号。

4. 高昌、于阗"出赤盐"

唐段公路《北户录》卷二"红盐"条："按盐有赤盐、紫盐、黑盐、青盐、黄盐。"题名"红盐"而正文言"赤盐"。在"赤盐、紫盐、黑盐、青盐、黄盐"中，"赤盐"位列第一。崔龟图注："《书抄》云：沈约《宋书》曰：'虏至彭城，与张畅语，送白毡、赤盐。'又郭璞《盐池赋》曰'烂然汉明，晃尔霞赤'是也。又虞世南书云：蔡邕《从朔方报羊月书》云：'幸得无恙，遂至徙所，自城以西，唯有紫盐也。'《续汉书》云：'天竺出黑盐。'又《北堂书抄》引《博物志》云：'北胡青盐。但以味色

---

[1] 〔清〕严可均：《全上古三代秦汉三国六朝文》，第872页。

[2] 董治安：《两汉全书》，山东大学出版社2009年版，第13857页。

[3] 〔唐〕虞世南：《北堂书钞》，第616页。

浮杂为不同耳。’”①所谓"赤盐"，来自"虏"地。

《说郛》本《北户录》作："验之即由煎时染成，差可爱也。郑公虔云：琴湖池桃花盐，色如桃花，随月盈缩。在张掖西北。"②《十万卷楼丛书》据宋本作：

> 验之，即由煎时染成，差可爱也。公路记郑公虔云：琴湖池
> 桃花盐，色如桃花，随月盈缩。在张掖西北。隋开皇中常进焉。

崔龟图注："一云，十五日以前盐甘，月半以后苦也。"③

《魏书》卷一〇一《高昌传》记载高昌国环境物产："地多石碛。气候温暖，厥土良沃，谷麦一岁再熟，宜蚕，多五果，又饶漆。有草名羊刺，其上生蜜而味甚佳。引水溉田。"随后又说到特别值得注意的盐产：

> 出赤盐，其味甚美。复有白盐，其形如玉，高昌人取以为
> 枕，贡之中国。④

《隋书》卷八三《西域传·高昌》："出赤盐如朱，白盐如玉。"⑤所谓"赤盐"应指盐产结晶呈红色。《新五代史》卷七四《四夷附录三》记载："甘州回鹘"其地出"红盐"。"晋天福三年，于阗国王李圣天遣使者马继荣来贡红盐……"⑥

《魏书》卷一〇二《西域传·伽色尼》说其地物产，也出现关于"赤盐"的信息：

> 土出赤盐，多五果。⑦

明汪砢玉《古今鎋略补》卷一："高昌者，车师前王故地，汉之前部地也。

---

① 〔唐〕段公路纂，崔龟图注：《北户录》，《丛书集成初编》第603册，第26页。

② 《说郛》卷六三上段公路《北户录》"红盐"条，清文渊阁《四库全书》本。

③ 〔唐〕段公路纂，崔龟图注：《北户录》，《丛书集成初编》第603册，中华书局据《十万卷楼丛书》依宋本校刊本1985年排印版，第26页。或据《四库全书》本标点作："公路记，郑公虔云……"〔唐〕段公路撰：《北户录》卷二，《风土志丛刊》，广陵书社据清《四库全书》本2003年4月影印版，第10-11页。

④ 《魏书》，第2243页。《北史》卷九七《西域传·高昌》："出赤盐，其味甚美。复有白盐，其形如玉，高昌人取以为枕，贡之中国。"第3212页。

⑤ 《隋书》，第1847页。

⑥ 《新五代史》，第916-917页。

⑦ 《魏书》，第2272页。《北史》卷九七《西域传·伽色尼》："土出赤盐，多五果。"第3224页。

出赤盐，味甚美。"①汉以前此地已经开发，滋味优异的"赤盐"应当久为人们所利用，只是没有看到汉代文献的直接记载。宋黄震《古今纪要》卷七记载："高昌，车师前王故地，或云汉兵之困者居之。羊刺生蜜，赤盐，白盐色如玉，为枕献中国。"②言当地"赤盐"出产时，强调了汉代军事地理形势。

"赤盐"除"其味甚美"外，大约还有特殊应用途径。年代与秦汉时期颇相接近的材料，有《北堂书钞》卷一四六引《抱朴子》中记述的专门制作"赤盐"的技术方法：

> 《抱朴子》云作赤盐法：用寒盐一斤、雨泥一斤，内铁器
> 中，以火烧之，消而成赤盐。③

"铁器"是"作赤盐"专门的容器，也是专门的工具。"赤盐"之"赤"，或与赤铁矿石的颜色接近，应与氧化铁杂入"盐"粒相关。实现这一反应的条件是加热，即"以火烧之"。而"雨泥"究竟是怎样的成分，今天我们已经无从得知。方以智《物理小识》卷七《金石类·盐》："《本草》：戎盐，南海青，北海赤。"④前引段公路《北户录》"红盐"条写道："恩州有盐场出红盐，色如绛雪。验之即由煎时染成，差可爱也。"《抱朴子》所谓"内铁器中，以火烧之，消而成赤盐"，也可以理解为"煎时染成"。

其实内地盐产也有"赤盐"，如山西解州盐池出盐确有赤色者。前引《北户录》："郭璞《盐池赋》曰'烂然汉明，晃尔霞赤。'"郭赋又有"紫沦洒炎，红华笼光"句。"炎"或作"焰"⑤。宋沈括《梦溪笔谈》卷三《辨证一》可见关于解州盐池的记述，也说到其产品"卤色正赤"："解州盐泽，方百二十里。久雨，四山之水悉注其中，未尝溢；大旱未尝涸。卤

---

① 〔明〕汪砢玉：《古今鹾略补》，清钞本。

② 〔宋〕黄震：《古今纪要》，清文渊阁《四库全书》本。

③ 光绪十四年南海孔氏刊本其文截止于"用寒盐一斤"。原注："今案见平津馆本《抱朴子》内《黄白》篇及《御览》八百六十五引'斤'下其文甚详。陈俞本已增入。"〔唐〕虞世南：《北堂书钞》，第616页。《太平御览》卷八六五引《抱朴子》曰："作赤盐法：用寒盐一斤，雨泥一斤，内铁器中，以为水烧，皆消而赤也。"〔宋〕李昉等：《太平御览》，第3839页。

④ 方以智：《物理小识》，《万有文库》第2集700种，商务印书馆1937年版，第178页。

⑤ 〔唐〕虞世南：《北堂书钞》，第617页。"紫沦洒炎，红华笼光"句下，注："又云'于是漫□丹盘，薄搜重床，紫沦洒炎，红华笼光'。王石华校，'炎'改'焰'。今案陈俞本脱'丹盘'三句，'炎'亦作'焰'。惟严辑《郭璞集》与旧钞同。"

色正赤，在版泉之下，俚俗谓之'蚩尤血'。"① "盐泽" "卤色正赤"，于是被联想为"蚩尤血"，除了颜色因素而外，"赤"与"蚩尤"之"蚩"字音的接近也值得重视。

前引清王士禛《香祖笔记》卷七："盐煮于海，惟河东、宁夏有盐池、红盐池，滇、蜀有黑、白盐井。"宁夏的"红盐池"，可能如沈约《宋书》记述，因"虏"所送，为中原人得识。而"高昌""伽色尼"所产"赤盐"，也丰富了内地有关远方盐产的知识。

5. 天竺国"黄盐"

唐人段公路《北户录》卷二"红盐"条："按盐有赤盐、紫盐、黑盐、青盐、黄盐。"关于"黄盐"，说到具体的出产地，包括"安西城北涧中"，对其颜色也有所形容：

> 黄盐，安西城北涧中有色如芜菁华者。

原注："郑虔亦述。"②

《说郛》卷二段公路《北户录》"红盐"条："恩州有盐场出红盐，色如绛雪。验之即由煎时染成，差可爱也。郑公虔云：琴湖池桃花盐，色如桃花，随月盈缩。在张掖西北。按盐有赤盐、紫盐、黑盐、青盐、黄盐。亦有如虎、如印、如伞、如石、如水精状者。"③

《后汉书》卷八八《西域传·天竺》说"天竺"物产，列举"诸香、石蜜、胡椒、姜、黑盐"④。而明徐应秋《玉芝堂谈荟》卷二四"红盐池"条："《续汉书》：天竺国产黑盐、黄盐。"⑤说到了"黄盐"。前引明严从简《殊域周咨录》卷一四《西戎》也写道："《续汉书》云：'天竺国产黑盐、黄盐。'"可知东汉人已经有"天竺国""黄盐"的知识。清陈元

---

① 〔宋〕沈括撰，刘尚荣校点：《梦溪笔谈》，第12页。
② 〔唐〕段公路纂，崔龟图注：《北户录》，《丛书集成初编》第603册，中华书局据《十万卷楼丛书》依宋本校刊本1985年排印版，第26页。"郑虔亦述"，《四库全书》本作"郑公亦述"。〔唐〕段公路撰：《北户录》卷二，《风土志丛刊》，广陵书社据清《四库全书》本2003年影印版，第11页。
③ 清文渊阁《四库全书》本。
④ 《后汉书》，第2921页。
⑤ 〔明〕徐应秋：《玉芝堂谈荟》，清文渊阁《四库全书》本。

龙《格致镜原》卷二三《饮食类·盐》又记载："《续汉书》：'天竺国在月氏东南数千里，其国有黑盐、黄盐。和帝时数遣人贡献，后西域反畔乃绝。'"①明确说"天竺国""黄盐"曾在东汉"和帝时数遣人贡献"，而所谓"后西域反畔乃绝"，则指示"黄盐"来自西域方向。

6. 身毒有"黑盐"

《史记》卷一二三《大宛列传》写道："（大夏）其东南有身毒国。"张守节《正义》说到这一国度的自然环境、民俗文化、物产资源，也涉及交通形势："一名身毒，在月氏东南数千里。俗与月氏同，而卑湿暑热。其国临大水，乘象以战。其民弱于月氏。修浮图道，不杀伐，遂以成俗。土有象、犀、玳瑁、金、银、铁、锡、铅。西与大秦通，有大秦珍物。"②所谓"西与大秦通，有大秦珍物"句，应据《后汉书》卷八八《西域传·天竺》：

> 天竺国一名身毒，在月氏之东南数千里。俗与月氏同，而卑湿暑热……土出象、犀、玳瑁、金、银、铜、铁、铅、锡，西与大秦通，有大秦珍物。又有细布、好毾㲪、诸香、石蜜、胡椒、姜、黑盐。③

前引明徐应秋《玉芝堂谈荟》卷二四"红盐池"条、明严从简《殊域周咨录》卷一四《西戎》、清陈元龙《格致镜原》卷二三《饮食类·盐》皆据《续汉书》记载说到"天竺国""黑盐"。

"黑盐"又写作"乌盐"。《新唐书》卷二二一下《西域传下·骨咄》记载："骨咄，或曰珂咄罗，广长皆千里，王治思助建城。多良马、赤豹。有四大盐山，山出乌盐。"④

由所谓"西与大秦通，有大秦珍物"，应知"天竺国"交通地位及其在东西文化交流体系中的重要作用。所产"黑盐"，也应看作表现出特殊物色的远方盐产。中原人对于相关知识的获得，应当由自丝绸之路上的交通。

---

① 〔清〕陈元龙撰：《格致镜原》，清文渊阁《四库全书》本。

② 《史记》，第3164-3165页。

③ 《后汉书》，第2921页。

④ 《新唐书》，第6256页。

7. "南海异物""天竺""白盐"

异国出盐，也有白色者，即所谓"白盐"，但是也有异于通常所见白盐的不寻常处。如前引《魏书》《隋书》说高昌国出"白盐"。又《北堂书钞》卷一四六"一车输王"条引《吴时外国传》：

> 张海洲有湾，湾内常出自然白盐。每岁以一车输王。[①]

同卷"如细石子"条引《吴时外国传》：

> 张海洲有湾，湾内常出自然白盐，峄峄如细石子。

又同页"白如水精"条：

> 又云：天竺国有新陶水，水特甘美。下有石盐，白如水精。[②]

又同卷"状如石英"条：

> 《南州异物志》云：天竺有新陶水，特甘香，下有白盐，状如石英。[③]

大概其色泽与晶体结构与中国常见的"白盐"有所不同。所谓"张海""涨海"及"天竺""新陶水"，明确标示出此盐之相关知识来自海上丝绸之路交通见闻。有关远方异型异色的"盐"，是丝绸之路史研究应当关注的信息。

清姚振宗《三国艺文志》卷二《史部·地理类》"康泰《吴时外国传》条"介绍了《吴时外国传》及其作者："《梁书·诸夷列传》：海南诸国大抵在交州南及西海大海洲上，相去或四五千里，远者二三万里。其西与西域诸国接。汉元鼎中遣伏波将军路博德开百越，置日南郡。其徼外诸国，自武帝以来皆朝贡。后汉桓帝世，大秦、天竺皆由此道遣使贡献。及吴孙权时，遣宣化从事朱应、中郎康泰通焉。其所经过及传闻，则有百数十国。因立记传。《南史·海南诸国列传》同。"又写道："《太平御览·图书纲目》有康泰《扶南土俗传》，又七百八十七云'吴时康泰为中郎，表上《扶南土

[①] 〔唐〕虞世南：《北堂书钞》，第617页。

[②] 〔唐〕虞世南：《北堂书钞》，第616页。《太平御览》卷八六五引《吴时外国传》曰："涨海州有湾，湾中常出自然白盐，峄峄如细石子。天竺国有新陶水，水甘美。下有石盐，白如水精。"注："《南州异物志》云：'盐如石英。'"〔宋〕李昉等：《太平御览》，第3840页。

[③] 〔唐〕虞世南：《北堂书钞》，第616页。

俗》'。所引凡十二条。又三百五十九引康泰《吴时外国传》，《史记·秦本纪》正义引《吴人外国图》，《大宛列传》正义引《康氏外国传》。侯志曰：康按《水经》卷一、卷三十六及《御览》屡引康泰《扶南传》，又引康泰《扶南土俗》，《艺文类聚》及《御览》屡引《吴时外国传》。窃意康泰遍历百数十国，必不至专记扶南一方，其大名当是《吴时外国传》，而《扶南传》则其中之一种。《扶南土俗》又《扶南传》之别名也。"姚振宗指出："按《隋志》有《交州以南外国传》一卷，两《唐志》'南'作'来'，并不著撰人，似即此书之残本。据《梁书》《南史》，则康泰及朱应所记，并及西域、天竺土俗。"此外，又有朱应《扶南异物志》一卷，万震《南州异物志》一卷，沈莹《临海水土异物志》一卷，薛珝《异物志》，薛莹《荆扬以南异物志》等著作。①有关"天竺国""水土异物"知识的获得，应当与东汉以来南洋航线的交通运行与文化交流有关。

方以智《物理小识》卷七《金石类·盐》也说到"天竺""新陶水"："《吴录》曰：'天竺有新陶水，石盐如水晶。'"下文又引"金幼孜《北征录》：'北有盐海，出白盐如水晶。'"②所谓"石盐如水晶""白盐如水晶"，对于中原常识来说，似是不同方向远方盐产的异样特征。

8. "诸盐各有所宜"

《宋书》卷四六《张劭传附兄子畅传》记载："魏主又遣送毡及九种盐并胡豉，云：'此诸盐，各有宜。白盐是魏主所食。黑者疗腹胀气满，刮取六铢，以酒服之。胡盐疗目痛。柔盐不用食，疗马脊创。赤盐、驳盐、臭盐、马齿盐四种，并不中食。胡豉亦中啖。'"③《宋书》卷五九《张畅传》："焘又送毡各一领，盐各九种，并胡豉：'凡此诸盐，各有所宜。白盐是魏主自所食。黑盐治腹胀气癧，细刮取六铢，以酒服之。胡盐治目痛。柔盐不食，治马脊创。赤盐、驳盐、臭盐、马齿盐四种，并不中食。胡豉亦

---

① 〔清〕姚振宗：《三国艺文志》，民国《适园丛书》本。

② 〔明〕方以智：《物理小识》，《万有文库》第2集700种，第179页。

③ 《宋书》，第1398页。《南史》卷三二《张劭传附兄子畅传》："太武又遣送毡及九种盐并胡豉，云：'此诸盐各有所宜：白盐是魏主所食。黑者疗腹胀气癧，细刮取六铢，以酒服之。胡盐疗目痛。柔盐不用食，疗马脊创。赤盐、驳盐、臭盐、马齿盐四种，并不中食。胡豉亦中啖。'"第830页。

中唻。黄甘幸彼所丰,可更见分。'"①其语《魏书》卷五三《李孝伯传》所载又略有不同:"凡此诸盐,各有所宜。白盐食盐,主上自食;黑盐治腹胀气满,末之六铢,以酒而服;胡盐治目痛;戎盐治诸疮;赤盐、驳盐、臭盐、马齿盐四种,并非食盐。"②

所谓"此诸盐,各有宜""凡此诸盐,各有所宜",都说不同地方盐产种种,对于社会生活的意义是多方面的。"不用食"或说"并非食盐"的作为外用药的盐,很早就已经被发现、被利用,其实例已见于河西汉代简牍资料。马王堆汉墓出土汉初医书中也有以"盐"入药的例证。"胡盐""戎盐"在医学史上的出现,提示我们应当注意西北少数民族在盐业开发历程中多方面的发明。

六、说"戎盐累卵":以丝绸之路史为视角的考察

有关汉代盐史的文化记忆中可见盐的特殊用途,比较奇异者,有明方以智《物理小识》卷七《金石类·盐》"戎盐累卵法"条所记载:"即青盐、紫盐之类,以水化之,涂鸡子,则累之而不堕。"③追溯其渊源,可以发现上古盐史相关的文化迹象。如《淮南万毕术》所谓"盐能累卵",注文特别强调了所使用的"盐"是"戎盐"这一可能由草原民族开发的盐产品种,可知相关文化记忆,有悠久的渊源。这一现象或许可以反映数术史与伎艺史的文化现象与丝绸之路史的关系,值得学界关注。对于来自西域"殊方重译"地方表演"陵高履索,踊跃旋舞"者的艺术能力,有"叠卵相重"语句形容,也值得我们注意。

1. "累卵":政治危局警告

方以智所谓以"青盐、紫盐之类"的溶液"涂鸡子,则累之而不堕"作

---

① 《宋书》,第1602-1603页。
② 《魏书》,第1170页。《北史》卷三三《李孝伯传》:"孝伯曰:'有后诏:凡此诸盐,各有所宜。白盐食盐,主上所食;黑盐疗腹胀气满,末之六铢,以酒而服;胡盐疗目痛;戎盐疗诸疮;赤盐、驳盐、臭盐、马齿盐四种,并非食盐。'"第1221页。
③ 〔明〕方以智:《物理小识》,《万有文库》第2集700种,第179页。

为一种日常经验，究竟始于何时，我们不能明确知晓。但是我们可以看到，"鸡子"一类禽卵"累之"易"堕"，而随即破毁，作为一般生活常识，很早就为政论发表者所借用，作为政治语言用以形容"事势"①。这一情形，频繁见于史籍。

如《史记》卷七九《范雎蔡泽列传》载范雎语："秦王之国，危于累卵。"②《史记》卷八五《吕不韦列传》张守节《正义》引《战国策》录吕不韦说秦王后弟阳泉君语："王之春秋高矣，一日山陵崩，太子用事，君危于累卵，而不寿于朝生。"③《史记》卷一二八《龟策列传》回顾夏桀时事，亦可见"国危于累卵"的说法④。《汉书》卷三六《楚元王传》："上有累卵之危。"⑤《汉书》卷五一《邹阳传》："臣恐长君危于累卵。"⑥《汉书》卷五一《枚乘传》："必若所欲为，危于累卵，难于上天……欲乘累卵之危，走上天之难……"⑦《后汉书》卷一〇上《皇后纪上·和熹邓皇后》："诏曰：'朕以无德，托母天下，而薄祐不天，早离大忧。延平之际，海内无主，元元厄运，危于累卵。'"⑧《后汉书》卷二九《申屠刚传》："国家微弱，奸谋不禁，六极之效，危于累卵。"⑨《后汉书》卷四九《王符传》："居累卵之危，而图太山之安。"⑩《后汉书》卷六一《左雄传》："民萌之命，危于累卵。"⑪《后汉书》卷六二《陈纪传》："若欲徙万乘以自安，将有累卵之危，峥嵘之险也。"⑫《后汉书》卷七五《吕布传》："今与袁

---

① 《三国志》卷四八《吴书·三嗣主传·孙皓》裴松之注引《江表传》载皓将败与舅何植书曰："观此事势，危如累卵。"第1177页。

② 《史记》，第2403页。

③ 《史记》，第2507页。

④ 《史记》，第3234页。

⑤ 《汉书》，第1961页，

⑥ 颜师古注："累卵者，言其将隤而破碎也。"《汉书》，第2354-2355页。

⑦ 《汉书》，第2359页。

⑧ 《后汉书》，第429页。

⑨ 《后汉书》，第1013页。

⑩ 《后汉书》，第1633页。

⑪ 《后汉书》，第2021页。

⑫ 《后汉书》，第2068页。

术结姻，必受不义之名，将有累卵之危矣。"①《三国志》卷二《魏书·文帝纪》裴松之注引《魏略》："臣谓此危，危于累卵。"②《三国志》卷四《魏书·三少帝纪·高贵乡公髦》："吾之危殆，过于累卵。"③《三国志》卷七《魏书·张邈传》："曹公奉迎天子，辅赞国政，威灵命世，将征四海，将军宜与协同策谋，图太山之安。今与术结婚，受天下不义之名，必有累卵之危。"④《三国志》卷二八《魏书·钟会传》："去累卵之危，就永安之福。"⑤《三国志》卷四三《蜀书·黄权传》："若客有泰山之安，则主有累卵之危。"⑥《三国志》卷四八《吴书·三嗣主传·孙皓》裴松之注引《江表传》载皓将败与舅何植书："天文县变于上，士民愤叹于下，观此事势，危如累卵，吴祚终讫，何其局哉！"⑦

"累卵"又作"重卵"。《战国策·燕策二》："苏代自齐献书于燕王曰：'臣之行也固知将有口事，故献御书而行，曰：臣贵于齐，燕大夫将不信臣；臣贱，将轻臣；臣用，将多望于臣；齐有不善，将归罪于臣；天下不攻齐，将曰善为齐谋；天下攻齐，将与齐兼郑臣。臣之所重处重卵也。'"吴师道注曰："一本'卵'作'卵'。据此，则'重'音平声。重卵，犹音累卵，谓已处危也。"⑧《越绝书》卷七《越绝内传陈成恒》："子贡对曰：……今君破鲁以广齐，堕鲁以尊臣，而君之功不与焉。是君上骄主心，下恣群臣，而求成大事，难矣！且夫上骄则犯，臣骄则争，是君上于主有却，下与大臣交争也。如此，则君立于齐，危于重卵矣！"⑨《说苑·正谏》："孝景皇帝时，吴王濞反。梁孝王中郎枚乘字叔，闻之，为书谏王。其辞曰：'……诚能用臣乘言，一举必脱。必若所欲为，危如重卵，难于上

① 《后汉书》，第2448页。

② 《三国志》，第60页。

③ 《三国志》，第144页。

④ 《三国志》，第224页。

⑤ 《三国志》，第789页。

⑥ 《三国志》，第1043页。

⑦ 《三国志》，第1176-1177页。

⑧ 〔汉〕刘向：《战国策》，第1095-1096页。

⑨ 〔汉〕袁康、吴平辑录，乐祖谋点校：《越绝书》，上海古籍出版社1985年版，第51页。

天；变所欲为，易于反掌，安于太山。今欲极天命之寿，弊无穷之乐，保万乘之势，不出反掌之易，以居太山之安，乃欲乘重卵之危，走上天之难，此愚臣之所大惑也。'"①此语与前引《汉书》卷五一《枚乘传》"必若所欲为，危于累卵，难于上天"大致相同，可知"重卵"就是"累卵"。

"累卵""重卵"作为战国秦汉文献中频繁出现的政治语言"热词"，是否有真实的社会生活景象作为此比喻生成的基点呢？

2.《淮南万毕术》："盐能累卵"

我们看到，"累卵"不仅作为政治比喻形式，也有具体的生活表现。《艺文类聚》卷二四引《说苑》："晋灵公造九层台，费用千亿。谓左右曰：'敢有谏者斩。'孙息乃谏曰：'臣能累十三博棋，加九鸡子其上。'公曰：'吾少学，未尝见也。子为寡人作之。'孙息即以棋子置其下，加九鸡子其上。左右慑惧，灵公扶伏，气息不续。公曰：'危哉危哉！'孙息曰：'臣谓是不危也，复有危此者。'公曰：'愿见之。'孙息曰：'九层之台，三年不成，男不得耕，女不得织，国用空虚，户口减少，吏民叛亡，邻国谋议将兴兵。社稷一灭，君何所望？'灵公曰：'寡人之过，乃至于此。'即坏九层之台。"②左思《魏都赋》："顾非累卵于叠棋焉，至观形而怀怛。"③所谓"累卵于叠棋"，即说荀息、晋灵公故事。

唐段公路《北户录》卷二"红盐"条崔龟图注，在关于"盐"的解说

---

① 〔汉〕刘向撰，赵善诒疏证：《说苑疏证》，第264-265页。

② 又《艺文类聚》卷七四引《说苑》："晋灵公骄奢，造九层之台。谓左右：'敢谏者斩！'孙息闻之，求见。公曰：'子何能？'孙息曰：'臣能累十二棋，加九鸡子其上。'公曰：'吾少学，未尝见也。子为寡人作之。'孙息即正颜色，定志意，以棋子置上，加鸡子其上。左右慑惧，灵公俯伏，气息不续。公曰：'危哉！'孙息曰：'公为九层之台，三年不成，危甚于此。'"〔唐〕欧阳询撰，汪绍楹校：《艺文类聚》，第436页，第1277页。

③ 李善注："言其危惧易见，不俟观形也。《说苑》曰：晋灵公造九层台，孙息闻之，求见，曰：'臣能累十二博棋，加九鸡子其上。'公曰：'子作之。'孙息以棋子置下，加九鸡子其上。灵公曰：'危哉！'孙息曰：'是不危。复有危于此者。九层之台，三年不成，邻国将欲兴兵，社稷亡灭，君欲何望？'即坏台。贾逵《国语注》曰：'怛，惧也。'"刘良注："荀息累十二棋子，加九卵于上。晋平公曰：'危哉！'顾二国之危，若不同于此，何能观其形而预怀恻怛。"〔梁〕萧统编，〔唐〕李善、吕延济、刘良、张铣、吕向、李周翰注：《六臣注文选》卷六，中华书局1987年版，第138页。

中说到"累卵"："戎盐即《万毕术》'累卵'是也。"①指出"累卵"与"戎盐"的特殊关系。《太平御览》卷八六五引《淮南万毕术》可见"盐能累卵"之说，"累卵"是现实中的技能形式。而"盐"可以作为实现的具体条件。"盐能累卵"文后又有注文：

> 取戎盐涂卵，取他卵置其上，即累也。②

注文特别强调了"戎盐"。《太平御览》卷九二八引《淮南万毕术》有两条涉及"鸡子"即"卵"的文字：

> 《淮南万毕术》曰："艾火令鸡子飞。" 取鸡子，去其汁，燃艾火，内空卵中，疾风因举之飞。
>
> 盐之累卵。取盐涂卵，取他卵置上，即累也。③

前者体现了时人对热空气比重较轻，可以帮助"鸡子"飞升的早期物理学知识的了解。后者也应当体现了某种科学经验。

对于《淮南万毕术》是否西汉文献，存在不同认识。有学者相信是"西汉淮南王刘安及其门客的作品"④，或以为是与淮南王刘安有关的方术文化遗存，"对我们理解《淮南子》及西汉的方术与科技思想有参考价值"⑤。其物理学意义，亦有论著予以肯定。⑥现在看来，即使《淮南万毕术》成书年代晚至六朝，其中保留若干有关汉代文化的记忆，也是可能的。

《太平御览》卷八六五引《淮南万毕术》"盐能累卵"，注文"取戎盐涂卵"，提示了西北方向盐产在"累卵"这种技术的实现中的特殊功用。"取盐涂卵，取他卵置上，即累也。"大概盐的高浓度溶液甚至饱和溶液，可以增强卵之间的上下黏附力以实现"累卵"的稳定。这种"累卵"方式的发明权，很可能属于草原民族这一西北池盐资源开发者。

元郝经有诗句说到"累卵"："一若泰山安，一若九卵累。事几或一

---

① 〔唐〕段公路撰：《北户录》卷二，《风土志丛刊》，广陵书社据清《四库全书》本2003年影印版，第11页。

② 〔宋〕李昉等：《太平御览》，第3840页。

③ 〔宋〕李昉等：《太平御览》，中华书局用上海涵芬楼影印宋本1960年复制重印版作"取也卵置上"，第4126页。清文渊阁《四库全书》本作"取他卵置上"。"他"应是正字，据改。

④ 李志超：《〈淮南万毕术〉的物理学价值》，全国物理学史讨论会，1982年。

⑤ 朱新林：《〈淮南万毕术〉考论》，《管子学刊》2013年第2期。

⑥ 李志超：《〈淮南万毕术〉的物理学价值》，全国物理学史讨论会，1982年；洪震寰：《〈淮南万毕术〉及其物理知识》，《中国科技史料》1983年第3期；康辉、柯资能：《〈淮南万毕术〉夏造冰之新解——兼与厚宇德先生商榷》，《广西民族学院学报（自然科学版）》2006年第3期。

失，千载贻诟訾。中间乐祸徒，沮遏逞奸宄。"①所谓"九卵累"，言"累卵""重卵"数级之高，或许直接来自荀息谏止"晋灵公造九层台"故事。

3. "戎盐"品种："青盐、紫盐"

方以智言"青盐、紫盐"，又称"戎盐"。关于所谓"戎盐"，又有出于"北胡""西域"的说法。《北堂书钞》卷一四六"戎盐"条："吴氏《本草》云：'戎盐无毒。'李氏曰：'大寒，生邯郸西羌戎胡山。'"②似乎中原人有关"戎盐"的早期知识来自与赵地接境的"羌戎胡"地方。

《北堂书钞》卷一四六"青盐"条引《广志》云："盐体同于水，故多产于海滨。海东有印成盐，西方有石子盐，皆生于水。"又说："北胡有青盐，五原有紫盐，波斯国有白盐，如石子。"③《白孔六帖》卷一六《盐》"青紫"引《西域记》曰："西海南有青盐、紫盐，池盐方寸半，食味甚美。"④唐段公路《北户录》卷二"红盐"条："按盐有赤盐、紫盐、黑盐、青盐、黄盐。"⑤清褚人获《坚瓠广集》卷二有"五色盐"条，其中写道："郭璞《盐赋》曰：'烂然若霞。''红盐'也。蔡邕曰：'江南有胜雪白盐。'淮浙食盐是也。太白、少陵诗称'水晶盐'，今环、庆之间盐池所产，如骰子块，莹然明澈，盖'水晶盐'也。药中所用'青盐'。《续汉书》云：'天竺国产黄盐、黑盐。'道书又有'紫盐'，谓'戎盐'也。甘肃、宁夏有青、黄、红三种，生池中。高昌有'赤盐'。安息国出'五色盐'。"⑥所谓"《续汉书》云：'天竺国产黄盐、黑盐'"，今本《续汉书》未见。而《后汉书》卷八八《西域传》"天竺国"条言其物产有"黑盐"。⑦

《汉书》卷二八下《地理志下》记载北边盐产，说到朔方郡朔方的两处

---

① 〔元〕郝经：《冬至后在仪真馆赋诗以赠三伴使》，《陵川集》卷四，清文渊阁《四库全书》本。

② 〔唐〕虞世南：《北堂书钞》，第616页。

③ 〔唐〕虞世南：《北堂书钞》，清文渊阁《四库全书》本。中国书店据光绪十四年南海孔氏刊本1989年影印版《北堂书钞》无此语。

④ 〔唐〕白居易原本，〔宋〕孔传续撰：《白孔六帖》，《四库类书丛刊》，第264页。

⑤ 〔唐〕段公路纂，崔龟图注：《北户录》，《丛书集成初编》第603册，第26页。

⑥ 〔清〕褚人获：《坚瓠集》，《笔记小说大观》第15册，第391页。

⑦ 《后汉书》，第2921页。

"盐泽"，即"池盐"资源："金连盐泽、青盐泽皆在南。"①其中"青盐泽"之"青"，很可能是说"盐泽"所产盐的结晶色彩。《博物志》佚文："北胡有青松盐。"②《水经注》卷三《河水三》写道："按《魏土地记》曰：县有大盐池，其盐大而青白，名曰青盐，又名戎盐，入药分，汉置典盐官。"③所谓"汉置典盐官"者，明确说此盐池在汉代已经得到开发利用。所谓"其盐大而青白"，形容所产盐结晶体的形状及颜色。其色"青白"者，应当与通常"白盐"不同。"又名戎盐"的说法，指述"盐池"方位，也说明了早期开发者的族属。

汉晋文献已经体现北边地区出产"紫盐"。唐段公路《北户录》卷二"红盐"条注引虞世南书："蔡邕《从朔方报羊月书》云：'幸得无恙，遂至徙所，自城以西，唯有紫盐也。'"④蔡邕此文在严可均所辑《全上古三代秦汉三国六朝文·全后汉文》卷七三中，据段公路《北户录》题作《徙朔方报羊陟书》。⑤如果此说可靠，则此为关于"紫盐"最早的记载。即东汉时中原人已经有了关于"紫盐"的直接体验。

《北堂书钞》卷一四六"紫盐"条引《博物志》也说到"朔方""五原"的"紫盐"："《博物志》云：五原有紫盐也。"⑥《博物志》佚文："五原有紫盐。"⑦"紫盐"，也是北边或说临近"北胡"地方特殊的盐产。⑧

4. "旷原之野"的生态史背景：飞鸟解羽，鸿卵降集

《艺文类聚》卷六引《穆天子传》曰："旷原之野，飞鸟之所解羽。"⑨《穆天子传》卷三："爰有□薮水泽。爰有陵衍平陆。硕鸟解羽，六师之人毕至于旷原。"顾实《穆天子传西征讲疏》："下云：'北至旷

---

① 《汉书》，第1619页。

② 〔晋〕张华撰，范宁校证：《博物志校证》，第126页。

③ 〔北魏〕郦道元著，陈桥驿校证：《水经注校证》，第76页。

④ 〔唐〕段公路纂，崔龟图注：《北户录》，《丛书集成初编》第603册，第26页。

⑤ 〔清〕严可均：《全上古三代秦汉三国六朝文》，第872页。

⑥ 〔唐〕虞世南：《北堂书钞》，第616页。

⑦ 〔晋〕张华：《博物志》，清《指海》本。

⑧ 王子今：《丝绸之路文化交流史与远方盐色》，待刊稿。

⑨ 〔唐〕欧阳询撰，汪绍楹校：《艺文类聚》，第101页。

原之野，飞鸟之所解羽。’《山海经》云：‘大泽方千里，群鸟之所生及所解。’《纪年》曰：‘穆王北征，行积羽千里。’”又写道：“‘硕鸟解羽’者，古本《竹书纪年》亦曰‘青鸟所解’，曰‘积羽千里’，然‘千里’云者，辜较言之也。其实何止千里哉！郭注引《山海经》云：‘群鸟之所生及所解’，则谓鸟生育于斯，解脱于斯，而为一鸟世界也。或曰‘幼鸟解脱乳羽而成长之谓，故古曰翰海也’。"①所谓“群鸟之所生”，“鸟生育于斯”，“幼鸟解脱乳羽而成长”之“翰海”等说法，反映了北方草原荒漠地候鸟繁殖区的自然形势。有合适水资源条件的地方，是候鸟产卵、孵化，哺养训练幼雏的所在。

在所谓“群鸟之所生”“鸟生育于斯”的“鸟世界”中候鸟集中繁殖的情景，或许《焦氏易林》所谓“鸿卵降集”是其反映。《焦氏易林·比之讼》：“李华再实，鸿卵降集，仁哲权舆，荫国受福。”《小畜之离》：“李华再实，鸿卵降集，仁哲以兴，荫国受福。”《豫之小过》：“李华再实，鸿卵降集，仁德以兴，荫国受福。”《离之睽》：“李华再实，鸿卵降集，仁哲以兴，荫国受福。"②都说到“鸿卵降集”。

胡曾《剑门寄上路相公启》：“刘焉原野，昔为累卵之乡。杜宇山河，今作覆盆之地。"③所谓“覆盆”“累卵”，各喻大安大危。然而以“原野”对应“累卵之乡”，或许与“旷原之野，飞鸟之所解羽”而“鸿卵降集”的自然生态观察有关。

大量候鸟在北边湖沼的密集活动，汉代史籍记载有所体现。如《汉书》卷六《武帝纪》：“后元元年春正月，行幸甘泉，郊泰畤，遂幸安定。”“二月，诏曰：‘朕郊见上帝，巡于北边，见群鹤留止，以不罗罔，靡所获献。荐于泰畤，光景并见。其赦天下。’”④鹤被称为“涉禽”，

---

① 顾实编：《穆天子传西征讲疏》，中国书店1990年版，第172-174页。
② 〔旧题汉〕焦延寿撰，徐传武、胡真校点集注：《焦氏易林》，第311页，第369页，第650页，第1149页。
③ 〔宋〕李昉等：《文苑英华》卷六五四，第3363页。
④ 《汉书》，第211页。《太平御览》卷五三七引《汉书》：“《武纪》曰：‘朕郊见上帝，巡于北边，见群鹤留止，不以罗网，靡所获献，荐于大畤，光景并见。’”《太平御览》卷六五二引《汉书》：“后元年三月，诏曰：朕郊见上帝，巡于北边，见群鹤留止，以不罗网，靡所获荐，献于泰畤，光景并见。其赦天下也。”〔宋〕李昉等：《太平御览》，第2435页，第2912页。有“不以罗网”“以不罗网”，及“献荐”“荐献”的不同。后例“后元年三月诏”的说法，也值得注意。

以"沼泽和原野"为主要生活环境。[①]或有生物学辞书言，鹤，"大型涉禽"，"常活动于平原水际或沼泽地带"。丹顶鹤"常涉于近水浅滩，取食鱼、虫、甲壳类以及蛙等，兼食水草和谷类"。[②]汉武帝后元元年（前88）诏书所说"巡于北边，见群鹤留止"，说明北边长城防线附近汉武帝巡行的路段有天然水面及湿地。这一情形反映当时水资源形势与现今有相当程度的不同。这一信息亦符合竺可桢等学者对于战国至西汉时代气候较今温暖湿润的判断。[③]北边和临近北边地方当时其他湖沼的面积和水量，也远较现今宏大。[④]我们曾经关注过，蓑羽鹤"为夏候鸟"。灰鹤"繁殖在苏联西伯利亚和我国东北及新疆西部"，"秋季迁徙时，在我国境内经华北、西北南部、四川西部和西藏昌都一带，至长江流域及以南地区越冬"。丹顶鹤"主产于我国黑龙江省及苏联西伯利亚东部和朝鲜；迁长江下游一带越冬"[⑤]。汉武帝所见"群鹤留止"，应是作为候鸟的"群鹤"在北方"繁殖"生命进程的表现。[⑥]

《热河志》卷九六《物产五》"盐"条写道："塞外食盐，皆蒙古境内所产泡子河生天然盐，不待煎熬而成。蒙古用小车载以贸。《博物志》所谓'戎盐累卵'者是也。"[⑦]所谓"塞外"盐池出产的"不待煎熬而成"的"天然盐"与"旷原之野""鸿卵降集"的自然之间的特殊关系，可能是

---

① 《简明不列颠百科全书》写道："鹤，crane，鹤形目、鹤科14种体型高大的涉禽。""这些高雅的陆栖鸟类昂首阔步行走在沼泽和原野。"中国大百科全书出版社1985年版，第3册第757页。

② 《辞海·生物分册》，上海辞书出版社1975年版，第532页。

③ 竺可桢指出："在战国时期，气候比现在温暖得多。""到了秦朝和前汉（公元前221—公元23年）气候继续温和。""司马迁时亚热带植物的北界比现时推向北方。"《中国近五千年来气候变迁的初步研究》，收入《竺可桢文集》，科学出版社1979年版。

④ 参看王子今：《秦汉时期的朝那湫》，《固原师专学报》2002年第2期；《"居延盐"的发现——兼说内蒙古盐湖的演化与气候环境史考察》，《盐业史研究》2006年第2期，《额济纳汉简释文校本》，文物出版社2007年版。

⑤ 《辞海·生物分册》，第532页。

⑥ 参看王子今：《北边"群鹤"与秦畤"光景"——汉武帝后元元年故事》，《江苏师范大学学报（哲学社会科学版）》2013年第5期。

⑦ 《钦定热河志》，清文渊阁《四库全书》本。〔清〕海忠纂修道光《承德府志》卷二九《物产二》"盐"条引《博物志》"戎盐累卵"语，随即引《热河志》："泡子河生天然盐，不待煎熬而成。蒙古用小车载以贸易。今塞外食盐皆蒙古所产。"注引"国朝查慎行《山庄》诗"："泡子河淤泻卤开，霜华弥望白皑皑。边民听食天然利，只禁盐车入口来。"清光绪十三年（1887）延杰重刻本。

"戎盐累卵"现象发生的因由。

5. 《齐民要术》："咸彻则卵浮"

其实，所谓用食盐"以水化之，涂鸡子""戎盐涂卵""取盐涂卵"的做法，不排除与腌制"鸡子"以防腐坏变质之技术存在某种关联的可能。

《齐民要术》卷六《养鹅鸭》："咸彻则卵浮。"说的就是以盐水腌制禽蛋的方式。石声汉说："咸彻则卵浮"，说明了"咸蛋的成熟过程"。"淹没在盐水下，或包裹在浓溶液中时，可能由于接触性离子交换，而逐渐增加了对食盐等分子的透过性，到后来，盐可以在卵壳以内累积。""'咸彻'即是'咸透'，咸透之后，卵的比重降低，便在盐水中逐渐向上浮动。"①

这是食盐应用于食品加工的特殊技术，所谓用食盐"以水化之，涂鸡子"，以及《淮南万毕术》所谓"戎盐涂卵""取盐涂卵"的做法，或许与此存在某种关联。也就是说，"戎盐涂卵"的做法，可能来自对于禽卵"包裹在浓溶液中时"其形态的观察。

当然，《淮南万毕术》所谓"戎盐涂卵"与"取盐涂卵"与《齐民要术》咸蛋制作技术有关的推测，还需要进一步的证实。但是北边多有大量候鸟栖息繁育的季节性现象，以及若干地方数量可观的盐池的密集分布，使得这种联想具有一定的合理性。

6. "叠卵相重"伎艺表演

唐胡嘉隐有《绳伎赋》，描写了皇家安排杂技演出的盛况："律南吕兮仲之秋，帝张乐兮秦之楼。鼓舞令节，铿锵神州，万国会，百工休。俾乐司咸戢，绳伎独留。此圣人之新意也，与众共之。"关于"绳伎"的伎艺表演，赋文写道："结绳既举，彝伦攸序。杳若天险之难升，忽尔投足而复阻。来有匹，去无侣。空中玉步，望云髻之峨峨。日下风趋，见罗衣之楚楚。"形容其技术的神奇时，作者使用了"叠卵相重"语句：

横竿却步，叠卵相重。缋人不能窥其影，谋士不能指其踪。
既如阿阁之舞凤，又如天泉之跃龙。徘徊反复，交观夺目。拥金

---

① 〔北魏〕贾思勰著，石声汉校释：《齐民要术今释》，第597-599页。

骑，屯绣毂。高词论者族谈，多才艺者心服。既得擅场，其能未央。应鼓或跃，投绳或翔。婉娈兮弄玉之随萧史，仙妻之别刘纲。凌波不足矜其术，行雨未可比其方。

论者又由艺术评价转为政史议论：

知我者谓我从绳，不知我者谓我凭陵。绳有弛张，艺有废兴。周舍靡定，倚伏相仍。如临如履，何竞何喜。犹君之从谏则圣，伎之从绳则正。惟伎可以为制节，绳可以为龟镜。殷监不昧，在此而已。

作者借助"奇伎"表演的惊险，要为政者明白，"居高视卑，创物成规，此乃尧舜之用心"。在演出结束之后，作者仍希望观赏者回味其中指导政治生活的"道"："来娉婷，去轻盈。奇伎兮忽还天上而不可见，绳绳兮道之远兮不可名。"[①]"如临如履"语，当由自《诗·小雅》之《节南山·小旻》："不敢暴虎，不敢冯河。人知其一，莫知其他。战战兢兢，如临深渊，如履薄冰。"及《节南山·小宛》："温温恭人，如集于木，惴惴小心，如临于谷。战战兢兢，如履薄冰。"[②]

所谓"横竿却步，叠卵相重"，是否在表演中有"叠卵相重"技巧展示，抑或只是以"叠卵相重"形容"绳伎"演出在平衡方面表现的高难度，我们尚不能确知。但是即使仅仅用"叠卵相重"形容"绳伎"的表演技能，也可以说明"叠卵"是社会熟悉的一种表现出超常平衡能力的技法。

《文苑英华》卷八二胡嘉隐《绳伎赋》之后有张楚金《楼下观绳伎赋》，同样描绘"索上之戏"的美艳与惊险："掖庭美女，和欢丽人，身轻体弱，绝代殊伦，被罗縠与珠翠，铺琼筵与锦茵。其彩练也，横亘百尺，高悬数丈，下曲如钩，中平似掌。初绰约而斜进，竟盘姗而直上，或徐或疾，乍俯乍仰。"又有"方言寰海，清天阶平"句[③]，似说这一表演作为四海远方安定和平之象征的意义。《新唐书》卷二一七下《回鹘传下》记载："戏有弄驼、师子、马伎、绳伎。"[④]似可说明"绳伎"表演艺术来自北方草原

① 〔宋〕李昉等：《文苑英华》卷八二，第372页。
② 〔清〕阮元：《十三经注疏》，第449页，第452页。
③ 〔宋〕李昉等：《文苑英华》卷八二，第372-373页。
④ 《新唐书》，第6148页。

民族。

有杂技史研究者指出："'走绳'亦是唐百戏的重要项目，其热烈的场景，如刘言史的《观绳伎》诗所说：'泰陵遗乐何所珍，彩绳冉冉天仙人，广场寒食风日好，百夫伐鼓锦臂新。'表演时有百余人的大乐队。""'走绳'的新招式甚多，如《信西古乐图》所绘'走斜绳'，由下逐步走上，并于斜绳及直绳上抛球。女伎人脚穿木屐走绳，亦是新的困难动作。唐人诗赋中还提及'寄两木以更摄'，有伎人于绳上踩高跷；'应鼓或跃，投绳或翔'，指绳上的纵跳跌踏，是为今天的'蹦绳'；'两边圆剑渐相迎，侧身交步何轻盈'，指两位艺人在绳上舞剑，并在绳上对换位置。凡此种种，足证'走绳'技艺已自成系统。"论者还指出，唐代艺人"已将叠置技艺用到高高的走绳中去"。这里所谓"叠置"即"'叠置伎'的出现"，被看作"形体基础功夫发展的突出成就"。"'叠置'是唐代杂技新崛起的代表作之一。""叠置"被理解为"即今天的'叠罗汉'，俗称'码活'"的表演。[1]其实，"叠卵相重"也是另一种形式的"叠置"。我们确实无法否定"叠卵相重"是当时"绳伎""绳上"表演的形式之一，如若这样理解"横竿却步，叠卵相重"，则"叠卵相重"也可以看作"走绳的新招式"，"亦是新的困难动作"。这也是"唐技艺"的"复合节目"，如同"将走'高跷'、'舞剑'之类独立节目搬至绳上表演"，如同"《信西古乐图》中所绘的'神娃登绳弄玉'，在绳上表演'跳丸'"[2]。一系列复合动作中，包括"高跷""舞剑"，"纵跳跌踏"，"抛球""跳丸"等，如果"叠卵相重"加入，也是合理的。

还应当注意到，"绳伎"表演技法其实在丝绸之路正式开通的汉代已经出现。如《艺文类聚》卷六三引后汉李尤《平乐观赋》："大和隆平，万国肃清，殊方重译，绝域造庭，四表交会，抱珍远并，杂遝归谊，集于春正。玩屈奇之神怪，显逸才之捷武。"所谓"殊方重译"，指遥远的国家或部族[3]。来自"殊方""绝域""四表""万国"的艺术家们的诸多表演形式

---

① 傅起凤、傅腾龙：《中国杂技史》，上海人民出版社1989年版，第147页，第149页，第144-146页。

② 傅起凤、傅腾龙：《中国杂技史》，第164-165页。

③ 王子今：《"重译"：汉代民族史与外交史中的一种文化现象》，《河北学刊》2010年第4期。

中，有"陵高履索，踊跃旋舞"[1]。张衡《西京赋》写道："大驾幸乎平乐之馆"，"临迥望之广场，程角抵之妙戏"。多种"妙戏"之中，有"走索上而相逢"。薛综注："索上，长绳系两头于梁，举其中央，两人各从一头上交相度，所谓'舞絚'者也。"[2]蔡质《汉官典职仪式选用》说到"正月旦，天子幸德阳殿，临轩……蛮、貊、胡、羌朝贡……"的场合，演出队伍"从西方来，戏于庭极，乃毕入殿前"的情形。其中有"绳上""对舞"的表演："以两大丝绳系两柱中头间，相去数丈，两倡女对舞，行于绳上，对面道逢，切肩不倾。"[3]杂技史研究者注意到这些信息，并指出，汉代画像资料中，"走绳的道具布置和表演的形式，有了相当细致的刻划"。所举文物例证，包括山东沂南画像石、山东邹县画像石和河南新野画像砖等。[4]关注汉代"绝域造庭，四表交会，抱珍远并，杂遝归谊"的"殊方"远国艺术家"索上""绳上"的演出，有益于探索"绳伎""横竿却步，叠卵相重"等表演形式的渊源。

汉人表现出饱满自信的文字中，称远方所来之杂技表演为"远并""归谊"。然而，中原人其实是在热烈的环境中欣赏"舞凤""跃龙"时，接受了"逸才""妙戏"积极的文化影响的。我们关注所谓"大和隆平，万国肃清"的历史背景，自然会看到，与"叠卵相重"相关的技艺形式的传递，利用了丝绸之路这个交通条件。

七、"形盐"与"虎盐"

考察盐史，除了关注"盐"对于政治、军事、经济以及社会生活的多方面的意义之外，不能不注意到"盐"的文化滋味。也就是说，除了在物质生产与物质生活层面研究盐史之外，还应当在精神生产与精神生活层面对于盐史进行深入的认识、理解和说明。盐，在古代社会生活中，不仅是"万人取给"的不可缺少的调味品，而且有时又被赋予某种文化艺术的意义。古人多

---

① 〔唐〕欧阳询撰，汪绍楹校：《艺文类聚》，上海古籍出版社1965年版，第1134页。

② 〔梁〕萧统编，〔唐〕李善、吕延济、刘良、张铣、吕向、李周翰注：《文选》，第58-59页。

③ 〔清〕孙星衍等辑，周天游点校：《汉官六种》，中华书局1990年版，第210页。

④ 傅起凤、傅腾龙：《中国杂技史》，第79-80页。

方面的生活情趣，也可以由此得到新的发现。盐的多方面社会作用，亦可以由此得到新的认识。关于"形盐""虎盐"的思考，或许就有这样的意义。

1. 先秦礼俗制度所见"形盐"

《左传·僖公三十年》记载周襄王派周公阅到鲁国行聘礼一事，其中说到所谓"形盐"：

> 冬，王使周公阅来聘，飨有昌歜、白、黑、形盐。辞曰：
> "国君，文足昭也，武可畏也，则有备物之飨以象其德。荐五味，
> 羞嘉谷，盐虎形，以献其功。吾何以堪之？"

杜预对于"昌歜、白、黑、形盐"有所解释。他说："昌歜，昌蒲菹；白，熬稻；黑，熬黍；形盐，盐形象虎。"又说："嘉谷，熬稻、黍也，以象其文也。盐，虎形，以象其武也。"[①]这里所说的形状像虎的特制的盐的结晶形态，在当时的礼俗制度中，曾经被作为一种富含深意的文化象征。

至于"形盐""虎盐"形式的最初源起，或许应当在远古时代的原始盐崇拜的观念中追寻。以谷物和盐共同作为隆盛之礼的行为，使我们想到有的民族以面包和盐致礼的传统。很可能，这样一种具有共同渊源的文化现象，可以作为文化人类学研究的对象。按照儒学经典的说明，谷物和盐的神秘结合，文化意义是"以象其德"，前者表现"文足昭也"，后者表现"武可畏也"。"形盐"作"虎形"，是取其像虎之神武有力之意。

2. 汉儒的解释："筑盐以为虎形"

对于"形盐""虎盐"，其实汉儒已经有所解说。

关于所谓"盐虎形，以献其功"这种礼俗的历史记录，又见于《周礼·天官冢宰·笾人》：

> 笾人，掌四笾之实。朝事之笾，其实麷、蕡、白、黑、形
> 盐、膴、鲍鱼、鱐。

按照东汉著名学者郑众的解释，"麷"是麦，"蕡"是麻，"白"是稻，"黑"是黍，"形盐"则是特意制成虎形的盐："筑盐以为虎形，谓之'形

---

① 《春秋左传集解》，上海人民出版社1977年版，第398页。

盐'。"另一位东汉著名学者郑玄也说:"'形盐',盐之似虎者。"他还补充道:"膴"是生鱼,"鲍鱼"和"鱐"则都是鱼干,"鲍鱼"出于江淮,而"鱐"则是东海的出产。①

郑众说"筑盐以为虎形,谓之'形盐'",郑玄说"'形盐',盐之似虎者",对于"形盐"的理解,看来是存在区别的。前者说是人工制为虎形,后者则似乎可以理解为天然生成虎形。

3. "形盐""虎盐"文化形式的流传

以"形盐"作为祭祀礼品的风习,流传久远。唐代诗人陈至的《荐冰》诗写道:

> 凌寒开固冱,寝庙致精诚。色静澄三酒,光寒肃两楹。形盐
> 非近进,玉豆为潜英。礼自春分展,坚从北陆成。藉茅心共结,出
> 鉴水渐明。幸得来观荐,灵台一小生。②

作者以精诚恭敬之心记述庙礼的庄严,有关"形盐"的文字,应当是符合历史真实的。

《隋书》卷二四《食货志》说到"形盐"③。《金史》卷二八《礼志一·郊》:"昊天上帝、皇地祇、配位每位笾三行,以右为上,形盐在前,鱼鱐糗饵次之。""第一等坛上一十位,每位皆实笾三行,以右为上,形盐在前,鱼鱐次之。"《金史》卷三〇《礼志三·朝享仪》、卷三四《礼志七·社稷》、卷三四《礼志七·岳镇海渎》也说到"形盐"④。《元史》卷七二《祭祀志一·郊祀上》写道,元朝诸礼,"皆以国俗行之,惟祭祀稍稽诸古"。祭品中就袭用古礼,列有"形盐":

> 笾之实,鱼鱐、糗饵、粉糍、枣、干蕂、形盐、鹿脯、榛、
> 桃、菱、芡、栗。

《元史》卷七三《祭祀志二·郊祀下》、卷七四《祭祀志三·宗庙上》、卷七五《祭祀志四·宗庙下》、卷七六《祭祀志五·太社太稷》也都说到祭品

---

① 〔清〕阮元:《十三经注疏》,第671页。

② 〔宋〕李昉等:《文苑英华》卷一八二,第894页。

③ 《隋书》,第679页。

④ 《金史》,第700页,第734页,第805页,第811页。

中的"形盐"。^①元帝国的执政集团多沿用北方草原民族礼俗，祭祀制度则尊用汉家古礼，"形盐"的使用或可看作实例之一。

唐人蒋防在《兽炭赋》中写道："稽其状也，成鸷兽之雄雄；求其类焉，笑形盐之琐琐。"^②说"形盐"与"兽炭"属于一类，只是与其状"雄雄"的兽炭相比，"形盐"形制"琐琐"，不免显得小气。而另一方面，"形盐"则可能以其精致小巧另具意趣。人们会注意到，"形盐"在这里，已经不再具有冷寂的祭台上那种宗教意义，而是表现出了一种平易的风格。

从所谓"笑形盐之琐琐"可以看出，在民间社会，"形盐"的特征，是人们所熟知的。

五代时后周人张颖的《形盐赋》又有这样的文句：

> 形盐似虎，岐峙山立。虎则百兽最威，盐乃万人取给。合二
> 美以成体，何众羞之能及。

对于"形盐"所谓"似虎"而"岐峙山立"的形态，张颖还有更细致的描述：

> 远则雪山出地，近则白虎戏朝。瞿瞿其肉，威而且猱。耽耽其
> 目，视而不恌。立而成形也，白黑相对。融而司味也，咸酸必调。^③

作者以传神之笔，将一件生动的盐雕作品摆在了我们面前。宋人郑清之咏雪诗作《和茸芷雪韵》有"虎盐未见盖危石，乍离还合纷总总"句^④，似体现"虎盐"和"雪"色调的一致。这与前引"雪山""白虎"对应关系类同。

王禹偁《仲咸以予编成商於唱和集以二十韵诗相赠依韵和之》诗写道：

> 虎盐宜燕享，猴棘谩雕镂。^⑤

宋代诗人范浚也有描写"虎盐"的诗句：

> 玉碗鹅儿酒，花磁虎子盐。^⑥

似乎一般民家也有将餐桌上的食盐精心堆制成"虎子"形的。宋人韩琦又有

---

① 《元史》，第1779页，第1799页，第1820页，第1842页，第1869页，第1885页。

② 〔宋〕李昉等：《文苑英华》卷一二三，第562页。

③ 〔宋〕李昉等：《文苑英华》卷八三，第376页。

④ 〔宋〕郑清之：《安晚堂集》卷八，民国《四明丛书》本。

⑤ 北京大学古文献研究所：《全宋诗》卷七○，第一册，第797页。

⑥ 〔清〕张豫章：《四朝诗·宋诗》卷三九，清文渊阁《四库全书》本。

《喜雪》诗，其中写道：

> 凝溜收冰乳，堆庭镂虎盐。①

是说冰雪寒天在庭院中堆雪塑造镂刻仿真的动物，形式一如制为虎形的"形盐"，即"虎盐"。

《本草纲目》卷一一《石部·食盐》陈贵廷主编"集释"本："【集解】〔颂曰〕形盐，即印盐，或以盐刻作虎形也；或云积卤所结，其形如虎也。"②

看来，形态像虎的"形盐"，之所以能够在古人的笔下留下这些记载，很可能是因为这曾经是他们亲身所见或者至少耳熟能详的日常生活场景的构成内容之一。

"形盐""白虎"，"立而成形"，其实物件本身不能保持长久。虽然这种文化形象存在时间短暂，但是历代文人笔下种种关于"形盐"的文字，使我们得到了有关"盐"的社会文化史的重要信息。③而《左传》《周礼》所见记录及汉代学者的解说，使得"形盐"等文化现象成为秦汉盐史研究应当关注的对象。

---

① 〔宋〕韩琦：《安阳集》卷八三，明正德九年（1514年）张士隆刻本。

② 陈贵廷：《本草纲目通释》，第413页。

③ 王子今：《试说"形盐""虎盐"》，《盐业史研究》1997年第4期。

附论一：
四川竹枝词中的盐业史信息

"竹枝词"源起于巴渝山区的古代民歌，自唐代开始，受到诸多文人雅士的特殊重视，于是得以进入诗坛，并以其形式之平易朴实、文辞之清新活泼，为诗坛增益了不少生机。

历代诗人常常用这种形式记述民情，描画世态，其风格呈现出新鲜生动的乡土气息，其内容也具有朴实可贵的文化价值。

四川是最早发现和传播"竹枝词"的地方。四川"竹枝词"因为作者人数众多，作品数量浩繁，对当时世情风俗的反映也颇为真切细腻，因而理所当然地受到社会史学者的重视。

在展阅四川"竹枝词"所描绘的多彩社会生活画面时，我们注意到其中所提供的有关盐业史的若干信息。

一、盐："开门""当家"之事

《管子·海王》说："十口之家，十人食盐。百口之家，百人食盐。"①王莽在颁布经济政策的诏书中也强调："夫盐，食肴之将。"②也

---

① 黎翔凤撰，梁运华整理：《管子校注》，第1246页。又《管子·地数》："十口之家，十人咶盐。百口之家，百人咶盐。"张佩纶云："'咶'，'舓'俗字，当作'舓'。《说文》'舓，美也'，《周礼·盐人》'饴盐'，注'饴盐，盐之恬者'，是其证。"黎翔凤撰，梁运华整理：《管子校注》，第1364-1365页。《太平御览》卷八六五引《管子》："十口之家十人舓盐，百口之家百人舓盐。"〔宋〕李昉等：《太平御览》，第3839页。吴曾《能改斋漫录》卷五《辨误》"以言餂之"条写道："《管子·地数》篇：管子曰：'十口之家，十人咶盐。百口之家，百人咶盐。'此'咶'字与'餂'字虽异，其义则一。何者？均以口舌取物而已。"〔宋〕吴曾：《能改斋漫录》，上海古籍出版社1979年版，第99-100页。

② 《汉书》卷二四下《食货志下》颜师古注："将，大也，一说为食肴之将帅。"《汉书》，第1183-1184页。

351

有人说："夫盐，国之大宝也。"[①]清人定晋岩樵叟《成都竹枝词》写道："开门七件事当家，柴米油盐酱醋茶。五事都寻'广益号'，米柴另自有生涯。"[②]又如吴好山《成都竹枝词》："梳妆初毕过辰牌，小唤童奴且上街。米菜油盐和酱醋，出门犹说买干柴。"[③]而四川南溪人、道光贡生万清涪的《南广竹枝词三十六首》中，也有这样的文句："油盐柴米逼残年，涨价都防这几天。临坎坎时多大户，一升米减数文钱。"[④]光绪年间曾经在成都作过低级官吏的冯家吉曾经作《锦城竹枝词百咏》，诗作列叙历月民间礼俗，在"十二月"中，有记录市民年节风俗的内容："年酒年糕预备周，富人欢喜窭人愁。债余七事犹堪急，柴米茶盐酱醋油。"[⑤]定晋岩樵叟《成都竹枝词》说的"七件事"，冯家吉《锦城竹枝词百咏》说的"七事"，前后次序不同，然而"盐"都列于第四。

看来，"盐"与"酱"，都是最基本的生活必需品。其在日常生活中与民生紧密相关的重要作用，以及在若干时候被形容为"逼"与"急"的紧迫情形，在诗人笔下都以平俗的文字表现出来。前者所谓"五事都寻'广益号'"，说"油盐酱醋茶"都可以在高悬"广益号"字号的店铺中购买。四川西昌人颜汝玉在作于光绪年间的《建城竹枝词》中写道：

> 花猪屠宰遍闾阎，岁暮争将腊肉腌。巧把红松明造出，先从翠釜炒青盐。[⑥]

这显然是一种特殊的盐消费形式。又如出身四川彭山的清嘉庆年间人袁怀瑄所作《游江口竹枝词》写道：

> 烟街一带挂青帘，亚字栏干倚画檐。解得腰钱沽酒市，登盘笒筶撒花盐。[⑦]

"笒筶"，渔具的泛称，这里是指贮鱼的竹笼。诗句说到食用新鲜鱼类时

---

① 《三国志》卷二一《魏书·卫觊传》，第610页。

② 林孔翼：《成都竹枝词》，四川人民出版社1986年版，第64页。

③ 《笨拙俚言》，四川省图书馆藏清稿本。作者光绪二年（1876）自序："知我者，其惟俚言乎；笑我者，其惟俚言乎。是为序。"林孔翼：《成都竹枝词》，第76页。

④ 《南溪文征》卷二。作者原注："'临坎坎'，谓腊月二十后也。城中富户于此时减价卖米，多有好行其德者。"王利器、王慎之、王子今：《历代竹枝词》，陕西人民出版社2003年版，第3册，第2155页.

⑤ 王利器、王慎之、王子今：《历代竹枝词》，第5册，第3458页。

⑥ 王利器、王慎之、王子今：《历代竹枝词》，第4册，第3247-3249页。

⑦ 王利器、王慎之、王子今：《历代竹枝词》，第3册，第2095页。

"撒花盐"的情形，令人耳目一新。"花盐"，即精制盐，其质细而白洁。[1]

清乾隆进士，曾任南溪县令的翁霆霖作《南广杂咏》，其中写道：

赶场百货压街檐，北集南墟名号添。且喜局钱通已遍，不须携米掉煤盐。

场期贸易，曰"赶场"。又前局钱未通，杂物多以米换。"掉"，换俗语也。[2]

诗句反映了民间生活消费用盐的贸易中，除了有货币买卖之外，还有以物易物即"携米掉盐"的形式。

二、关于"私盐"

定晋岩樵叟《成都竹枝词》"盐道街前刻字匠，藩司左右裱画师"诸句，说到"盐道街"[3]。其得名，或许与"盐"的转运和贸易有关。

盐的民间贩运，因为违反盐业官营的法律，所售被称作"私盐"。

四川西昌人、清乾隆举人杨学述在《建昌竹枝词二十首》中说到商人谋求"私盐"之利的情形：

不似海田例候潮，亦无火井听商消。南人但识私盐利，争羡豪家灶几条。[4]

四川达县人、道光进士、曾官户部郎中又曾任职于河南、山东的王正谊作《达县竹枝词》，其中也有反映这一现象的内容，例如：

百十成群灶上来，官人莫当虎狼猜。私盐价比官盐小，多少平民负贩回。[5]

---

[1] 〔北魏〕贾思勰《齐民要术》卷八《常满盐花盐》说到制花盐的技术："造'花盐''印盐'法：五六月中，旱时，取水二斗，以盐一斗投水中，令消尽，又以盐投之。水咸极，则盐不复消融。易器淘治沙汰之。澄去垢土，泻清汁于净器中。""好日无风尘时，日中曝令成盐。浮，即接取，便是'花盐'；厚薄光泽似钟乳。""白如珂雪，其味又美。"〔北魏〕贾思勰著，石声汉校释：《齐民要术今释》，第736-737页。

[2] 王利器、王慎之、王子今：《历代竹枝词》，第2册，第1204-1205页。

[3] 林孔翼：《成都竹枝词》，第61页。

[4] 王利器、王慎之、王子今：《历代竹枝词》，第2册，第1205页。

[5] 王利器、王慎之、王子今：《历代竹枝词》，第3册，第2192页。

"平民负贩"，只能是小宗买卖，规模较大的川江盐运的情形，清道光举人、曾任四川荣昌知县的王培荀在《嘉州竹枝词》有所记述：

> 盐船个个似浮鸥，四望关前且暂留。贾客不知离别恨，又随明月
> 下渝州。
>
> 四望关在州东，高可四望，故名。①

"贾客""盐川"，顺江而"下渝州"，利用江航条件。而"个个似浮鸥"句，形容船队浮行江面的情形。

三、煮盐自有天然火，咸泉汩汩雪飞花

四川盐源县，汉代属定筰县。《汉书》卷二八上《地理志上》："（越嶲郡）定筰，出盐。"②元世祖至元十四年（1277年），设立盐井千户。十七年（1280年）改为闰盐州。明代曾经称盐井卫军民指挥使司。清雍正六年（1728年）罢卫，改置盐源县。清乾隆年间曾任盐源知县的王廷取曾作《盐源杂咏竹枝词》，其中有关于当地盐品贸易的内容。例如：

> 冲河水涨未归槽，波浪如山雪作涛。隔岸马嘶人意冷，两边
> 盐米价齐高。
>
> 冬日晴干是好天，岭头吃饭树头眠。冕宁哨接西昌哨，只论
> 盐斤不论钱。

其中所记述的，都是关于买卖盐的情形。"只论盐斤不论钱"的情形，曾经是相当普遍的。盐，被作为一种可以充当一切商品的等价物的特殊商品。

除了对盐的交易活动有所记载之外，《盐源杂咏竹枝词》也有表现盐井取盐的生产记录：

> 圣世恩波井不枯，穷民无告尽欢呼。分班但取腰牌看，蓝本东坡
> 调水符。
>
> 盐井，贫民汲水三斗煎盐一斤度活，而强暴有力者夺去，则贫民难
> 聊生。余乃定以腰牌，不致冒领，且沾实惠多矣。③

---

① 王利器、王慎之、王子今：《历代竹枝词》，第3册，第2101-2102页。
② 《汉书》，第1600页。
③ 王利器、王慎之、王子今：《历代竹枝词》，第2册，第1145-1146页。

王培荀《嘉州竹枝词》也有"栽桑种稻自村村，凿井煎盐亦帝恩"句[1]。其中所谓"凿井煎盐亦帝恩"与王廷取"圣世恩波井不枯"句，可以对照读，作者的帝权意识当然不足取，然而诗句所反映的地下自然资源得到发掘和利用，从而成为"贫民"营生方式的事实，不应当为社会史学者所忽视。

曾经任绵州知州的文棨作《左绵竹枝词》，也说盐井给当地民众带来的经济利益非同寻常：

> 丰谷井畔人烟稠，市有盐泉利倍优。偶向向阳山上望，凌空双塔认绵州。[2]

绵州，即今四川绵阳。

四川竹枝词中反映盐井生产状况的作品，应以清人史次星的《自流井竹枝词》最为典型。史作共六首，其中有三首直接记述了当时自贡地区利用天然气煮盐的情形：

> 绝胜詹家与宋家，咸泉汩汩雪飞花。江西十户中人产，不及通宵响汲车。
>
> 邑志：二家盐井最著，今俱不及自流井矣。
>
> 拔地珊瑚十丈红，四边分引似游龙。煮盐自有天然火，第一新罗次吉公。
>
> 新罗、吉公寺二火井最盛。
>
> 马中赤兔人中布，人马相当并得名。今日更难能一顾，可怜辛苦小罗成。
>
> 井有名马曰"小罗成"，日可行八百里，商人用以转汲车。[3]

素有西南地区"盐都"之称的今四川自贡，就是因富顺的自流井和荣县的贡井合并而得名。清代自流井的生产形式和生产规模，在这组"竹枝词"中得到了真切的反映。

---

① 王利器、王慎之、王子今：《历代竹枝词》，第3册，第2103页。

② 王利器、王慎之、王子今：《历代竹枝词》，第4册，第3035页。

③ 王利器、王慎之、王子今：《历代竹枝词》，第2册，第1194-1195页。

四、酥油盐屑

四川"竹枝词"中，还可以看到体现边远地方少数民族居住区盐业史的珍贵资料。

清道光年间曾任巴塘同知的钱召棠在《巴塘竹枝词四十首》中描绘了川西藏区的社会生活画面。其中写到盐作为赋税内容贡奉土官的情形：

> 盐酪刍粮奉土官，喇嘛也要索衣单。催输终岁无时歇，那得懵腾一觉安。
>
> 土司盐酥杂粮，喇嘛衣单银，均在夷赋内支给。①

巴塘厅，地在今四川巴塘。

清道光、咸丰年间曾经在绵州等州府任幕僚的李瑜在《雷波竹枝词》中也说到类似的情形：

> 帕帽笼头赤两跣，六环缀耳贯蕉珠。负盐驼笋羼提劫，也曳腰裙学汉姝。②

雷波厅，属叙州府，地在今四川雷波，属大凉山地区，所谓"也曳腰裙学汉姝"的"负盐"女，应是彝族女子。"羼提"，佛教语，意为忍辱。

近人陈经《炉城竹枝词》有"揉糌粑""挂藏经""跳锅庄"诸题。其中"打酥油茶"一首，说到藏羌地方"盐"的特殊功用：

> 繁华海上打茶围，羌地茶围式样非。木棒铜壶抽送后，酥油盐屑味全归。③

炉城，应当就是炉河流经的打箭炉厅，地在今四川康定。

四川"竹枝词"中所见关于"盐"的资料，可以反映盐业史和与盐有关的社会生活史的片段。竹枝词数量浩繁，因而收集不能十分完整。至于清人彭光煦《合阳竹枝词》中所写到的"巴女骑牛紫布衫，声声唱出竹枝盐；藕花塘上新秋月，照见峨眉分外纤"④，所谓"竹枝盐"，"盐"作古乐曲名解。洪迈《容斋续笔》卷七有"昔昔盐"条，以为"昔昔盐"为薛

---

① 王利器、王慎之、王子今：《历代竹枝词》，第3册，第2266页。
② 王利器、王慎之、王子今：《历代竹枝词》，第3册，第2435页。
③ 王利器、王慎之、王子今：《历代竹枝词》，第5册，第3898-3900页。
④ 王利器、王慎之、王子今：《历代竹枝词》，第3册，第1847页。

道衡诗名，"《乐苑》以为羽调曲"，《玄怪录》载《阿鹊盐》，"又有《突厥盐》《黄帝盐》《白鸽盐》《神雀盐》《疏勒盐》《满座盐》《归国盐》"。又写道："唐诗'媚赖吴娘唱是盐'，'更奏新声刮骨盐'。然则歌诗谓之'盐'者，如吟、行、曲引之类云。"①是知这里所谓"竹枝盐"，是指劳动者平时普遍吟唱的"竹枝曲""竹枝歌"，可能与食用盐并不存在直接的关系。②

然而元好问《秋风怨》："碧瓦高梧响疏雨，坐倚薰笼时独语。守宫一着死生休，狗走鸡飞莫为女。云间箫鼓夜厌厌，禁漏谁将海水添。一春门外羊车过，又见秋风拂翠帘。揿把丹青怨回寿，不知犹有竹枝盐。"③用典出《晋书》卷三一《后妃传上·胡贵嫔》："并宠者甚众，帝莫知所适，常乘羊车，恣其所之，至便宴寝。宫人乃取竹叶插户，以盐汁洒地，而引帝车。"④此所谓"竹枝盐"当然与"歌诗谓之盐者"的"竹枝盐"完全不同。

---

① 〔宋〕洪迈撰，孔凡礼点校：《容斋随笔》，中华书局2005年11月版，第307页。

② 王慎之、王子今：《四川竹枝词中的盐业史信息》，《盐业史研究》2000年4期。

③ 〔金〕元好问：《遗山集》卷六，《四部丛刊》景明弘治本。

④ 《晋书》，第962页。

附论二：
明人竹枝词中有关"巴盐"的信息

　　明代诗人杨士奇《东里集》卷二有《赠梁本之二首》，其二写道："蜀山消尽雪皑皑，江水初平滟滪堆。问路遥穿三峡过，之官惟带一经来。林间女负巴盐出，烟际人乘槭骑回。莫叹遐方异风俗，此州元有穆清台。"①说到了"巴盐"。"巴盐"的经营，与颇为广阔的地域社会生活有密切关系。巴地盐业的早期开发历程，有大一统政体创建初期的资料可以说明。明代"竹枝词"中有关这一地区盐产与盐运的信息，则反映了在帝制时代的晚期，盐业作为中国传统经济形式中的重要构成内容的若干具体形态，值得盐业史研究者关注。

一、白盐山·白盐崖

　　唐人刘禹锡《竹枝九首》其一："白帝城头春草生，白盐山下蜀江清。南人上来歌一曲，北人莫上动乡情。"②说到了"白盐山"。宋人范成大写述三峡风光的《夔州竹枝词九首》中，有"赤甲白盐碧丛丛，半山人家草木风；榴花满山红似火，荔子天凉未肯红"诗句。③元人陶孟恺《竹枝词》以"白盐山"起句："白盐山下水流急，白帝城边枫叶稀。唱断竹枝人不见，

---

① 〔明〕杨士奇：《东里集》，清文渊阁《四库全书》补配清文津阁《四库全书》本。
② 《乐府诗集》卷八一，王利器、王慎之、王子今：《历代竹枝词》，第1册，第334页。〔宋〕葛立方《韵语阳秋》卷一五说"乃梦得为夔州刺史时所作"，宋刻本。
③ 《石湖诗集》卷一六，王利器、王慎之、王子今：《历代竹枝词》，第1册，第16页。

山头月落鹧鸪飞。"①明人费尚伊《竹枝词六首》之一也写道：

赤甲白盐山复山，送郎直向百牢关。临行更祝东流水，万里
归舟一日还。

费尚伊，字国聘，沔阳人。《竹枝词六首》之二与五，也写述三峡风景，如："瞿塘江上水涟如，日日江头市鲤鱼""白帝城头夜撞钟，寒灯萧瑟伴鸣蛩"②。

"赤甲""白盐"是三峡著名景观。宋人李曌曾知夔州，有《巫山竹枝》二首。③他的《卧龙行记》写道："晚登寺阁，望赤甲、白盐，山色如洗，相与举酒乐甚。"④《水经注》卷三三《江水》中"赤甲"写作"赤岬"："江水又东径赤岬城西，是公孙述所造，因山据势，周回七里一百四十步，东高二百丈，西北高千丈。南连基白帝山，甚高大，不生树木，其石悉赤，土人云：如人祖胛，故谓之赤岬山。""（广溪峡）北岸山上有神渊，渊北有白盐崖，高可千余丈，俯临神渊。土人见其高白，故因名之。"⑤《太平寰宇记》卷一四八《山南东道七·夔州》"奉节县"："赤甲城。公孙述筑，不生树木，土石悉赤，如人祖臂，故曰赤甲。""白盐山，在州城涧东。山半有龙池，天旱，烧石投池，鸣鼓其上，即雨。左思《蜀都赋》云：'潜龙蟠于沮泽，应鸣鼓而兴雨。'即此也。"⑥所谓"神渊""龙池"传说，西晋已经远播，究其初源，可能早至秦汉时期。"赤岬城""是公孙述所造"之说，暗示"赤甲""白盐"名号也很可能形成于上古时期，与秦汉盐业发达的历史有一定关系。

《明史》卷一三三《曹良臣传》记载洪武四年战事："从伐蜀，克归州山寨，取容美诸土司。会周德兴拔茅冈罩垕寨，自白盐山伐木开道，出纸坊溪以趋夔州，进克重庆。"⑦说到"白盐山"地处交通要道的地位。《嘉

---

① 《元诗体要》卷四，王利器、王慎之、王子今：《历代竹枝词》，第1册，第124页。

② 《市隐园集》卷一五，王利器、王慎之、王子今：《历代竹枝词》，第1册，第263页。

③ 《全蜀艺文志》卷一八，王利器、王慎之、王子今：《历代竹枝词》，第1册，第21页。

④ 《全蜀艺文志》卷六四，清文渊阁《四库全书》本。

⑤ 〔北魏〕郦道元著，陈桥驿校证：《水经注校证》，第777页。

⑥ 〔宋〕乐史撰，王文楚等点校：《太平寰宇记》，第2875页。

⑦ 《明史》，第3893页。

庆重修一统志》卷三九七《夔州府》引《方舆胜览》："其色炳耀，状若白盐。"①关于"赤甲"命名缘由，《水经注》卷三三《江水》说："《淮南子》曰：彷徨于山岬之旁。《注》曰：岬，山胁也。郭仲产曰：斯名将因此而兴矣。"②而《华阳国志》卷一《巴志》"涪陵郡"条："人多戆勇……汉时，赤甲军常取其民。"③《元和郡县图志》卷三〇《江南道六·涪州》"涪陵县"条："汉时赤甲军多取此县人。"④明人王嘉言《赤甲山记》又说："由夔治而东，过滟滪二里，屹然立于峡口之北者，赤甲山也。草木不生，土石尽赤，望之若袒脾然，于是乎得名。或以汉时常取巴人为赤甲军而名之也。"⑤《嘉庆重修一统志》卷三九七《夔州府·山川》"赤甲山"条："其石悉赤，土人云，如人袒胛，故谓之赤胛山。《元和志》：山在城北三里，汉时常取邑人为赤甲军。盖犀甲之色也。"⑥可见地名由来，诸说纷纭。不过，"白盐山"得名与"盐"有关，也许是合理的解释。但是也可以有其他推测，当地人们命名此山时，可能因所谓"土人见其高白，故名"⑦，可能因"白盐"生产的联想，也可能因"白盐"运销的联想。

明人王嘉言《白盐山记》："'白盐'也，一色如盐，因名之。""白盐"与"赤甲"，成为三峡交通道路的天险。"盖天有意焉，生之以为门户之壮观乎？虽然，物固有相藉以为重者，两山之擅名，以其当要害之区也。向使不临森茫，不负关隘，不控荆楚之上游以蠹峡口，则亦他山埒耳，讵得以称雄如是哉！"⑧"白盐山"，或许是经营盐运者经历山下，见山色如盐色，因而命名。

题梁孝元皇帝所撰《金楼子》卷五《志怪》："白盐山，山峰洞澈，有如水精，及其映日，光似琥珀。胡人和之，以供国厨，名为'君王盐'。亦

---

① 《嘉庆重修一统志》，第19964页。

② 〔北魏〕郦道元著，陈桥驿校证：《水经注校证》，第777页。

③ 〔晋〕常璩撰，任乃强校注：《华阳国志校补图注》，第41页。

④ 〔唐〕李吉甫撰，贺次君点校：《元和郡县图志》，第738页。

⑤ 《明文海》卷三六二，清涵芬楼抄本。

⑥ 《嘉庆重修一统志》，第19963页。

⑦ 《嘉庆重修一统志》卷三九七《夔州府·山川》"白盐山"条，第19963页。

⑧ 《明文海》卷三六二，清涵芬楼钞本。

名'玉华盐'。""玉华"，原注："案：曾慥《类说》作'王伞'。"①
看来，"白盐崖""白盐山"之命名，或因盐运，或因盐井，可能性都是存
在的。②《酉阳杂俎》卷一〇《物异》："盐，朐䏰县盐井，有盐方寸，中
央隆起如张伞，名曰'伞子盐'。""君王盐，白盐崖有盐如水精，名为君
王盐。"③所谓"白盐崖""白盐山"如果附近确实产盐，则有极大可能是
因其出产而得名。

二、上古"巴盐"生产

一般认为，战国时期四川的井盐业已经得到开发，但是我们迄今所看到
的历史文献中，关于四川早期井盐生产的记录，均为后世追述。

《华阳国志》卷三《蜀志》说，张若于成都"置盐铁市官并长、丞"，
李冰"穿广都盐井"，"孝宣帝地节三年……又穿临邛蒲江盐井二十所，增
置盐铁官"④。可见当时四川的盐业已经相当发达了。此前的盐产形式，即
晋人任预《益州记》所谓"汶山有咸石，先以水渍此咸石，既而煎之"⑤，
以及《后汉书》卷八六《西南夷列传·冉駹夷》所谓"地有咸土，煮以为
盐"⑥。张家山汉简《二年律令》中，可见盐业史资料："诸私为菌（卤）
盐煮，济汉，及有私盐井煮者，税之，县官取一，主取五。"（436）其中
"私盐井煮"，是迄今所知井盐生产史最早的资料。⑦其生产地点，有可能
在巴地。

任乃强《说盐》一文曾经高度评价巴东盐泉对于满足楚地食盐消费的
重要作用。认为宋玉的《高唐》《神女》两赋，即"把食盐比作神女"，是
"歌颂巫盐入楚的诗赋"⑧。此说在某种意义上可以为研究楚地食盐供需关

---

① 〔梁〕萧绎：《金楼子》，清《知不足斋丛书》本。

② 王慎之、王子今：《四川竹枝词中的盐业史信息》，《盐业史研究》2000年4期。

③ 〔唐〕段成式撰，方南生点校：《酉阳杂俎》，中华书局1981年版，第96页。

④ 〔晋〕常璩撰，任乃强校注：《华阳国志校补图注》，第128页，第134页，第142页。

⑤ 〔唐〕虞世南：《北堂书钞》卷一四六《酒食部五》，第616页。

⑥ 《汉书》，第2858页。

⑦ 王子今：《张家山汉简〈二年律令〉所见盐政史料》，《文史》2002年4期；

⑧ 〔晋〕常璩撰，任乃强校注：《华阳国志校补图注》附，第52-59页。

系史提供参考意见。《汉书》卷二八《地理志》载各地盐官35处，属于巴蜀地方的有：蜀郡临邛、犍为郡南安、巴郡朐忍。其地在今四川邛崃、四川乐山、重庆云阳西。所录盐官其实未能完全，据杨远考补，又有越嶲郡定莋、巴郡临江两处。[①]其地在今四川盐源、重庆忠县。[②]从现有资料看，巴郡朐忍和巴郡临江两地盐产，有利用川江水路东运的可能。[③]据《华阳国志》卷一《巴志》，朐忍在"巴东郡"条下。[④]

三峡地区盐产，据《水经注》卷三三《江水》的记载，在所谓"白盐崖""白盐山"附近，就多有盐井分布。如："江水又东径临江县南，王莽之监江也。《华阳记》曰：县在枳东四百里，东接朐忍县，有盐官，自县北入盐井溪，有盐井营户。""（南水）北流径巴东郡之南浦侨县西，溪碨侧，盐井三口，相去各数十步，以木为桶，径五尺，修煮不绝。""江水又东径瞿巫滩，即下瞿滩也，又谓之博望滩。左则汤溪水注之，水源出县北六百余里上庸界，南流历县，翼带盐井一百所，巴、川资以自给。粒大者方寸，中央隆起，形如张伞，故因名之曰伞子盐。有不成者，形亦必方，异于常盐矣。王隐《晋书·地道记》曰：入汤口四十三里，有石煮以为盐，石大者如升，小者如拳，煮之水竭盐成。盖蜀火井之伦，水火相得，乃佳矣。"[⑤]

《嘉庆重修一统志》卷三九七《夔州府·山川》所列当地盐井，有：古盐泉井、云阳盐井、长滩盐井、温汤盐井、白鹿盐井等。其中，"古盐泉井"："唐李贻孙《夔州都督府记》：……得盐井十四"，"《寰宇记》：……碛上有盐井五口"，"《旧志》：七泉井在府东江心八阵图下，水

① 杨远：《西汉盐、铁、工官的地理分布》，《香港中文大学中国文化研究所学报》第9卷上册，1978年版。

② 参看谭其骧：《中国历史地图集》，第29-30页。

③ 《华阳国志》卷一《巴志》："临江县，枳东四百里。接朐忍。有盐官，在监、涂二溪，一郡所仰。其豪门亦家有盐井。""朐忍县，郡西二百九十里。水道有东阳、下瞿数滩。山有大、小石城势。故陵郡旧治，有巴乡名酒、灵寿木、橘圃、盐井、灵龟。汤溪盐井，粒大者方寸。""汉发县，有盐井。""南西充国县，故充国，和帝时置。有盐井。"〔晋〕常璩著，任乃强校注：《华阳国志校补图注》，第30页，第36页，第43页，第46页。

④ 〔晋〕常璩撰，任乃强校注：《华阳国志校补图注》，第33页，第36页。王子今：《张家山汉简〈金布律〉中的早期井盐史料及相关问题》，《盐业史研究》2003年第3期。

⑤ 〔北魏〕郦道元著，陈桥驿校证：《水经注校证》，第774-776页。

可煮盐，又有上温井、下温井"，"《通志》：今县东南三里，江滨沙碛，有井四五口。""云阳盐井"："翼带盐井一百所""《九域志》：云安县有团云盐井，《通志》：今县境盐井凡十眼。""长滩盐井"："《通志》：今县境盐井凡六眼。""温汤盐井"："《旧志》：其井有三"，"《通志》：今县有盐井一眼。""白鹿盐井"："相传有袁氏逐白鹿于此，得盐泉，故名。"①总结历代地理书记载，当地盐井总数超过146眼。

三峡地区盐井生产已见于唐诗。杜甫《十二月一日三首》写道："今朝腊日春意动，云安县前江可怜。一声何处送书雁，百丈谁家上濑船。""寒轻市上山烟碧，日满楼前江雾黄。负盐出井此溪女，打鼓发船何郡郎。""春花不愁不烂漫，楚客唯听棹相将。"好语鹤注："夔州奉节、大昌二县皆有盐井。"②

这种经济形式在"竹枝词"中的反映，可以明人王叔承《竹枝词十二首》为例。③其中第十首写道：

> 白盐生井火烧畲，女子行商男作家。橦布红衫来换米，满头
> 都插杜鹃花。

明确说其盐产方式是"白盐生井"。反映诗作地理背景的有第一首："月出江头半掩门，待郎不至又黄昏。夜深忽听巴渝曲，起剔残灯酒尚温。"第二首："白帝城高秋月明，黄牛滩急暮潮生。送君万水千山去，独自听猿到五更。"第八首："生年十五棹能开，那怕瞿塘滟滪堆。郎今晒网桃花渡，奴把鲜鱼换酒来。"第十一首："绿酒娟娟白玉瓶，酴醾花发语猩猩。竹枝歌断人无那，十二峰头暮雨青。"④读"白盐生井火烧畲"句，使人想到白居易《初到忠州登东楼寄万州杨八使君》诗："隐隐煮盐火，漠漠烧畲烟。"⑤与"白盐生井火烧畲"诗句文辞对应的，又有潘高《竹枝词四首》的第四首："神女祠边盐出井，昭君村外女烧畲。"其他三首写道："万里巴江春雪消，与郎上水共张篙。此间敢道风波苦，遮莫千艘与万

---

① 《嘉庆重修一统志》，第19982-19983页。
② 《集千家注杜工部诗集》卷一二，清文渊阁《四库全书》本。
③ 乾隆《御选明诗》卷一二作《竹枝词十首》，清文渊阁《四库全书》本。
④ 《列朝诗集》丁集卷九，王利器、王慎之、王子今：《历代竹枝词》，第1册，第246页。
⑤ 〔明〕曹学佺：《石仓历代诗选》卷六一，清文渊阁《四库全书》本。

艘。""晓发黄陵春草青，桃花开遍庙前汀。汀上巴童行唱去，冰边估客一时听。""一种沙禽一种啼，鸥鹭格格洞庭西。行人早向黄陵住，莎草连天日又低。"①

三、"巴盐"的外运

三峡盐运，曾经是经济交通史上的重要现象。在前引"赤甲白盐碧丛丛"句所出范成大《夔州竹枝词》中，也有反映这一现象的诗句：

滟滪如襆瞿塘深，鱼复阵图江水心。大昌盐船出巫峡，十日溯流无信音。②

明人杨慎《竹枝词九首》有"夔州府城白帝西，家家楼阁层层梯"，"神女峰前江水深，襄王此地几沉吟"诸句，也是描写三峡山川景色和文化风光的作品。诗句描写航运惊险："无义滩头风浪收，黄云开处见黄牛。白波一道青峰里，听尽猿声是峡州。"其中也有说到盐运的：

上峡舟航风浪多，送郎行去为郎歌。白盐红锦多多载，危石高滩稳稳过。③

高启《竹枝歌六首》其四写道：

踯躅花红鹁鸪飞，黄牛庙下见郎稀。大艑摊钱卖盐去，短钗簪叶负薪归。

所谓"大艑摊钱卖盐去"，说到巴盐的运销。"摊钱"，是船工的一种赌博游戏。④其他几首也涉及行旅生活，如第一首"蜀山消雪蜀江深，郎来妾去斗歌吟。峡中自古多情地，楚王神女在山阴"，第二首"鱼复浦上石累累，恰似侬心无转回。船归莫道上滩恶，自牵百张取郎来"，第三首"江水出峡过夔州，长流直到海东头。郎行若有思家日，应教江水复西流"，第六首"枫林树树有猿啼，若个听来不惨凄。今夜郎舟宿何处，巴东不在定

---

① 〔清〕潘高：《南邨诗稿》卷一五，清康熙鹤江草堂刻本。
② 《石湖诗集》卷一六，王利器、王慎之、王子今：《历代竹枝词》，第1册，第16页。
③ 《升庵先生文集》卷三四，王利器、王慎之、王子今：《历代竹枝词》，第1册，第194页。
④ 参看王慎之、王子今：《清代竹枝词反映的民间赌博风习》，《紫禁城》1997年第3期。

巴西"①，都可以帮助我们理解"大艑摊钱卖盐去"的经营者和劳作者的生活。

曾经参与主持编撰《永乐大典》的王洪，有《舟人竹枝词五首》。其中的后两首，也说到三峡盐运情景。第四首：

前年粜米上瞿塘，今岁装盐过岳阳。伴侣相逢终日醉，有钱不似在他乡。

又第五首：

五月瞿塘无客过，黄陵庙前春水多。但使黄金随处有，任他湖海足风波。②

所谓"前年粜米上瞿塘，今岁装盐过岳阳"，说明了当时沿三峡水路米上盐下的物流方向。如果假设湘江流域当时有可能是"巴盐"的消费区，那么我们可以在王洪《舟人竹枝词五首》中找到相关信息的支持。

明初王逢《江边竹枝词》写道："山望五狼风不淳，狼边人接贩私人。那得椎狼葬天堑，官卖贱盐郎贵身。"③描写长江下游盐业"贩私人"的特殊经营。三峡盐运是否存在相类似的情形，也是经济史研究者和社会史研究者应当关注的问题。④

---

① 《高太史大全集》卷二，王利器、王慎之、王子今：《历代竹枝词》，第1册，第138页。
② 《毂斋集》卷四，王利器、王慎之、王子今：《历代竹枝词》，第1册，第154页。
③ 《梧溪集》卷五，王利器、王慎之、王子今：《历代竹枝词》，第1册，第110页。
④ 王子今：《明人竹枝词中有关"巴盐"的信息》，《盐业史研究》2008年第3期。

主要参考书目

［1］ 马非百. 管子轻重篇新诠[M]. 北京：中华书局，1979.

［2］ 刘向. 战国策[M]. 上海：上海古籍出版社，1985.

［3］ 司马迁. 史记[M]. 北京：中华书局，1959.

［4］ 班固. 汉书[M]. 北京：中华书局，1962.

［5］ 范晔. 后汉书[M]. 北京：中华书局，1965.

［6］ 陈寿. 三国志[M]. 北京：中华书局，1959.

［7］ 王利器. 盐铁论校注：定本[M]. 北京：中华书局，1992.

［8］ 郭书春. 汇校九章算术[M]. 沈阳：辽宁教育出版社，2004.

［9］ 常璩. 华阳国志校补图注[M]. 任乃强，校注. 上海：上海古籍出版
     社，1987.

［10］郦道元. 水经注校证[M]. 陈桥驿，校证. 北京：中华书局，2007.

［11］李水城，罗泰. 中国盐业考古：第一集 长江上游古代盐业与景观考
     古的初步研究[M]，北京：科学出版社，2006.

［12］李水城，罗泰. 中国盐业考古：第二集 国际视野下的比较观察[M]，
     北京：科学出版社，2010.

［13］李水城，罗泰. 中国盐业考古：第三集 长江上游古代盐业与中坝遗
     址的考古研究[M]. 北京：科学出版社，2013.

［14］睡虎地秦墓竹简整理小组. 睡虎地秦墓竹简[M]. 北京：文物出版
     社，1990.

［15］谢桂华，李均明，朱国炤. 居延汉简释文合校[M]. 北京：文物出版
     社，1987.

〔16〕甘肃省博物馆，武威县文化馆. 武威汉代医简[M]. 北京：文物出版社，1975.

〔17〕张德芳. 居延新简集释[M]. 兰州：甘肃文化出版社，2016.

〔18〕连云港市博物馆，中国社会科学院简帛研究中心，东海县博物馆，等. 尹湾汉墓简牍[M]. 北京：中华书局，1997.

〔19〕林梅村，李均明. 疏勒河流域出土汉简[M]. 北京：文物出版社，1984.

〔20〕甘肃省文物考古研究所. 敦煌汉简[M]. 北京：文物出版社，1991.

〔21〕张家山二四七号汉墓竹简整理小组. 张家山汉墓竹简〔二四七号汉墓〕[M]. 北京：文物出版社，2001.

〔22〕甘肃简牍博物馆，出土文献与中国古代文明研究协同创新中心中国人民大学分中心. 地湾汉简[M]. 上海：中西书局，2017.

〔23〕罗福颐. 秦汉南北朝官印征存[M]. 北京：文物出版社，1987.

〔24〕傅嘉仪. 秦封泥汇考[M]. 上海：上海书店出版社，2007.

〔25〕任红雨. 中国封泥大系[M]. 杭州：西泠印社出版社，2018.

〔26〕谭其骧. 中国历史地图集[M]. 北京：中国地图出版社，1982.

〔27〕《中国画像砖全集》编辑委员会. 中国画像砖全集·四川汉画像砖[M]. 成都：四川美术出版社，2006.

〔28〕曹仰丰. 中国盐政史[M]. 北京：商务印书馆，1998.

〔29〕翦伯赞. 秦汉史[M]. 北京：北京大学出版社，1983.

〔30〕林剑鸣. 秦汉史[M]. 上海：上海人民出版社，1989.

〔31〕逄振镐. 秦汉经济问题探讨[M]. 北京：华龄出版社，1990.

〔32〕罗庆康. 汉代专卖制度研究[M]. 北京：中国文史出版社，1991.

〔33〕宋杰. 《九章算术》与汉代社会经济[M]. 北京：首都师范大学出版社，1994.

〔34〕郭正忠. 中国盐业史：古代编[M]. 北京：人民出版社，1999.

〔35〕彭卫. 中国饮食史：第六编 秦汉时期的饮食[M]. 北京：华夏出版社，1999.

〔36〕彭浩. 张家山汉简《算数书》注释[M]. 北京：科学出版社，2001.

〔37〕杨生民. 杨生民经济史论集[M]. 北京：首都师范大学出版社，2002.

［38］白九江. 巴盐与盐巴——三峡古代盐业[M]. 重庆：重庆出版社，2007.

［39］王仁湘，张征雁. 盐与文明[M]. 沈阳：辽宁人民出版社，2007.

［40］李学勤. 东周与秦代文明[M]. 上海：上海人民出版社，2007.

［41］丁邦友. 汉代物价新探[M]. 北京：中国社会科学出版社，2009.

［42］杨华星，缪坤和. 汉代专卖制度研究[M]. 贵阳：贵州大学出版社，2011.

［43］吉成名. 中国古代食盐产地分布和变迁研究[M]. 北京：中国书籍出版社，2013.

［44］萧灿. 岳麓书院藏秦简《数》研究[M]. 北京：中国社会科学出版社，2015.

作者相关研究成果目录

学术专著：

［1］ 《东方海王：秦汉时期齐人的海洋开发》，中国社会科学出版社，2015年9月.

学术论文：

［1］ 《两汉盐产与盐运》，《盐业史研究》1993年3期.

［2］ 《汉代人饮食生活中的"盐菜""酱""豉"消费》，《盐业史研究》1996年1期.

［3］ 《秦汉时期的官营运输业》（与孙中家合署，第二作者），《求是学刊》1996年3期.

［4］ 《试说"形盐""虎盐"》，《盐业史研究》1997年4期.

［5］ 《秦汉时期的环渤海地区文化》，《社会科学辑刊》2000年5期.

［6］ 《四川竹枝词中的盐业史信息》（与王慎之合署，第二作者），《盐业史研究》2000年4期.

［7］ 《四川汉代画像中的"担负"画面》，《四川文物》2002年1期.

［8］ 《张家山汉简〈二年律令〉所见盐政史料》，《文史》2002年4期.

［9］ 《张家山汉简〈金布律〉中的早期井盐史料及相关问题》，《盐业史研究》2003年3期，又见《张家山汉简〈二年律令〉研究文集》，广西师范大学出版社2007年6月.

［10］《走马楼许迪割米案文牍所见盐米比价及相关问题》，《长沙三国吴简暨百年来简帛发现及研究国际学术研讨会论文集》，中华书局2005年12月.

［11］《"居延盐"的发现——兼说内蒙古盐湖的演化与气候环境史考察》，《盐业史研究》2006年2期，又见《额济纳汉简释文校本》，文物出版社2007年10月.

［12］《关于额济纳汉简所见"居延盐"》，《出土文献研究》第8辑，上海古籍出版社2007年11月.

［13］《"居延盐"的发现——兼说内蒙古盐湖的演化与气候环境史考察》（与孙家洲合署，第一作者），《额济纳汉简释文校本》，文物出版社2007年10月.

［14］《明人竹枝词中有关"巴盐"的信息》，《盐业史研究》2008年3期.

［15］《居延〈盐出入簿〉〈廪盐名籍〉研究：汉塞军人食盐定量问题》，《出土文献》第2辑，中西书局2011年11月.

［16］《秦汉时期的海洋开发与早期海洋学》，《社会科学战线》2013年7期.

［17］《盐业与〈管子〉"海王之国"理想》，《盐业史研究》2014年3期.

［18］《"海"和"海子"："北中"语言现象》，《西域历史语言研究所集刊》第8辑，科学出版社2015年5月.

［19］《盐业考古与盐史研究的新认识》，《光明日报》2015年7月22日.

［20］《试说"江阳之盐"》，《秦汉交通史新识》，中国社会科学出版社2015年8月，又见《川盐文化圈研究：川盐古道与区域发展学术研讨会论文集》，文物出版社2016年9月.

［21］《汉代边塞军人食盐定量问题再议》，《江苏师范大学学报》（哲学社会科学版）2015年5期.

［22］《秦始皇直道的盐运效能》，《中国矿业大学学报》（社会科学版）2016年6期.

［23］《关于走马楼简"盐""酒""通合"文书》，《盐业史研究》2016年4期.

［24］《上郡"龟兹"考论——以直道史研究为视角》，《咸阳师范学院学

报》2017年3期.

［25］《徐幹〈齐都赋〉海洋经济史料研究》，《中国传统经济的再认
识》，科学出版社2017年8月.

［26］《说"盐""酒"——走马楼简研读札记》，《长沙简帛研究国际学
术研讨会论文集》，中西书局2017年10月.

［27］《居延汉简"鲍鱼"考》，《湖南大学学报》（社会科学版）2019年
2期.

［28］《说"白汗""盐汗"——基于早期生理史、劳动史与盐史的认
识》，《人文杂志》2019年5期.

［29］《"北湖""西域"盐色与丝路交通地理》，《历史地理研究》2019
年1期.

［30］《〈焦氏易林〉的盐史信息》，《盐业史研究》2019年3期.

［31］《〈论衡〉的海洋论文与王充的海洋情结》，《武汉大学学报》（哲
学社会科学版）2019年5期.

其他学术文章：

［1］《川盐文化圈研究》序，《川盐文化圈研究：川盐古道与区域发展学
术研讨会论文集》，文物出版社2016年9月.

后记

　　这部《秦汉盐史论稿》是由北京大学李水城教授提议，承西南交通大学出版社朋友的鼓励与督促，前后历时颇久，近期利用己亥年新春节庆休假方才最终完成的。

　　我涉及秦汉盐史的第一篇拙作，是发表于《盐业史研究》1993年3期的《两汉盐产与盐运》。回想此后这26年来，在《盐业史研究》发表了9篇论文。加上近期投寄的一篇，已得知将会刊发，这样就凑足了10篇这个整数。这当然不算是我在某种学术刊物上发表论文最集中的。但是确实要对《盐业史研究》引导我进入盐史这一学术领域，而且对我长期的帮助和支持表示衷心的感谢。

　　由于对交通史的关注，我涉足盐史研究起初较多偏重盐运史的回顾。四川省文物考古研究院和自贡盐业史博物馆组织的古盐道考察，也使我增益了学术识见，得到了学术新知。盐在社会生活史以及国家行政史方面具有重要作用，因而相关研究都不能避开"盐"富有深味的历史存在和文化表现。对秦汉饮食生活中"酱""豉"消费的考察，对早期秦文化发育与盐业资源之关系的考察，对秦始皇直道盐运因素的考察，对河西汉代戍卒食盐消费量的考察，对盐湖演化与气候环境史关系的考察，对汉代文学遗存中盐史信息的考察，都是在此基础上一步步拓展视野、调整路径、深入思考获取的所得。

　　对秦汉盐史进行总结，是难度很大的学术任务。西南交通大学出版社的朋友起初拟定的书名，是《秦汉盐史通论》。"通论"的主题指定，我自以为无法胜任，内心十分不安。后来因出版方的宽容，我们终于商定，并报国家出版基金的主持者认可，改称《秦汉盐史论稿》，以使论作片断的特征、初步的特征，即不完整性和浅层次性的局限性得以明朗。

　　书中收录两篇附论，即《四川竹枝词中的盐业史信息》和《明人竹枝词中有关"巴盐"的信息》，所论主题都并非直接考察秦汉盐史方面的内容。然而所涉及的盐业生产、盐品运输及盐与社会生活的关系等问题的讨论，也都表现出秦汉盐史长久的延续性影响。收入本书，也应当有益于理解秦汉盐业与秦汉盐文化的历史影响。这是需要说明的。

本书完稿，由李水城教授全力促成。感激之情难以言表。书稿写作的学术准备，有自贡盐业博物馆的朋友们提供的多种条件。高大伦教授多次积极组织相关学术考察，创造了极好的条件。除了古代交通道路如康巴草原民族通道、五尺道、米仓道、荔枝道的考察之外，多次考察经常围绕两个主题，一个是"盐"，一个是"酒"。在中国古代社会生活中，这是两种非常重要的体现出物质文明的消费品，同时也影响到精神文明形态的进步。历代王朝也多努力将这两种物资作为行政控制的对象。"盐""酒"二者之间，是有特殊的关系的。本书在"秦汉盐政：行政史视角的考察"一章中专设"走马楼简'盐''酒''通合'文书的制度史料意义"一节，讨论了"走马楼简文'盐''酒''通合'例""'盐'的官营与'酒'的专卖""后世'盐酒务'"以及"'盐酒'控制的行政史源流"等问题。这样的研究，也许对深入理解和说明盐史、酒史及行政史都是有一定的积极意义的。一起参加古盐道及相关实地考察的王仁湘教授、杨林教授、王鲁茂教授、赵瑞民教授、刘昭瑞教授、孙家洲教授、李华瑞教授、王龙董事长等好友的热诚帮助，亦不能忘怀。记得荔枝道考察途中，一次恰巧赵瑞民、刘昭瑞、李华瑞三位教授一起被收入镜头，摄成合影"吉祥三瑞"，各自笑意盈盈。构图中暖暖的兄弟友情和满满的学术热忱，和当时遍野的金灿灿的油菜花一样，成为何等美好的画面！

中央党校胡岩教授为有关资料的搜辑提供了帮助。

青年学者姜守诚、曾磊、熊长云、孙兆华、李兰芳、吕壮、杜晓、邱文杰、王惠敏等协助我做了许多资料收集及文献核正方面的工作，占用了很多时间。

西南交通大学出版社杨岳峰先生、何宝华女士为书稿的编定出版付出了诸多辛劳。

谨此深致谢忱！

王子今
己亥年正月十三日
北京大有北里

Brief introduction

Throughout history, salt, whose utilization has been a key factor in human being's survival and social development, laid the foundation of civilization. The salt-related economic, administrative and ritual histories constitute an essential part of Chinese civilization, among which Qin and Han are the most important dynasties. This book, by cross examining both historical records and archeological achievement, studies Qin and Han dynasties' salt-related industry and live-hood after a retrospection on pre-Qin era's salt industry, and discusses in detail such academic issues as salt production, salt transportation, salt market, salt policy and salt consumption in Qin and Han era. Besides, the author inspects through ecological perspective the relation between salt and environment, and analyzes salt and literary art of Qin and Han dynasties with reference to cultural history. Unearthed bamboo slips and seals as well as literary document like ancient poetry diversify this study's historical sources and draw a more comprehensive picture on Qin and Han Dynasties' salt industry.